4차산업혁명시대의

조직개발론 2판

Organization Development Theory

신형재 | 권용만 | 최광우

북넷

2판 머리말

조직개발이 국내에 소개되어 경영학에서 하나의 학문분야로 자리잡은지 수십년이 지났다. 조직개발은 초기에는 조직의 목표와 개인의 목표의 일치라는 개념적인 정의하에 감수성 훈련과 같은 행동과학적 프로그램이 조직개발을 대표하는 기법으로 소개되었다. 그러나 시간이 흐르면서 이러한 초기의 개념적 정의와 달리 '조직의 성과를 증대하기 위한 의도적, 계획적 변화를 추구하는 것'으로 개념이 확대되면서 실로 다양한 분야에서 조직개발이 연구되어 학문적인 발전을 해오고 있다.

오늘날 세계경제는 글로벌화로 인하여 전세계가 국가별로 시장의 구분이 없이 하나의 거대한 단일시장이 되면서 글로벌화에 대응하는 조직의 다양성 관리가 조직개발의 새로운 주제로 부각되고 있다. 또한 머지않은 미래에 우리가 겪어야 할 4차 산업혁명의 물결에 대비하기 위한 기업의 준비 또한 조직개발의 향후 과제라할 수 있다. 본 서는 이러한 시대적 흐름을 반영하여 조직개발의 초기발전 단계부터 현재, 그리고 미래의 학문적 방향 및 발전 과제에 이르기까지 포괄적으로 다룸으로써 독자들에게 조직개발에 대한 전체적인 안목을 높일 수 있도록 저술을 시도하였다.

그동안 조직개발은 조직개발 전문가의 고유영역으로 인정을 받을만큼 이해하기 어렵고, 학문적인 난이도가 높아서 학생들에게 부담이 큰 과목으로 인식이 되어 왔다. 또한 조직개발을 연구하는 학자들 중에 조직개발에 대한 실천적 현장경험이 풍부한 전문가가 부족하여 이론과 실무를 아우를 수 있는 독자적인 저술이 어려웠고, 국내대학에서도 많은 교수들이 외국의 원서나 번역서에 의존하여 강의를 해오고 있는 것 또한 사실이다. 본 서는 조직개발에 대한 이론과 더불어 그동안 필자가 수십년 동안 기업현장에서 경험했던 실무적 지식을 결합하여 저술하였다. 본 서는 3부 13장으로 구성되어 있다.

1부는 조직개발에 대한기초적 이론과 지식을 담았다. 1부에서는 조직개발의 정의로부터 역사, 조직개발 절차에 대하여 개괄적으로 이해해보고, 조직개발의 출발점이라 할 수 있는 조직변화의 필요성과 유발요인, 그리고 조직변화의 과정에 대하여 상세하게 살펴보았다. 그리고 조직개발을 일상화한 조직, 즉 바람직한 조직의 변화를 위해 학습을 반복하고 일상화하는 조직을 의미하는 학습조직에 대하여 구축의 필요성 및 구축방안에 대하여 상세히 다루었다.

2부는 조직개발을 추진하기 위한 구체적인 절차와 방법을 다루었다. 조직개발은 착수, 조직진단, 개입의 설계, 실행 등 4단계의 절차를 걸쳐 이루어지는데, 본 파트에서는 조직개발을 추진시 각 단계별로 필요로 하는 세부적 활동사항들을 상세히 다룸으로써 조직개발을 추진하고자 하는 기업들에게 체계적인 추진을 위한 이론적인 지식을 제공하는 것 이외에 추진에 필요한 구체적인 실무적 지침이 될 수 있도록 구체적으로 서술하였다.

3부는 조직개발 개입을 위한 제 기법을 다루었다. 조직개발 개입에는 조직개발 분야별로 나누어 볼 때 전략및 혁신개입, 기술구조적 개입, 사회구조적 개입, 인적자원관리 개입 등으로 분류되는데, 본 파트에서는 각 분야별로 조직개발을 추진시에 필요한 개입설계 방법, 즉 활동계획 수립방법에 대하여 살펴보았다. 또한 본 파트에서는 글로벌화 시대의 조직개발과 더불어 최근 주요이슈로 부각된 미래의 4차산업혁명 시대에 대비하는 조직개발 과제에 대해서도 개괄적으로 언급하였다.

조직개발은 경영학의 제 이론을 실무에 적용하기 위한 실용적 학문이라는 특성을 가지고 있다. 따라서 본서는 조직개발의 기초적 이론을 충실히 다루되, 이러한 학문적 특성을 고려하여 필자가 십 수년 동안 현장에서 조직개발 및 경영컨설턴트로서 활동하는 과정에서 몸소체험했던 실천적 경험을 담아서 조직개발을 추진하고자 하는 기업에 실제적인 도움이 될 수 있도록 실무적 지침서 역할을 하는데 주안점을 두고 저술하였다. 그러나 이 책에서 필자가 계획했던 내용을 충분히 반영시키지 못한 점과 서술면에서 미흡한 점이 많을 것으로 생각되며, 이러한 점에 대해서는 앞으로 계속연구하여 보완할 것을 다짐한다.

끝으로 이 책이 출간되는 동안 성원을 아끼지 않으신 제작자 여러분과 학문과 실무의 지침서로 구독해 주신 독자여러분께 감사를 드린다. 아울러 출판을 허락해 주신 북넷의 류재식 사장님을 비롯한 임직원 여러분에게도 감사를 드린다.

2017년 12월

저자일동

차 례

제 1 부 | 조직개발의 기초이론

제 1 장 조직개발의 기초

제 5 장 조직진단

제 6 장 개입설계

제 1 부

조직개발의 기초이론

제 1 장

조직개발의 기초

학습목표

1. 조직개발의 정의를 설명할 수 있다.
2. 조직개발의 필요성을 알 수 있다.
3. 조직개발의 역사적 변화과정을 설명할 수 있다.
4. 조직변화의 형태로 조직개발과 계획된 변화의 차이를 알 수 있다.

모든 조직은 환경과의 상호작용을 통하여 존재하고 성장한다. 그러므로 모든 조직은 환경의 변화에 따라 같이 변화하고, 환경과 같이 생존하고 번영한다. 조직이 지속적으로 생존하고 번영하려면 환경에의 적응력, 변화의 방향을 알아내고 이러한 변화를 조직구성원들이 받아들이고 그에 적합한 행동의 변화가 있어야 한다.

하지만 모든 조직이 환경변화를 예측하고 그에 따른 적응과 대응을 하는 역량을 갖는 것은 아니다. 대부분의 인간이 그러하듯이 조직도 변화를 좋아하고 새로운 방식을 선호하는 것은 아니다. 현재의 방식을 더 선호하며, 새로운 것에 저항하는 속성을 가지고 있는 것이다.

따라서 이러한 변화에 저항하는 것을 환경의 변화에 적합하게 조직을 변화할 수 있도록 하고 지속적인 성장과 번영이 있도록 하는 것이 필요하다. 뿐만 아니라 현대는 과거보다 더 큰 불확실성의 시대로 조직생존의 위험성이 증대되고 있으며, 이에 따라 조직의 효과적인 변화를 유도하는 조직개발의 중요성이 더 커지고 있다.

제1절 | 조직개발의 개요

1. 조직개발의 정의

오늘날 환경변화에 대한 적응은 현대조직에서 필수적인 문제이지만 급격한 조직변화는 오히려 조직의 지속적이고 안정된 활동을 해치기 쉽다. 불규칙적·단기적·비계획적 조직변화는 이전에는 없었던 또 다른 문제를 야기할 수도 있으며, 그러한 결과는 본래의 문제보다 나쁜 상태를 가져오는 경우가 많다. 단지 변화를 위한 변화는 결코 유효한 것이 아니며, 오히려 역기능적인 것이 될 수 있는 것이다. 따라서 조직변화를 수행할 때에는 그 조직의 지속성과 안정성을 해쳐서는 안 되며, 무엇보다 현재의 목표달성을 용이하게 할 수 있도록 하는 과학적이고도 효율적인 접근이 필요하다 .

조직개발이란 이러한 변화를 체계적으로 도모함으로써 조직의 유효성과 조직구성원의 태도 및 가치관을 개선하는 것을 의미한다.

조직개발의 정확한 개념은 학자와 조직개발 전문가에 따라 다르게 접근하기도 한다. 좁은 의미에서 조직개발은 조직구성원의 행동변화를 위한 감수성 훈련(sensitivity training)과 거의 동일시 되기도 하고, 또 일부학자들은 조직개발을 주로 새로운 기술과 시장변화 등 환경적 도전에 대응할 수 있는 구성원들의 태도와 가치관의 개발을 위한 교육훈련 전략으로 이해하기도 한다. 또한 조직개발의 다른 개념으로 구성원들의 팀워크와 조직문화의 개선을 통하여 조직의 문제해결 능력을 향상시키는 장기적인 노력으로 이해하기도 한다.

조직개발이란 <표 1-1>의 조직개발의 정의에서와 같이 다양한 견해를 보여주고 있다. 버크(Burke)는 조직개발은 행동과학기법, 연구, 이론을 사용하여 조직문화를 계획적으로 변화시키는 과정으로 보았고, 바나드(Barnard, Chester I.)와 아지리스(Agiris)는 '바람직한 조직이란 조직과 개인이 함께 성장하고 발전할 수 있는 조직이며, 조직개발은 성장 및 자기개발을 원하는 개인의 욕망과 조직의 목표를 통합함으로써 조직의 유효성을 증대시키기 위해 마련된 과정'이라고 보았다. 조직개발의 대표적인 학자인 벡커드(R. Beckhard)는 현대적인 관점에서 조직개발을 정의하였는데, 그는 '조직개발이란 조직의 유효성과 건전성을 증진시키기 위해서 행동과학의 지식을 이용하여 조직과정에서 최고 경영층에서부터 실시되는 조직전체에 걸친 계획적인 노력'이라고 함으로써 조직개발의 개념을 감수성 훈련

표 1-1 조직개발의 정의

학 자	정 의
Burke (1982)	조직개발은 행동과학기법, 연구, 이론을 사용하여 조직문화를 계획적으로 변화시키는 과정이다.
French (1969)	조직개발이란 조직 내외의 행동과학 컨설턴트나 변화담당자의 도움을 통하여 조직의 문제해결 능력과 외부환경 변화대응 능력을 향상시키는 장기적인 노력이다.
Beckhard (1969)	조직개발은 행동과학을 사용하여 조직 '과정'에 계획적으로 개입하여 조직의 효과성과 건강을 증대시키기 위해 최고 경영자가 주도하여 범조직적이고 계획적으로 이루어지는 노력이다.
Beer (1980)	조직개발은 ① 조직구조, 과정, 전략, 조직구성원 및 문화사이의 조화를 꾀하고, ② 새롭고 창조적이고 조직적인 해결책을 마련하여, ③ 조직의 자기혁신 능력을 개발하기 위하여 시스템 전반에 걸쳐 자료수집 진단, 액션플래닝, 개입 그리고 평가를 하는 과정이다. 이는 행동과학 이론, 연구, 기법을 사용하여 변화담당자와 조직구성원의 협력에 의하여 이루어진다.

자료: Cummings, T. G., & Worley, C. G. Organisational development and change. 8'h ed. Mason, Ohio: South-Western College, 2001

과 같은 협의의 개념에서 개념적 영역을 넓혀주었다.[1]

상기와 같이 조직개발에 대한 학자의 다양한 견해를 종합해볼 때 조직개발이란 조직의 유효성을 제고시키기 위해서 행동과학기법을 기초로 다양한 요인을 포괄하는 조직적 변화에 효과적으로 대응할 수 있는 계획적이고 총괄적인 구성원의 능력과 조직의 전략을 유도하려는 장기적인 노력이라고 정의할 수 있다.

2. 조직개발 이론의 생성배경

현대사회는 단절의 시대(The Age of Discontinuity)[2] 혹은 불확실성의 시대(The Age of Uncertainty)라고 불리워지고 있을 정도로 기술, 사회, 문화의 모든 분야에서 급격한 변화가 이루어지고 있다.[3] 이와 같은 동적인 환경변화에서는 적절한 대응책을 강구하지 않으면 조직의 발전은 물론이고 존속조차도 힘들게 된다. 조직개발은 이러한 환경적인 이유에서 뿐만 아니라 발전지향적인 조직자체의 요구에 대응하기 위해서도 필요한 것이다.

베니스(W. G. Bennis)는 조직개발의 생성기초가 되는 요인으로서 다음과 같은 세 가지 요인을 들고 있다.

첫째, 새로운 조직형태의 필요성이 대두되었다. 즉, 급격한 환경변화는 보다 강력한 적응력을 갖춘 조직을 필요로 한다.

둘째, 문화적 변화에 중점을 두고 있다. 즉, 조직은 신뢰와 가치관의 시스템인 조직문화를 형성하는데 조직을 변화시키는 최선의 방법은 조직문화의 제반요소를 변경시키는 것이다.

셋째, 조직내에 사회적 인식이 더욱 요청되고 있다. 즉, 사회적 여건의 변화는 조직구성원들로 하여금 독재적인 관리형태를 수용하지 않고 있으므로 보다 민주적이고 발전지향적인 조직형태의 개발이 요구되는 것이다.

이와 같은 내·외적 환경의 변화는 조직변화를 필연적으로 야기시키게 되는데 조직에서는 특히 문화적 변화, 즉 종업원의 가치관이나 태도와 같은 인간행위의 기초가 되는 요인에 관한 변화를 보다 중요시 하게 된다. 그래서 인간행위를 연구하는 행동과학자들의 연구와 성과가 조직개발의 이론적 발전에 직접적인 공헌을 하게 되었다. 메이요(E. Mayo) 등에 의한 호손실험(Hawthorne Experiment)과 인간관계론, 뢰스리스버어거(F. J. Roethilsberger)의 동기유발과 생산성 연구, 레윈(K. Lewin)의 리더십 패턴연구, 모레노(J. Moreno)의 소시오메트리 등의 행동과학 이론이 조직개발에 영향을 주었다. 특히 레윈의 소집단의 역학관계는 감수성 훈련의 이론적 지주가 되었으며, 또한 그가 제창한 행동연구도 조직개발 이론의 전개에 중요한 역할을 하고 있다.

또 블레이크(R. R. Blake)와 무톤(J. S. Mouton)의 관리적 그리드훈련(Managerial Grid Training), 아지리스(C. Argyris)의 건강한 조직에 대한 연구, 맥그리거(D. McGregor)의 기업의 인간적 측면에 관한 연구, 베니스(W. G. Bennis)의 조직의 변혁(Changing Organization) 등은 주목할만한 연구결과이다.

이상에서 언급한 조직개발의 생성배경은 다음과 같이 두 가지로 요약된다.

첫째, 조직환경의 변화이다. 사회, 문화, 경제적 발전은 조직구성원의 생활양식, 욕구, 노동력에 대한 가치관 등을 변화시켰으며, 특히 조직에 대한 충성심 내지 귀속의식을 저하시켰다. 그리고 전근대적인 조직중심의 사고방식에서 개인중심의 사고방식으로 의식이 변하고 계층적인 역할이 아닌 협동적 역할의 선호경향이 농후하게 되었다. 따라서 조직은 종래의 관료적 구조에 비해 유연성과 적응력이 큰 조직적 과정과 구조(organization process and structure)를 요구하게 된 것이다.

둘째, 행동과학 이론의 발전이다. 행동과학의 발전은 조직의 인적요소에 대한 중요성을 강조하였으며 구체적인 조직개발 기법을 발전시키는 데 공헌하였다. 즉, 행동과학의 발전에 따라 사회적·정신적 요인들이 작업수행에 영향을 미친다는 인식을 하게 됨으로써 집단의사결정의 중요성을 인식하여 집단을 변화담당자로 이용하게 되었다.

조직개발(organizational development)은 계획적인 조직변화에 대한 이론과 실천을 이용하여 조직과 조직구성원을 발전시키기 위한 행동과학의 응용분야이다. 조직개발은 주로 행동과학적 개념과 방법에 근거를 두고 있으며 또한 조직을 전체시스템의 관점에서 그 조직의 장기적 효율성을 제고하려는 것으로 이해할 수 있다. 조직개발은 개인, 팀, 조직의 인간적, 사회적 과정의 효과성을 증대시키는 방법을 찾아내기 위해 조직의 '인간적 측면'과 관련된 문제에 초점을 두고 있다. 조직개발은 그 말이 암시하듯 조직을 개발하는 일에 관한 것이다. 또한 개인을 개발하는 일에 관한 것이기도 하다. 이러한 이중적인 측면은 조직개발의 독특한 강점이다.

조직개발은 조직이론의 발전에 따라 이를 조직에 실용적으로 활용하여 조직구성원의 역할이나 직무와 같은 단위시스템의 전략, 구조, 과정을 포함하는 조직전반에 다양한 변화에 적용된다. 또한 사람과 조직, 즉 조직구성원과 조직의 운영방식을 그 대상으로 한다.

3. 조직개발의 특징

조직개발의 특성에 관해서 베니스(Bennis)는 다음과 같은 7가지를 제시하고 있다.[4)]

- 조직개발은 계획된 조직변화를 일으키기 위하여 채택된 교육적 전략이다.
- 추구하는 변화는 조직이 극복하려는 위급한 상황이나 요구와 직접적으로 연관되어 있는 것이 보통이다. 이러한 요구는 새로 급격히 팽창하는 조직에서 전형적으로 발생하는데, 종종 커뮤니케이션이나 집단 간의 갈등이나 조직의 주체성 및 목적 등의 문제를 야기시키며, 이는 조직개발의 실시에 의하여 제시되는 해결책에 순응하게 된다.
- 조직개발의 노력은 거의 언제나 직접적인 경험을 강조하는 전략에 의존하게 된다. 이것은 자료의 피드백(feedback)이나 감수성 훈련(sensitivity training)이나 대면회합(confrontation meetings)의 형태를 취할 수도 있다.
- 조직개발의 노력에는 변화담당자가 필요한데, 변화담당자는 거의 언제나 외부컨설

턴트가 그 역할을 수행하는 것이 보통이다.

- 변화담당자는 맥그리거(McGregor)의 Y이론에 해당하는 인간 및 조직에 관한 가치관과 사회철학을 갖고 있다.
- 변화담당자는 조직구성원들과 협력적인 관계에서 활동적으로 작업한다.
- 변화담당자는 때때로 자신의 사회철학에 근거와 기준이 되는 목표를 갖고 있다. 비록 그 목표가 변화담당자별로 상이하다고 해도 변화담당자는 개인적 경쟁에서의 진보와 향상된 갈등해결의 방법, 효율적인 팀 관리, 이해의 증진 및 인간의 감정을 정당하다고 간주하는 가치체계의 설정과 같은 목표를 찾는다. 더욱이 변화담당자는 보편적으로 기계적인 체계보다는 유기적인 체계를 발전시키는 데 목표를 두고 있다.

이상과 같은 조직개발의 특성에 관한 베니스(Bennis)의 견해는 조직개발의 실제적인 특성이라고 말할 수도 있을 것이다. 전술한 조직개발에 관한 다양한 정의를 고려하여 볼 때 일반적이고 개괄적인 조직개발의 특성을 요약해 보면 다음과 같다. 즉 ① 계획적 변화(planned change), ② 포괄적인 변화(comprehensive change), ③ 작업집단(work group)에 대한 강조, ④ 장기적 변화(long-range change), ⑤ 변화담당자(change agent)의 역할강조, ⑥ 개입(intervention)과 행동연구(action research)에 대한 강조 등으로 요약된다.[5)]

4. 조직개발의 목표

조직개발의 내용에는 인간의 가치관과 태도 및 신념을 변화시키는 것을 전제로 인간이 이들을 어떻게 생각하고 있느냐의 포괄적인 의미를 갖고 있다.[6)] 그래서 조직개발의 구체적인 목표를 다음과 같이 요약할 수 있다.[7)]

- 조직구성원 간의 신뢰와 협동의 수준을 향상시킨다.
- 개방적이고도 확실한 커뮤니케이션을 발전시킨다.
- 조직의 문제를 규명하고 해결책을 제시한다.
- 숙련에 기초를 둔 권한에 의해 부여된 역할을 수행하는 권한이 확대될 수 있는 분위기를 조성한다.

- 조직의 커뮤니케이션의 확실성과 신빙성을 증대시킨다.
- 조직구성원 개개인의 정열과 자기통제(self-control)를 증대시킨다.

이와 같은 조직개발의 목표를 조직개발 차원(level)을 기준으로 살펴보면 ① 개인 또는 개인 간의 관계, ② 팀(team), ③ 집단 간의 관계, ④ 전체 조직시스템으로 대별할 수 있다. 이 경우 조직개발 목표는 ① 개인의 능력이나 지식의 개발, ② 팀 구성원 전체의 태도변화, ③ 집단간 협력의 강화, ④ 조직의 유효성 제고 등으로 분류해서 생각할 수 있다.

이와 같이 조직개발의 목표를 조직개발 차원별로 고찰하는 이유는 일반적으로 개발행위가 특정의 목표를 지향하고 있으므로 조직개발의 전체 수준별 정합성을 가져야 하기 때문이다. 예를 들어 어떤 조직개발 프로그램이 개인수준의 목표에는 유효하나 집단목표나 조직전체의 목표에는 그렇지 못한 경우가 발생할 수 있다.

5. 조직개발의 학문적 영역

조직개발의 주제들은 환경의 변화에 따른 조직의 변화의 방향, 조직개발 차원(개인, 집단, 조직전체)별 조직변화 방법, 조직개발을 성공적으로 추진하기 위한 다양한 요인들을 살펴보는 데 있다. 조직개발의 학문적 영역은 <그림 1-1>과 같이 거시적인 관점과 실용적인 측면에서 조직의 변화를 추구하는 학문이다.

그림 1-1 조직개발의 학문적 영역

조직이론은 조직의 현상을 연구대상으로 하여 조직의 구조를 비롯한 조직의 요소를 연구하여 조직을 보다 바람직하게 유지·발전시키는데 도움을 주고자 체계화한 이론적 학문이다. 이에 비해 조직개발은 조직이론에서 연구한 이론들을 기업의 일상적 활동에서 실용적으로 적용시키는 방법을 연구하는 실용학문이다. 조직개발의 연구대상은 팀구축(team bearding), 팀제, 임파워먼트(empowerment), 수평적 커뮤니케이션, 고성과 팀(high performance team), 직무재설계 등 다양한 영역에서 조직개발이 다루어지고 있다.

6. 조직개발의 기본적 구성요소

모든 조직들은 변화를 추구하고자 할 때 변화주도자, 변화대상자, 개입(intervention) 등의 기본요소가 필요하며, 이 세 가지가 부족하면 조직의 올바른 변화를 기대하기 어렵다.

(1) 변화주도자

변화주도자란 변화중개인(change agent)이라고도 하며, 조직내 변화를 이끌어 가는 사람을 말한다. 변화주도자는 경우에 따라서는 조직내부의 사람이 될 수도 있지만 대부분은 조직밖의 전문가들을 활용한다. 경영컨설턴트나 산업별 전문가와 같은 외부전문가를 변화주도자로 영입하였을 경우에는 전문가와 내부구성원 각자의 역할 및 활동범위에 대해서 상호간 협의 및 동의를 통하여 명확하게 구분지어야 한다. 변화주도자는 변화대상 및 주제에 대하여 이론적 지식 뿐만 아니라 문제의 진단 및 분석능력, 행동과학에 관한 기본지식, 문제해결 및 대안제시 능력을 갖추고 있어야 한다.

(2) 변화대상자

조직개발에서 변화의 대상자는 크게 개인, 집단 혹은 조직전체로 나누어지나 변화의 대상이 분명히 구분되지 않을 때도 있다. 그 이유는 조직개발이 의도적인 조직변화를 추구하는 것임을 생각할 때, 한 개인 혹은 한 집단만을 변화시키는 것만으로는 조직전체의 변화가 일어나지 않기 때문이다. 또한 한 가지 대상을 변화시킬 경우 또 다른 대상에게도 영향을 미칠 수 있는 경우도 많기 때문에 조직개발 담당자는 개인, 집단 및 조직전체의 영향

관계를 종합적으로 판단하여 대상자를 선정하여야 한다.

(3) 개 입

개입(invention)이란 변화주도자가 대상을 변화시키기 위해서 실행하는 다양한 활동을 말한다. 변화주도자는 문제의 진단, 변화대상자 선정, 변화를 위한 교육과 훈련, 지도와 카운슬링 등을 통하여 변화대상자를 변화시키는 활동을 한다. 변화주도자에 의해서 조직개발 과정을 통하여 조직변화를 위한 새로운 해결방안이 제시되었다면 그 해결방안을 실행함에 있어서 개인, 집단 및 조직전체의 역할을 규명하고, 궁극적으로 사람들이 조직이 기대하는 데로 새로운 변화에 잘 적응하고 스스로 문제를 해결할 수 있도록 적정한 개입을 하여야 한다.

제2절 | 조직개발의 역사

1. 조직개발의 형성 및 발전배경

조직개발 기법은 행동과학의 이론지식과 연구방법들이 기업체의 문제해결을 위한 대안으로 인식되면서 본격적으로 발전하기 시작했다. 조직개발 기법들은 2차 세계대전 이후 실험실 훈련, 설문조사 피드백과 같은 행동개발 기법을 중심으로 급속히 발전했으며, 이후 규범적 접근, 생산성 및 근로생활의 질(QWL), 전략적 변화 및 조직혁신 등 시대별로 관점을 달리하여 큰 흐름을 형성하여 왔다. 본 절에서는 시대별 흐름에 따라 이를 좀 더 세부적으로 살펴보고자 한다.

(1) 실험실 훈련

실험실 훈련(Laboratory training)은 비구조적인 소집단을 활용해 피교육자들의 개방적이고 자유스런 상호작용을 통해 행동개선을 유도하는 기법을 말한다. 이러한 실험실 훈련은 집단역학연구소의 레윈(Kurt Lewin)이 중심이 되어 1946년부터 자유토의 방법을 사용해 여러 차례의 실험을 거쳐 행동개선 방법으로 개발되었다. 1947년에는 NTL(National Training Laboratories for Group Development)이 창설되면서 NTL 훈련기법으로 널리 보급되었다. 이후 실험실 훈련은 감수성 훈련(sensitivity training) 혹은 소집단 훈련(T-group training)으로 불렸다.

(2) 설문조사 피드백

설문조사 피드백은 1945년 설립된 MIT집단 역학연구소가 처음 개발했다. 주로 설문지를 사용하여 조직구성원들의 태도를 조사하고 그 결과를 그들에게 피드백 하고, 토의를 해서 구성원과 집단, 조직전체를 진단·평가한다. 문제진단은 문제해결을 위한 계획수립과 실천으로 연결되며, 전체 조직개발 과정에서 매우 중요한 부분을 차지한다.

(3) 규범적 접근

규범적 접근은 실험실 훈련과 설문조사 피드백(Survey Feedback) 이후 인간관계적 접근이 지적으로나 현실적인 측면에서 조직을 관리하는 데 '유일한 최선의 방식'이라는 사고가 정착되며 나타난 조직개발의 새로운 접근방법론으로서, 대표적인 이론에는 리커트(Likert)의 참여경영과 블레이크와 무톤(Blake & Mouton)의 격자(grid)이론이 있다.

리커트는 조직을 독선적 전제(시스템 I), 온정적 전제(시스템 II, 협의적 시스템(시스템 III), 참여적 시스템(시스템 IV)으로 나누고, 의사결정 권한이 조직전체에 고르게 분포된 분권화된 의사결정 구조를 가진 참여적 시스템(시스템 IV)이 가장 이상적인 조직으로 제시하고 있다.

한편 블레이크와 무톤은 관리그리드(management grid)이론을 통하여 관리자의 관리스타일을 유형별로 나누어 제시했는데, 그들은 생산에 대한 관심 및 종업원에 대한 관심을 기준으로 관리유형을 무관심형(impoverished), 권위-순응형(authority-compliance), 사교형(country-club), 중도형(middle of the road), 팀형(team management) 등 다섯 가지로 나누고 가장 이상적인 유형으로서 팀형을 제시하고 있다.

(4) 생산성과 근로생활의 질

규범적 접근 이후 조직개발은 생산성과 근로생활의 질(Quality of Working Life: QWL)을 동시에 강조하는 것이 새로운 조직개발 방향으로 부각이 되기 시작하였다. 근로생활의 질(QWL)은 직무만족의 수준향상과 근로환경의 민주화를 통한 근로생활에 있어서 '인간성 회복운동' 이라고 할 수 있다. 생산성과 근로생활의 질 흐름은 1950년대에 유럽에서의 최초의 프로젝트가 시작이 되어 1960년대에 미국으로 이전되었으며, 초기에는 기술과 인간이 잘 통합할 수 있는 작업설계 방식의 개발하고, 그 이후로 생산성과 만족에 영향을 주는 보상시스템, 작업흐름, 경영스타일, 물리적 환경 등 생산현장의 다른 요소에 까지 영역이 확장되었다.[8)] 오늘날 조직개발에서는 근로생활의 질(QWL)이라는 명칭보다는 전사적 품질경영, 식스시그마, 구성원 관여(employee involvement: EI) 등 사회기술적 개입방법으로 그 명맥을 계속 유지하고 있다.

(5) 전략적 변화개입

전략적 변화개입은 최근에 들어와서 경영환경이 급변함에 따라 환경변화에 적응을 위하여 새로이 부각된 조직개발 기법이다.

전략적 변화는 조직의 환경, 전략, 조직구조 간의 정합성(alignment)을 증진시키는 의미를 내포하고 있다. 전략적 변화개입은 조직과 환경간 관계를 증진시키고, 조직내 기술, 구조, 정보, 인적자원, 문화요소 간 적합성(fit)을 향상시키는 두 가지 목적을 가지고 있다. 전략적 변화에 대해서는 8장에서 구체적인 내용을 다루기로 한다.

2. 조직개발 발전방향

앞에서 살펴본 조직개발 발전역사를 연구의 흐름별로 크게 분류하여 종합해 보면 다음과 같이 정리해 볼 수 있다.

(1) 제1세대 조직개발

1세대 조직개발 프로그램은 조직개발에 대한 초기연구들로서 행동과학 연구를 현장에 실용적으로 적용하기 위한 연구들을 중심으로 이루어졌다. 1세대 연구에는 팀중심의 조직운영, 팀빌딩, 촉진자의 활용, 과정에 대한 자문, 조사피드백, 집단 간의 문제해결, 직무설계에 대한 사회기술적 시스템 이론의 접근방법, 참여적 경영 등이 있으며, 이 세대의 연구의 한계점은 환경의 변화에 따른 조직의 대응 및 적응에 대한 관점을 도외시하고 전개되었다는 점이다.

(2) 제2세대 조직개발

제2세대 조직개발 프로그램은 환경의 변화에 대한 성찰과 조직변화의 중심에 인간적인 측면에 초점이 맞추어 졌다. 이 세대의 조직개발의 특징은 <표 1－2>에서와 같이 행동과학 연구를 기반으로 한 인간중심의 1세대 연구에서 벗어나 조직변혁, 학습조직, 조직문화 혁신, 자율관리팀, 비전 및 전략수립 등 시대적 요청에 부합할 수 있도록 연구의 분야가 확대되었다는 점이다.

현대에 들어와 조직개발은 외국의 경우 프록터&갬블, 보잉사, 포드 자동차, 엑슨 등과 같은 기업뿐 아니라 정부기관, 대학, 사회복지기관, 경찰서, 그리고 미국훈련개발협회

표 1-2 제 2세대 조직개발의 기법과 내용

2세대 기법	의 미 (내 용)	비 고
조직변혁	• 패러다임 변동을 포함한 다차원적이고, 다양한 수준을 갖는, 질적이고, 단절적이며, 근본적인 조직의 변화	미국식 조직문화 변화방법
조직문화	• 조직구성원들이 공유하는 가치체계, 신념체계, 사고방식의 복합체	조직목표 달성의 중요한 척도
학습조직	• 조직구성원에 의해 지식이 창출되고 이에 기초하여 조직혁신이 이루어지며 조직의 환경적응력과 경쟁력이 증대되어 나가는 조직	EX) 도요타의 학습 DNA
자율관리 팀	• 조직개발의 사회기술적 시스템 관점에서 비롯된 반자율팀 개념의 연장선상에서, 품질개선 및 유연성 확대와 관리자층 사원의 사기를 강화해야 한다는 압력이 가중되면서 자율관리팀에 대한 관심이 빠르게 증대됨	
전사적 품질관리	• 사원, 고객이 특별한 가치가 있다고 느낄 만큼 질 좋은 제품과 서비스를 고객의 요구에 부응하여 제공할 수 있는 능력의 지속적인 개선을 추구하는 분위기를 창출하고 정착시키는 기업의 전반적인 노력	
비전 설정	• 비전설정은 조직전체를 통해 개인적인 비전과 연결된 후에야 비로서 진정한 의미의 공유가 가능하므로 이는 명백히 조직개발의 프로세스를 요구하고 있음	
참여형 회의	• 가능한 한 다양한 직급과 직무를 담당하는 직원들을 회의에 참가시키는 대규모 회의를 통한 조직개발 운동과 연계	회의의 효율성 제고
기타사항	• 생산성 이익배분제 • 능력급제를 포함한 적절한 보상체계 수립 등	

(ASTD)등 범세계적으로 참여하며 그 적용범위를 넓혀가고 있다. 또한 국내에서도 조직개발의 필요성에 대한 인식이 확산이 되면서 대기업 뿐만 아니라 정부의 주도적인 지원하에 중소기업으로 확대되어 가고 있으며, 조직개발을 지원하는 외부의 전문가집단으로서 경영 컨설팅 산업이 급속도로 성장하고 있다.

(3) 조직개발의 새로운 방향

21세기에 들어와 전 세계가 산업사회에서 지식사회로 바뀜에 따라 조직개발의 양상은 새롭게 바뀌어 가고 있다. 기업들은 세계화와 정보기술의 발전에 영향을 받아 새로운 형태의 조직개발 전략을 만들어 내고 있다. 세계화에 대응하여 많은 기업들은 노동력의 다양성(diversity)을 의미있게 받아들이고 이를 활용하여 기업의 경쟁우위 향상에 활용하고 있다. 또한 정보기술의 발전에 따라 기업의 유통구조 및 제조방식이 바뀌어 가고 있으며, 구성원들의 일하는 방식도 전통적인 방식에서 벗어나 정보통신 기술을 활용한 새로운 직무설계를 요구하고 있다.

최근에 들어와서 디지털혁명을 넘어선 새로운 패러다임으로 4차 산업혁명이 주요 이슈로 등장하고 있다. 인공지능과 로봇기술, 3D컴퓨터, 사물인터넷, 자율주행차, 나노기술 등으로 대변되는 4차 산업혁명을 주도하는 새로운 기술들은 조직의 경영방식을 완전히 바꾸어 놓을 것이다. 이에 따라 새로운 패러다임에 맞추어 조직개발 학자 및 전문가들은 새로운 패러다임에 부합하는 새로운 조직개발 비전과 목표를 제시하고, 새로운 형태의 리더십, 조직구조, 관리시스템 및 조직문화를 구축하는데 기여하여야 할 것이다. 기업들도 변화하는 산업환경에 발맞춰 이에 대응하기 위한 조직개발 전략을 구상하고 다양한 프로그램을 개발하여 적절히 실행에 옮겨야 한다.

제3절 | 조직개발과정

조직개발 컨설턴트와 고객조직은 조직이 추구하는 목적과 변화를 달성하기 위해 일정한 프로세스에 따라 조직개발 활동이 진행되는데 이를 조직개발 프로세스라고 한다. 이러한 프로세스는 조직개발 컨설턴트와 고객조직 간의 관계가 형성되어 작업이 실시되는 시작점과 컨설턴트가 고객조직을 떠나는 종결점을 갖고 있으며, 이러한 두 시점 사이에는 몇 개의 기본적인 단계들로 분할될 수 있다.

조직개발 프로세스는 학자들에 따라 3단계에서 10단계까지 다양한 모델을 제시하고 있으나 본서에서는 <그림 1−2>와 같이 이러한 여러 가지 모델중에서 가장 적절하다고 여겨지는 4단계(착수, 조직진단, 개입설계, 실행)으로 구성된 모델을 선택하여 각 단계별로 컨설턴트가 추진해야 할 작업들에 관해 자세히 살펴보고자 한다

조직개발 컨설팅 프로세스에 대해서는 2부에서 상세하게 살펴볼 것이지만, 기본적인 단계들에 대해 미리 간략한 설명을 들어놓는 것이 향후 프로세스를 자세히 학습하는데 도움이 될 것이다.

그림 1−2 조직개발 프로세스

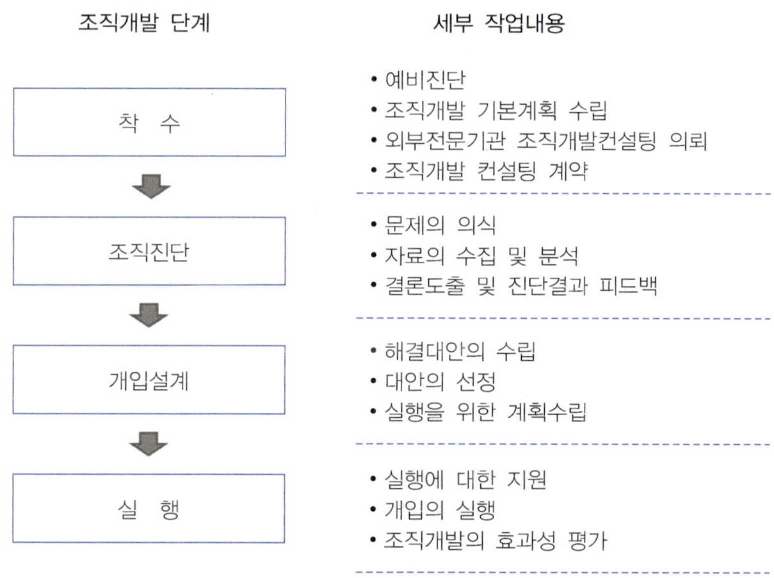

1. 착 수

착수는 조직개발의 필요성을 파악하고, 본격적인 조직진단을 하기 위한 준비와 계획수립을 하는 단계이다. 착수단계에서는 예비진단(prelominary problem diagnosis)을 통하여 조직개발 대상주제를 찾아내고, 이를 위한 조직진단 계획이 이루어지고, 조직개발을 외부 전문컨설턴트에게 의뢰할 경우에는 컨설팅 계약에 대한 협상과 합의가 이루어진다. 외부 컨

설턴트는 고객조직과의 접촉을 통해 고객조직이 달성하고 변화시키고 싶어하는 것이 무엇이며, 컨설턴트가 어떻게 도와줄 수 있는 가에 관한 논의가 이루어지고 고객과 컨설턴트 각각의 역할이 명확하게 정해진다.

2. 조직진단

착수단계를 통하여 조직개발 대상이 확정되고 진단 계획이 완성되면 본격적인 조직진단에 착수하게 된다. 조직진단 단계는 해결해야 할 문제에 관한 깊이 있는 진단이 진행된다. 외부 컨설턴트와 고객조직은 서로 협력하여 필요한 변화의 종류를 확인하고 조직개발 프로젝트를 통해 달성하고자 하는 상세한 목적들을 정의하며, 고객조직이 지금까지 달성해 놓은 성과, 자원, 니즈, 전망 등에 대한 평가작업들이 이루어진다. 이러한 평가작업을 통해 변화가 필요한 근본적인 문제가 기술적인 것인지, 조직적인 것인지, 정보적인 것인지, 아니면 심리적인 것인지에 대한 판단작업이 이루어진다. 만약 이러한 차원들이 모두 관련되어 있다면 어떤 것이 결정적인 역할을 하고 있는지, 조직내에서 변화에 대한 필요성이 인식되고 있는지, 아니면 변화에 대한 필요성을 사람들에게 설득해야만 하는지, 변화에 대해 어떤 태도들이 널리 퍼져있는지 등에 대한 분석이 이루어진다.

이렇게 조직진단 단계에서 분석된 결과들이 통합되어 문제를 해결하고, 원하는 목적을 달성하기 위한 활동계획 수립의 방향을 어떻게 설정할 것인가에 대한 결론을 낸다. 그리고 활동계획 수립방향이 구체적으로 수립이 되면 이를 고객조직에 피드백함으로써 진단결과의 적정성 여부를 평가받게되며, 만일 고객조직이 기대한 방향이 아니거나 진단이 잘못되었다고 판단할 경우 이에 대한 재검토가 필요하고, 경우에 따라서는 조직진단을 원점에서 다시하여야 한다.

3. 개입설계

개입설계는 활동계획 수립이라고도 하며, 문제의 해결안을 발견하는 데 목적을 두고 있다, 활동계획 수립단계는 한 개 또는 그 이상의 대안적인 해결안을 만들어내는 작업, 이러한 대안들에 대한 평가, 변화를 실행하기 위한 계획의 정교화, 고객의 의사결정을 위한 제안서의 프레젠테이션 등을 포함하고 있다. 만약 이 단계에서 고객이 적극적으로 참여한다면, 컨설턴트는 폭넓은 기술적인 범위안에서 추진해야할 활동을 선택할 수 있을 것이다.

활동계획 수립단계에서 컨설턴트가 실현가능한 대안들을 탐색하여 발전하고 사소하면서도 불필요한 변화를 초래할 수 있는 제안들을 제거하고 어떤 해결안을 제안한 것인가를 결정하기 위해서는 논리적이고 체계적인 접근방법은 물론, 풍부한 상상력과 창의력을 활용해야 할 필요가 있다. 또한 변화에 대한 사람들의 저항을 어떻게 극복하고 이들로부터 변화에 대한 강력한 지지를 어떻게 얻어낼 것인가와 같은 인간적인 차원에서의 문제점에 관한 전략과 전술을 개발하는 것도 매우 중요하다.

4. 실 행

실행단계는 고객조직과의 협력을 통해 컨설턴트가 개발한 개입설계 안에 대하여 실현가능성을 감안하여 단계적 이행계획이 수립이 되고, 실행과정에서 반드시 나타나는 구성원의 저항에 대하여 어떻게 극복하고 조기에 성공적으로 정착시킬지에 대한 변화관리 계획을 작성하게 된다.

실행단계에 접어들게 되면 개입설계 활동을 통해서 계획되었던 것과 달리 예상하지 못했던 새로운 문제와 장애가 발생할 수 있으며, 잘못된 가정과 계획상의 실수들이 실제적인 문제들로 드러나게 된다. 예를 들어 변화에 대한 저항의 크기가 진단과 활동계획 수립단계에서 예상했던 것과 상당한 차이를 보임으로써 초기에 설계된 실행계획을 수정해야 할 필요가 발생할 수도 있다, 사실 조직개발 추진결과로서 미래에 발생할 일들을 상세하게 예측한다는 것은 불가능하기 때문에, 실제의 실행과 계획간에는 차이가 있을 수 있다. 따라서 이러한 실행단계에서는 모니터링과 관리가 매우 중요한 요소로 작용한다. 이러한 이유들로 인해서 착수, 조직진단, 개입설계 단계에 참여했었던 조직개발 컨설턴트들이 실행단계에도 참여하기를 원하는 경우가 많다.

외부 컨설턴트에 의해 조직개발 프로젝트가 진행된 경우에는 컨설턴트는 고객조직에 최종보고서를 제출하고 보고회를 통하여 조잭개발이 계약이 종료된다. 그러나 고객이 지속적이고 협력적인 관계를 구축하는데 관심을 갖고 있다면 사후관리(follow–up)와 향후의 작업들에 관한 계약이 이루어질 수도 있다.

[부 록]

4차 산업혁명 시대의 조직개발: 스마트워크로 스마트인재를 지원하는 유한킴벌리

유한킴벌리는1970년 한국의 유한양행과 미국의 킴벌리클라크가 설립한 합작회사이다. 유한양행은 1926년 유일한 박사가 창업한 기업으로 '우수 의약품 생산을 통한 국민건강 향상에 기여, 성실한 납세를 통한 국가경제발전에 기여, 기업이윤의 사회환원을 통한 사회복지 증진에 기여한다'는 기업이념을 갖고 있다. 유한킴벌리는크리넥스(1971년), 뽀삐(1975년), 하기스(1983년) 등의 주력제품 대부분이 국내시장에서 1위를 할 뿐만 아니라, 한국에서 가장 존경받는 기업, 가장 일하기 좋은 회사, 한국의 착한 기업, 여성이 일하기 좋은 기업 등으로 선정된 우수기업이다. 유한킴벌리의 인재상은 도전적이며 창의적이고, 서로 신뢰하고 배려할 뿐만 아니라 책임을 다하고 사회에 공헌하는 사람이다.

유한킴벌리는2011년부터 스마트워크(Smart Work)를 도입 · 운영하고 있다. 유한킴벌리가 지속적으로 추진하고 있는 스마트워크의 특징은 3F, 즉 Flexible Time(유연 근무제), Flexible Space(오픈좌석제), Flexible Resources(유연한 자원운영)이다. 단순히 스마트하게 일하고 효율적으로 일하는 데에서 더 나아가 기존의 기업문화에 유연함과 도전정신을 더해 보다 혁신적이고 창의적인 기업문화를 구축하고 있다.

유연근무제(Flexible Time)는 자율출 · 퇴근, 원격 및 재택근무 등을 중심으로 근무시간과 장소를 개인의 상황에 맞게 유연하게 운영하는 방식이다. 사무관리직 직원을 대상으로 오전 7~10시 사이에 30분 단위로 출근시간을 자유롭게 선택할 수 있게 하여, 가령 오전 7시 30분에 출근할 경우 오후 4시 30분에 퇴근한다. 모두가 함께 일할 수 있는 오전 10시에서 오후 4시까지 집중시간으로 지정되어 있다. 또한 '집중업무 시간'을 지정하여 업무에 충실하도록 하고 있다. 집중업무 시간은 말 그대로 잡담이나 컴퓨터보기, 커피마시기 등을 하지 않고 업무에만 몰두하는 시간이다. 영업직들은 현장출 · 퇴근제를 이용하여 사무실로의 출근없이 현장에서 출 · 퇴근하거나, 외근시 가까운 스마트워크 센터를 이용해 이동의 불편함을 덜고 효율성을 더하고 있다.

유한킴벌리 직원들에게는 개인별 자리개념이 없다. 오픈좌석제(Flexible Space)를 통해 팀별로 층만구분되어 있을 뿐 칸막이가 없는 사무공간에서 원하는 곳에서 근무한다. 30여명에 이르는 임원조차 별도의 공간이 없기는 마찬가지이다. 만약 오픈된 공간에서 업무효율이 잘 오르지 않을 경우 별도로 마련된 집중업무 공간에서 일하면 된다. 칸막이 사무공간에서보다 임직원 간의 수평적 커뮤니케이션이 빈번해졌고, 이는 곧 기업의 성장을 견인하는 창의적·획기적 사고의 밑거름이 되고 있다. 또한 경기죽전과 군포에 스마트워크 센터의 문을 열어 본사가 위치한 서울 대치동을 찾지 않아도 '스마트워크 센터'와 집이 가까운 직원들은 굳이 본사로 출근하지 않고 '스마트워크 센터'에서 원격근무를 한다. 유한킴벌리는 가까운 시일내에 재택근무, 모바일 근무도 확대할 계획이다. 본사와 집이 멀거나 출장, 외출 등으로 밖에 나가있는 직원과 자녀돌보기 등으로 신경쓸 일이 많은 직원들에게는 제약없이 자유롭게 근무할 수 있는 환경을 구축하고 있다.

유한킴벌리는 유선전화도 없고, 종이도 없는 모바일 오피스 환경을 갖추고 있다. 모바일 오피스 환경은 1999년부터 정보화지원금 혹은 모바일 기기(스마트폰, 태블릿PC, 노트북 등)를 지급하여 전 직원이 집, 영업현장, 해외출장, 이동 중 모든 곳에서 실시간 근무가 가능한 환경을 구현한 것이다. 유선전화 없이 오피스 내에서 개인의 휴대폰을 통해 무료통화가 가능하도록 Free Zone 전화서비스를 도입하였다. 또한 본사와 죽전, 군포의 스마트워크 센터 등 어떤 곳에서도 원격근무가 가능한 ICT 인프라를 구축하여 자원을 효율적으로 활용할 수 있는 시스템을 구현하였다. 어느 곳에서나 언제든지 누구와 함께 할 수 있는 유연한 자원운영(Flexible Resources) 시스템을 구축하고 있다.

자료: 김선우, The HRD Review; 직업능력개발원, 2016년 7월호.

제 2 장 조직변화와 조직개발

제1절 조직변화 개요
제2절 조직변화 과정

학습목표

1. 조직변화의 정의에 대하여 설명할 수 있다.
2. 조직변화의 유형을 차원별로 구분하여 비교하여 토론할 수 있다.
3. 조직변화의 배경을 이해한다.
4. 조직변화를 위한 개입의 정의를 설명할 수 있다.

오늘날 비즈니스 환경은 그 어느 때보다 복잡하고 경쟁이 치열하다. 시장은 점점 연결되고 있고 산업의 경계는 허물어지고 있다. 빠르게 발전하는 기술은 끊임없이 사업모델을 변화하도록 요구한다. 많은 기업이 경쟁에서 탈락하고 산업의 지형도 하루아침에 뒤바뀐다. 1950년대 미국 S&P500 소속기업의 평균수명은 60년이었다. 지금은 평균 15년으로 크게 줄었고 앞으로 기업수명은 더 짧아질 것으로 예상된다. 그만큼 기업들이 빠르게 움직이고 시장을 바꾸고 있다.

하지만 많은 기업의 조직구조는 이런 사업환경 변화의 속도를 따라가지 못하고 있다. 대부분 기업의 조직은 한 세기 전 모습을 그대로 유지하고 있다. 소비자 행동을 예측하고 경쟁자를 분석하기 위해 효율적인 패러다임에 뿌리를 둔 매트릭스 조직을 구성하고 있다. 주요 기업의 조직은 두꺼운 계층구조에 둘러싸여 관료주의와 복잡한 상하조직에 갇혀 있다. 이런 조직구조는 공통의 사업목표를 달성하기 위해 모든 자원을 투입해 똑같은 생산물을 만들어내는 사업모델에 적합했다. 그러나 이제는 획일적인 생산품을 만들어내는 기존과는 다른 사업모델이 필요하다. 조직에도 변화가 필요하다는 말이다. 새로운 환경에서 경쟁해 살아 남으려면 경영자와 네트워크로 연결된 조직의 잠재된 능력을 끌어낼 수 있는 진화된 조직이 필요하다. 조직은 작을 수록 좋다. 결정에 필요한 실질적인 권한을 가진 팀으로 구성된 조직이 모든 결정단계마다 승인이 필요한 두꺼운 조직보다 더 빠르게 움직일 수 있다.

출처 : 트레버 페이지, 이코노미 조선, 2017. 3. 14에서 일부 인용

제1절 | 조직변화 개요

1. 조직변화의 개념

일반적으로 변화(change)란 외부 또는 내부의 압력에 대한 계획적이거나 비계획적인 반응을 의미한다.[1] 개인과 집단 그리고 사회전체를 포함하는 모든 유기체와 조직은 환경 변화에 적응하면서, 서서히 그리고 점진적으로 변화하고 있지만 때로는 급진적인 변화에 의하여 혼란을 겪게되고 이에 적응하기 위하여 개인, 집단 그리고 사회전체는 근본적인 변화를 가져오는 시스템 재정돈을 모색하려 한다.[2] 또한 조직은 환경과의 상호작용을 하여야 하는 개방시스템(open system)으로서 환경의 변화를 인식한다면 선제적인 변화를 시도하여야 하며, 환경의 변화가 없더라도 조직의 생존력과 성과를 높이기 위해서는 스스로 개선하려 하는 것이 필요하다.

또한 조직환경은 횡단면적인 변화만 일어나는 것이 아니라 종단면적으로 지속적으로 일어나고 있기 때문에 일시적인 환경변화에 적응 또는 대응하기 위한 변화만으로는 부족하며 조직이 계속적으로 생존하기 위해서는 환경의 변화에 적응하는 지속적인 변화의 노력이 요구된다. 그러기 위해서는 필요할 때 변화하는 것뿐만 아니라 변화가 이루어진 후에도 계속적인 수정조치를 취해 나가야 한다. 이러한 조직들의 노력이 부족하거나 결여되면 조직은 쇠퇴하거나 멸망하게 된다.

계획적인 조직변화는 조직이 조직개발 활동을 통하여 환경에 적합한 조직문화를 개발하고 경쟁력을 향상시키는 데 기여한다. 조직변화는 조직의 생존력을 높이기 위한 노력이기 때문에 조직자체의 변화는 물론 개인이나 집단의 변화도 포함된다. 특정 부서나 사업단위에서만의 변화뿐만 아니라, 조직전체에 걸쳐서 모든 구성원들의 기본적인 가치관으로부터 그들의 업무수행에 이르는 근본적인 변화를 추구하여야 조직의 경쟁력을 강화시키는데 큰 효과를 가져올 수 있다. 조직변화는 조직 내적으로는 종업원들의 불만족·무기력 등을 극복하고 장기적인 비전을 갖게한다는 취지에서, 조직외적으로는 조직의 장기적 생존을 위하여 환경변화에 대응해야 한다는 측면에서 조직변화의 필요성이 제기되고 있다.

2. 조직변화의 요소

조직변화는 조직성과나 업무향상을 도모하는 목적지향적인 변화이며 조직관리자는 인간, 기술 혹은 구조의 변화를 통하여 조직과업의 성과향상을 도모하는 것이다. 조직구성원인 인간을 중심으로 한 변화는 과업성과가 인간이 가진 과업과 동료에 대한 태도에 달려있다는 과정을 가지고 있으며, 기술의 변화를 통한 과업성과를 이루고자 하는 관점은 조직의 핵심기술의 변화를 통하여 조직성과가 향상될 수 있다는 가정을 가지고 있다. 그리고 구조적 관점은 직무의 재설계와 직업간의 관계를 재구조화함으로써 성과를 향상시키고자 한다. 이와 같은 변화의 대상인 인간과 기술, 그리고 구조는 조직변화의 대상이라고 볼 수 있다. 조직변화는 거시적인 면에서의 변화 뿐만 아니라 미시적 변화까지도 포함하는 것으로 조직성과를 유의적으로 변경하는 조직성격상의 지속적인 변화로 정의할 수 있다.

그림 2-1 조직변화의 요소

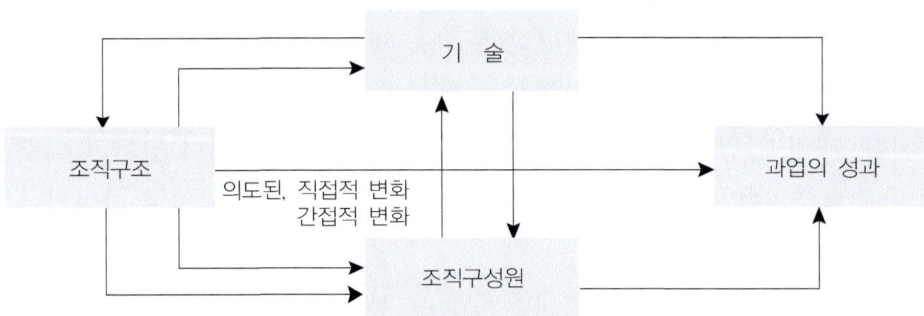

자료: Harold J. Leavit. (1965). Social structure and Organizations, in J. G. March, ed. handbook of Organizations. Chicago : Rand McNally.

3. 조직변화의 유형

환경에 적응하기 위한 노력으로 수행되는 조직변화는 세 가지 관점으로 나누어 볼 수 있다.

첫째, 변화의 범위에 따라 <그림 2-2>변화의 관점에서 보는 바와 같이 점진적 변화와 급진적 변화로 구분할 수 있다. 대부분의 경우 점진적 변화는 조직구조와 관리과정을

그림 2-2 변화의 관점의 변화

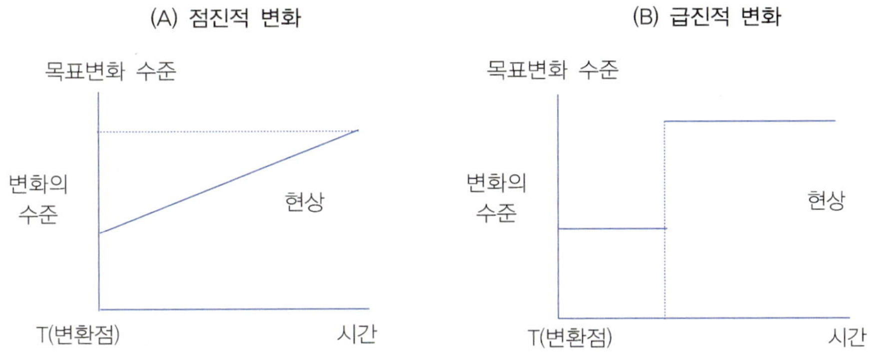

자료: 백기복(2006). 「조직행동연구」. 법문사.

통해서 일어나며, 선진제조 기술과 같은 새로운 기술의 도입이나 제품의 개선 등이 점진적 변화에 포함된다. 이에 반해 급진적 변화는 새로운 조직구조와 관리과정의 창출을 의미하며, 새로운 기술의 개발과 새로운 시장을 형성할 수 있는 새로운 제품의 개발 등이 여기에 해당된다.

두 가지 변화방법 중 아직까지는 점진적 조직변화가 주류를 이루고 있지만, 오늘날의 급변하고 예측하기 어려운 환경의 특성으로 인하여 급진적 변화의 필요성이 점차 대두되고 있다.

둘째, 변화의 시기에 대한 관점으로 사전적 변화와 사후적 변화로 구분할 수 있다. 사전적 변화는 최고 경영층에서 미래에 예상되는 환경변화에 따라 미리 대응하는 것이 필요하다는 판단에 따라 미래지향적으로 조직을 변화시키는 것을 말한다. 사후적 변화는 외부 환경변화나 갑작스런 사건의 발생이 일어난 후에 이에 대응하기 위하여 발생하는 조직변화를 의미한다.

셋째로는 조직변화에 영향을 미치는 수단으로서, 참여적 변화와 강압적 변화의 차원이다.

조직구성원들의 변화에 대한 참여를 통한 협력적인 접근방법을 참여적 변화라고 하며, 소수의 의사결정 계층의 결정에 의한 강압적이고 권위적인 접근방법을 강압적 변화이다. 참여적 변화는 조직변화의 초기에 변화에 대한 저항을 감소시키며 구성원들의 공유가치에 기초한 공동의 조직목표를 촉진할 수 있으며, 조직변화의 이후에도 구성원 상호간의 대립적인 관계를 감소시킬 수 있다는 측면에서 유용한 방법이라고 할 수 있다. 그럼에도 불구하고 참여적 변화의 방법은 과거의 패러다임에 기초한 조직구성원들의 전폭적인 참여를 통한 조직변화의 어려움이 상존하고 있으며, 조직변화의 방향과 범위를 결정하는 조직변화에 참여하는 구성원들은 전체 구성원들의 일부에 지나지 않아 다수의 많은 구성원들과의 대립적인 관계를 가져올 수 있고, 모든 이해관계자들의 이해를 충족시킬 수 없는 조직변화의 속성상 제로섬(Win－Lose)상황이 발생할 수 있다. 이러한 상황에서 조직변화에서 발생하는 많은 갈등을 해결하는 방법으로 강제적이고 권위주의적인 방법이 더 효과적이다.[3)]

앞에서 언급한 변화의 유형들을 결합하여 변화를 변화의 범위(급진적 또는 점진적)와 환경변화에 대한 변화의 시기(사전적 또는 사후적)의 두 측면을 분류기준으로 할 때, 조직체에서 일어나는 변화는 <그림 2－3>과 같이 네 가지 유형으로 분류될 수 있다.

그림 2-3 조직변화의 유형

변화의 시기	사전적	조율적 변화	전향적 변화
	사후적	적응적 변화	혁신적 변화
		점진적	급진적
		변화의 범위	

자료: D. A. Nadler and M. L. Tushman, Beyond the Charismatic Leader: Leadership and Organizational Change, California Management Review, 1990, Winter. 김인수, 거시조직이론, 무역경영사, 2008. p. 484에서 재인용.

(1) 조율적 변화

사전적 차원과 점진적 차원의 변화가 조율적 변화(Tuning)이다. 환경변화를 미리 예측하여 계획을 수립하고 점진적인 개선을 해나가는 조직변화의 유형이다. 즉, 조율적 변화는 앞으로 일어날 주요 사건이나 환경변화를 미리 예측하고 사전에 조직시스템을 적절히 개선, 보완 또는 조정하는 점진적 변화이다. 다가오는 단체협상에서 요구사항을 미리 예측하고 근무조건이나 인적자원관리 제도를 개선하여 노사분규를 미리 예방하는 것을 예로 들 수 있다.

(2) 적응적 변화

환경변화가 있고 난 이후에 이에 대응하는 사후적인 차원과 점진적인 변화를 추구하는 차원의 변화가 적응적 변화(Adaptation)이다. 적응적 변화는 시장경쟁의 변화와 새로운 기술의 개발 등 주요 사건에 대비하여 기존 전략이나 조직에 근본적인 변화없이 이에 적응해 나가는 점진적 변화로서, 모방이나 벤치마킹에 의한 학습을 통하여 이루어 지는 변화로 기업의 부문조직에서 일상적으로 일어나는 많은 변화가 이에 속한다.

(3) 전향적 변화

환경변화를 미리 예측하여 변화하는 차원과 급진적인 변화를 추구하는 것이 전향적 변화(Reorientation)이다. 전향적 변화는 앞으로 다가올 큰 환경변화를 예측하고 조직체의 기본성격과 경영전략의 기본방향을 바꾸어 나가는 선제적 변화로서, 내부 조직경영에 큰 혼란이나 고통을 최소화하고 조직의 연속성을 유지하면서 근본적이고 획기적인 변화를 가져오려는 것이 주요 목적이다. 특별한 환경으로부터의 압력이 존재하지는 않았지만 사전에 업무성과 향상을 주도적으로 시도하기 위하여 변화를 전사적으로 실행하는 경우이다.

(4) 혁신적 변화

환경변화가 있고 난 이후에 이에 대응하는 사후적인 차원과 급진적인 변화를 추구하는 차원의 변화가 혁신적 변화(re-creation)이다. 혁신적 변화는 조직환경의 변화로 인하여 기존 전략과 시스템에 큰 변화와 더불어 조직의 기본가치와 권력구조 그리고 경영조직 전반에 큰 충격을 가져오는 전략적 변화이다. 혁신적 변화는 조직변화가 이루어지지 않는 경우 조직의 생존에 영향을 줄 수 있으며 이에 따라 조직은 생존을 위하여 대규모 변화가 이루어지는 변화이다.

이상 네 가지의 변화유형 중에서 조직변화는 주로 전향적 변화와 혁신적 변화에 포함되며, 특히 혁신적 변화는 우리나라의 많은 기업조직에서 이루어지는 조직변화의 차원이지만 환경변화에 예측적이지 못하고 조직전반의 대규모의 변화를 초래하여 조직에 많은 혼란을 가져온다는 측면에서 바람직하지 못하며, 환경변화를 미리 예측하고 이에 대비한다는 점에서 전향적 변화가 혁신적 변화보다 바람직하다고 볼 수 있다.

4. 조직변화의 배경

조직변화는 조직내적으로는 종업원들의 불만족·무기력 등을 극복하고 장기적인 비전을 갖게 한다는 취지에서, 조직외적으로는 조직의 장기적 생존을 위하여 환경변화에 대응해야 한다는 측면에서 조직변화의 필요성이 제기되고 있다. 즉, 조직변화는 대내·외적인 조직의 압력에서부터 비롯된다고 할 수 있다. 따라서 조직변화를 가져오는 내·외적인 압력의 요인으로는 무엇이 있는지를 알아보고자 한다.

(1) 외부환경의 압력

조직변화를 필요성을 증가시키는 외부적인 환경변화로는 <표 2-1>과 같이 급격한 글로벌화와 급속한 기술변화, 고객욕구의 다양화와 불확실성의 증대, 치열한 시장경쟁, 정보기술의 발달, 그리고 경쟁우위 요소의 변화, 즉 가격과 품질경쟁에서 시간경쟁으로의 변화 등과 같이 환경이 급속도로 변화되고 있다.

이러한 요인들은 기업조직의 활동을 구성하는 하부구성 요소들 간의 조화와 균형을 파괴하는 외부압력 요인이 되며, 이와 같은 적합성의 결여는 계속적으로 조직의 성과를 저하시켜 새로운 조화와 균형을 위한 재조직화를 필요로 하게 되었다.

표 2-1 외부환경 변화에 따른 핵심 성공요인과 요구되는 조직특성

외부환경	핵심 성공요인	요구되는 조직특성
• 급속한 기술변화 • 고객욕구의 다양화 • 치열한 시장경쟁 • 정보기술의 발달 • 경쟁우위 요소의 변화 (원가, 품질→서비스, 시간)	• 창의적 문제해결 능력 • 신속한 대응력 • 지식능력 • 풍부한 정보처리 능력 • 위기관리 능력 • 네트워크관리 능력	• 자율적이고 유연한 조직 • 낮은 계층구조 • 정보의 공유 • 지속적 학습능력 • 긴장감과 도전감 부여 • 조직간 네트워크관리

자료: 송상호 · 김명형 · 허문구(1996). 「우리회사 어떻게 조직변화에 성공할 것인가」. 명진출판.

(2) 내부환경의 압력

조직변화를 필요성을 증가시키는 내부적인 환경변화로는 <표 2-2>와 같이 경기침체에 따른 고용불안의 가속화, 수직적 관계중심의 가치관의 붕괴, 조직구성원 개개인의 자

표 2-2 내부환경 변화에 따른 핵심 성공요인과 요구되는 조직특성

내부환경	핵심 성공요인	요구되는 조직특성
• 고용불안의 가속화 • 전통적 유교가치관의 붕괴 • 개성화 시대 • 관료주의 메카니즘에 따른 조직병리 현상심화 • 노동의 질 추구 • 조직팽창과 관리비용의 증대	• 민주적 조직관리 • 개인의 창의성 • 변화관리 능력 • 높은 개인참여	• 분권화 • 임파워먼트 • 유연한 조직 • 다기능화 • 자기관리조직 • 계층축소 • 스탭의 축소

자료: 송상호, 김형명, 허문구(1996), 명진출판, 우리회사 어떻게 조직변화에 성공할 것인가.

율성과 일의 의미를 중시하는 개성중시의 풍토, 관료주의 메카니즘에 따른 조직병리 현상의 심화, 그리고 삶과 노동을 모두 중시하는 노동생활의 질(QWL: quality of working life) 추구와 조직팽창에 따른 관리비용의 증대 등이 조직의 변화를 요구하는 내부압력의 요인이 되고 있다.

5. 조직변화의 방향

앞에서 언급한 변화의 압력에 대응하기 위한 조직변화의 방향으로는 <그림 2-4>에서와 같이 고객의 입장에서 생각하고 고객의 가치를 최대로 충족시킬 수 있도록 하는 고객지향성, 개인의 자율성과 창의성을 최대한 발휘하여 직무수행에 있어서 만족의 증대와 이를 통한 높은 부가가치를 발휘하도록 하는 개인지향성, 통제와 내부를 지양하고 경쟁보다는 협력을 통한 상호간의 이익을 극대화하는 공생지향성, 그리고 지식기반 관리와 학습조직화를 통한 학습지향성을 조직변화의 방향으로 삼아야 한다.[4] 이 네 가지 변화의 방향 모두를 변화의 방향으로 할 때 조직은 미래형 조직으로 환경변화에 대응하여 생존할 수 있다.

(1) 고객지향성

고객지향성이란 고객의 입장에서 생각하여 고객의 욕구나 가치를 효과적으로 충족시킬 수 있도록 조직을 설계하고 관리하는 것을 말한다. 이는 조직운영의 기본이 고객우선주의에 있고, 조직의 구조도 고객의 요구에 신속하게 대응할 수 있는 조직으로 구성되어

그림 2-4 조직변화의 방향

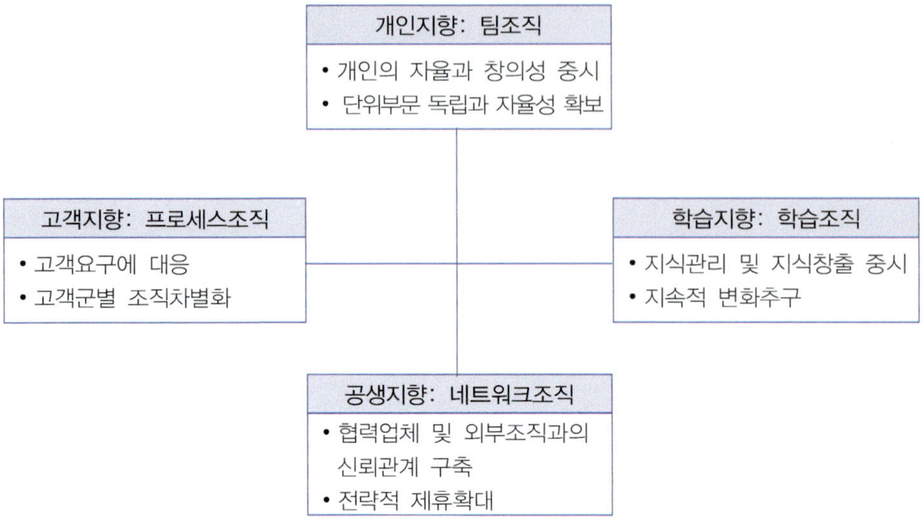

자료: 김인수(2008), 거시조직이론, 무역경영사.

있어야 함을 의미한다. 리엔지니어링, 프로세스 조직 등이 이러한 고객지향성을 바탕으로 한 것이다.

(2) 개인지향성

개인지향성이란 개인 혹은 소집단의 자율성과 창의성을 극대화시킬 수 있도록 조직을 설계하고 관리하는 것이다. 최근에 기업의 경쟁력은 자본이나 기계설비에 의하여 이루어지는 것이 아니라 조직구성원들의 아이디어와 창의력에 의하여 결정되는 것을 말한다. 조직의 개인의 창의력을 최대한 발휘하여 높은 부가가치를 창출할 수 있도록 하는 것을 말한다. 최근 우리기업들이 구성원의 참여와 동기를 유발하고 창의력을 끌어내며 혁신적인 아이디어와 문제해결을 위하여 여러 가지 관리기법을 적용하고 있다.

(3) 공생지향성

공생지향성이란 기업활동을 내부화하거나 지나치게 경쟁함으로써 발생하는 비용을 최소화하고, 기업간 상호신뢰와 협력을 통하여 쌍방간에 공생적 이익을 극대화할 수 있도록 조직을 설계하고 관리하는 것이다. 경쟁의 논리를 피하고 상호협력을 통한 전략적 제휴를 통한 협력의 논리를 택하는 것이다. 자신보다 더 잘하는 개인 혹은 조직이 존재한다는 것을 인정하고, 이들과 상호신뢰 관계를 형성하여 공생의 가치를 극대화하는 조직설계 및 관리방안이 필요하다. 네트워크 조직화를 통한 협력적 관계의 구축이 공생지향성의 대표적인 예라고 할 수 있다.

(4) 학습지향성

학습지향성이란 지식의 중요성을 인식하고 지식창출과 지식관리를 체계적으로 실시하여 항상 배우는 조직을 설계하고 운영하는 것을 가리킨다. 지식정보화 사회에서 기업의 가치를 제고하는 요인은 자본이나 생산설비가 아닌 새로운 지식과 아이디어, 창의력에 기반하고 있다. 따라서 조직은 각 조직구성원 혹은 집단에게 학습할 수 있는 동기를 부여하고 이를 잘 관리할 수 있도록 함으로써 개인의 지식을 팀 혹은 집단의 지식으로, 팀의 지식을 조직전체의 지식으로 확산시킬 수 있는 관리방안이 필요하다. 조직학습과 학습조직화를 통한 지식기반 경영체계를 구축하는 것을 말한다.

제2절 | 조직변화의 과정

1. 조직변화의 단계

조직변화의 과정은 순환적 성격을 가진 여러 단계로 이루어지며 상황에 따라 달라질 수 있다. 조직을 연구하는 학자의 입장에 따라 여러 가지로 분류되고 있지만, 어느 정도 공통적인 단계가 있다. 조직변화를 위한 실제적·구체적 단계를 세분화하면 대체로 ① 인지단계, ② 입안단계, ③ 시행단계, ④ 평가단계로 나눌 수 있다. 평가단계에서 이루어지는 환류는 인지단계로부터 다시 혁신의 과정을 진행시킬 수 있기 때문에 혁신의 과정은 순환적이라고 할 수 있다.

① 인지단계

인지단계는 현실수준이 기대수준에 미달하는 차질을 발견하고 변화의 필요성을 인지하고 확인하는 단계이다. 조직이 달성하여야 할 기준과 실제 달성한 성과의 차이는 현실수준의 저하 때문에 비롯될 뿐만 아니라 기대수준의 변동때문에 비롯되기도 한다. 여러 가지 원인으로 인한 조직이 달성하여야 할 기준과 성과의 차이, 환경의 변화에 따른 새로운 비전과 가치관의 필요성, 조직구성원의 변화에 따른 조직변화의 필요성의 인지 등 조직변화의 필요성은 조직에 상존한다고 볼 수 있다.

② 입안단계

입안단계는 변화의 필요성이 확인된 다음 기준과 실적사이의 차질을 해소시킬 수 있는 대안을 탐색하여 채택하는 단계이다. 입안단계에서는 미래에 대한 행동계획을 미리 세워야 하기 때문에 미래의 불화실성을 극복하고 조직변화에 수반되는 위험을 최소화하기 위한 대안을 수립하여야 한다. 미래에 대한 예측 및 대안을 수립할 수 있는 능력은 입안단계의 성패를 가름하는 결정적 요인이다.

③ 시행단계

조직변화의 대안을 실천에 옮기는 단계로서 조직변화에 필요한 인적·물적자원을 동원하고 변화에 대한 저항을 극복하면서 상황변화에 적응할 수 있도록 대안이 시행되어야 한다.

④ 평가단계

조직변화의 성과와 변화의 과정적 요인들을 분석·평가하여 그 결과를 변화과정의 적절한 단계에 환류시키는 활동을 말한다. 평가는 변화가 처방대로 실현되었는가를 확인해 보는 목적도 있지만, 평가의 보다 중요한 목적은 평가의 결과를 환류시킴으로써 조직변화 활동을 개선하려는 것이다. 조직변화의 성공에 대한 조직구성원들의 인지는 조직변화에 대한 추진력을 만드는 기반이 될 수 있으며 더 큰 조직변화를 추구할 수 있는 기반이 되기도 한다.

2. 변화과정

조직변화란 조직의 구조의 시스템만을 바꾸는 것이 아니라 그 시스템에 맞는 구성원의 태도, 기능, 지식까지 바꾸어야 진정한 변화가 정착될 수 있다.

레윈(K. Lewin)이 제시한 변화의 3단계 모형에 기초한 변화모형은 현재 상태를 해빙시켜서 새로운 수준의 상태로 변화시키고 새로운 수준에서 재동결시켜야 한다는 것이다. 재동결 단계에서 중요한 점은 종전의 집단규범을 변화시켜 새로운 집단규범을 지니도록 재동결해야 효과적이라는 점이다.

변화의 첫 단계는 해빙단계로서 구성원으로 하여금 현재의 시스템이나 자신의 행동에 문제가 있고 이로 인하여 집단과 조직체 성과에 영향이 있다는 것을 인식시킴으로써 변화에 대한 필요성을 느끼게 하고 이에 대한 관심을 갖게 하는 것이다. 즉, 이 단계는 개인들이 변화요구를 불러 일으켜 변화에 저항하지 않고 오히려 협조할 수 있도록 하는 것이다. 변화에 대한 부정적 태도는 이를 강화해 주는 기본 가치의식과 사고방식이 배경에 작용하고 있기 때문이다.

그러므로 이러한 고정된 가치관과 의식구조에서 벗어나지 않는 한 새로운 관점과 가치관이 받아들여지지 않을 뿐 아니라 변화에 대한 저항태도도 여전히 계속될 수밖에 없다. 이러한 전제하에 구성원의 굳어져 있는 관점과 가치의식을 녹이는 것이 해빙단계이다. 이때 변화로 얻을 수 있는 구체적 이점을 미리 알려주는 것도 한 방법이다. 또 변화에 대한 보너스, 특별수당 등으로 저항을 줄이면서 기존의 것에 대한 가치관과 태도를 바꾸면서 새로운 관점과 가치관을 수용할 수 있는 의식구조상의 변화를 도모하게 된다.

두 번째, 변화단계는 조직구성원들이 옛 태도와 행동을 버리고 새로운 시스템과 이를 위한 새로운 태도와 기능 및 지식 등 받아들일 용의를 갖게 될 때 곧바로 변화를 구체화하는 단계이다. 현재 상태에서 새로운 상태로 변화되는 단계로서 변화를 실제로 도입하여 시행하는 단계이다. 새로운 관점과 태도가 형성되려면 새로운 시스템구조나 역할관계 등 기도하는 변화가 구성원 자신에게 좋은 결과를 가지고 온다는 것이 확신되어야만 할 것이다. 따라서 새로운 직무내용과 작업방법으로부터 얻는 직무에 대한 내재적 만족감, 새로운 집단구성원과의 관계에서 얻을 수 있는 사회적 욕구충족 등 보다 높은 수준의 자아실현을 이 단계에서 실제로 체험함으로써 구성원의 기본관점과 가치의식에 새로운 변화가 있을 수 있고, 이에 따라서 바람직한 새로운 행동이 형성될 수 있다. 이처럼 변화단계는 새로운 것에 대한 수용을 적극유도하고 이를 내면화시켜 나가는 단계이다.

마지막, 재동결단계는 변화단계에서 추진된 바람직한 시스템의 변화와 조직구성원의 변화를 확실하게 정착시키고 조직을 다시 안정시키는 과정이다. 재동결 단계에서도 조직변화를 위한 계속적인 지원과 강화가 필요하다. 즉, 변화의 결과를 계속 주시하면서 새로운 변화에 알맞은 보상제도의 실시, 조직구조의 조정, 그리고 직무재설계 등 조직의 환경조건을 조성해야 한다. 특히 이 단계에서 변화된 상태를 안정화시키고 장기간에 걸쳐 변화효과가 지속되도록 적절한 노력을 기울여야 한다.[5]

조직변화의 사례

구글의 모회사 '알파벳'은 조직주변부에서 변화를 시작해 조직전체를 혁신한 사례로 꼽힌다. 미국 캘리포니아에 있는 구글본사의 모습. <사진: 블룸버그>

오늘날 비즈니스 환경은 그 어느 때보다 복잡하고 경쟁이 치열하다. 시장은 점점 연결되고 있고 산업의 경계는 허물어지고 있다. 빠르게 발전하는 기술은 끊임없이 사업모델을 변화하도록 요구한다. 많은 기업이 경쟁에서 탈락하고 산업의 지형도 하루아침에 뒤바뀐다. 1950년대 미국 S&P500 소속기업의 평균수명은 60년이었다. 지금은 평균 15년으로 크게 줄었고 앞으로 기업수명은 더 짧아질 것으로 예상된다. 그만큼 기업들이 빠르게 움직이고 시장을 바꾸고 있다. 하지만 많은 기업의 조직구조는 이런 사업환경 변화의 속도를 따라가지 못하고 있다. 대부분 기업의 조직은 한 세기 전 모습을 그대로 유지하고 있다. 소비자 행동을 예측하고 경쟁자를 분석하기 위해 효율적인 패러다임에 뿌리를 둔 매트릭스 조직을 구성하고 있다. 주요 기업의 조직은 두꺼운 계층구조에 둘러싸여 관료주의와 복잡한 상하조직에 갇혀 있다. 이런 조직구조는 공통의 사업목표를 달성하기 위해 모든 자원을 투입해 똑같은 생산물을 만들어내는 사업모델에 적합했다. 그러나 이제는 획일적인 생산품을 만들어내는 기존과는 다른 사업모델이 필요하다. 조직에도 변화가 필요하다는 말이다. 새로운 환경에서 경쟁해 살아남으려면 경영자와 네트워크로 연결된 조직의 잠재된 능력을 끌어낼 수 있는 진화된 조직이 필요하다. 조직은 작을수록 좋다. 결정에 필요한 실질적인 권한을 가진 팀으로 구성된 조직이 모든 결정단계마다 승인이 필요한 두꺼운 조직보다 더 빠르게 움직일 수 있다.

딜로이트가 조직재편에 성공한 세계 주요기업의 사례를 관찰한 결과, 유연한 팀중심의 네트워크 조직을 만든 기업은 네 가지 비결을 가지고 있었다. 이런 조직을 통해 기업은 빠르게 변화하는 복잡한 경쟁환경에서 성장하고 불확실한 미래에 빨리 적응할 수 있을 것이다.

비결 1: 핵심은 보호하고 주변에서 혁신하라

유연한 조직을 만들기 위해 필요한 변화요인을 절대 과소평가해서는 안 된다. 많은 대기업이 변화하기 위해 뼈를 깎는 노력을 하고 있다. 변화가 어려운 이유는 기존 조직의 극렬한 저항을 극복해야 하기 때문이다.

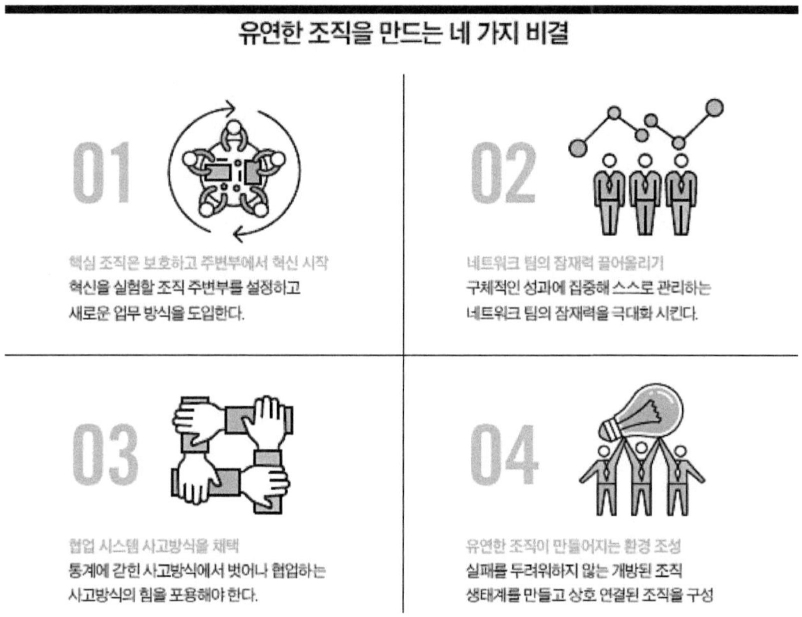

저항으로 변화가 좌절되는 함정에 빠지지 않으려면 단계적인 접근이 필요하다. 단계적인 접근의 가장 효율적인 방법은 조직의 핵심은 유지하면서 주변부에서 새롭고 유연한 조직을 시도해보는 것이다. 주변조직을 혁신을 배양하는 인큐베이터로 활용하는 셈이다. 이런 접근법은 오랜시간에 걸쳐 증명된 방법이다. 특히 덩치큰 기업들은 변화를 시도하는 '작은 실험실'을 설치해 점진적으로 전체의 변화를 유도하는 방법으로 조직변화에 따른 위험을 피할 수 있다. 이런 방식을 가장 잘 활용한 사례는 세계 최대의 인터넷 검색서비스 기업 '구글'이다. 구글은 핵심 조직은 보호하는 가운데 조직주변부에서 새로운 아이디어와 씨름하는 팀을 양성했다. 이제 구글은 '알파벳'이라고 하는 거대한 지주회사의 자회사다. 알파벳은 두 개 조직으로 나뉘는데, 한 조직은 검색과 지도 · 크롬 · 유튜브 등 구글의 핵심인터넷 사업을 관장하고, 또 다른 조직은 자율주행차와 생명공학 · 로봇 등 장기적인 미래 비전을 총괄한다. 이 새로운 조직은 '가능한 많은 사람의 삶을 개선한다'는 비전을 갖고 운영되는데, 이는 '세계정보를 구축하고 이를 유용하고 접근가능하도록 만든다'는 당초 구글의 설립목표와는 차이가 있다. 두 조직이 서로 다른 목표를 가지고 있지만 알파벳은 성공적으로 두 조직을 통합하고 새로운 환경에 적응하며 성장하고 있다.

음악 스트리밍 업체 '스포티파이'는 작은 규모의 민첩한 조직을 운영해 빠르게 성장했다. <사진: 스포티파이>

조직의 핵심부와 주변부를 어떻게 설정해야 하는지는 더 많은 고민이 필요하다. 다만 지금까지 확인된 사실은 주변부에서부터 혁신을 시작한 기업은 변화에 필요한 모멘텀을 얻었다는 사실이다. 일부는 이런 접근이 지나치게 조심스러운 것 아니냐고 의문을 제기할 수도 있다. 하지만 주주나 소비자 등 외부로부터 변화의 압력을 받는 큰 기업은 위에서부터 시작된 갑작스러운 변화로 진정한 조직혁신을 이루기 어려울 것이다.

비결 2: 네트워크 팀의 잠재력을 끌어올려라

주변부에서 혁신을 시작하기로 결심한 기업은 조직에 새로운 디자인을 적용함으로써 스타트업의 성공적인 경험을 빌려와야 한다. 구체적인 성과목표를 가지고 여러 가지 기능을 동시에 수행하는 자율적인 팀을 구성하는 것이 좋은 방법이다. 네트워크처럼 연결된 새로운 팀단위 조직은 전통적인 관리자가 이끌 수 없다. 팀구성원은 스스로 영감을 찾고 여러 가지 기능에 능숙해야 하며, 지혜로운 리더는 팀의 활동성을 높이는 동시에 훌륭한 결과가 도출될 수 있도록 팀을 독려해야 한다. 네트워크 팀의 새로운 모델은 기존 조직의 전형적인 형태인 복잡한 매트릭스를 변형하는 것이 아니라 투명하고 적응력이 강하며 조직규모를 자유롭게 변형할 수 있는 유연한 조직이 돼야 한다.

2008년 서비스를 시작한 글로벌 음악 스트리밍 서비스 '스포티파이'는 60개국에서 6000만명의 이용자를 확보하고 있다. 스포티파이가 빠르게 성장할 수 있었던 비결은 민첩한 조직을 운영했기 때문이다. 스포티파이의 기본 조직단위는 '반(squad)'이다. 다양한 기능을 수행하는 작은 반 조직이 소비자 취향과 제공되는 서비스에 따라 나뉘었다. 회사에 작은 스타트업이 여러 개 조직된 셈이다. 디지털 시대에 스포티파이와 같은 기업이 성장하면서 민첩한 조직이 만들어지고 있다. 이들은 소비자를 모든 의사결정의 중심에 둔다. 이런 조직은 소비자만족 등과 같은 명확한 목표를 달성하기 위해 여러 가지 기능을 수행하는 직원들이 힘 있는 팀을 꾸린 결과다.

딜로이트가 조사한 결과 네트워크 팀모델을 성공적으로 도입한 기업에는 공통적인 특징이 있었다. 첫째, 이들 기업은 목표와 소비자 니즈를 명확히 정의했다. 팀 단위조직이 성공하려면 목표를 확실히 정해야 한다. 그 목표는 제품개발이나 서비스, 소비자 분류, 새로운 비즈니스 등 경영의 모든 결정과 관련이 있다. '주목해야 할 구체적인 소비자 경험이 있는가' '새로운 시장에 진출해야 할까' 등이 대표적인 사례다. 둘째, 다양한 역할을 동시에 수행할 수 있는 팀을 구성해야 한다. 목표가 명확히 설정됐다면 업무는 스스로 수행하고 관리하는 팀에 맡겨져야 한다. 팀은 다양한 역할을 동시에 수행해야 한다. 한 팀에 대부분의 기능이 부여돼야 하는 셈이다. 그래야 소비자의 수요가 변하는 경우에도 팀이 대응할 수 있다. 셋째, 여러 가지 역할을 동시에 수행할 수 있는 팀이 만들어졌다면 시스템이 비대해지는 것을 경계해야 한다. 이 단계에서는 리더의 역할이 중요하다. 리더는 얼마나 많은 사람이 자신에게 업무보고를 하는지 신경 쓰지말고 얼마나 많은 직원이 서로 소통하고 능력을 최대한 발휘해 목표를 이루는지 지켜봐야 한다. 또 리더는 직원들을 감시하고 통제하는 대신 분명한 목표를 정해 조직이 같은 방향으로 갈 수 있도록 '가이드'하는 역할에 집중해야 한다. 넷째, 민첩한 경영원칙을 세워야 한다. '민첩성'은 유연한 조직을 만들기 위해 반드시 체득돼야 하는 원칙이다. 목표달성에 실패한 경우 이를 빨리 극복하고 많은 경험을 통해 적응력을 높이는 것이 민첩성을 기르는 데 도움이 된다.

마지막으로 팀에 자율성을 주는 리더십이 필요하다. 서로 연결된 팀조직이 정착되려면 경영진의 인식이 바뀌어야 한다. 팀조직은 스스로 위험을 감수하고 결정을 내리는 과정, 즉 책임있는 결정을 통해 힘을 강화할 수 있다. 물론 감시와 통제가 필요한 조직도 있지만, 이것이 전체 조직을 지배해서는 안 된다.

비결 3: 협업 사고방식 강화하라

네트워크 팀이 중심이 된 조직은 전통적인 위계질서에 기반을 둔 조직과는 매우 다르다. 팀조직이 성공적으로 운영되려면 팀과 관련된 모든 이슈를 전반적으로 이해해야 하기 때문이다. 이런 조직은 하나의 복잡한 시스템이다. 따라서 시스템 사고방식을 받아들이는 것은 민첩하고 유연한 팀중심 조직구조를 만드는 데 매우 중요하다. 성공적인 조직은 단순히 기능적인 부분의 합이 아니다. 기능적인 부분이 아무리 효율적이고 잘 디자인됐다고 해도 유기적인 연결없이는 잘 작동하는 조직을 만들 수 없다. 혁신적인 변화는 각 부분을 최신 디자인으로 바꾸는 근시안적인 접근이 아니라 전체 조직단위에서 시작돼야 한다. 일부 전문가는 성공적인 마케팅이나 판매 등 일부분의 기능을 강조하지만, 이를 잘못 받아들일 경우 다른 기업의 모범사례 일부를 부적절하게 도입하는 결과를 가져온다. 또 계속변화하는 비즈니스 환경에서 경쟁우위에 서려면 조직은 위험을 공유하고 협업해야 한다. 연결된 팀조직은 이를 구성하는 구성원들보다 더 나은 결정을 내린다.

비결 4: 유연한 조직을 위한 상태를 조성하라

새로운 조직을 디자인하는 것만으로 글로벌 기업들이 오늘날 필요한 유연성을 획득하기 충분하지 않다. 네트워크 팀이 힘을 얻어야 하고 공통된 목표와 리더십, 발전을 통해 지지돼야 한다. 목표는 조직의 공통비전을 창조하고 문화를 공유하도록 한다. 유연한 조직은 새로운 타입의 리더십을 필요로 한다. 구성원들에게 동기를 부여하지 않고, 현실에 안주하는 리더십의 유효기간은 끝났다. 유연한 조직에 적합한 리더는 통제하고 감시하고 지시하는 리더가 아니라 다양성을 인정하고 협업을 이끄는 리더이다. 성공하는 기업의 리더십은 다양한 조직출신의 직원을 고용해 이들에게 영감을 주고 변화하는 환경을 이해하기 위해 다양한 비전통적 자원을 활용해야 한다. 적응력이 높은 조직은 전형적으로 다음과 같은 구성원을 가지고 있다. 우선 집중과 지속성, 조직의 전략을 주도하는 핵심 운영자가 필요하다. 변화하는 수요에 대응할 수 있는 노동력과 외부 전문가도 조직에 힘이 된다. 또 소비자와 시민이 조직발전에 참여할 수 있도록 조직과 이들을 연결해주는 커뮤니티도 필요하다.

협업과 기술 플랫폼은 조직에 새로운 디자인을 가져온다. 조직내부의 운영에 적응하려면 빠르게 비전을 체득하고 팀에 힘을 실어줘야 한다. 특히 대기업의 경우 명령과 통제시스템에서 벗어나 스스로 조직하는 자율적인 시스템으로 변화하는 것이 자율적인 네트워크 팀을 구성하는 매우 중대한 변화다. 자동화된 의사소통과 조직 간 연결은 위계질서에 따른 명령과 통제없이도 조직을 성장하도록 한다.

이와 함께 기업은 조직이 실패할 수 있는 기회를 허용해야 한다. 민첩한 경영과 스타트업 문화는 실패를 통해 얻은 경험을 기업에 좋은 영양분으로 만든다. 10개 스타트업 중 9개 업체는 실패한다. 실패는 실패에 머무르지 않는다. 팀이 실패를 두려워하지 않고 기꺼이 위험을 감수하도록 해야 한다. 이것이 빠르게 조직을 혁신하는 길이다.

그동안 조직은 계속 진화해 왔다. 효율적인 대량생산을 위해 도입된 위계질서에 기반한 매트릭스 조직은 문화에 기반한 조직모델로 변화했다. 기술진보에 따른 혁신은 이런 진화의 속도를 더 빠르게 하고 있다. 경쟁이 심화되고 빠르게 변화하는 환경에서 성공하려면 조직은 실패의 경험과 다음 단계로 나아가려는 도약을 통해 끊임없이 배워야 한다. 유연한 조직은 새로운 도전을 받아들일 정도로 충분히 민첩한 팀 네트워크로 구성된다. 이런 조직은 동시에 다양한 역할을 수행하며, 협업할 수 있을 만큼 민첩하고, 끊임없는 변화를 수용할 만큼 힘이 있다. 유연한 조직을 만드는 것은 불가능한 일인 것처럼 보이지만 많은 기업사례가 조직을 변화시킬 수 있다는 사실을 증명한다.

출처 : 트레버 페이지, 이코노미 조선, 2017. 3. 14

제 3 장

학습조직과 조직개발

학습목표

1. 학습과 지식에 대하여 토론할 수 있다.
2. 개인학습과 조직학습을 비교하여 설명할 수 있다.
3. 학습조직의 설계를 실시할 수 있다.
4. 학습조직의 구축방법을 설명할 수 있다.

과거에 경쟁이라고 불리웠던 용어들이 요즘은 전쟁이라는 용어로 바뀌었다. 전쟁이란 총, 대포, 폭발물로 행하는 군사적 충돌이나 대결만이 아니라는 것이다. 이를 테면 무역전쟁, 기술전쟁, 경제전쟁, 종교전쟁 등과 같은 용어들이 만들어 지고 있다. 그러나 전쟁과 경쟁에는 뚜렷한 차이가 있다. 경쟁은 언제나 등수에 의한 메리트가 있다. 1등은 금메달, 2등은 은메달, 3등은 동메달이다. 월드컵에서 한국은 16강에 드는 것이 꿈이다. 만년 하위권이던 학생이 중위권으로 올라도 대단한 칭찬감이다. 그러나 전쟁은 다르다. 전쟁에서의 2등은 존재하지 않는다. 1등에서 먹히고 말기때문에 종적을 찾을 수도 없다.

조직의 생존은 조직이 가지고 있는 지식에 의하여 이루어진다. 많은 지식과 창의력을 가진 조직만이 생존할 수 있기 때문이다. 학습은 개인에 의하여 이루어진다. 즉, 조직은 직접적인 학습의 주체가 아니다. 학습의 주체인 개인학습이 모여져서 조직의 학습수준을 결정하게 된다. 하지만 단순한 개인학습의 합으로 이루어지는 것이 아니라 조직이 어떻게 개인학습을 장려하고 조직내에서 활용할 수 있는 체계를 구축함에 따라 그 유용성은 차이가 발생한다. 그리고 개인학습은 그 존속기간에 있어서 유한하지만 조직학습은 개인이 조직을 떠나도 조직내에서 유지되고 활용된다.

제1절 | 학습조직 개요

1. 학습과 지식

(1) 학습의 개념

학습은 인간 삶의 시작이요 과정이라 할 수 있다. 공자는 논어에서 맨 처음 언급한 것이 "學而時習之 不亦悅乎(학이시습지 불역열호)"라고 하였다. 즉, "배우고 때때로 익히면 기쁘지 아니한가"라는 뜻이다. 또한 맹자는 "上無例下不學, 賤民興, 喪無日矣(상무예하불학, 천민흥, 상무일의)"라 했다. 즉, "위에 있는 사람이 예의가 없고 밑에 있는 사람이 배우지 아니하면 도적들이 흥하여 근심이 끊이지 않을 날이 없다"는 것이다. 또한 중용에 "好學近乎知, 力行近乎仁, 知恥近乎勇(호학근호지, 역행근호인, 지치근호용)이라 하였다. 즉, "배움을 좋아하는 것은 지혜에 가깝고, 힘써 행하는 것은 어짐에 가깝고, 부끄러움을 아는 것은 용기에 가깝다"는 것이다. 이처럼 배움은 사람의 마음을 기쁘게 하며 사회를 이끌어 가는 데 안정과 질서를 유지시켜주는 작용도 아울러 하고 있다. 또한 배움은 지혜있는 자가 행하는 과정이라고 할 수 있다.

거의 모든 복잡한 인간의 행동이 학습된다는 것은 명백한 근거를 가지고 있다. 우리가 조직내의 인간의 행동을 설명, 예측, 통제하기를 원한다면 사람들이 어떻게 학습하는지를 이해하는 것이 필요하다. 보통의 문외한들은 학습을 "학교에 다닐 때 우리들이 배웠던 것"으로 생각하지만 학습에 대한 심리학자들의 정의는 보다 더 광범위하다. 먼디(R. W. Mondy et al.) 등은 학습이란 유형화된 행동과 실천을 통해 기능, 지식, 능력 및 태도를 얻는 활동이라고 하였고, 로빈스(S. P. Robbins)는 학습이란 경험의 결과로서 일어나는 비교적 영속적인 행동의 변화(relatively permanent change in behavior that occurs as a result of experience)라고 하였으며, 킴블(Kimble)은 학습의 정의로 학습이란 "훈련의 결과 일어나는 행동잠재력의 비교적 영속적인 변화"라고 정의하였다.

이러한 내용들을 종합하여 볼 때, 학습(learning)이란, 배우고 익히는 것을 말하며 그래서 모르던 것을 알거나 할 줄 알게되는 것을 말한다. 이러한 정의에 따라 학습의 중요한 특성을 찾아본다면 다음과 같은 몇 가지로 정리할 수 있다.

첫째, 학습은 형태에 있어서 개혁을 필요치는 않더라도 변화(change)를 수반한다. 학습된 후에는 그 이전보다도 어떤 모습으로든 달라진다. 변화는 조직의 관점에서 보면 좋은 것일 수도 있고 나쁜 것일 수도 있다. 종업원이 바람직한 행동을 학습하는가, 아니면 바람직하지 못한 행동을 학습하는가에 따라 조직의 생산성에 미치는 결과가 다를 수 있기 때문이다.

둘째, 이때의 변화는 상대적으로 영구적인 것을 의미한다. 말하자면 학습에 의해 일어난 변화는 오랫동안 지속되는 경향이 있다. 일시적인 변화는 반응적인 것일뿐 참다운 학습이라고 할 수 없다.

셋째, 학습은 행동과 관련된다. 학습은 현재의 행동뿐만 아니라 잠재적인 행동에도 영향을 미친다.

넷째, 학습은 경험의 결과이다. 이때의 경험은 직접적인 것일 수도 있고 간접적인 것일 수도 있다. 또한 학습을 위해서는 어떤 형태로든지 경험을 필요로 한다.

다섯째, 학습은 지식과 기능만이 아니라 태도와 사회적 행동을 포함한다.

여섯째, 학습은 분명히 조직행동에 영향을 미치는 요인이다. 그러나 학습은 행동에 영향을 미치는 여러 가지 요인 중의 오직 하나일 뿐이다.

일곱째, 성장, 피로 또는 잠과 같은 신체적 변형(variation)에 따른 행동변화는 학습이 아니다. 말하자면 학습결과 얻은 행동변화와 성숙 또는 나이를 먹음에 따라 일어나는 변화는 다르기 때문이다. 보다 직접적으로 말하면 학습은 환경과의 경험에서 나오는 것이기 때문에 조직의 업적에까지 연결되는 행동변화의 하나의 원천이기도 하나 본능적 또는 유전적인 다른 행동변화의 원천과는 여러 가지 측면에서 성격을 달리하는 독특한 원천이다.

(2) 지 식

1) 지식의 개념

지식이란 매우 다층적이고 다의적인 개념으로서, 기억하고 있는 정보뿐만 아니라 개념, 법칙, 이론, 가치관, 세계관에 이르기까지 추상성과 포괄성을 함께 가진다. 그러므로 지식을 한 마디로 정의하기란 매우 어렵다. 노나카(Nonaka)는 지식은 단지 무엇인가를 '안다'는 것 그 이상의 의미를 내포하고 있는데, 이러한 지식에는 특허, 프로세스, 조직구성원의 능력, 기술, 고객정보, 공급자 정보, 경험 등이 속한다. 지식에 대한 관점은 두 가지 측면에서 살펴볼 수 있다. 객관적인 측면과 주관적인 측면이다. 객관적인 측면에서는 인식론적 접근방법으로서 진리, 신념, 정당화라는 세 가지 조건이 필요하다.[1] 즉 지식을 '정당화된 참된 신념(jusitified true belief)'으로 보았다.

또한 리베스킨드(Liebeskind)는 지식을 '타당성이 검증된 정보'로 정의하고 있으며,[2] 내스(Nass)는 지식이란 조직 내에서 공식적으로 설정된 사실, 규칙, 정책, 절차를 말하며 기존에 만들어진 정보를 포함한다고 정의하고 있다고 하였다.[3] 이와 같은 개념적인 지식이 아닌 실용적인 차원에서 드럭커(D. Drucker)는 '지식이란 작업방식을 개선 또는 개발하거나 기존의 틀을 혁신함으로써 부가가치를 증가시키는 것'이라고 하고 있다.

이러한 다양한 개념들을 종합하여 볼 때 지식이란 타당성이 검증된 정보가 개인에게 체계화된 상태를 말한다.

지식사회에 있어 기업의 경쟁력은 공장이나 자본처럼 유형자산 뿐만 아니라 조직구성원의 지식과 아이디어, 우수한 프로세스, 차별화된 고객만족과 같은 무형자산에 있다. 이러한 눈에 보이지 않는 지식이 데이터나 정보보다 가치가 있는 이유는 역동성 때문이다. 인간의 머리속에 들어있는 지식은 행동으로 전환되어 부가가치를 만들어 낸다. 그러나 지식에서 어떤 가치를 어떻게 효율적으로 도출하여 활용할 것인가 하는것이 지식사회에서 새로운 과제로 대두되고 있다. 급변하는 환경속에서 기업의 활동에 실질적인 의미를 갖는 지식은 결코 정태적(Static)일 수 없다. 드럭커는 지식의 역할을 세 가지로 분류하였다.

첫째, 지식은 제조공정 · 제품 · 서비스를 끊임없이 개선시켜야 한다.
둘째, 새롭고 다른 제조공정 · 제품 · 서비스를 개발하는데 활용되어야 한다.
셋째, 지식은 혁신을 지속적으로 추구할 수 있어야 한다.

2) 지식의 체계

지식을 이해하는 과정에서 정보(Information)와 지식(Knowledge)은 혼동하기 쉬운 개념 중의 하나이다. 그러므로 먼저 사실(Fact), 데이터(Data), 정보(Information), 지식(Know ledge), 그리고 지혜(Wisdom)에 이르기까지 이들간의 개념적 차이를 살펴보면 <그림 3－1>과 같다.

사실(Fact)은 객관적으로 실재하거나 일어난 일을 가리키며, 이러한 사실이 객관적 실재로 기호 또는 수치화한 것이 '데이터'이다.

데이터(Data)란 사건이나 사태를 단순히 기술적으로 표현한 것으로 그것을 활용하는

그림 3-1 사실, 데이터, 정보, 지식, 지혜의 관계

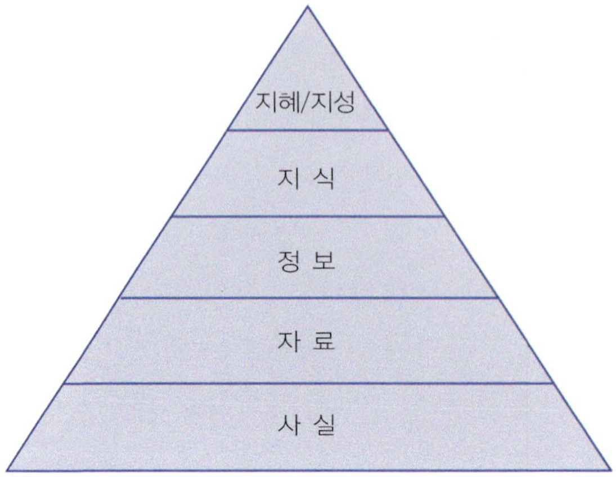

사람에게 포착되기 이전까지는 아무런 의미와 가치를 지니지 못하는 한계를 지니고 있다. 데이터를 특정 목적과 문제해결에 도움이 되도록 가공하여 부가적 의미를 창출해낸 것이 정보(Information)이다.

정보는 지식을 창조할 때 사용하는 다양한 매체이며 그것을 활용하는 사람의 목적과 의도에 따라 체계적으로 수집, 분류, 가공된 상태를 말하는 것으로 지식으로 승화될 때 비로소 가치를 갖게 된다. 이러한 정보의 토대는 데이터이다. 드럭커는 정보를 "관련성과 목적을 갖춘 데이터"라고 정의하였으며, 스트롱(Strond), 대번포트(Davenport)와 프루삭(Prusak)은 "데이터는 그것을 창조한 자가 의미를 부여할 때" 정보가 된다고 하였다.[4)]

지식(Knowledge)은 '지'의 축적된 형태(Stock)로 파악하고 있다. 다시 말해 피상적 사실을 이해하는 수준을 넘어서서, 특정한 현상이나 사건이 발생한 원인이 무엇인지를 이해하기 위한 관련 정보를 조합 · 분석하고, 분석한 자료를 토대로 주어진 현상의 이면을 근원적으로 이해하는 행위 또는 그 행위의 결과를 의미한다. 그러므로 자신의 관심사항이나 기대를 충족시키기 위해 획득한 정보를 문제해결 과정에 적극적으로 활용하거나, 특정가치를 창출하기 위해 주체적으로 판단하는 일련의 실천활동을 내포하고 있다. 드럭커는 '정보를 통해 사회, 경제적으로 부가가치를 이끌어 낼 때 이를 지식'이라고 정의하였다. 아무리 많은 정보가 주변에 산재해 있다고 할지라도 그것을 활용하지 않는다면 객관적인 정보밖엔 되지 않는다. 지식은 동태적인 성격을 지니고 있다. '구슬이 서 말이라도 꿰어야 보배'라는 속담처럼 획득한 정보가 가공, 재구성, 축적, 판단과정을 거쳐 행동으로 옮겨져 유용한 가

그림 3-2 정보와 지식과의 관계

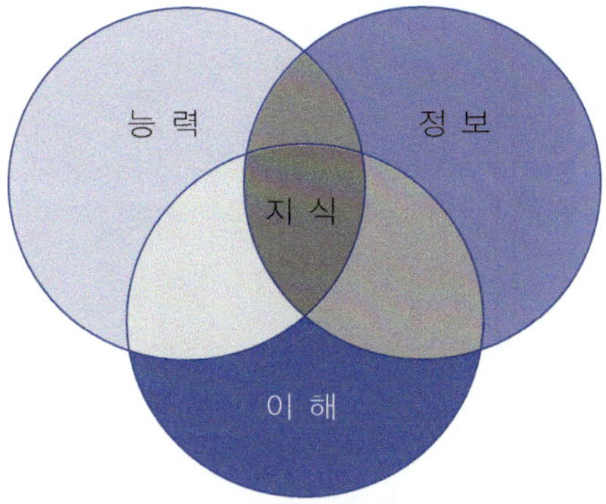

치창출로 이어질 때 비로소 지식으로서의 의미를 부여받을 수 있는 것이다. 이렇게 볼 때 지식은 정보보다는 상위의 개념이다. 지식은 정보를 받아들인 사람이 주체적으로 가공하고 판단하는 능동적인 과정까지 포함한다.

정보가 어떻게 기업이나 개인의 능력을 향상시킬 수 있는 지식으로 전환되는가를 의미한다면 지식은 실제 사용된 정보, 또는 사용이 가능한 형태를 갖추고 있는 정보를 의미한다. 우리의 능력을 결정짓는 것은 지식이며, 정보의 가치 또한 그것을 이끌어 내는 지식의 가치에 의해 결정된다. 지식은 이를 머리속에 담아 둘 사람의 활동과 관련된 문제인 것이다. 대빈포트와 프루삭은 지식을 "일정한 틀을 갖춘 경험, 전후관계에 대한 정보, 새로운 경험과 정보를 평가하고 통합하는 구조를 제공할 수 있는 전문가적 식견이 한데섞인 유동체"라고 하였다. 따라서 지식은 내면화된 정보에다 정보사용 능력이 더해진 것이라 할 수 있다. <표 3-1>은 데이터, 정보, 지식의 특성을 요약한 것이다.

표 3-1 데이터 - 정보 - 지식의 특성

특 성	데이터	정 보	지 식
구체성 수준	낮은 구체성 개체적 구체성	통합된 구체성	고도의 추상성 구체성이 제거됨
상황(맥락)	상황적 의미가 거의 없음	특정 상황 의존적	광범위한 상황에 적용 가능
범 위	매우 협소	특정 상황에 제한	정보의 범위 이상으로 확대가능
시간 제약성	해당 안됨	어느 정도 시간제약	시간제약이 거의 없음

지식보다 한 단계위의 개념이 바로 지혜(Wisdom)나 지성(Intelligence)이다. 넓은 의미에서는 지식이라는 개념에 포함될 수 있겠지만 지식과는 다른 차원의 의미가 내포되어 있다. 토빈(Tobin)은 "지혜는 지식을 통해 원리를 깨달음으로써 계속하여 응용하는 것"이라고 하였다. 지혜나 지성은 지식축적과 함께 일정한 수준에 도달하여, 미래의 복잡한 사태를 예견할 수 있는 혜안이나 식견이 형성된 상태를 뜻하는 말이다. 지혜가 많은 사람은 객관적이고 과학적인 정보로는 도저히 설명하거나 이해하기 어려운 상황에 대해, 거의 직관적인 판단 및 대응능력을 보여준다. 즉 지성이나 지혜는 지식에 통찰력이나 상상력이 결부되면서, 기존의 과학적이고 합리적인 설명의 수준을 넘어서서, 새로운 지력이 생성된 경우이다. 결론적으로 사실을 관측하고 인식함으로써 데이터를 획득하고, 데이터를 분석하거나 구조화하는 과정을 거침으로써 정보를 얻게 된다. 지식은 업무와 관련하여 효과적인 행위를 취할 수 있도록 정보를 가공하고, 현실속에서 체험하고 학습함으로써 얻어진다.

3) 지식의 유형

지식은 여러 기준을 사용하여 분류할 수 있다. 지식은 크게 형태에 따른 분류와 생성과정에 따른 분류로 나뉘어 진다. 또한 지식을 활용할 수 있는 능력의 여부로도 분류할 수 있으며, 지식을 실증주의와 구성주의로 보는 견해도 있다.

첫째, 형태에 따른 분류는 <표 3-2>와 같이 형식지와 암묵지로 구분한다.

형식지는 문서화되어 있거나 데이터베이스에 저장되어 있는 것으로서 논리적이고 기계적인 지식을 말한다. 또한 참과 거짓, 수단과 목적을 쉽게 구분할 수 있는 특징을 가지고 있다. 따라서 내용을 명확하고 쉽게 공유할 수 있고, 객관적으로 측정할 수 있으며 관찰할 수 있다. 언어적으로 쉽게 표현할 수 있는 제품사양, 문서, 데이터베이스, 매뉴얼, 컴퓨터

표 3-2 형식지와 암묵지

분류기준	형식지	암묵지
정 의	언어로 표현 가능한 객관적 지식	언어로 표현하기 힘든 주관적 지식
획 득	언어를 통해 습득된 지식	경험을 통해 몸에 벤 지식
축적 · 전달	언어를 통한 전달	은유를 통한 전달
	다른 사람에게 전이하는 것이 상대적으로 쉬움	다른 사람에게 전이하기가 어려움
예	컴퓨터 매뉴얼	자전거 타기

프로그램, 업무매뉴얼, 특허권, 설계도 등이 속한다. 그러므로 서술하기 쉽고 객관화하기가 편리한 '디지털지식'이라고 볼 수 있다.

암묵지는 언어적으로 쉽게 표현하기 어려운, 개인적 경험이나 노하우, 이미지, 숙련된 기능으로서 개인의 머리속에 존재하거나 조직문화나 풍토속에 내재하는 지식을 말한다. 따라서 한 마디로 외형적으로 표현하기 어려운 지식이다. 예를 들어 자전거를 잘타지만, 자전거를 잘타는 방법에 대해 명쾌하게 정의를 내리는 사람은 그리 많지 않다. 이러한 암묵지는 형식지에 비해 감성적이며 직관적이고 주관적이다. 그러므로 고객감동, 비전창출, 새로운 조직문화 및 공유가치 창출, 특정 전문분야에 대한 경험 등이 이에 해당하며, 목적과 수단을 분명하게 구분할 수 없는 '아날로그 지식'이라고 말할 수 있다.

둘째, 생성과정에 따른 분류방식으로 경험지식과 분석지식으로 나누어진다. 경험지식은 기업내 업무수행 중 동일하게 반복되는 과정에서 겪게되는 경험과 시행착오를 통해 지속적으로 누적시켜온 지식을 일컫는다. 반면에 분석지식은 업무를 수행하기 위해 기업이 오랫동안 보유하고 있던 데이터나 정보를 활용 및 분석하여 얻어낸 지식을 말한다.

셋째, 지식을 활용할 수 있는 능력의 여부에 따라서 <표 3-3>과 같이 축적지와 활용지로 구분한다. 축적지란 기업이 보유하거나 획득한 지식을 말하며, 조직구성원의 지식과 노하우, 특허, 고객관계, 연구개발, 프로세스, 하부구조, 기업역량 등을 포함된다. 반면에 활용지란 지식을 활용할 수 있는 지신이다. 즉 기업이 보유하거나 획득한 지식을 새롭게 재구성하고 활용할 수 있는 지식이다. 이러한 지식은 비즈니스에 활용할 수 있는 역량으로써의 지식이다. 지식을 활용한다는 것은 단순히 응용범위를 넘어서 지식을 활용하여 부가가치를 창출하는 것이다.

표 3-3 축적지와 활용지

분류기준	축적지	활용지
지식의 활용	기업에 축적되어 있는 지식	축적되어 있는 지식을 활용할 수 있는 지식
지식의 종류	임직원의 지식과 노하우 프로세스, 하부구조 고객과의 관계 혁신역량	지식창조 역량 지식활용 역량 지식전파 · 공유역량
존재 형태	축적물(Stock)	흐름(Flow)

4) 지식의 변환과정

노나카(Nonaka)와 다케우치(Takeuchi)에 따르면 지식의 창출은 존재론(개인수준, 집단수준, 조직수준)과 인식론적 차원(형식지, 암묵지)의 상호작용에 의하여 이루어진다고 하고 있다. 인식론적 차원에서는 형식지과 암묵지의 상호작용에 의하여 새로운 지식이 발전적으로 창출되고 확대된다. 이러한 상호작용을 '지식변환(knowledge conversion)'이라고 하며 <그림 3-3>과 같은 과정을 통하여 적용된다.

그림 3-3 지식의 변환과정

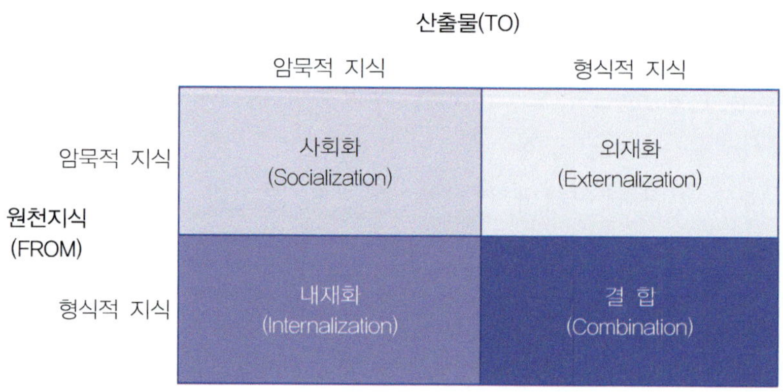

자료: I. Nonaka and H. Takeuchi, The Knowledge-creating Company, Oxford University Press, 1995.

■ 사회화: 암묵지 → 암묵지

사회화(socialization)는 한 사람의 암묵지가 다른 사람의 암묵지로 변환되는 과정이다. 경험을 공유하여 정신모델이나 기술 등의 암묵지를 창조하는 과정을 말한다. 여기서 암묵지란 문자나 이미지 등으로 형식화할 수 없는 개개인의 경험을 통해 축적된 지식을 말한다. 따라서 암묵지의 습득은 관찰과 모방, 연습 등을 통해서 이룰 수 있다. 이러한 특성을 지닌 공동화의 과정에서 대화는 필수요소이다. 더불어 사회화를 위한 공간인 지식창출의 장이 필요하다.

■ 외재화: 암묵지 → 형식지

외재화(externalization)는 개인이나 집단의 암묵지가 공유되고 통합되어 새로운 형식지가 만들어 지는 과정을 말한다. 암묵지를 구체적인 개념으로 구성하는 과정을 외재화 과정이라고 한다. 이 과정은 지식창조의 필수적인 과정으로, 이 과정을 통하여 암묵지가 구체화되고 은유, 유추, 개념 등이 형태를 잡아가게 된다. 우리가 어떤 이미지의 개념을 잡으려고 할 때, 우리는 대부분 그 내용을 언어로 표현한다. 글을 쓰는 것은 암묵지를 형식지로 전환하기 위한 동작에 해당한다. 그럼에도 불구하고 표현은 종종 부적절하고 불일치하다. 그러나 이미지와 이미지의 표현사이의 이같은 갭은 개인사이의 상호작용과 사고를 증진시켜 주기도 한다. 지식전환의 외재화는 개념창조 과정에서 주로 볼 수 있으며 매력적인 은유나 유추를 사용함으로써 창조과정에 효과적으로 기여할 수 있다.

■ 결합: 형식지 → 형식지

결합(combination)은 각각 다른 형식지를 분류, 가공, 조합, 편집해서 새로운 시스템적 지식으로 체계화하는 과정을 말한다. 개인들은 문서, 회의, 전화, 컴퓨터 통신망 등을 통하여 정보를 교환하거나 결합한다. 형식지를 분류, 추가, 결합하는 방법으로 기존 정보를 재구성하여 새로운 지식을 창조한다. 공식적인 교육과정을 통하여 이루어지는 지식창조는 주로 이런 형태를 취한다. 비즈니스 사회에서는 지식전환의 결합과정은 주로 중간관리자가 참여하여 기업비전, 기업이념, 제품개념 등을 조작하는 과정에서 발견할 수 있다. 중간관리자는 수집한 정보나 지식망을 통해 신개념을 창조해내는 데 중요한 역할을 한다. 컴퓨터 통신망이나 대규모 데이터베이스 등을 창조적으로 이용함으로써 연결화를 보다 손쉽게 진행시킬 수 있다. 기업의 최고 경영자층에서는 제품개념 같은 중견개념을 기업의 장래성 같은 거대개념과 연결 및 결합시켜 새로운 의미의 기업비전을 생성하는 데 이 결합과정을 활용하고 있다.

■ 내재화: 형식지 → 암묵지

내재화(internalization)는 글이나 문서의 형태로 표현된 지식을 암묵지로 개인의 머리와 육체에 체득화시키는 과정을 말한다. 이 과정은 '실천을 통한 학습'과 밀접한 관련이 있다. 사회화, 외재화, 결합을 통해 얻은 경험이 공유된 정신모델이나 기술적 노하우의 형태로 개인의 암묵지로 변화할 경우 이는 매우 가치 있는 자산이 된다. 형식지를 암묵지로 전환하기 위해서는 지식을 말로 표현하거나 문서나 매뉴얼 EH는 이야기 따위로 표현하는 것이 도움이 된다. 문서를 통해서 개인은 자신들의 경험을 내면화하여 암묵지를 더욱 풍부하게 한다. 아울러 문서자료나 매뉴얼은 형식지를 타인에게 전달하기 쉽게하여 다른 사람들의 경험을 간접체험하는 데 도움을 준다.

(3) 학습조직과 지식경영

학습조직에 대한 논의가 본격화된 것은 1990년대 이후이지만 이론적 토대는 1970년대 전후로 꾸준히 모색되어 왔다. 아지리스(Argyris)와 숀(Schon)은 조직학습이 이루어지는 동안에 유입되는 정보, 학습의 과정과 결과 등에 대한 내면적 · 외면적 특징을 강조함으로써 학습조직에 대해 구체적이고 체계적으로 접근하였다.[5] 학습조직에 대한 관심이 높아져서 본격적으로 연구가 진행되고, 기업에서의 적용이 이루어진 것은 셍게(Senge)가 시스템적 사고관점에 입각하여 학습에 대한 이론적인 논의를 기업현장의 학습조직 논의로 전환시키면서 부터이다. 이후, 학습조직은 지식 · 정보의 폭발적 증가로 인해 이의 효과적인 활용여부가 장기적인 조직경쟁력을 확보할 수 있는 결정적인 요인이라는 인식이 확산되면서 등장하게 되었다. 조직이 급변하는 경영환경에 살아남기 위해서는 조직을 환경에 적응시키는 노력이 필요하며 이의 효과적인 추진방법 중의 하나로 배우는 문화를 조직내부에 정착시켜 학습조직을 구축하는 것이라는 인식을 하게 되었다. 미래의 기회발견을 위한 학습력의 극대화는 조직의 생존조건이라는 차원을 넘어서 조직의 성장발전을 가속화시키기 위한 가장 중요한 원동력으로 간주되기 시작하였으며. 조직의 학습능력은 전략적 실천행위를 설명하는 또 하나의 중요한 변화요인으로 등장하고 있다.

1) 학습조직의 정의

지금까지 학습조직에 대한 많은 논의가 이루어지고 있지만 학습조직이 무엇을 의미하는지에 대한 통일된 개념은 없으며 지금까지 내려진 학습조직에 대한 많은 정의는 의미의 포괄성과 강조점에 따라 각양각색이다. 대표적인 연구자들이 정의하고 있는 학습조직의 정의는 다음과 같다.

① 학습조직이란 종업원들이 진정으로 원하는 욕구를 끊임없이 창출시켜주는 조직, 조직구성원들의 창의적 사고양식을 새롭게 전향시켜주고 확장시켜주는 조직, 집단적인 열망으로 가득찬 조직, 조직구성원들이 함께 학습하는 방법을 지속적으로 학습하는 조직이다.

② 학습조직이란 격변하는 외부환경에 대처하고 조직의 내적 성장능력을 극대화하기 위해 조직의 전 구성원이 끊임없이 새로운 지식을 창조, 습득, 전파하고 이러한 활동속에서 일정한 노력의 결과를 산출해내며, 이에 대한 비판적 분석과 성찰적 종합

을 통해 조직의 당면 문제해결이나 미래의 비전 및 경영전략을 체계적으로 정립하는 조직이다.

③ 학습조직이란 모든 조직구성원들의 학습활동을 촉진시킴으로써 조직전체에 대한 근본적인 변화를 지속적으로 촉진시키는 조직이다.

④ 학습조직이란 늘 새로운 학습을 일상적으로 되풀이 함으로써 위기상황이든 아니든 관계없이 자기변화가 신속하고 효과적으로 일어날 수 있는 상태에까지 이른조직이다.

⑤ 학습조직은 최종적인 해를 구하기보다는 끊임없이 실험하는 조직, 예측보다는 순간대응력(즉흥성)을 존중하는 조직, 과거행동을 방어하기 보다는 새로운 행동을 고안하는 조직, 문제제기를 제거하기보다는 장려하는 조직을 말한다.

이상과 같은 정의를 종합해보면 '학습조직'이란 조직 내외적으로 정보를 발굴, 입수하여 조직의 전 구성원이 공유함은 물론 일상적 업무활동에 적용함으로써 새로운 지식을 창출하고, 이를 조직전체에 전파・보급함으로써 급변하는 경영환경에 대한 대처능력과 국제경쟁력을 향상시켜 조직자체의 성장발전 능력을 배가시킬 수 있도록 지속적인 학습활동을 전개하는 조직이라고 할 수 있다.

2) 학습조직의 등장배경

학습조직이 등장하게 된 시대적 배경은 다음 네 가지로 요약할 수 있다.

① 단기간에 가시적인 효과를 거둘 수 있는 TQM, 벤치마킹, 고객만족경영, 시간관리운동, 성과중시경영, 시간중심경영 등과 같은 경영혁신 기법만으로는 장기적인 조직전체의 변화를 가져올 수 없다는 인식이 확산되면서 새로운 측면에서의 총체적인 경영혁신 전략을 모색하게 되었는데, 이러한 노력의 일환으로 등장한 전략이 바로 학습조직이다.

② 기업이 급변하는 경영환경에 대응하여 살아남기 위해서는 조직을 환경에 적응시키는 노력이 필요한데, 이를 효과적으로 추진하는 방법중의 하나가 배우는 문화를 조직내부에 정착시켜 학습조직을 구축하는 일이다.

③ 학습조직은 미래지향적 관점에서 조직의 전략경영 능력을 향상시키고 생성적 학습을 통해서 조직의 창의성을 극대화시킬 필요에서 등장한다.

④ 지식사회에서 지식노동자들이 습득하고 있는 지식의 가치에 대한 새로운 인식은 광

의의 측면에서는 학습사회, 협의의 측면에서는 학습조직의 출현을 가속화시키고 있다.

미래사회에서는 지식이 토지, 자본, 노동 등과 마찬가지로 중요한 자원으로 등장하여 기업이 소유해야만 하는 가장 경쟁력 있는 자산으로 평가받게 될 것이다. 학습조직의 가치는 이런 관점에서 더욱 배가될 것이다. 과거보다 많은 양의 정보를 지속적이고 신속하게 학습하는 사람들과 이들로 구성되는 조직만이 살아남을 수 있다는 자각이 확산되면서 학습조직 구축의 필연성은 이제 모든 조직이 추구해야 할 21세기의 비전으로 부각되고 있다.

3) 학습조직의 특징

학습조직의 정의에서 학습조직의 공통적인 특징을 정리하면 다음과 같다.

① 학습조직은 학습한 내용이 많은 학습조직이 되면 될수록 학습해야 할 영역 또한 증대되어 학습의 필요성을 더 절감하여 더욱 빨리 학습조직화되는 반면에, 학습이 정체되면 될수록 학습의 필요성도 적어져 점점 덜 학습조직적으로 되어 간다.

② 학습조직은 습관적으로 학습을 반복해야하고, 학습이라는 것 자체가 이제까지와는 다른 새로운 지식이나 행동능력을 보일 수 있느냐의 여부에 의해 판단되기 때문에 어느 시점에서 학습조직이 '완료'되었다고 말할 수가 없다. 따라서 학습조직이란 끝없이 추구하고 가까이 갈 수 있을 따름이지 벤치마킹이나 비즈니스 리엔지니어링처럼 그 목표를 달성하고 '끝낼 수 있는' 혁신기법이 아니다.

③ 학습조직은 이미 학습된 역량으로 말미암아 문제자체를 소멸 또는 예방할 수 있다. 따라서 이미 발생한 문제나 위기를 해결하는 프로그램이나 기법들에 비해 그 효용성이 저평가될 가능성이 있어 학습조직 구축이 높은 우선 순위를 차지하기가 힘들다. 그러나 학습조직에 일단 구축된 학습역량은 전 조직에 광범위하게 확산, 분산되어 있는 경향이 있으므로 그 효과는 지속적이며, 다른 조직들이 이를 단기간에 모방, 이식하기도 힘들다. 즉 학습조직은 응급처방적인 양약(quick fix)이 아니라 한방적인 조직건강법이라고 할 수 있다.

④ 학습조직은 학습행위의 특수한 성격으로 말미암아 주체적, 자발적으로 구축될 수밖에 없다. 조직의 상층부에서 중심이되어 하향식으로 전개될 수가 없고, 경영진에서 할 일은 학습풍토를 조성하고 학습역량이 구축될 수 있는 제반 기반구조를 조성해주는 일로 끝나야 한다. 학습조직의 주체적, 자발적 특성으로 말미암아 외부의 어떤 자문기관이나 집행

부서가 일정기간 독자적으로 작업을 해서 학습조직을 구축할 수도 없다. 학습조직은 강제적으로, 일시에, 과격하게, 외부주도적으로, 상의하달(top−down)식으로 구축될 수 있는 것이 아니다. 학습조직 구축의 주도자나 집행부서는 어디까지나 지원자내지는 촉진자적 역할에 머물러야 한다.

⑤ 학습조직은 그 구축과정과 학습조직이라는 최종결과가 분리될 수 없다. 즉 학습조직을 구축해가는 그 과정자체에서 학습조직도 구축되어간다고 볼 수 있다. 따라서 학습조직 구축을 위한 학습행위 자체가 학습조직이 될 수 있는 좋은 방법이고 자기 조직나름의 학습조직 구축을 위한 시행착오적 노력이 바로 학습조직이 되어가는 과정이라고 할 수 있다.

⑥ 학습조직이라는 비전의 내용을 초기에 어떻게 규정하였든지 간에 학습조직 구축과정을 통하여 새로운 학습이 일어나면 학습조직 그 규정자체가 달라질 수도 있는 열린개념이자 시스템이라는 특성을 갖고 있다.

4) 학습조직에서 학습의 수준

학습조직에서의 학습은 <그림 3−4>와 같이 개인학습, 집단학습(팀학습), 그리고 조직학습 등 세 가지 차원에서 일어난다. <그림 3−4>에서 보는 바와 같이 개인학습, 집단학습, 조직학습 등은 상호 밀접한 관계를 가진다. 개인학습이 집단학습을 구성하고, 집단학습이 조직학습을 구성하기도 하며, 반대로 조직학습이 개인학습이나 집단학습을 지원하고 촉진하기도 한다. 이와 같이 학습조직은 개인학습, 집단학습 조직학습, 등의 활성화를

그림 3−4 학습조직에서 학습의 수준

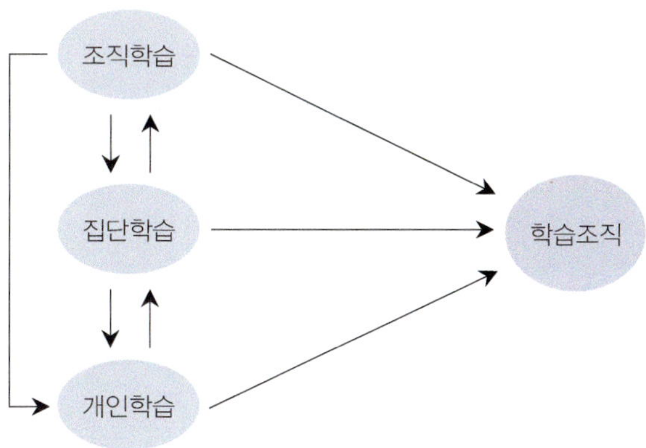

통하여 복합적으로 이루어진다.

개인학습은 조직을 구성하는 가장 기본이 되는 단위인 개인이 학습주체가 되는 학습이다. 개인이 자신의 계획에 따라 독서를 하거나 특정 교육이나 세미나에 참석하여 지식이나 정보를 배워 자신의 가치관이나 행동을 수정하고 문제해결 능력을 향상시키는 것이다.

집단학습(팀학습)은 조직의 구성원들이 팀이나 집단을 이루어 수행하는 학습이다. 집단학습은 조직내에서 팀이나 집단이 워크샵이나 토론 등을 통한 공동학습을 통하여 그들의 지식의 수준을 높이고 가치관이나 행동을 변화시키고나, 집단내 구성원이 가지고 있는 정보와 지식을 공유·활용함으로써 집단의 문제해결 및 성과향상을 도모하는 학습이 바로 집단학습이다.

조직학습은 조직전체가 학습주체가 되어 수행하는 학습이며, 그것은 조직을 구성하는 개인과 집단들을 포함하는 조직전체의 목표달성을 위하여 이루어지는 학습이다. 일반적으로 조직학습은 새로운 지식을 전 구성원이 함께 학습하거나 전 구성원에게 필요한 지식·정보를 창출·공유하는 과정을 통하여 이루어진다.

그런데 학습조직과 조직학습의 개념적 차이에도 불구하고, 이 둘이 혼용되어 혼란을 야기하기도 한다. <그림 3-4>에서 알 수 있는 바와 같이 조직학습은 학습조직을 구축하기 위한 조직차원의 학습활동의 과정이라면, 학습조직은 조직학습에 대한 결과의 개념인 것이다. 즉 조직학습은 학습조직의 비전과 기본방향을 설정하고, 개인학습, 집단학습과 연계한 조직전체의 학습이 이루어지며, 학습결과의 평가 및 피드백이 이루어지는 총체적 학습과정이고, 학습조직은 이러한 조직학습이 반복되고 일상화 됨으로써 나타나는 조직의 형태이다.

5) 학습조직과 지식경영과의 관계

지식경영이란 불확실하고 급격하게 변화하는 환경속에서 창의적이고 상황에 적합한 조직의 활동을 위하여 조직이 보유하고 있는 모든 지식과 정보가 원활하게 생성, 저장, 공유, 활용될 수 있도록 관리하는 시스템을 구축하고 구성원들의 학습의 장을 마련해 주는 경영시스템을 말한다.

지식경영은 지식이라는 조직의 무형자산을 극대화하기 위하여 지식의 창출·공유·활용을 통하여 개인과 조직의 경쟁력을 함께 높이기 위한 기업의 경영혁신 운동이라 할 수 있다.

그림 3-5 지식의 관리과정

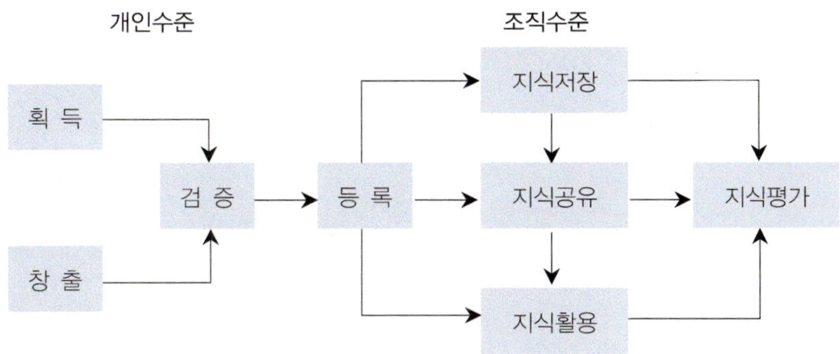

조직에서 지식이 관리되는 과정을 보면 <그림 3-5>와 같이 개인차원의 지식이나 아이디어가 창출이 되고 검증이 되어 조직의 지식으로 등록이 되면, 이 지식은 저장·공유·활용이 된다. 이 과정에 개인과 조직의 지식수준이 향상되고 그결과 조직의 부가가치가 높아진다.

지식경영 이론은 기존의 학습조직 이론이 실제사례에의 적용이 활발하지 못한 것에 대한 비판으로 비교적 최근에 등장하였다. 학습조직과 지식경영과의 관계를 살펴보면, 학습조직이 조직의 변화, 즉 학습이 일상화되어 있는 조직이라고 하면, 지식경영은 학습의 일상화가 가능하도록 하는, 즉 학습조직의 구축을 가능하게 하는 수단으로서의 역할을 한다. 결국 지식경영은 학습조직의 구축을 지원하는 하나의 경영도구 내지 기법으로서의 역할을 수행한다. 기업은 지식경영을 통하여 기업내 개인학습, 집단학습 및 조직학습이 활성화되고, 이와 같은 학습이 반복되고 일상화될 때 학습조직이 구현이 되는 것이다.

제2절 | 학습조직 구축방법

기업에서 학습조직을 구축하는 경우에 이상적인 학습조직의 구축방법은 존재하지 않는다. 성공한 기업들이 여타 다른 기업들과 다른 점은 문제에 대한 해결책들을 다른 곳에서 빌려오기 보다는 그들 스스로 찾아야만 한다는 사실을 인지하고 이러한 노력의 결과로 효과적인 학습조직을 구축할 수 있다. 여기에서는 학습조직의 구축에 필요한 가이드라인을 제공한다는 측면에서 몇 가지를 고찰하고자 한다.

1. 학습조직 구축을 위한 단계

(1) 1단계: 뚜렷한 리더십의 구축(Visible Leadership)

리더십은 위기로부터, 미래에 대한 확신으로부터 나온다. 미래를 바라 볼 수 있으며, 미래에 조직이 어떻게 변해갈 것인가를 주도하며, 또한 미래에 대한 확신이 조직에 스며들 수 있도록 리더십의 발휘는 학습조직 구축의 기초단계에 필수적이다.

이는 조직의 모든 구성원들이 바라볼 수 있는 미래에 대한 그림을 명확히 하고 조직의 변화노력을 준비하고 이끄는 것이다. 분명히 리더는 하나의 팀이 고능률 업무수행 팀(High Performance Team)으로까지 성장할 것인가의 여부에 결정적인 영향을 준다. 리더가 갖추어야 할 특성으로는 비전, 공약, 지속성, 집착력, 이해력, 확신, 의사소통의 기술 등이 있으며, 이러한 특성은 학습조직의 첫 번째 기반을 형성하는 리더십의 자질향상에 필수적이다. 리더는 조직의 모든 부분에 존재해야하고 혁신노력(Effort for Transformation)에 있어 자신들의 역할을 적절히 준비하지 않으면 안 된다. 리더십의 개발에는 가르치는 역할, 조언하는 역할 및 전통적 교수방법에 의한 개발의 여러 행동이 요구된다. 이 첫 단계의 기초를 구축하는데 있어서 조직의 변화를 관리할 준비가 되어있음을 확신하기 위해 다음의 세 가지를 명심해야 한다.

- 학습조직을 위한 리더의 개발에 왕도(Formula)는 없다.
- 어떠한 조직개발적인 노력도 각자의 조직의 문화(Culture)와 배경(Context)에 의해 다듬어져야 한다.
- 첫 단계구축(리더십)에 시간을 충분히 갖는것은 학습조직의 성공을 확신하도록 돕는다.

즉, 학습조직 내의 리더들은 자기자신의 혹은 조직의 업무수행 결과를 개선하기 위해 구성원들이 학습하고 적용하도록 격려하는 임무를 가진다.

(2) 2단계: 사고력의 개발(Thinking Literacy)

학습조직 구축의 두 번째 단계인 사고력의 개발은 학습조직을 가동할 수 있게 하기 위해 모든 구성원들이 숙달해야 할 기본적 기술들이며 기능적 분야이다.

이는 21세기의 지구촌 시장에서 효과적으로 경쟁하기 위하여 모든 조직이 갖추어야 할 선행적 능력이다. 사고력의 개발에 요구되는 기술은 다음과 같다.

- 의사소통의 기술(Communication Skills)
- 수학적 산술의 기술(Mathematical Skills)
- 자기관리의 기술(Self-Management Skills)
- 비즈니스 기술(Business Skills)
- 팀기술(Team Skills)
- 특별한 기능이 요구되는 기술(Function-Specfic Skills)

이 기본적인 기술을 숙달하도록 하기위해 필요한 자원(Resource)을 지원해야 한다.

이 단계에서의 조직의 역할은

첫째, 모든 수준의 구성원들이 필요로 하는 기능적 기술은 명확히 구분해야하며,

둘째, 이러한 기술들을 통해 얻을 수 있는 이점을 명확히하고,

셋째, 훈련이 필요하다면 조직내부 혹은 외부로부터 공조해 주어야하며, 마지막으로 이러한 기술을 이용하여 기업의 특별한 자료 및 사례를 사용하는 프로그램을 활용할 수 있도록 학습환경을 마련하는 것이라 할 수 있다.

학습조직의 기본적 요구사항은 합리적으로 사고할 수 있는 능력이다. 이러한 능력은 상기의 기술을 훈련함으로써 향상될 수 있다. 즉, 학습조직에서 모든 구성원들은 자기자신의 혹은 기업의 달성능력을 증진시키는 방법을 학습할 뿐만 아니라, 자신의 업무수행시 필요한 기술들을 학습과정을 통해 습득해야 한다.

(3) 3단계: 기능적 근시안의 극복(Overcoming Functional Myopia)

학습조직의 세 번째 기초단계 구축은 '기능적 근시안의 극복'이다.

모든 구성원으로 하여금 자신의 혹은 소속부서의 편협한 목표로부터 조직의 전반적인 목표로 시야를 넓히도록 훈련해야 한다. 기능적 근시안의 원인이 되는 것은 첫째로 문화적 원인(Cultural Roots)이라 할 수 있는데 이것을 극복하기 위해서는 교육훈련이 필요하고, 교육훈련을 통해 기능을 초월하는 팀 워크를 개발하며 또한 문화적 경계를 극복할 수 있다. 둘째로 조직의 기반을 둔 원인(Organizational Roots)을 지적할 수 있는데, 조직의 구조를 변화시킴으로써 이러한 문제의 단서를 파악할 수 있다. 셋째로는 관리적 방법에 원인을 둔 뿌리(Administrative Roots)를 들 수 있는데, 이것은 기업의 목표에 근접하도록 개인에 대한 측정방법과 포상을 상호연결하도록 절차와 관리정책을 변화시킴으로써 극복할 수 있다.

이러한 세 가지의 원인은 조직이 성장함에 따라 발생하는 것으로 학습조직 구축을 위해 새로운 각도에서 조망한 후 극복해야 할 것이다.

즉 구성원들은 자신의 업무 프로세스 내의 역할과 전반적인 업무의 흐름을 이해하고 부문의 지엽적 목표나 표준에 고정적인 초점을 맞추기보다는 전반적인 프로세스를 최적화해야 한다.

(4) 4단계: 팀 활동을 통한 학습

효과적인 학습팀(Learning Team)으로 발전시키기 위해서 다음의 네 단계가 필수적이며, 각 단계별 행동을 요약하면 <표 3-4>와 같다.

표 3-4 팀 개발 단계별 주요행동

팀 개발의 단계	주요 행동
• 1단계: 팀의 구성(Formation)	• 구성원을 정한다. • 역할과 책임을 정한다. • 행동규칙을 설정한다. • 계획을 확립한다. • 보고절차 및 방법을 결정한다.
• 2단계: 팀 기술의 개발 (Development of Team Skills)	• 필요한 기술을 개발한다.(의사소통, 협동, 회합의 관리, 협상의 기술, 갈등 해결방법 등) • 과제가 팀에 의해 수행될 때 연습하고 강화한다.

• 3단계: 관리기술의 개발 (Development of Management Skills)	• 필요한 관리기술의 개발 • 팀 관리자로부터 팀 전체로 관리의 책임을 이전시킨다.
• 4단계: 자기관리(Self-Management)	• 팀 관리자로부터 팀에게 관리책임의 이전이 완성되도록 한다.

(5) 5단계: 실행자로서의 관리자(Manager as Enablers)

중간관리자의 역할을 재정립할 때 요구되는 것은 조정자로서의 관리자가 아닌 실행자로서의 관리자이다. 이 단계의 목표는 실행자로서의 관리자로 학습시키는 것이다. 조직의 중간계층에 속하는 사람들에게 이러한 학습의 단계가 필요한 것이다.

즉 관리자는 개인적, 조직적인 학습을 용이하게 함으로서 학습에 대한 경계를 낮출 수 있도록 돕고, 또한 더욱 향상된 개인의 혹은 조직의 목표가 필요로 하는 기회와 기술을 갖도록 구성원을 도울 수 있다.

2. 학습조직 발전단계

지속적인 학습에 성공을 거둔 기업들이 학습조직을 살펴보면 이들 기업들이 종종 분명한 일련의 단계를 거쳐 일과 학습이 하나가 되는 학습조직이 된다는 사실을 관찰할 수 있었다. 이들 단계들은 <그림 3-6>과 같이 학습조직의 5단계 발달모델로 나타낼 수 있다.

제1단계는 조직의 초기형태로서 학습과 적응활동이 상당히 많이 일어난다.

그러나 이러한 학습은 종종 주의를 끌지 못한다. 왜냐하면 이 단계에서의 학습은 기업들의 적합한 틈새시장을 물색하고 경쟁사들과 성공적으로 경쟁하고 그리고 효과적으로 제품을 생산하고 서비스하는 방법을 찾는 가운데 무의식적으로 이루어지기 때문이다.

제2단계에서는 공식적인 훈련 및 교육프로그램을 통하여 학습을 증대시키고 제도화하기 위해 시도한다(프로그램들은 대부분 조직의 외부에서 책임을 맡는다). 그러나 상당부분 훈련은 좋은 시절에나 선물로 줄 수 있는 소모성 제품으로 여긴다. 또한 그 회사에 속한 개인들이 업무수행 상의 문제를 가지고 있다면 어떤 훈련이든지 해결할 수 있는 마법의 총알처럼 생각할 수 있다.

제3단계에서는 훈련이 직무수행 성과에 가시적인 영향을 줄 수 있다는 사실을 증명하

그림 3-6 학습조직의 5단계: 일과 학습의 통합

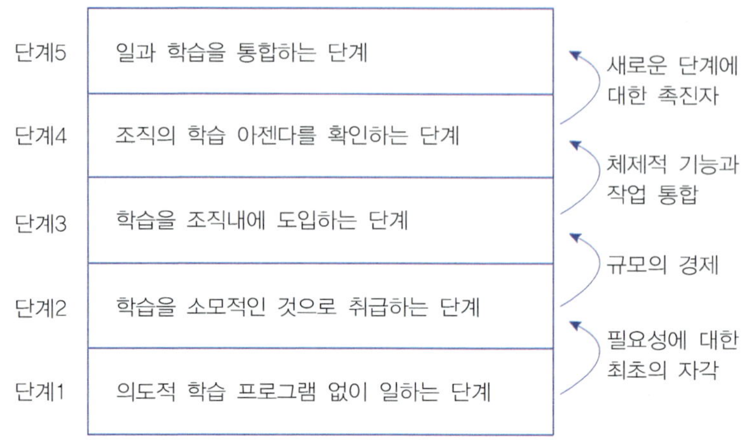

려 한다. 이 단계에서는 훈련이 맡은 직무에 확실히 적용되도록 그리고 참여자가 더욱 늘어날 수 있도록 훈련프로그램을 많이 도입한다.

이 단계에서는 프로그램들을 임의로 선택하고 종종 "그해를 풍미하는(Flavour of the year)" 이니셔티브의 한 방편으로 여기려는 경향이 있다.

제4단계에서는 다음과 같은 중요한 변화가 일어난다. 즉 학습요구가 조직이 직면하고 있는 전략적 사업이슈를 중심으로 조직된다. 조직자체의 기술과 지식을 개발해야할 필요성이 있다고 여기며 조직의 학습아젠다(Learning Agenda)에 의해 야심차고 또렷한 목표를 지닌 일련의 교육훈련 프로그램들이 실행된다. 그러나 제 4단계에서는 대부분의 학습이 여전히 직무를 떠난 강의실 중심프로그램을 통해서 이루어진다.

제5단계에서는 중요한 변화가 일어난다. 울너는 이를 다음과 같이 설명한다. 조직이 제5단계에 이르려면 학습이 가능한 한 강의실밖에서 그리고 매일매일의 직무현장 속에서 이루어져야만 조직에 최대한의 효과를 불러올 수 있다는 사실을 자각해야 한다. 즉 학습에 대한 리더십과 몰입이 증대되어야 한다.

제5단계는 모든 조직체제가 학습을 통해야 업무수행 성취도를 높일 수 있다는 것을 의미한다. 이는 전체 조직체제가 학습을 통하여 조직의 업무수행을 개선시킬 수 있다는 것을 뜻한다. 제1단계와 마찬가지로 학습은 사람들의 일상의 일로 통합된다. 그러나 제1단계에서는 학습이 비공식적인 것이었지만 제5단계에서는 명확하고 또 계획되어져 있다는 점에서 다르다.

학습조직 운영계획 사례[6)]

1. 배 경

전사적 학습문화의 구성으로 업무의 수행과 관련된 제반문제의 해결능력을 확인하고, 직원의 역량 및 조직의 생산성 향상을 기한다.

2. 학습조직의 정의 및 유형

① 정 의

일정기간 동안 공통사안에 대하여 함께 토의하고 시설을 공유하며 문제를 해결하는 조직이다.

② 유 형

전략형 커뮤니티: 조직의 전략목표 등 전사적 경영현안의 문제해결

문제해결형 커뮤니티: 업무수행과 관련된 구체적인 문제해결

레저형(학습형) 커뮤니티: 레저, 교양, 자기개발 등을 위한 활동조직

3. 추진방향

전략적 커뮤니티는 조직의 전략목표 및 발전방향 등 중장기 해결과제에 중점

문제해결형 커뮤니티는 전사내지 소속별 현안 등 단기해결 과제에 중점

지식경영 시스템과 연계하여 커뮤니티를 통해 창출된 지식의 축적·활용

4. 세부 운영계획

과제의 선정 및 회원의 구성

전략형 커뮤니티

문제해결형 커뮤니티

레저형 커뮤니티

5. 활동 및 지원

① 활 동

과제의 수행을 위해 월 1회 이상의 정기모임

학습활동은 가능한 한 근무시간 외를 활용

커뮤니티의 활동으로 형성된 지식은 커뮤니티 명의로 지식경영 시스템에 등록

② 지 원

연간 활동비를 ○○○백만원 한도내에서 지원한다.

6. 커뮤니티의 평가 및 보상

커뮤니티 리더의 성과발표를 토대로 우수 커뮤니티를 선정· 포상한다.

성과발표회의 참가시에 교육평점 및 해외출장 기회를 부여한다.

[부 록]

기업의 진화방식, 학습하는 조직

기업(企業)은 사람들이 일하여 원하는 것을 얻는 곳이다. 직(職)과 업(業)으로 빠르게 구분되면서 과거 '장'중심의 패러다임은 '업무'중심으로 바뀌고 있다. 다시 말해 자신이 꿈꾸는 비전과 조직의 비전이 연결되지 않을 경우 기업의 인재(人才)들은 자신의 업(業)을 찾는 노마드(nomad)가 된다. 그 분야(業)의 인재(人)들을 머물게(止) 해야 기(企)업으로 영속할 수 있다. 인재들을 머물게 하고, 양성하기 위해 기업은 '학습하는 조직'으로 진화해야 한다.

오늘날 기업앞을 가로막는 장벽들 중 하나가 바로 불확실성이다. 어떻게 불확실성의 장막을 걷어낼 수 있을까? 해답은 '끊임없는 학습(學習)'이다. 개인도 조직도 이제는 끊임없는 학습을 통해 자신과 조직을 정형화시키는 고정관념에서 벗어나야 한다.

2016년 6월에 작고한 앨빈 토플러는 학습과 관련하여 '21세기의 문맹은 읽지 못하고 쓰지 못하는 사람이 아니라 배울 수 없고, 배우지 않고, 다시 배우려 하지 않는 사람이다.'라고 갈파했다. 이는 인간지식의 제한성을 극복하는 방법은 바로 학습장애(learning disability)를 치유하는데 있다는 가르침이다. 그런데 세계적인 경영학자 피터 센게(Peter Senge)교수는 이러한 학습장애가 개인뿐만 아니라 기업에서도 일어나고 있다고 지적했다. 기업이 학습장애를 극복하기 위해서는 다음의 5가지 원리가 작동하는 학습조직으로 진화되어야 한다.

첫째, 개인적 숙련이다.

이는 조직구성원들에게 중요한 것이 무엇이고, 현실을 명확하게 관찰하는 법을 길러주는 동시에 기업의 원동력이며 에너지인 창조적 긴장, 즉 비전과 현실을 합치시키는 힘을 만들어 내고 유지할 방법을 배우게 해준다.

둘째, 공유비전이다.

이는 조직전반에 걸친 구성원들이 품고 있는 그림이며 미래의 모습이다. 학습하는 조직은 구성원에게 명확하고 뚜렷하게 비전을 각인시켜 실현하도록 돕는다.

셋째, 정신모델이다.

이는 세상을 보는 일종의 세계관으로, 말하는 것과 실제적으로 행위하는 것과의 차이가 바로 정신모델로 인해 생긴다. 이를 탐구하고 규명하게 한다.

넷째, 팀학습이다.

팀학습은 구성원들 간에 서로 다른 관점이 반영되게 하여 문제점을 차단하는 집단사고에서 벗어나도록 도와준다. 나아가 상호간 다양성을 인정하는 것을 통해 지적능력의 결과물, 즉 집단지성을 창출한다.

마지막으로 시스템 사고인데 이는 맥락에 의한 사고를 통해 분리내지 분석을 통한 이해가 아니라 보다 큰 전체의 맥락 속으로 모아내는 것이다. 이러한 5가지 원리가 유기적으로 작동하는 조직이 되어야 한다.

현대는 어느 때보다 빠르게 변하는 속도의 시대이고, 기업 간, 국가 간 치열한 경쟁을 넘어 생산자와 소비자의 네트워크 경쟁의 시대이다. 유행처럼 세상을 뒤덮는 4차 산업혁명으로 가까운 시일에 특이점(Singularity)이 다가올 것이고, 불확실성은 더욱 가중될 것이다. 이러한 시점에 기업의 지속가능성은 반드시 학습하는 조직으로 진화할 때만 보장될 것이다.

손용석 특별기고, 경남일보 2017. 7. 25.

제 2 부

조직개발 단계

제 4 장

착 수

학습목표

1. 예비진단 기본틀을 이해하고 예비진단에서 실시하는 내용절차 및 산출물에 대하여 설명할 수 있다.
2. 조직개발을 수행하는 컨설턴트의 기본적 역할 및 세부역할을 이해할 수 있다.
3. 예비진단 후 제안서 작성 및 계약에 대한 실무적인 지식을 알 수 있다.

조직개발은 경영층이나 관리자가 조직 또는 부서의 새로운 변화기회를 감지하거나 조직개발을 통해 조직 또는 부서가 개선될 수 있다는 인식을 하면서 시작된다. 조직개발은 현재 외부로부터 경영 환경상의 위협을 받고 있거나 내부 운영상의 문제가 있는 조직뿐만 아니라, 기대하는 만큼 상당한 성과가 이루어지고 있는 조직이라 할지라도 추가적인 성과향상의 기회가 있는 경우에도 필요하다.

착수(entering)는 모든 조직개발 프로세스의 첫 번째 단계에 해당된다. 착수는 조직개발의 필요성을 발견하고, 조직개발의 목적 및 범위를 명확히 하며, 조직개발 세부계획을 수립하는 단계이다. 조직개발 시 착수단계를 차근차근 밟아가는 것은 본격적인 조직개발 프로세스를 진행하면서 발생하는 시행착오를 최소화하고, 효율적으로 추진하며, 궁극적으로 성공적인 조직개발을 위한 필수적인 요소이다.

착수단계에서는 예비진단을 실시하고 진단결과에 따라 조직개발을 내부 전문가가 없어서 외부의 조직개발 컨설턴트에게 의뢰하는 경우 외부 컨설턴트와 계약을 체결하는 순서로 진행된다. 예비진단은 조직내 어떠한 문제가 있는지를 알아내기 위하여 실시하는 것으로서 예비진단을 통하여 조직개발의 필요성을 찾아내고, 목표, 대상, 범위 및 일정을 구체화하며, 조직개발 대상 및 범위에 따라 내부조직에서 수행할 것인지 외부의 조직개발 컨설턴트를 활용할 것인지를 결정한다. 그리고 일반적으로 예비진단을 외부 컨설턴트가 하는 경우 예비진단을 수행한 컨설턴트가 본격적인 조직개발 주체가 되는 경우가 많으며, 이 경우 조직개발을 의뢰한 외부 컨설턴트의 역할에 대하여 사전에 정의하여 관계를 명확하게 정립하여야 한다. 그리고 외부 컨설턴트의 역할이 결정이 되면 조직개발 목표, 범위, 일정 및 비용에 대하여 양자 간에 계약행위가 이루어진다.

제 1 절 | 예비진단

예비진단(preliminary problem diagnosis)은 조직개발 필요성을 발견하고 조직개발의 구체적인 목적 및 범위를 확정하기 위하여 실시한다. 조직개발을 본격적으로 착수하기 위해서는 조직이 조직개발을 통하여 달성하고자 하는 것인지 무엇인지 정확히 알아내기 위해서도 예비진단이 필요하다. 물론 조직개발 주제와 목표가 사전에 설정되어 있으면 예비진단을 실시하지 않고 본 진단에 바로 착수할 수도 있다. 많은 기업들이 사전에 예비진단을 실시하지 않고 조직개발분야 및 주제를 일방적으로 정하여 곧바로 조직개발에 들어가는 경우가 많은데, 이는 조직개발의 효과성을 떨어뜨리고 조직개발의 실패 가능성이 높이는 원인이 된다. 따라서 예비진단을 통하여 조직개발이 필요한 분야를 찾아내고 분야별 중요도 및 긴급도 평가를 통하여 조직개발 우선순위 주제를 선정하는 것이 바람직하다.

예비진단은 진단계획의 수립, 예비진단 실시, 예비진단 결과의 정리 및 본 진단계획의 수립 등 네 단계를 거쳐 이루어진다. 진단계획의 수립은 예비진단을 위한 첫 번째 단계로서 예비진단의 대상, 주체, 방법, 일정 및 장소 등을 정하게 된다. 예비진단 계획이 끝나면 예비진단을 실시하게 되는데 본 단계에서는 관찰, 인터뷰, 설문조사, 자료조사 등의 진단기법을 통하여 조직의 변화가 필요한 분야가 어디에 있는지 조사하고 분석한다. 예비진단을 마치면 변화가 필요한 분야 중 중요도와 긴급도를 감안하여 본 진단대상을 정하고 본 진단을 위한 준비절차에 들어가게 된다. 그러면 지금부터 예비진단을 위한 절차 및 방법에 대하여 구체적으로 알아보기로 한다.

1. 진단계획의 수립

진단계획의 수립은 예비진단을 위한 첫 번째 단계로서 조직에서는 진단계획 시 다음과 같은 사항을 미리 준비하여야 한다.

① 어느 분야를 진단할 것인가(예비진단의 대상리스트)

② 예비진단을 누가 할 것인가. 내부에서 직접 할 것인가, 아니면 외부의 전문가(조직

개발 컨설턴트)에 맡길 것인가. 만일 내부에서 한다면 몇 명이 필요한가(예비진단 주체)

③ 예비진단을 어떤 방법으로 할 것인가(예비진단 방법)

④ 예비진단을 얼마 기간동안 할 것인가(예비진단 일정)

⑤ 예비진단을 내부에서 할 것인가, 아니면 외부장소에서 할 것인가(예비진단 장소)

2. 예비진단의 실시

(1) 예비진단 실시개요

앞에서 언급한 바와 같이 조직개발의 주제 및 목표가 분명한 경우에는 예비진단은 필요없다. 그러나 조직개발의 필요성과 방향성이 불분명한 경우에는 예비진단을 실시함으로써 조직의 문제와 방향성을 명확화 할 필요가 있다. 예비진단은 문제해결을 위한 구체적 방안을 제시하는 것이 아니라 조직이 조직개발 컨설턴트에게 조직개발을 의뢰하기 이전에 문제의 정확한 분석, 문제의 명확한 정의를 통하여 의뢰여부의 판단을 제공하고, 향후 외부 컨설턴트에게 제안요구의 기초안을 만들어 제시하는데 있다. 또한 예비진단은 조직에서 어떤 문제가 발생하리라고 예견이 되거나, 현재 발생하고 있는 문제에 대한 본질 및 원인구조를 파악하기 어려워서 이를 해결하기 위하여 외부 컨설턴트에게 조직개발을 의뢰할지를 판단하기 어려운 경우에도 실시한다

(2) 예비진단의 기본적인 틀

본격적인 예비진단을 실시하기 위해서는 사전에 준비한 예비진단 계획을 토대로 실시하되 체계적인 방법론이 필요하다. 만일 외부 컨설턴트를 통하여 예비진단을 실시하는 경우 전문적인 진단기법이 동원되겠지만 내부에서 실시하는 경우 막막함을 느끼게 된다. 일반적으로 기업에서 예비진단에서 쉽게 적용할 수 있는 진단방법은 조직변화 준비정도 분석매트릭스(organization change readiness matrix)를 활용하는 방법이다.[1)]

<그림 4-1>에서와 같이, 만일 조직내부의 불만수준이 높고 변화추진 시 저항이 적은 경우는 완전한 준비태세라 할 수 있고, 조직내부의 불만수준이 낮으며 변화추진 시 저

그림 4-1 조직변화 준비도 매트릭스

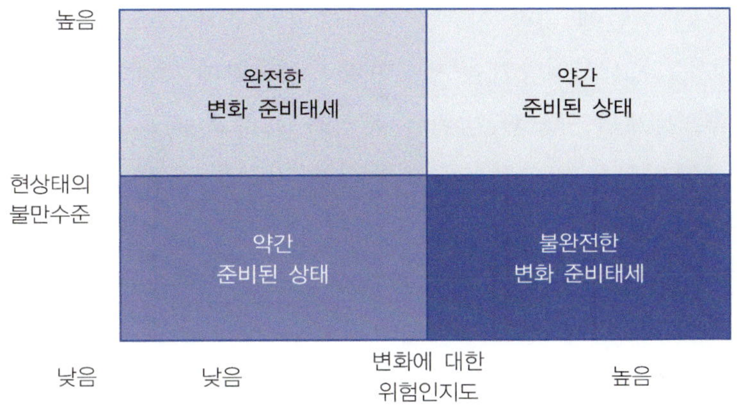

항이 큰 경우는 불완전한 준비태세라 할 수 있다. 본 매트릭스를 활용하는 방법은 다음과 같다.

① 조직의 문제가 어디에 있는지 파악한다. 문제의 발견은 인터뷰, 설문조사, 내부자료 검토(document review)를 통하여 파악할 수 있다. 그러나 문제를 분석할 때 문제의 단편적인 측면보다는 조직 전체차원에서 조직시스템 구성요인 간의 상호작용을 고려하여 동반적 변화를 모색하여야 한다. 왜냐하면 조직시스템의 한쪽요인의 변화는 다른 요인의 변화를 수반하든지 상호간의 영향을 주고 받기 때문이다.

② 검토하고자 하는 문제가 확정이 되면 문제별로 조직변화 준비도 매트릭스에 대입하여 변화준비 태세정도를 확인한다.

③ 만일 변화준비 태세가 완전한 준비태세이거나 약간 준비된 상태에 있다면, 변화에 필요한 물적, 인적자원을 점검해 본다. 만일 변화를 추진하는데 소요되는 인적, 물적비용 및 시간이 부족하다면 변화를 추진하는데 많은 제약을 받게되어 조직개발의 효과성이 떨어지게 된다.

④ 변화준비 태세 및 내부자원 평가가 끝나면 변화의 목표 및 전략을 수립함으로써 예비진단을 마친다.

(3) 예비진단의 방법

예비진단은 우선 현안에 대한 이슈를 정리하여 조직의 강·약점을 파악함으로써 해결해야 할 과제를 도출하고 시행방안을 제시한다. 이를 위해 고객의 요구사항 파악하고 업무기능을 파악한 후, 문제의 규모와 범위를 분석하고 주요 지표를 분석한다.

예비진단의 소요일정은 일반적으로 자료확보 기간을 제외하고 1일에서 3일이내 진행하는 것이 보통이며, 사안에 따라서 1주 이상이 소요되기도 한다. 그리고 진단을 외부 컨설턴트에게 맡기는 경우 이에 대한 진단비용은 진단을 의뢰한 기업에서 부담하는 것이 원칙이다

예비진단에 참여하는 컨설턴트는 객관적이고 사실적이며 보편타당한 결과를 도출하여야 하고, 짧은 기간에 결과를 도출해야 하는 만큼 정보의 신속한 입수와 분석이 매우 중요하며, 이를 위해 정보입수 및 분석, 방문의 일정관리를 정하여 고객과 협의하여야 한다. 그리고 짧은 기간에 결과를 도출하는 만큼 진단과정에서 고객에게 과도한 정보의 제공을 요구하여서는 안되며, 진단에 반드시 필요한 자료(예를 들어 회기별 재무보고서, 홍보물, 사업계획서, 과거 동일 또는 유사진단 결과, 업계동향 자료 등)로서 이미 보유하고 있는 자료를 토대로 요구하여야 한다. 예비진단에서 조사 및 검토하여야 할 기본적인 사항은 <표 4-1>과 같다.

표 4-1 예비진단 시 기본적인 조사 및 검토사항

① 국내외 경제 및 산업동향 분석
② 정부정책 및 동종업계 특성파악
③ 재무제표 등을 통해서 경영의 재무적 구조, 손익상태 및 그 경향 혹은 기업의 재무적 중점의 파악
④ 경영의 기본적 제문제
⑤ 경영관리의 대체적 방식
⑥ 경영관리의 세부사항 등

예비진단 시 외부 컨설턴트는 반드시 직원의 근무상태, 환경, 사기 등에 유의해서 관찰하여야 하며, 진단정보를 입수하기 위한 인터뷰 대상자나 진단관계자로 하여금 진단의 취지를 이해시켜 협조태세를 만들어 두어야 한다. 예비진단과 관계가 깊은 직원이나 간부들에게는 직접 대면하여 설명하고 비교적 관계가 없는 직원에게는 문서로 설명해도 좋다. 특히 유의할 점은 일반적으로 조직내 구성원들은 개선에 대해서 불안을 느끼게 되므로 진단

절차 중 불안을 조장하는 설명을 하거나 반감을 느끼게 하는 태도를 지양하여야 한다.

3. 예비진단 결과의 정리

예비진단은 본 진단에 앞서 향후 조직개발 주제를 찾아내거나 본 진단에서 집중해야 할 중점요소를 파악하는데 있다. 예비진단 과정에서는 외부환경이나 경영성과, 경영관리 활동(전략, 인사, 조직, 재무, 생산, 마케팅) 등에 대하여 짧은 시간내에 개략적으로 파악하기 때문에 진단결과가 부분적이고 단편적일 수 있으며 명확한 원인구조를 파악하는 것이 불가능하다. 따라서 예비진단에서는 발견한 특정 분야의 문제점에 대하여 상세하고도 구체적인 결과를 도출하기 보다는 해당 문제를 조직의 전체적인 틀내에서 종합적인 판단을 하는 것이 필요하다. 종합적인 판단을 위해서는 판단과정에서 완전히 주관적인 요소를 제거할 수는 없으나 주관적 판단한 결과에 대하여 경영의 제 원리 및 원칙을 기반으로 하여 논리적이고 분석적인 설명이 이루어질 수 있어야 진단결과의 설득력을 확보할 수 있다.

예비진단의 결과에 따라 "예비진단 보고서"나 "조직개발을 위한 제안요청서"를 산출하게 된다. "예비진단 보고서"는 진단결과를 설명하는 보고서이며, "제안요청서(request for proposal"는 조직인 조직개발을 외부에 의뢰하는 경우 컨설팅 발주를 위해 필요한 항목과 내용을 정리한 계획안이다.

제2절 | 조직개발 컨설턴트의 역할 및 선정

기업이 조직개발을 추진하는 경우 누구에게 맡길 것인가가 중요한 의사결정의 문제인데, 일반적으로 조직내부의 해당분야 전문가 또는 내부 컨설턴트가 있는 경우 해당분야 컨설턴트가 추진하거나, 그렇지 않은 경우 경영컨설팅 회사 또는 외부 조직개발 컨설턴트에게 맡기게 된다. 내부 컨설턴트가 추진하는 경우와 외부 컨설턴트가 추진하는 경우 모두 각각의 장·단점이 존재하게 되며, 특히 외부 컨설턴트에게 의뢰하는 경우 외부 컨설턴트의 역할 및 상호 간의 관계적립이 성공적인 조직개발을 위하여 중요하다. 그러면 지금부터 조직개발 컨설턴트의 역할, 조직개발 추진 시 내부 및 외부 추진상의 장·단점 및 외부 컨설턴트의 역할에 대하여 살펴보기로 한다.

1. 조직개발 컨설턴트의 역할

(1) 조직개발 컨설턴트의 기본적 직무

조직개발 컨설턴트는 조직개발을 원하는 조직(client)의 의뢰를 받아서 진단을 하고 해결방안을 제시하는 기본적인 역할을 담당하게 된다. 조직개발 컨설턴트가 담당하는 기본 직무를 살펴보면 다음과 같다.[2)]

① 경영환경분석: 조직개발 컨설턴트는 경영활동 및 성과에 영향을 주는 내부 및 외부 환경을 파악하여 조직개발 대상기업에게 제시 가능한 정보에 근거하여 과제와 관련한 내·외부적 환경을 분석한다.

② 주요 이슈의 진단: 조직개발 컨설턴트는 대상기업, 문제 및 현상에 대한 진단과 해결책을 모색하기 위하여 다양한 진단기법과 결과를 분석한다.

③ 개선방안 제시: 조직개발 컨설턴트는 정보분석자료, 진단자료, 보유경험 및 문제해결 노하우 등에 의하여 전문적인 개선방향과 구체적인 방안을 제시하고 새로운 방법, 아이디어를 제공한다.

④ 조직개발 활동의 수행: 조직개발 컨설턴트는 컨설팅 수행계획에 따라 조직개발 방법론, 기법, 정보, 경험을 토대로 조직개발을 직접 실행한다.

⑤ 실행계획의 제공: 조직개발 컨설턴트는 컨설팅의 과정, 결과에 따라 고객이 여건에 따른 단계적 이행계획이나 사내규정 개정안과 같이 조직에서 향후 필요한 세부운영 수단을 제공한다.

⑥ 변화관리: 조직개발을 추진결과로 나타난 전략, 조직구조, 기술 등의 변화에 대하여 조직 구성원의 저항이 발생하기 마련이다. 따라서 조직개발 컨설턴트는 조직개발 개선안이 조직내 잘 정착될 수 있도록 변화과정에 대한 관리를 지원한다.

⑦ 홍보 및 교육훈련: 조직개발 컨설턴트는 조직개발 결과에 대한 지속적 효과를 달성하기 위하여 고객사의 임직원을 대상으로 사내홍보 방안을 제시하고 교육훈련을 개

발하여 제공한다.

⑧ 정보자료 : 조직개발 컨설턴트는 자신이 가지고 있는 전문적인 정보와 자료를 고객기업에 제공한다.

(2) 조직개발 컨설턴트의 역할정의

외부 조직개발 컨설턴트를 통하여 조직개발을 추진하는 경우에는 사전에 계약을 통하여 컨설턴트의 역할을 분명히 할 필요가 있다. 조직개발을 추진하는 기업은 조직개발 컨설턴트의 역할을 규명하기 위해서 다음과 같은 질문을 통하여 조직개발 컨설턴트의 역할과 내부의 역할을 명확히 할 필요가 있다.

① 조직개발 시 조직개발 실행을 담당할 외부의 조직과 내부의 조직구성을 어떻게 할 것인가?

② 조직개발 추진 시 누가 무엇을, 언제, 어떻게 할 것인가?

③ 기업은 외부 조직개발 컨설턴트로부터 해결안을 얻기 원하는가 아니면 외부의 도움을 받아 그들 스스로가 해결안을 개발하기를 원하는가?

④ 기업은 조직개발 추진과정에 깊이 참여할 준비가 되어 있는가?

⑤ 기업내부의 참여를 배제하면서 다루어야 할 특별한 영역이 존재하는가. 아니면 반대로 외부 컨설턴트의 참여없이는 절대로 다룰 수 없는 영역이 존재하는가?

지금부터 조직개발 컨설턴트의 역할에 대하여 살펴보기로 한다. 컨설턴트의 기본적인 역할은 크게 자원적 역할과 프로세스 역할로 구분해 볼 수 있고, 이를 세분화하면 여덟 가지로 나누어지는데 이를 자세히 살펴보면 다음과 같다.

1) 조직개발 컨설턴트의 기본적 역할

조직개발 컨설턴트의 역할은 크게 자원역할(resource role)과 프로세스 역할(process role)로 크게 나누어 진다.[3] 자원역할이란 외부의 조직개발 컨설턴트가 조직개발을 의뢰한 기업을 위해서 조직개발에 필요한 정보를 제공하고, 조직을 진단하고, 실현가능성에 대한 연구를 진행하고, 새로운 시스템을 설계하고, 새로운 테크닉을 고객에게 훈련시킴으로써 기술적인 전문지식과 경험을 기업에게 제공하는 역할을 말한다. 한편 프로세스 역할이란 조직개발 컨설턴트는 변화의 중개자로서, 변화의 방향 및 목표를 설정하고, 변화상의 장애요인(change barrier) 및 촉진요인(change enabler)에 대한 극복방안 및 촉진방안을 제시하여 궁극적으로 조직이 추구하는 변화의 방향 및 목표대로 잘 진행될 수 있도록 조언하고 지도하는 역할을 말한다.

2) 조직개발 컨설턴트의 세부적 역할

조직개발 컨설턴트의 역할을 좀 더 세분화해 보면 <그림 4-2>에서 보는 바와 같이 다양한데 이를 구체적으로 살펴보면 다음과 같다.[4)]

그림에서 지시적이란 컨설턴트가 리더십을 갖고서 활동을 주도하거나 고객에게 무엇을 하라고 지시하는 컨설턴트의 행동을 의미한다. 반면에 비시적인 역할에서 컨설턴트는 고객에게 여러 가지 데이터를 제공하는 역할을 수행하게 된다.

그림 4-2 컨설턴트의 세부적 역할

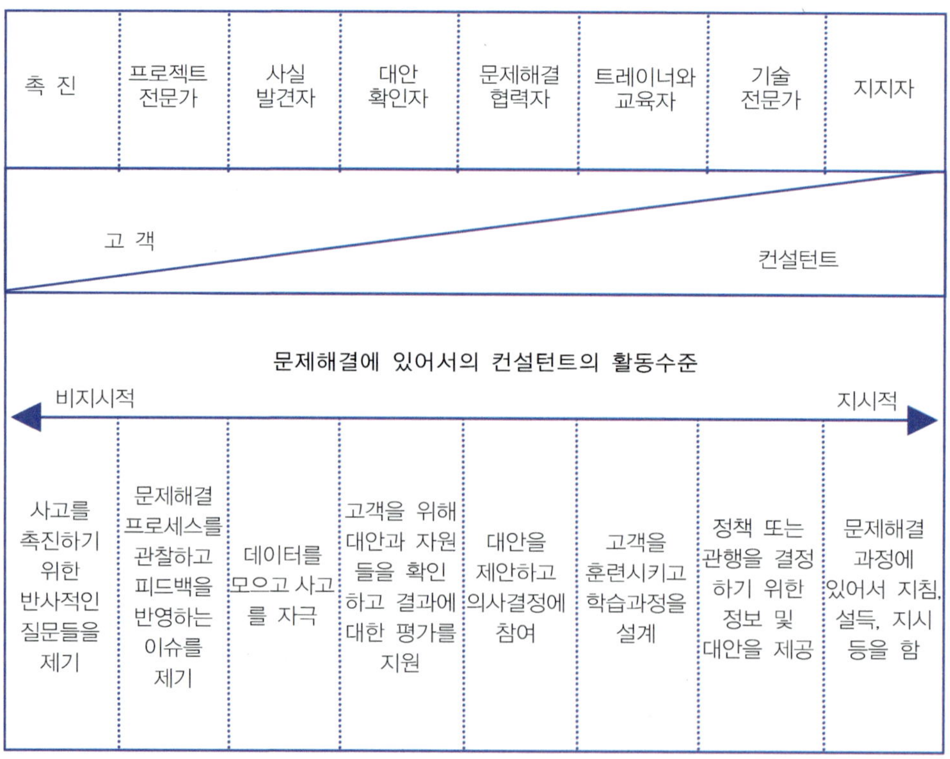

자료: G. Lippit and R. Lippit: The Consulting Process in Action, La Jolla, California, university Associates, 1979, pp.31-33.

본서에서는 이러한 역할들을 구별하여 설명하고 있으나, 실제의 조직개발 상황에서는 이러한 역할들이 상호간에 배타적으로 활동되는 것이 아니라 고객과의 관계에 따라 여러 가지 방식으로 나타날 수 있다는 점을 유념하여야 한다. 다라서 조직개발 컨설턴트는 고객과의 관계가 발전함에 따라 몇 가지 역할을 동시에 또는 연속적으로 변경시킬 수 있어야 한다. 이러한 역할들을 자세히 살펴보면 다음과 같다.

■ 지지자(advocator)

지지자(advocate)의 역할을 수행하는 경우에 컨설턴트는 고객에게 영향력을 행사하려고 노력하게 되는데, 이러한 지지는 다음과 같은 두 가지로 분류될 수 있다.

① 지위 또는 접촉지지(position or contact advocacy): 컨설턴트가 고객에게 특정한 상품을 선택하거나 특정한 가치를 받아들이도록 강요하거나 영향을 미치려고 한다.
② 방법론적 지지(methodological advocacy): 고객이 문제를 해결하는 주체로서 적극적으로 활동하도록 영향력을 행사하고 어떤 특정한 문제해결 방법을 활용할 것을 주장하지만 강요하지는 않는다.

■ 기술전문가(technical expert)

컨설턴트에 의해 선택될 수 있는 역할중의 하나는 기술전문가의 역할을 수행하는 것이다. 전통적인 컨설턴트의 역할은 특정한 지식, 기술, 전문적인 경험 등을 통해 고객에게 특정한 서비스를 제공하도록 고용된 전문가이기 때문에 컨설턴트는 고객이 당면한 문제에 대한 해결방법을 특정 지식이나 기법 및 경험을 통해 제공하는 것이다. 기술전문가로 활동하는 컨설턴트는 고객의 문제에 대한 해결방법론을 제공하는 프로세스 전문가들로서, 이러한 역할을 통해 컨설턴트는 자신의 실제적인 지식들을 고객에게 제공하게 된다.

■ 훈련 및 교육자(trainer & educator)

경영혁신 컨설팅 등 일부 조직개발 컨설팅의 경우 컨설턴트가 고객에게 정기적으로 훈련과 교육을 주도해야 할 필요성이 발생한다. 이러한 도움을 제공해야 하는 컨설턴트는 프로젝트의 상황과 고객의 니즈에 따라 중요하다고 선정된 주제에 관하여 최상의 학습프로세스를 제공하는 역할을 수행하게 된다. 컨설턴트는 고객조직의 학습을 위해 제공할 경험들을 설계하고 정보와 지식을 직접적으로 전달해주는 훈련 또는 강의를 실시해야 하기 때문에 다양한 훈련방법은 물론 다른 사람의 잠재력을 개발시켜줄 수 있는 기술들을 습득해야만 한다.

■ 문제해결의 협력자(cooperater of problem solving)

문제해결의 협력자로서 컨설턴트에게 주어지는 역할은 문제를 해결하는데 필요한 방법을 제시하고, 고객과의 공동작업을 통하여 문제해결을 위해 협력한다. 컨설턴트는 고객들이 문제를 명확하게 이해할 수 있도록 그들의 개념화를 자극하고 객관성을 유지하도록 도와준다. 또한 고객이 문제의 원인과 해결방안에 궁극적으로 영향을 미치는 실제적인 원인들에 대하여 명확한 정의를 내리는 것을 도와주고, 고객이 대안들을 비교·검토하여 대안에 영향을 미치는 특수한 인과관계를 분류하며, 문제의 효과적인 해결을 위한 활동과정들을 통합하고 개발하도록 도와준다. 이러한 역할을 수행하는 컨설턴트는 종종 고객조직 구성원들의 동료로서 그들의 의사결정에 참여하기도 한다.

■ 대안확인자(alternative planner)

일반적으로 의사결정의 가치는 주어진 목적을 달성하였는가에 따라 결정되지만, 어떤 문제에 대한 적절한 해결안의 선정에 있어서 컨설턴트는 해결안이 수반하고 있는 위험성에 따라 몇 개의 확인가능한 대안들을 제시하게 된다. 그 대안들은 나름대로의 경제적, 사업적, 그리고 그밖의 다른 의미들을 내포하고 있기 때문에 고객과 컨설턴트가 대안의 발견작업을 함께 실시해야만 한다. 대안확인자의 역할을 하는 컨설턴트는 의사결정에 직접적으로 참여하는 것이 아니라 의사결정에 절절한 대안들을 만들어주는 역할만을 수행한다.

■ 사실발견자(fact finder)

모든 조직개발 프로젝트에서 사실의 발견은 문제를 분석하기 위한 논리적 근거를 제시하고 고객의 복잡한 문제를 해결하기 위한 수단으로서 필수적으로 수행되고 있다. 그러나 간혹 컨설턴트의 역할이 사실 발견만으로 제한되는 경우도 있다. 이러한 경우에 컨설턴트는 정보원천의 선정과 데이터의 수집, 사실들을 발견하기 위한 조사에 고객들이 어느 정도 참여하도록 유도하고, 이러한 데이터를 근거로 어느 곳에, 왜 개선이 필요한가에 대한 프리젠테이션을 통해서 고객을 도와주는 사실 발견자로서 만의 역할을 수행한다. 사실 발견자로서의 역할은 마치 의사가 일정한 진단을 통하여 건강상태의 문제를 찾아서 환자에게 제시해주는 것과 같은 역할이다.

■ 프로세스 전문가(process expert)

프로세스 전문가란 앞에서 언급한 바와 같이 문제해결 프로세스와 변화프로세스에 영향을 미치는 역할을 말하며, 주로 인간 및 집단 간의 역동성에 초점을 맞추게 된다. 프로세스 컨설턴트는 어떤 과업을 수행할 것인가 보다는 문제해결을 위하여 어떻게 활동할 것인가에 초점을 맞춰 고객과 공동의 진단기술을 개발하고, 조직개발을 통하여 도출한 해결안을 성공적으로 실천할 수 있도록 도와준다.

■ 촉진자(facilitator)

촉진자의 역할이란 컨설턴트가 조직의 문제에 대한 진단과 해결방안을 직접 제시하지 않고, 고객에게 문제에 대한 관련자료를 제시하거나 질문하는 등의 방법을 통하여 고객에게 아이디어를 자극하고 적절한 의사결정을 하도록 자극하는 역할이다.

2. 내부 및 외부 컨설턴트의 활용상의 장·단점

(1) 내부 컨설턴트 활용상의 장·단점

조직개발을 담당할 내부 전문가나 컨설턴트가 내부에 있어서 내부에서 추진하는 경우에는 다음과 같은 장점을 활용할 수 있다.

첫째, 내부 컨설턴트는 조직에 대하여 누구보다도 잘 알고 있기 때문에 조직개발을 추진하게 된 배경에 맞게 조직의 여건에 맞는 조직개발 방법론을 활용할 수 있어서 조직개발의 결과 성공가능성이 높다.

둘째, 내부 컨설턴트는 조직문화와 정책에 친숙하기 때문에 조직진단시 외부 컨설턴트보다 신속하게 진단할 수 있고 조직의 여건에 부합하는 해결안을 제시할 가능성이 높다.

셋째, 내부의 조직개발 컨설턴트는 조직개발 과정에서 얻는 많은 조직관련 정보에 대하여 외부에 유출할 가능성이 낮아서 기밀유지에 유리하다.

넷째, 조직개발 주제가 조직내부에 대하여 깊이 있는 지식을 필요로 하는 경우에는 외부 컨설턴트에게 맡기는 경우보다 내부 컨설턴트가 수행하는 것이 더 적합하다.

다섯째, 조직개발을 외부 컨설턴트에게 맡기는 경우 상당한 비용을 수반하게 되는데 비해 내부 컨설턴트가 조직개발을 추진하는 경우 외부자문 비용이 들지않아 원가절감에 유리하다.

한편 내부 조직개발 컨설턴트를 활용하는 경우에는 다음과 같은 단점이 존재한다.

첫째, 조직개발 추진시 경영자나 조직의 이해관계자의 눈치를 볼 수밖에 없기 때문에 진단결과 및 해결안이 독립성과 객관성이 결여될 가능성이 높다.

둘째, 조직개발을 외부 컨설턴트가 추진하는 경우 컨설턴트가 가지고 있는 산업 및 경쟁사 동향에 대한 정보나 조직개발 주요 기법들을 전수받을 수 있는 장점이 있으나 내부에서 추진하는 경우 조직내부의 시각에서 근시안적인 문제해결 방안이 나올 가능성이 높다.

셋째, 현실적으로 볼 때 정부기관이나 공기업 또는 대기업 일부만이 내부 구성원 중 조직개발 컨설턴트가 존재하거나 컨설턴트를 양성할 수 있고, 대부분 조직은 조직개발을 추진할 만한 역량을 갖춘 우수한 인재를 확보, 육성 및 활용할 가능성이 낮다.

(2) 외부 컨설턴트 활용 시 장 · 단점

내부에 조직개발을 실행할 전문가가 없는 경우 외부 컨설턴트를 활용하게 되는데, 이 경우 경영컨설팅 회사나 개인 컨설턴트가 그 역할을 맡게 된다. 외부의 컨설턴트를 활용하는 경우 다음과 같은 장 · 단점을 가지고 있는데 먼저 장점을 살펴보면 다음과 같다.

첫째, 외부 컨설턴트가 가지고 있는 산업동향 관련정보나 특정 경영기법을 잘 활용할 수 있고 특정 분야의 조직개발 전문노하우(know-how)를 학습할 수 있다는 점이다. 따라서 외부 컨설턴트의 도움을 받아 조직개발을 추진하는 경우 짧은 시간 내에 조직이 당변하고 있는 문제에 대한 해결을 기대할 수 있을 뿐만 아니라 문제해결을 위한 자체적인 노하우를 축적할 수 있는 소중한 기회가 될 수 있다.

둘째, 내부 컨설턴트가 조직개발을 전담하는 경우에는 조직에 여건에 맞는 현실적인 개선안을 도출하는 장점이 있으나, 지나치게 현실에 안주하는 안을 도출할 가능성이 많으나 외부 컨설턴트는 본인이 가지고 있는 경험과 전문성을 기반으로 현실에 안주하지 않고 가장 이상적인 개선안을 제시할 수 있는 장점이 있다.

셋째, 외부 컨설턴트가 제시하는 개선안은 내부전문가가 제시하는 것보다 객관적이고 독립적이기 때문에 구성원들을 설득하기 쉽고 해결안에 대하여 수용도를 높일 수 있는 장점이 있다. 특히 해결안이 조직구성원들의 이해관계가 높고 기득권을 침해할 가능성이 높은 경우 조직구성원의 저항이 높기 때문에 이를 줄이기 위해서 전략적으로 외부 컨설턴트를 활용하는 경우도 많다.

한편 조직개발 시 외부 컨설턴트를 활용하는 경우 단점도 존재하게, 되는데 외부 컨설턴트 활용상의 단점을 제시하면 다음과 같다.

첫째, 조직개발을 외부의 컨설턴트에게 의뢰하는 경우에는 전문적인 노하우를 제공하는 대가로 많은 비용을 감수하여야 한다.

둘째, 조직개발을 외부에서 맡는 경우 추진과정에서 회사의 전략이나 기밀사항이 컨설턴트를 통하여 외부에 유출될 가능성이 있다. 따라서 컨설턴트는 고객사의 중대한 기밀사항을 외부에 유출되지 않도록 각별히 유의하여야 한다.

셋째, 외부 컨설턴트의 경우 조직해결 안을 제공함에 있어서 조직의 현실에 타협하지 않는 파격적인 안을 제공할 가능성이 높은 반면에 제시한 해결안이 너무 이상적이어서 조직에서 제시안대로 그대로 적용하기 어려운 경우가 많이 발생한다.

3. 외부 컨설턴트의 선정

(1) 제안요청서의 작성

조직개발을 외부에 의뢰하는 경우 조직개발 주제를 정하고 조직개발을 통하여 달성하고자 하는 목표를 결정한 다음 제안요청서(request for proposal)를 작성하여 외부 조직개발 전문기관이나 전문컨설턴트에 의뢰하게 되는데 제안요청서에서 요구하는 기본적 내용은 <표 4-2>와 같다.

표 4-2 표준제안서 내용

1 제안개요 2 컨설팅회사 일반사항 2-1 일반현황 2-2 조직 및 인원 2-3 주요 사업내용 2-4 주요 사업실적 3 컨설팅 업무부문 3-1 컨설팅 방법론 3-2 단계별 접근방법 3-3 산출물 이미지	4 컨설팅 관리부문 4-1 품질보증계획 4-2 추진일정계획 4-3 업무보고 및 검토계획 4-4 수행조직 및 업무분장 4-5 투입인력 및 이력사항 4-6 컨설팅 일수 및 비용 5 컨설팅 지원부문 5-1 교육훈련계획 5-2 대외활동계획 5-3 사후관리계획 5-4 기타 지원사항

(2) 조직개발 계약서의 작성

제안요청서의 심사 및 제안발표회(presentation) 등을 통하여 외부 조직개발 컨설턴트가 선정되면 의뢰기업은 컨설턴트와 계약을 체결하게 된다. 계약은 컨설팅의 과정과 결과에 따라 당초의 조건과 환경이 변화함으로 발생할 수 있는 각종 분쟁의 예방 및 대처를 위한 법적장치이다. 계약서를 작성하는 것은 조직개발 의뢰내용을 명확히 하고, 책임소재나 대비책을 계약서에 명기함으로써 상호간의 분쟁을 예방하고 조직개발 추진과정상의 효율성을 높이는 데 목적이 있다. 계약서에 포함되어야 할 기본항목은 <표 4-3>과 같다

표 4-3 계약서 기본항목

- 프로젝트명
- 계약주체
- 프로젝트의 범위
- 작업단계와 일정
- 각 단계별 종료의 확인
- 산출물
- 투입인력
- 지원인력 및 지원사항
- 비용, 수임료의 청구와 처리절차
- 책임관계
- 지적재산권의 소유
- 손해배상
- 분쟁의 해결방법
- 본 계약에서 다루지 못한 기타 사안에 대한 합의방법
- 서명 및 서명일자

[부 록]

프로젝트 계약서[5)]

☐ 계약명칭 :

☐ 계약금액 : 원

☐ 계약기간 :

(이하'갑'이라 한다)과 (이하'을'이라 한다)은 「○○○○○○○구축관련 프로젝트 계약」을 아래와 같이 체결한다.

제1조(총 칙)
'갑'과 '을'은 본 용역계약서에 기재한 컨설팅 계약에 관하여 신의와 성실의 원칙에 입각하여 이를 이행한다.

제2조(컨설팅 내용)
본 계약의 연구내용 및 방법 등은 별첨 과업지시서에 의한다.

제3조(컨설팅 착수)
① '을'은 계약체결일로부터 7일이내 본 프로젝트를 착수하여야 하며 컨설팅 추진계획서를 2부씩 제출하여야 한다.
② '을'은 사업주관 부서의 요청에 따라 본 프로젝트 내용을 설명해야 하며 본 프로젝트를 수행함에 있어 중간보고회 1회 이상과 최종보고회 1회를 실시하여야 한다.
③ '을'은 중간보고서 5부를 '갑'에게 제출하여야 하여야 한다.
④ '을'은 최종보고서와 관련하여 보고서 5부를 '갑'에게 제출하여야 한다.

제4조(대가의 지급)
① '갑'은 계약체결 후 '을'의 컨설팅수행 계획서 등의 제출이 완료된 날로부터 7일 이내에 '을'의 청구에 의하여 계약금액의 30%를 '을'에게 선금으로 지급한다.
② '갑'은 수행계약 체결일로부터 2개월이 경과된 후 '을'의 청구에 의하여 계약금액의 40%를 '을'에게 중도금으로 지급한다.
③ '갑'은 '을'의 최종보고서에 대한 검수가 완료된 후, '을'의 청구일로부터 7일 이내에 나머지 30%를 '을'에게 지급한다.

제5조(계약의 변경)
'을'은 '갑'의 동의없이 본 계약서 제2조에 의한 계약내용을 변경할 수 없다.

제6조(참여인력)

① 본 용역수행과 관련하여 '을'이 투입하여야 할 인력은 '을'이 제출한 제안서상의 인력으로 한다.

② 제1항에서 정한 인력이 용역을 수행하는 장소는 '갑'이 지정하여 제공하는 것으로 한다.

③ '을'은 불가피한 사정으로 제1항에서 정한 참여인력의 교체가 필요한 경우 갑의 승인을 얻어 교체할 수 있다. 단, 인력교체는 제1항의 인력과 프로젝트 수행에 필요한 지식과 경험이 동급인 경우에 한하며, 교체인력이 수행에 적합하지 않다고 판단될 경우 '갑'은 인력교체를 거부할 수 있다.

제7조(교 육)

① '을'은 수행계획서에 의한 '갑'의 직원을 대상으로 하는 교육 등과 관련하여 제6조에서 정한 참여인력 또는 동등 수준의 강사를 지원하고 교재 등 필요자료를 을의 부담으로 제공하여야 한다.

② 제1항의 교육에 필요한 장소는 '갑'이 제공하는 것으로 하며, 소요되는 비용은 '을'의 부담으로 한다.

제8조(기타의무)

① '을'이 컨설팅을 수행함에 있어 사용하는 기초자료는 객관적이고 신뢰할 수 있는 것이어야 하며, 조사방법 및 그 근거를 보고서에 명시하여야 한다.

② '을'은 이 컨설팅을 수행함에 있어서 갑이 제시하는 기준을 엄격히 준수하여야 하며 '갑'의 요구가 있을 경우 본 계약서상에 사용된 제반자료를 '갑'에게 제공하여야 한다.

③ '을'은 본 계약이 종료된 이후에도 본 계약상 컨설팅의 범위와 관련하여 갑이 요청하는 자문에 성실히 응해야 한다.

제9조(지체상금의 징수)

① '을'의 귀책사유에 의하여 계약기간 내에 완료보고서를 제출하지 못하였을 경우에는 지체일수 1일에 계약금액의 2.5/1,000를 지체상금으로 부담하며 '갑'은 제 5조에 의하여 지급될 대가에서 이를 공제할 수 있다.

② 천재지변 등 부득이한 사유로 계약이행이 지체된 경우로서 '갑'이 인정하는 경우에는 지체상금의 징수를 면제할 수 있다. 다만 이 경우 '을'은 서면으로 요청하며 '갑'의 승인을 얻어야 한다.

제10조(계약의 해약)

'갑'은 다음 각 호에 해당하는 경우에는 본 계약의 전부 또는 일부를 해제 또는 해지할 수 있다.

1. '을'이 본 계약내용 및 방법을 위배하였을 때
2. '을'이 태만으로 소정기일 내에 본 계약을 이행할 가망이 없을 때

3. '갑'의 승인없이 본 계약에 의한 권리를 제3자에게 양도하거나 본 계약내용의 일부를 제3자에게 하도급 하였을 때

제11조(배상책임)

'을'은 본 계약수행에 있어서 '을'의 귀책사유로 인하여 발생되는 모든 민·형사상의 손해에 대하여 책임을 진다.

제12조(보 안)

① '을'은 본 계약수행 과정을 통하여 알게 된 모든 기밀사항에 대하여 '갑'의 승인없이 대내·외적으로 누설하여서는 안 된다.

② '을'은 연구결과를 '갑'의 승인없이 대외적으로 발표할 수 없다.

제13조(감독 및 검수)

① '갑'은 프로젝트 추진상황을 감독할 수 있고 프로젝트의 내용 및 방법을 수정·지시할 수 있으며 '을'은 이를 반영할 수 있도록 최대한 노력하는 것을 원칙으로 한다.

② '을'은 본 계약이행에 따른 프로젝트 항목의 내용 및 방법의 변경에 관하여는 '갑'과 협의함을 원칙으로 한다.

③ '을'이 제출한 완료보고서의 검수는 '갑'이 하며, 검수결과 보고 내용이 '갑'이 의도하는 바에 만족스럽지 못하다고 인정할 때는 '갑'은 이의 보완을 요구할 수 있으며 이때 '을'은 보완된 보고서를 제출하여야 한다.

④ 제5조에 의한 컨설팅 대금은 완료보고서가 '갑'에 의하여 승인된 후 '갑'이 당초 계약금액 범위내에서 '을'에게 지급한다. 단, '갑'의 요구가 당초 계약된 과업지시서를 넘어 시간적·경제적으로 과도한 부담을 '을'에게 주는 경우에는 당초 합의된 계약금액과 별도의 실소요비용을 지급할 수 있다.

제14조(해 석)

본 계약서의 해석상 의문이 있을 경우 '갑'의 해석에 의한다. 본 계약의 내용을 증명하기 위하여 본 계약서 2통을 작성하여 '갑', '을'이 각각 1통씩 보관한다.

2017. 7

(갑)

(을)

별첨: 1. 과업지시서

2. 연구자 인적사항

제 5 장

조직진단

학습목표

1. 조직진단의 기본원칙 및 진단틀을 설명할 수 있다.
2. 조직진단 제 기법에 대하여 이해할 수 있다.
3. 조직진단을 위한 자료의 수집방법 및 분석방법을 설명할 수 있다.
4. 진단결과의 피드백방법 및 유의점을 이해할 수 있다.

앞 장에서 살펴본 바와 같이 착수단계를 통하여 예비진단 및 컨설턴트 선정을 마치면 마치면 본격적인 조직개발을 위한 조직진단을 실시하게 되며, 진단결과에 따라 개입설계(intervention plan) 또는 활동계획 수립에 착수하게 된다. 조직진단이란 조직개발을 위하여 조직의 현재 상태를 분석, 평가하고 문제점들을 발견해 내는 과정으로서 일반적으로 조직진단이란 개념속에는 단순히 문제점 및 원인구조를 파악하는 것 뿐만 아니라 해결방안 도출 및 활동계획 수립까지를 포함하고 있다. 그렇지만 해결방안 도출 및 활동계획 수립은 다음 6장 개입설계에서 설명하기로 하고 본 장에서는 문제점 분석, 종합정리 및 피드백까지를 설명하고자 한다.

조직진단은 조직 및 경영에 대한 진단을 통해 문제점을 찾아내고 문제의 원인을 찾아내기 위해서 조직의 실적자료 및 각종 자료분석, 설문조사, 인터뷰, 관찰 등 다양한 활동이 이루어지며, 그 결과는 경영자에게 피드백이 되어 문제에 대한 통찰을 주고, 개입설계 및 실행에 대한 아이디어의 원천이 된다.

조직개발에 있어서 진단단계는 합리적인 대안의 모색과 선정을 하기 위한 필수적인 과정으로서 조직개발의 성공적인 토대를 마련하기 위한 기초역할을 한다. 조직개발을 시도하는 조직이 적절한 진단없이 조직을 변화시키려는 시도하는 것은 상당히 위험하며 실패할 가능성이 높다. 따라서 조직진단은 조직개발 추진시 꼭 밟아야 할 필연적 과정이며, 조직진단시 과학적이고 합리적인 진단기법을 동원하는 것이 조직개발의 성공을 위한 기본적인 요소이다. 그러면 지금부터 조직개발을 위한 조직진단의 대표적인 모델을 살펴보고 조직진단 세부 프로세스를 살펴보기로 한다.

제1절 | 조직진단 개요

1. 조직진단의 의의

조직진단은 조직개발을 위하여 조직의 현재 상태를 분석, 평가하고, 문제점들을 발견해내며, 개입설계 기본방향을 도출한 다음 고객기업에 피드백하는 과정으로서 올바른 조직개발을 위한 필수적인 요소이다. 조직의 문제를 모르거나 잘못 파악하고 조직개발의 효과를 기대하는 것은 곤란하다. 조직진단의 의의 및 필요성을 살펴보면 다음과 같다.[1)]

첫째, 조직진단은 조직의 문제점 및 원인구조를 파악하고 개선방향을 제시함으로써 향후 조직문제의 해결안 또는 개입(intervention)을 위한 기본적인 논리를 제공한다.

둘째, 조직진단은 조직개발을 통하여 미래에 도달하고자 하는 목표 및 이상점(ideal point)과 조직의 현실과의 차이를 확인하는, 즉 조직의 현재상태를 객관적으로 평가하는데 의의가 있다.

셋째, 조직에서 발생하는 대부분의 문제는 단순하지 않고 여러 집단간의 관계에서 발생되는 경우가 많다. 이러한 경우 문제의 해결을 위해 단계적 절차를 통한 체계적이고 과학적인 분석이 필요한데, 조직진단은 이러한 복잡한 문제에 대하여 종합적이고 효과적인 해결책을 강구할 수 있도록 해준다.

넷째, 조직개발 추진시 조직의 효과성을 증진시키기 위한 제 방안들이 설득력이 있게 제시되려면, 조직진단을 통하여 조직의 비효과성을 야기시키는 원인들에 대한 논리적인 규명과 이에 의거한 조직개발 전략이 강구되어져야 한다.

2. 조직진단의 기본원칙

조직개발에 있어서 매우 중요한 위치를 차지하고 있는 조직진단을 효율적으로 하기 위해서는 다음과 같은 조직진단의 원칙들이 요구된다.[2)]

첫째, 분석비교의 원칙으로, 조직진단은 기존의 조직분석 및 조직 · 비교 그리고 행태과학 등에 관련된 기법들을 적극적으로 활용하여야 할 뿐만 아니라 가능하다면 조직의 규모나 환경이 비슷한 조직들을 선정하여 비교 · 분석하는 것이 바람직하다.

둘째, 문제점 명확화의 원칙으로, 조직진단은 조직이 갖고 있는 문제점들을 명확히 제시할 수 있어야 하며 그 문제점들의 해결에 초점을 두고 진행되어야 한다.

셋째, 미래지향성의 원칙으로, 대체로 조직개발의 목적이 단기적인 조직문제의 해결보다는 미래에 발생될 조직의 문제점 및 도전들에 대처할 수 있는 조직능력을 증진시키는 데 있으므로, 조직진단은 조직의 과거와 현재상태에 대한 분석에 관심을 두어야 할 뿐만 아니라 미래지향적이어야 한다. 결국 조직진단은 조직의 과거와 현재 그리고 미래라는 연속선상에서 이루어져야 한다.

넷째, 종합성의 원칙으로, 조직이란 각 구성단위 간에 상호 유기적인 관련성을 맺고있는 종합적인 시스템이므로 조직진단은 특정한 일부문의 입장만 고려하는 것이 아니라 항상 종합적이고 균형적인 관점에서 종합, 조정되어야 한다.

다섯째, 특수성의 원칙으로, 각각의 조직들은 그들 나름대로의 특수성, 개별성, 역사성 등을 갖고 있으므로 조직진단은 지극히 일반적인 이론이나 원칙에 의거하기보다는 각 조직의 특수성을 고려하여 다양하게 이루어져야 한다.

여섯째, 효과성의 원칙으로, 조직진단은 많은 비용이 소요될 수 있고, 진단방법에 따라 비용상의 차이가 상당히 클 수 있으므로 조직진단 시행 및 진단방법의 선정에 있어서 엄정한 평가가 필요하다.

마지막으로 중립성이 원칙으로, 조직진단은 객관적이고 중립적인 입장에서 진행되어야 한다. 만약 중립성이 확보되지 못한다면 조직진단 자체뿐만 아니라 조직진단을 통하여 분석된 조직문제점에 대한 타당성이 확보되기 어렵다.

3. 조직진단의 유형

조직진단의 유형은 각 기준에 따라 여러 가지의 형태로 분류될 수 있는 바, 조직진단을 누가 시행하는가에 초점을 두고 있는 진단주체에 의한 분류, 누가 조직진단을 받는가에 따른 진단대상에 의한 분류, 그리고 무엇을 진단하는가에 따른 진단내용에 의한 분류 등이 있다.

(1) 조직진단 주체에 의한 분류

조직진단의 주체가 조직자체인지 아니면 진단대상 조직 이외의 외부조직인지에 따라 내부진단과 외부진단으로 대별된다. 외부진단은 다시 관계자 외부진단과 제3자 외부진단으로 구분할 수 있다.

첫째, 자체진단 유형은 외부 전문가의 도움없이 진행되는 것이므로 진단비용의 절약과 조직비밀의 보호라는 측면에서 바람직한 것으로 판단되나 조직진단에 대한 전문적인 능력의 한계 및 진단결과의 중립성 확보곤란 등의 이유들로 인하여 사용에 제한을 받는다.

둘째, 관계자 외부진단 유형은 진단대상의 조직과 밀접한 관련을 맺고 있는 자가 조직진단을 담당하는 방식으로서, 예를 들면 어느 상부조직이 그에 소속되어 있는 하부조직들에 대하여 조직진단을 시행하는 경우 등을 포함한다. 이러한 조직진단 방식은 진단자가 대상조직에 대하여 어느 정도 정보를 사전에 수집, 파악할 수 있으며 또한 심층적 정보에의 접근이 용이할 수 있으나, 진단을 시행하는 측과 진단을 받는 측의 이해관계에 따라 조직진단의 중립성이 보장되기 어렵다는 단점을 가지고 있다.

셋째, 제3자 외부진단 유형은 진단대상의 조직과 아무런 관련이 없는 외부의 컨설턴트를 선정하여 조직진단을 시행하도록 하는 방식으로서, 진단 컨설턴트는 조직진단에 대한 대부분의 책임을 져야 할 뿐만 아니라 조직개발을 위한 실행계획의 수립 및 조직개발 전략의 수행 등에 있어서 관여내지 감독을 담당한다. 이 진단방식은 소요비용의 과다 및 조직비밀의 보호곤란 등을 초래할 수 있으나 심층적, 효율적 조직진단을 가능케 하며 진단결과에 대한 중립성 확보가 용이하다.

(2) 조직진단 대상에 의한 분류(진단수준에 따른 분류)

조직에 있어서 다양한 하위체계들의 상호관련성에 초점을 두고 조직자체를 하나의 개방체제로 볼 때, 조직진단은 전체로서의 조직 및 조직을 구성하는 집단 그리고 개인적 차원으로서의 조직구성원을 대상으로 시행될 수 있다.

첫째, 조직수준의 진단은 전체로서의 조직이 갖고 있는 전략 및 외부환경들이 그 조직의 기술, 구조, 인사체계, 평가체계, 문화 등의 다양한 요소들에 따라 조직 효과성에 어떠한 영향을 미치는가를 파악하기 위하여 조직진단을 시행하는 경우를 말한다.

둘째, 집단수준의 진단은 조직의 기술, 구조, 인사체계, 평가체계, 문화 등을 포함하는 조직설계가 조직체를 구성하는 집단들의 작업구조와 업무수행의 규범 그리고 구성원 간의 관계 등에 따라 집단의 효과성에 어떠한 영향을 미치는가를 파악하기 위하여 조직진단을 시행하는 경우를 말한다.

셋째, 개인수준의 진단은 조직설계 및 집단설계 그리고 구성원들의 개인적 특성들이 업무의 특성, 요구되는 기술의 수준, 업무처리의 자율성 등에 따라 조직구성원들의 업무만족과 업무수행의 질 또는 개인적 발전 등에 어떠한 영향을 미치는가에 주된 관심을 두고 조직진단을 시행하는 경우이다.

(3) 진단내용에 의한 분류(진단범위에 따른 분류)

조직진단은 그 용어가 지칭하는 범위가 대단히 다양하고 넓다.[3] 광의의 조직진단은 환경과 내부조직을 포괄하는 것이며, 협의의 조직진단은 외부환경은 배제한 채 조직내부를 중심으로 진단하는 것이다. 그런데 최 협의는 다시 조직내 인사, 재정 등은 제외하고 조직만을 대상으로 진단을 실시하는 것을 의미한다. 과제별 진단은 조직이 실시하는 특정 프로젝트의 타당성을 평가하는 진단을 의미한다. 조직진단의 범위와 명칭은 <그림 5-1>과

그림 5-1 조직진단의 범위와 명칭

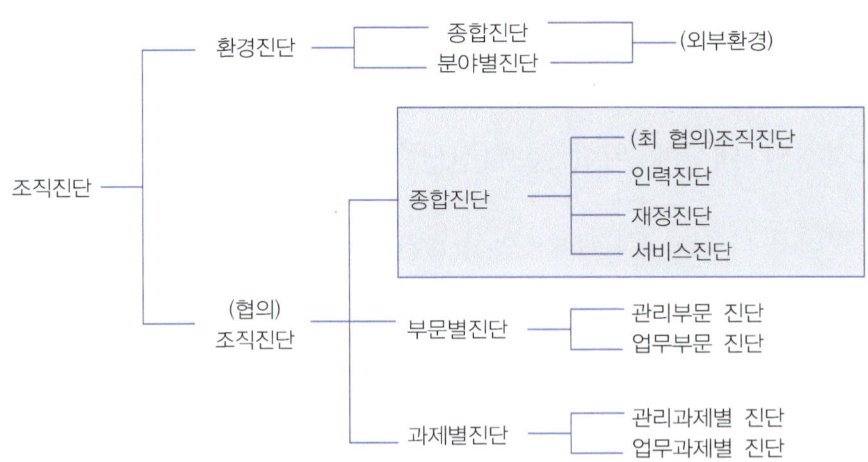

같다.

4. 조직진단의 주요 분석대상

조직진단에 있어서 분석대상은 가급적 조직의 제 측면을 포괄해야 하므로 조직환경, 전략, 조직의 기능 및 구조, 인력, 프로세스, 리더십을 포함한 조직행태 및 조직문화, 조직관리 시스템 등을 들 수 있다.

조직환경이란 조직의 역사적 배경을 포함한 내·외부환경이며, 전략은 조직의 달성목표, 목적, 조직의 중요전략 및 방침을 포함한다.

조직행태는 직무몰입이나 만족, 이직의도나 정서적 탈진 등 개인적인 측면과 의사소통 등 집단적인 측면, 조직문화나 풍토, 조직성과나 리더십 등 조직적인 측면을 모두 포함하는 넓은 개념이다.

관리시스템은 조직의 체계적이고 효과적인 운영을 위한 것으로 지식관리, 혁신관리 등의 개념이 포함된다고 할 수 있다.

일반적으로 조직진단 시 주요 분석대상은 진단목적 등에 따라 그 영역이나 내용은 달라질 수 있는데 조직진단의 분석대상은 그 조직개발의 목적 및 범위에 맞추어 적절하게 설정하여야 한다.

제2절 | 조직진단의 기본모형

조직진단을 위한 변수의 선정에 따라 수집되는 정보가 달라지므로 무엇을 구체적으로 진단할 것인지 변수를 결정하는 것은 대단히 중요한 단계이다.

조직진단의 대상은 조직이론에서 소개되는 수많은 변수들을 전부다 망라하는 것이라고 해도 과언이 아니지만, 실제로 모든 변수들을 한 번에 망라하여 진단한다는 것은 불가능에 가깝기 때문에 이를 보다 적은 수의 중요한 변수군(variable group)으로 제한할 필요가 있다.

조직진단시 처음부터 분석의 틀을 설정하여 조직진단을 할 경우 진단의 범위가 한정된다는 문제가 있고 때로는 분석하여야 할 중요한 면을 놓치는 수도 있다. 그러나 조직진단 분야에서는 최근 많은 학자들이 다양한 포괄적 분석틀들을 제시하고 있으며, 조직진단의 목적에 따라 이 분석틀들을 잘 활용한다면 충분히 포괄적인 진단이 될 수 있다고 본다. 조직진단에 있어서 이론적 틀의 정립은 다음과 같은 장점들이 있다.[4)]

① 분석틀은 조직에 대한 자료를 분류하는 작업을 용이하게 해준다.
② 분석틀은 조직에 대한 이해와 문제점의 발견을 용이하게 한다.
③ 분석틀은 수집된 자료를 해석하는데 있어서 체계적인 분석과 해석을 가능하게 해준다.
④ 분석틀은 컨설턴트와 진단대상 조직구성원 간의 대화에 있어서 공통언어를 개발하게 해주며, 이에 따라 서로간의 이해를 도와준다.

조직진단을 위한 분석틀은 조직진단의 전문가나 전문기관에 따라 조금씩 다른 형태를 취하고 있다. 조직자체는 매우 다양한 측면을 가지고 있으며, 따라서 어떤 측면을 강조해서 보는가에 따라 분석의 틀이 달라질 수밖에 없다. 조직진단 시 사용한 대표적인 모형에는 행동과학 모형, 특정 관심모형, 종합적 모형이 있는데 지금부터 각각에 대하여 살펴보기로 한다.

1. 행동과학 모형

행동과학 모형(behavioral science models)은 조직내의 행태적인 변화가 조직전체의 변화를 이끌어낼 수 있다고 전제하고, 조직내의 개인적 행태나 인간관계를 심리학적인 관점에서 분석하는 모형이다. 여기서 주로 다루는 조직의 요인은 "인간"이며, "태도조사(Attitude Surveys)", "행동조사(Action Research)", "사회기술적 체계이론(Sociotechnical Systems Theory)" 등이다.

2. 특정 관심모형

특정 관심모형(special purpose models)은 조직의 특별한 문제와 이에 대한 해결방안에 관심을 갖고 있다. 이와 같은 대표적인 분석방법에는 “성취도 분석(Performance Analysis)”이 있는데, 본 분석에서는 조직의 성과가 저조한 원인이 개인적인 업무훈련의 부족인지, 또는 조직구조나 과정이 합리적으로 되어 있지 않은지에 대하여 분석을 행하는 것이 일반적이다.

특정 관심모형은 어느 한 분야에 대한 진단방식으로 부분적인 치유를 위하여 강조되는 형식을 취한다. 흔히 모든 유형을 고려하여 부분간의 상호작용을 연구하기 위하여 특정 부분을 우선 진단하는 경우가 여기에 속한다.

예컨대, 조직의 사명(mission)과 전략(strategy)에 관심을 두고 조직진단을 할 경우 조직에서 대외적으로 표방하고 있는 사명 및 전략과 조직원들이 인지하는 조직의 사명과 전략의 차이점을 찾아내고 그 원인을 분석하는 등의 진단방법이 여기에 속한다. 특히 조직의 사명 및 전략을 진단하는 경우 관리자들이 전략을 수행하기 위해 일상적인 일들에서 어떻게 인력과 물적자원을 다루고 있는가 등에 대한 세부적 내용을 살펴보고, 기술과 업무가 일치되는지 등에도 주의를 기울인다.

조직진단을 특정 관심모형에 두고 수행할 경우 우선적으로 관리자 계층의 생각을 사전에 진단하는 경우가 많다. 이를 통하여 관리자들이 원하는 조직이 개선수준의 조직인지 또는 혁신적 조직인지 알 수 있기 때문이다.

이와 같이 관리자 계층이 개선수준의 조직을 원하는지, 아니면 혁신적 조직을 원하고 있는지 그들의 생각을 사전에 진단하여 관리자들이 원하는 조직혁신 수준에 맞는 진단변수를 찾아서 변수간의 정의를 통하여 세부적 틀과 진행계획을 수립한다

3. 종합적 모형

종합적 모형(comprehensive models)은 조직을 하나의 개방적 체제로 보고, 조직내의 모든 구조적 · 과정적 요인들의 개별적인 문제점과 상호작용에서의 문제점들을 포괄적으로 분석하는 방법을 사용한다. 그 동안 여러 학자들이 제시한 종합적 모형들은 상대적으로

큰 조직들의 전체적인 분석에 주로 사용되는데, 대표적인 모형으로는 와이스보드(Weisbord)의 모형(Six-box model), 내들러(Nadler)의 모형(Congruence Model), 맥킨지(McKinsey)의 모형(7S mode) 등이 있는데, 본 절에서는 종합적 모형 중 대표적인 모형인 이미 언급한 세 가지 모형을 살펴보고자 한다.

(1) 와이스보드의 조직진단 모형

와이스보드(Weisbord) 는 조직의 종합진단 모델로서 여섯 상자 모델(Six-Box Model)을 제시하였는데,[5] 전체적인 모습은 <그림 5-2>와 같다.

와이스보드는 조직을 진단하는 모형을 레이더 스크린으로 묘사하고 있다. 레이더가 좋고 나쁜 현상을 신호음으로 표현하듯이, 조직진단의 각 요인들은 조직의 문제점을 나타내준다는 것이다. 또한 레이더가 어느 한 측면에만 초점을 두고 반응하지 않듯이 조직진단의 모형에 있어서도 이 모형의 여섯 가지 요인 중에 어느 한 면에만 중점을 두어서는 안 된다고 한다.

와이스보드는 여섯 상자 모형의 각 요인들에 대한 중요한 진단의 초점을 다음과 같이 정리하고 있다.

그림 5-2 와이스보드의 여섯 상자 모델(Six-Box Model)

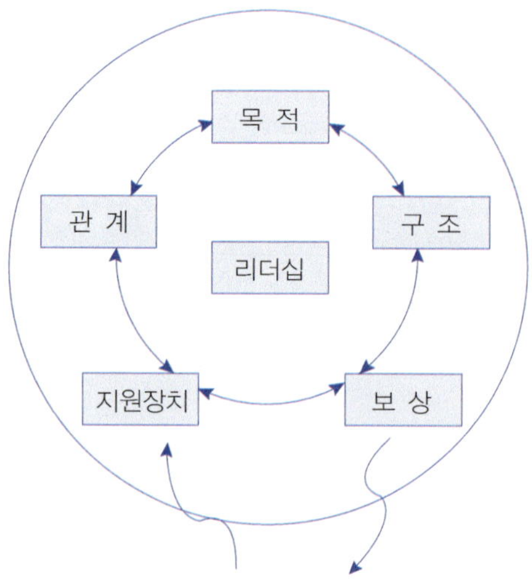

자료: Weisbord, M. R (1976). Organizational Diagnosis : Six Places to Look for Trouble with or without a Theory, Group and Organization Studies, 1: 430-447.

① 목적 및 목표: 조직의 목적 및 목표가 명확하고 조직의 목표에 대하여 구성원들의 의견이 일치하는가?
② 구조: 조직구조가 목표에 맞게 잘 조화를 이루고 있는가?
③ 관계: 개인간의 관계, 부서간의 관계, 개인과 개인이 담당하는 업무의 성격 및 요구되는 기술이 유기적으로 잘 연결되어 있는가?
④ 보상: 조직의 공식적 보상과 조직구성원의 보상에 대한 기대가 조화를 이루고 있는가?
⑤ 리더십: 리더가 조직의 목표를 명확히 설정해주고 있는가. 조직의 목표와 각 프로그램이 조화를 이루도록 하는가. 조직의 목표를 달성하기 위하여 리더가 조직내 통합이 잘 되도록 노력하고 있는가. 리더가 조직의 갈등을 잘 해결하여 조직의 질서를 유지하고 있는가?
⑥ 지원장치: 계획, 통제, 예산관리, 정보시스템 등 조직의 각종 시스템 중 어떤 시스템이 조직의 목표달성에 도움을 주고 어떤 시스템이 장애가 되고 있는가?

(2) 내들러의 조직진단 모형

내들러(Nadler)는 조직을 하나의 시스템으로 보고 조직진단 모형으로서 적합모형(Congruence Model)을 제시하였다.[6] 그에 의하면 조직은 투입(input), 변환(transform), 산출(output)의 3단계 프로세스로 구성되어 있는데, 중간의 변환과정은 <그림 5-3>에서와 같이 업무, 조직구성원, 공식적인 조직, 비공식적 조직 등의 네 가지 하부요소에 의하여 이루어지며, 이러한 투입과 산출의 조건에 맞추어 네 가지 하부요소가 서로 어떻게 적합성을 이루고 있는지를 판단하였다.

내들러는 과거의 계층적 전통 조직모형은 앞으로 점차 사라질 것을 예측하면서 혁신적인 조직설계(Organization Design)"는 적응력 있고 경쟁력이 있는 조직을 만들기 위해 조직의 관리자가 활용할 수 있는 주요 수단이 될 것이라고 주장하였다. 그러나 그는 조직설계는 조직의 전략이나 조직의 구조적 맥락과 밀접한 관계를 갖기 때문에 이에 대한 평가가 우선되어야 하며, 따라서 조직진단이 항상 조직설계에 우선되어야 한다고 설명하고 있다.

내들러 모형에서는 전환과정을 효과적으로 진단하기 위해서 투입과 산출에 대한 진단도 함께 실시하고 있는데 투입에서는 환경, 자원, 조직의 역사 및 조직전략을 진단하고, 산출에서는 목표달성, 자원의 활용 및 적응성에 중점을 두고 진단한다. 결국 적합모형은 이

그림 5-3 내들러의 적합모형

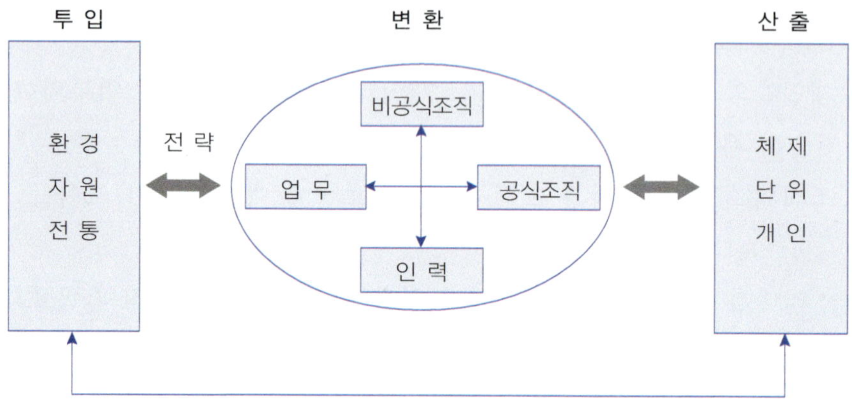

자료: Oliver Wyman – Delta Organization & Leadership 1: 24-30

러한 투입과 산출의 조건에 맞추어 네 가지의 하부조직이 서로 어떻게 적합성을 이루고 있는지 진단하고 있으며, 네 가지 하부조직간 관계와 진단의 초점은 <표 5-1>과 같다.

표 5-1 내들러 조직진단 모형의 진단변수와 진단의 초점

적합관계	
개인(인력)/공식조직	• 개인의 욕구는 조직의 구성에 의해 충족되고 있는가? • 개인들은 조직구조에 대해 명확한 이해를 하고 있는가? • 개인의 목표와 조직의 목표는 수렴되고 있는가?
개인(인력)/업무	• 개인의 욕구는 주어진 업무에 의해 충족되고 있는가? • 각 개인은 업무를 수행할 수 있는 기술과 능력을 지니고 있는가?
개인(인력)/비공식 조직	• 개인의 욕구는 비공식 조직에 의해 충족되고 있는가?
업무/공식조직	• 조직의 구성은 업무의 수행에 맞도록 적절히 되어 있는가? • 조직의 구성은 업무를 수행하는 동기를 유발시키는가?
업무/비공식 조직	• 비공식 조직이 업무의 성과를 높여주는가? • 비공식 조직이 업무수행의 요구와 수렴하는가?
공식조직/비공식 조직	• 비공식 조직의 목표, 보상, 구조가 공식조직의 목표, 보상, 구조와 일치하는가?

(3) 맥킨지(Mckinsey)의 7S 모형

이 모형은 일본기업의 성공방법을 연구한 Pascale과 Athos[7]와 우수한 기업을 만들기 위한 방법에 대해 연구한 Peters와 Waterman[8]에 의해 언급되었다. 7S 모형은 1978년 4명

의 학자들에 의해 만들어진 이후, 글로벌 컨설팅 그룹인 멕킨지에서 비효율적인 조직을 분석하고 컨설팅하기 위한 기본모델로 도입·활용하면서 멕킨지 7S 모형이라 불리게 되었다.

조직진단을 위한 도구로 가장 널리 활용되고 있는 멕킨지 7S 모형은 기본적으로 Leavitt의 조직모형에 기초를 두고 있다. Leavitt은 조직내에서 "구조", "기술", "사람","과업"의 네 변수가 가장 활발하게 상호작용하고 있다고 밝히며, 어느 한 변수의 변화는 곧 다른 세 변수의 변화를 가져온다고 한다. 멕킨지의 7S 모형은 Leavitt의 모형을 확장시켜 7S는 조직구성 요소인 전략(Strategy), 기술(Skill), 공유가치(Shared Value), 구조(Structure), 시스템(System), 종업원(Staff), 스타일(Style) 등 총 7개의 변수로 만들어 이 변수들 간의 상호관계에 따른 조직관계를 설명하고 있다. 즉, 조직은 공유가치를 중심으로 움직이고, 공유가치는 조직의 전략에 직, 간접적인 영향을 주며, 전략은 다른 다섯 가지의 변수들의 구성에 영향을 주는 것으로 보고 있다.

<그림 5-4>와 같이 조직 내 7가지의 구성요소들은 서로 밀접한 상호 연관관계를 가지고 있으며 각각의 요소에 대하여 간략히 설명하면 다음과 같다.

■ 조직전략(strategy)

조직전략은 조직체의 장기적인 목적(vision)과 사업목표, 그리고 이를 달성하기 위한 자

그림 5-4 **맥킨지의 7S 모형**

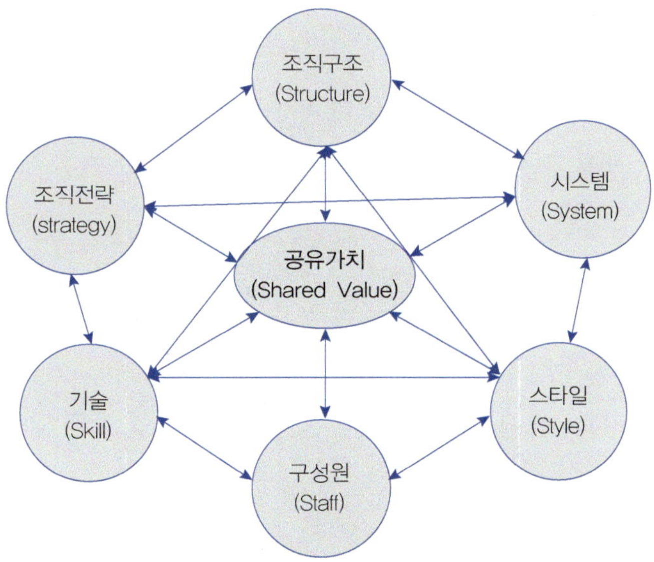

원의 분배패턴을 포함한다. 전략은 조직의 이념(mission)과 목적 그리고 기본가치를 중심으로 이를 달성하기 위한 조직체 운영에 장기적인 방향을 제공한다.

■ 조직구조(structure)

조직구조는 조직체의 전략 및 업무를 수행하는데 필요한 기본적인 틀이며 복잡성, 집권화, 공식화 등 세 가지 구성요소로 이루어진다. 복잡성은 조직에 존재하는 수평적・수직적・지리적 차별화의 정도를 의미한다. 복잡성이 높다는 것은 조직내 수직적, 수평적 분화의 정도가 높고 지리적으로 많은 곳에 분산되어 있다는 것을 말한다. 공식화는 조직이 조직구성원의 행동을 통제하기 위하여 표준화를 통한 규칙과 규정 등에 얼마나 의존하는 가에 대한 것이다. 집권화는 의사결정 권한이 어디에 놓여져 있는가에 대한 것으로, 집권화된 의사결정은 최고 경영층에 의해서 이루어지며, 분권화된 의사결정은 해결해야 하는 문제에 가장 근접해 있는 개인에 의해 이루어진다. 조직구조는 관리시스템과 더불어 구성원들의 일상 업무수행과 행동에 많은 영향을 준다.

■ 관리시스템(system)

관리시스템은 조직체 경영의 의사결정과 일상운영에 틀이 되는 관리제도와 절차 등 각종 시스템이다. 관리시스템 내에는 조직의 미션과 목적달성에 적합한 보상제도, 인센티브, 경영정보 시스템, 목표설정과 성과평가 등 경영 각 분야의 경영관리 제도와 절차를 포함한다.

■ 조직구성원(staff)

조직구성원은 그들이 가지고 있는 능력과 전문성, 가치관과 신념, 욕구와 동기, 지각과 태도 그리고 그들의 행동패턴 등을 의미한다.

■ 관리기술(skill)

관리기술은 조직운영에 실제로 적용하고 있는 경영관리상의 능력으로서 기계와 장비, 컴퓨터 등 하드웨어적인 기술과 이를 운영하는 소프트웨어적인 기술, 그리고 조직구성원들에 대한 동기부여, 강화, 통제, 통합조정, 갈등관리 및 과업 수행상의 구체적인 관리기술과 기법 등을 포함한다.

■ 리더십 스타일(style)

리더십 스타일은 리더가 구성원들을 이끌어 나가는 전반적인 조직스타일(style)로 구성원들의 행동조성은 물론 그들간의 상호관계와 조직분위기에 직접적인 영향을 주는 중요요소이다. 조직체의 개방적, 참여적, 온정적, 유기적 성격 등은 일상경영에서 적용되는 관리 및 리더십 스타일로부터 많은 영향을 받으면서 이러한 조직체의 기본성격이 된다.

■ 공유가치(shared value)

공유가치는 모형의 중심요소로서 조직이 전통적으로 가장 중요시해 왔고, 구성원들에게 강조해온 가치관, 이념, 전통가치, 기본목적 등을 포함한다. 이는 조직체의 전략목적 설정과 조직구성원의 행동경향 등에 영향을 줌으로써 조직문화 형성에 가장 중요한 위치를 차지하고 있다.

제3절 | 조직진단의 절차와 방법

조직개발은 조직활동을 저해하고 있는 원인을 진단하여 적절한 행동(action)을 취한다는 일련의 문제해결 과정이라고 할 수 있다 조직개발 과정은 계획적인 변화를 유도하고자 하는 대상조직(client system)의 특성이나 상황에 따라 다른 것이며, 일정한 공식적인 단계를 제시하기는 어렵다. 따라서 여러 학자들이 이념적으로 제시하고 있는 조직개발의 단계들은 다소 차이가 있으나 대체적으로 일치하는 진단단계를 살펴보면 ① 문제의 인식, ② 자료의 수집, ③ 자료의 분석, ④ 종합결론 및 정리, ⑤ 피드백 등 여섯 단계로 나누어 볼 수 있다.

1. 문제의 인식

문제란 바람직한 상태와 현재 상태와의 차이를 의미하며, 조직개발의 출발점은 이러한 문제를 다양한 관점에서 파악하는 것으로부터 시작된다.

문제의 인식 및 정의과정은 다음과 같이 진행된다.

① 조직개발 주제 및 대상에 대한 목적 및 목표의 설정
② 문제자체의 본질과 특성규명
③ 문제의 원인규명
④ 원인간의 의미있는 연관관계의 파악
⑤ 향후 가능한 행동방향의 제시

2. 자료의 수집

조직의 문제를 인식하고 나면 조직의 현상파악을 위한 구체적인 자료를 수집하게 된다. 자료란 일정한 사항 및 주제에 대하여 조사, 연구할 때 그 내용이나 상태를 올바르게 보고 판단하는 데 기초가 되는 재료를 말한다. 자료수집은 조직내에서 무슨 문제가 일어나고 있는지를 조사하는 것으로서 일정한 사실이나 상황을 파악하는 것뿐만 아니라 조직의 문화, 작업집단의 규범, 가치관, 태도 등의 구성원의 감정까지도 알아보는 것이다. 조직개발 컨설턴트는 자료수집의 범위와 목적을 명확히 하여 자료항목을 작성하여 조직과 협의하여야 하며, 수집자료의 준비와 목적에 있어 시간. 노력 대비 효율성을 고려하여 자료수집에 너무 많은 시간을 낭비하지 말아야 한다. 그러면 지금부터 자료수집 시 필요한 절차, 자료의 원천 및 수집방법에 대하여 알아보기로 한다.

(1) 자료의 수집절차

조직진단을 위하여 필요한 자료는 실로 다양하고 상당한 시간과 일정한 비용을 필요로 하기 때문에 사전에 효율적인 자료수집 계획이 필요하며, 자료의 수집절차는 다음과 같다.

① 수집하고자 하는 자료의 항목을 결정
② 수집하고자 하는 자료의 범위와 상세정도, 수집주기 등을 결정
③ 수집자료의 범위를 결정
④ 수집된 자료를 분류

(2) 자료의 원천

자료의 원천에는 두 가지가 있는데, 하나는 레코드 자료이고 또 하나는 메모리 자료이다. 레코드 자료는 공식적, 물리적으로 보존되는 자료를 의미하며, 여기에는 읽는 자료, 보는 자료, 듣는 자료 등 여러 가지가 있다. 읽는 자료에는 교과서 · 참고서 · 사전 · 연감 등이 있고, 보는 자료로는 사진 · 그림 · 그림 지도 · 영화필름 · 슬라이드를 비롯하여 비디오테이프 · 통계도표 · 통계지도 등을 들 수 있다. 이외에도 표본 · 모형 · 녹음테이프 · 유물 · 유적과 견학할 수 있는 모든 현장이 자료가 된다.

한편 메모리 자료는 구성원에 따라 시각차이가 발생할 수 있는 이벤트나 지식으로 표면적 계량적으로 표현하기 힘든 사건을 의미한다. 조직개발을 위한 진단에서 얻을 수 있는 자료는 레코드 자료만으로는 한계가 있으며, 관련자들의 메모리 자료가 문제를 분석하는데 상당히 중요한 역할을 한다.

(3) 자료의 수집방법

1) 설문조사

설문조사(Survey)란 미리 준비한 설문지를 조사대상이 응답하고 기입하도록 하여 자료를 수집하는 방법으로서 피조사자 개인의 태도나 인식을 조사하고자 하는 경우 매우 적절한 자료수집 방법이라고 볼 수 있다.

설문지를 통한 이러한 자료수집 방법은 모든 응답자에게 동일한 내용을 동일한 방식으로 질문을 하게 됨으로써 측정도구의 변화에 따른 측정의 오류를 최소화할 수 있기 때문에 결과의 비교가능성도 높게 나타나게 되는 것이다. 또한 빠른 시간내에 핵심적인 정보만을 선별하여 비교적 객관적이고 솔직하고 정확한 정보를 입수할 수 있기 때문에 많이 사용된다. 그래서 설문조사는 조직진단 뿐만 아니라, 개인집단의 행동변화나 리더십 개발을 위한 피드백과 워크샵 등 다양한 교육훈련 과정에서도 활용하는 일반화된 방법이다.

설문조사시 유의할 사항은 설문항을 작성하기 전에 설문작성 대상자의 기본정보를 어디까지 얻을 것인가를 미리 정하여야 한다. 조직구성원들은 설문작성 결과가 혹시라도 본인에게 불이익이 있지 않을까 하는 불안감이 있게 마련이다. 따라서 설문작성자에 대한 정보는 익명으로 하는 것이 좋으며, 통계적으로 집단별 유의적 차이가 있는지 알아보고자 하는 경우 설문자의 소속집단 정도(예: 직군, 계층, 근무지 등)만 파악하면 된다.

2) 면접조사

면접조사(Interview)는 조직개발 컨설턴트가 직접 조직구성원과 면접을 통하여 진단 시 필요한 자료를 수집하는 방법으로, 설문조사에 비해 보다 질적이고 심층적이며, 상황에 따라서 다양한 정보자료를 수집할 수 있다. 조직개발 컨설턴트는 진단 및 수행과정에서 필요한 정보를 입수하기 위해 고객의 임직원과 인터뷰를 실시할 경우 문제를 직접 지적하지말고 인터뷰 진행과정에서 인터뷰 대상자가 문제에 대해 스스로 납득하도록 하여 적극적인 협조 및 참여를 유도하도록 한다. 조직진단에서 다음과 같은 경우에 인터뷰를 활용한다.

① 분석을 시작하거나 보조하기 위한 초기의 배경자료를 얻고자 할 경우
② 정량적인 분석도구와 관찰로부터 얻은 자료를 확장하여 해석해야 하는 경우
③ 조사나 설문으로는 자신을 잘 표현하지 못하는 문제에 대해, 개인적인 관점을 더 잘 표현하게 함으로써 자료를 얻고자 할 경우
④ 문제의 원인들을 확인하고, 이러한 문제에 대해 그들의 감정과 의견들을 나타내게 함으로써, 실현가능한 해결책들에 대한 구성원들의 견해 및 수용도를 확인하고자 하는 경우
⑤ 참가자에게 진단을 위한 자료수집 과정에, 사원들을 참여시킴으로써, 진단분석 과정에 주체라는 자부심을 주기위한 경우

한편 조직개발 컨설턴트는 구성원과의 인터뷰 시에는 대체로 다음과 같은 사항을 유의하여야 한다.

① 누구에게 언제 어디에서 만나서 어떤 내용을 취재하느냐에 대한 인터뷰 계획을 수립할 것
② 인터뷰는 우선 목적을 설명해서 이해를 얻는데 노력하고 조사나 비판을 위해서가 아니고 원조를 위한 것이란 인상을 줄 것
③ 인터뷰 시 상대편의 감정에 끌려 들어가지 말도록 주의할 것
④ 상대편에 항상 협조적으로 응대하고 위압적·감독적 태도를 취하지 말것
⑤ 인터뷰 시 비판하든지 제안하는 일을 회피할 것

⑥ 알기쉬운 말을 쓰고 전문용어는 사용치 말것

⑦ 인터뷰 결과는 반드시 기록할 것, 절차나 규칙, 복잡한 업무집행 방법을 기억해 둘 수 없기 때문이다.

⑧ 인터뷰 상대방이 협조적일 때는 정확한 질문을 하고, 협조적이 아닐때에는 상대를 예리하게 추궁하지 말고 다른 요소로서 확인할 수 있도록 할 것, 즉, 상사나 부하 등을 통해서 확인하거나 문서상으로 통찰할 것

⑨ 인터뷰 시 상대편의 시간을 보아서 적당한 시기에 방문할 것

⑩ 상대편의 일에 성실하고도 강한 관심이 있음을 표시할 것

⑪ 자신이 조사를 하고 기록해야만 할 사항을 상대편에 부탁하든지 강압하지 말것

3) 문헌분석

조직진단을 위한 문헌분석(literature review)은 해당 조직의 경영환경, 사업전략, 조직 및 인사에 관련된 각종 문헌을 수집하고 분석하는 것을 말한다. 이 때, 분석대상이 되는 문헌은, 조직의 내부자료뿐 아니라 외부자료도 포함하는 것이다. 문헌분석의 목적은 조직을 둘러싼 환경, 업의 특성, 경쟁시장 관련 자료를 통해, 업종과 규모에 따른 경쟁상황과 경영환경을 분석하고, 조직변화의 시사점들을 도출하는데 있다. 조직개발 컨설턴트는 진단시에 필요한 문헌리스트를 작성하여 협조를 구하여야 한다. 조직개발에서 요구하는 문헌자료는 조직개발 주제에 따라 다르나 일반적으로 요구하는 자료로서는 회사비전, 미션, 역사, 사업실적, 전략, 조직도, 인원현황표, 인사제도, 취업규칙 등 회사규정 등이 있다.

3. 자료의 분석

자료의 분석은 수집된 자료를 요약하고 해석하여 조직에 보고할 내용을 작성하는 것이다. 자료의 분석과정은 <표 5-2>와 같이 자료의 정리와 분류, 자료의 조직화, 자료에 기반한 분석, 종합결론 순서로 진행되며, 이를 세부적으로 나누어 살펴보면 다음과 같다.

(1) 자료의 정리와 분류

조직개발 컨설턴트가 인터뷰, 설문, 면접, 관찰 등을 통하여 진단과정에서 수집한 자료

표 5-2 자료의 분석절차

① 자료의 정리와 분류 시 검토해야 하는 사항 : 완전성, 유효성, 정확성, 정합성
② 자료의 조직화 : 일정한 도구를 이용하여 자료의 활용성을 증대시키는 것
③ 자료에 기반한 향후분석
- 비율분석 : 구성요소 간의 상대적 관계를 일목요연하게 파악하는데 용이
- 추세분석 : 반복되는 사안에 대한 예측위주로 발전된 기법, 과거실적에 대한 원인규명과 인과분석에도 유용
- 인과분석 : 조건과 결과간의 연관관계를 규명, 대개는 컨설턴트의 경험과 지식을 바탕으로 인과관계를 파악함
- 비교분석 : 각종 비교방법을 활용하여 의뢰인 조직의 성과측정 기준 및 발전방향에 관한 목표를 설정

④ 종합결론 : 자료분석의 목적에 맞게 그 결과를 컨설팅 프로젝트 수행과정에 활용

는 실로 복잡하고 다양한 형태로 존재한다. 따라서 수집한 자료를 목적에 따라 분석을 하기 위해서는 사전에 정리 및 분류가 필요하다. 사전에 자료를 정리하지 않은 상태로 분석하는 경우 분석의 시간이 많이 걸리고 잘못된 분석의 원인이 될 수도 있다. 자료의 정리와 분류 시에는 다음과 같은 사항을 검토해야 한다.

- 완전성: 수집한 자료는 분석에 필요한 정보의 일부의 내용만 포함하고 있는가 아니면 전체의 내용을 포함한 자료인가?
- 유효성: 수집한 자료가 분석시점에서도 의미가 있는 시의적절한 자료인가 아니면 시기가 지난 의미가 없는 자료인가?
- 정확성: 수집한 자료의 내용이 오류나 왜곡이 없는 정확한 자료인가?
- 정합성: 수집한 자료의 내용이 분석하고자 하는 목적에 부합하는 적합한 자료인가?

이상의 자료의 네 가지 측면을 살펴보고 분석의 목적에 부합되지 않는 자료는 폐기하도록 하고, 향후 활용할 가능성이 있는 자료는 참고자료로 별도로 보관한다.

(2) 자료의 조직화

자료의 조직화란 일정한 도구를 이용하여 자료의 활용성을 증대시키는 것을 말한다. 일반적으로 1차자료는 정리되지 않은 상태로 존재하기 때문에 분석을 위한 자료로는 적합하지 않다. 따라서 가공되지 않은 자료들을 분석에 활용할 수 있도록 자료간의 상관관계, 인과관계 등을 고려하여 관련성이 있는 자료는 자료를 분석하기 전에 하나의 자료로 묶어서 분석한다.

(3) 자료에 기반한 분석

자료의 분류 및 조직화가 끝나면 해당자료에 대항 본격적인 분석에 들어간다. 자료의 체계적인 분석을 위해서는 수학적, 통계적 기법을 활용하는 것이 분석에 도움을 주는데 대표적인 분석기법은 다음과 같다.

1) 비율분석

비율분석은 재무제표 등과 같은 수치화된 자료를 이용하여 항목사이의 비율을 산출, 기준이 되는 비율이나 과거의 실적 그리고 다른 기업과의 비교 등을 통하여 그 의미나 특징, 추세 등을 분석, 평가하는 것이다. 비율분석은 구성요소 간의 상대적 관계를 일목요연하게 파악하는데 용이하고, 복잡한 경제현상을 비교적 단순한 분석방법으로 비교, 평가할 수 있다는 장점이 있는 반면 비교평가의 절대적인 기준을 설정하기가 용이하지 않고 종합적인 평가가 곤란하다는 한계를 가지고 있다.

2) 추세분석

추세분석은 반복되는 사안에 대하여 과거로부터 지금까지의 추세를 확인함으로써 미래를 예측하는 기법이다. 추세분석을 활용하는 대표적인 곳은 주식시장으로서, 특정 주식에 대하여 변화하는 주가의 움직임으로부터 추출되는 추세선을 관찰하여 주식의 매매시점을 포착하는데 활용한다. 추세분석 기법은 추세를 보여주고 있는 결과에 대한 요인의 영향정도를 파악할 수 있어서 과거실적에 대한 원인의 규명과 인과분석에 유용한 기법이다.

3) 인과분석

인과분석은 원인과 결과간의 연관관계를 규명하는데 사용하는 기법이다. 이러한 인과분석은 변화와 개선을 계획하는데 중요한 단서를 제공한다. 즉 어떤 상황이나 결과를 발생시키는 원인을 알고 있다면 그 원인에 초점을 맞추어 분석함으로써 효과적으로 개선방안을 수립하는데 도움을 준다. 조직진단 시 인과관계를 파악하는 것은 대개 컨설턴트가 과거에 겪었던 유사경험과 지식을 바탕으로 파악하는데, 인과관계 분석은 원인과 결과를 잘 못 파악하거나 두 개 이상의 원인이 결과에 영향을 미치는 경우, 하나의 원인이 여러 개의 결과를 초래하는 경우 등 다양한 형태로 영향을 미치기 때문에 분석의 오류를 범하지 않기 위해서는 세심한 관찰 및 분석이 필요하다.

4) 비교분석

비교분석은 각종 비교방법을 활용하여 조직의 성과를 타사와 비교하여 차이점을 파악하는 방법이다. 일반적으로 비교분석은 재무분야에서 재무제표를 활용하여 2개 이상의 회사간의 공통점, 차이점 등을 조사분석하며, 기간별로 비교하는 경우가 많다.

4. 종합결론 및 정리

종합결론은 조직진단을 통한 분석결과 및 해결방안을 정리하여 향후 개입을 설계하기 위한 방향을 제시한다. 진단과정에서 도출한 결론은 향후 조직개발을 위한 개입 또는 실행계획 수립에 반영이 된다. 간혹 조직개발 컨설턴트가 제시한 종합적 결론이 고객조직에 피드백하는 과정에서 조직과 의견 다른 경우가 발생하는데 이런 경우 필요에 따라 조직진단을 다시해서 개입설계 방향을 다시 설정하여야 한다.

5. 진단결과의 피드백

(1) 피드백 필요성

조직진단의 마지막 단계인 진단결과의 피드백 또는 환류는 조직진단을 통해 도출한 결과에 대하여 조직의 경영자 및 구성원에게 보고하는 것을 말하며, 보고내용에는 진단결과와 이에 대한 향후 방향, 세부실행 계획과 제안 등이 포함된다. 조직진단이 이루어지고 나면 반드시 진단결과를 구성원들에게 알려주고 확인하는 피드백이 필요한 이유는 다음과 같다.

첫째, 조직진단의 결과가 올바르게 되었는지 조직구성원 및 경영자에게 확인함으로써 조직진단 결과물에 대한 정당성을 확보할 수 있다.

둘째, 조직의 구성원들에게 조직개발 방향에 대하여 미리 알려줌으로써 조직개발 개입단계에서 저항을 최소화하고 구성원의 동참 및 협력을 유도할 수 있다.

셋째, 구성원들에게 조직진단 결과에 대하여 주인의식을 갖고 진단에서 제시한 문제점에 대하여 조직개발 컨설턴트에게 다양한 아이디어 및 해결방안을 제시할 수 있도록 협조를 이끌어낼 수 있다.

(2) 피드백의 장점

조직진단과 피드백을 통해 조직개발 컨설턴트가 얻는 장점은 다음과 같다.

첫째, 조직의 대표적인 문제점을 재확인하거나 수정할 수 있다. 간혹 조직개발 컨설턴트와 조직의 경영자가 다는 경우가 있는데, 이는 조직개발 컨설턴트와 다수의 조직구성원이 파악한 문제점이 다르게 보일 수 있다는 것을 의미한다.

둘째, 조직개발 개입단계에서 어느 영역에 먼저 집중해야 하는지를 알 수 있고 그로인해 조직개발의 효율성과 효과성이 증대된다.

셋째, 조직진단의 결과를 통하여 구성원들에게 향후 조직의 발전에 대한 가능성을 제시함으로써 동기부여의 계기가 된다.

넷째, 수집된 데이터는 경영진이 조직체제를 이해하는데 도움을 준다.

(3) 피드백 방법

피드백은 지금까지 진행된 컨설팅 프로세스의 적정성과 논리성에 대해 검증하고, 지금까지 진행된 제반 프로젝트 작업에 관한 동의를 이끌어 내는 동시에 조직개발 컨설턴트와 대상조직이 공감대를 형성할 수 있는 좋은 기회이다.

진단결과 피드백시기는 조직개발 주제에 따라 다르고 고객마다 요구가 다를 수 있으나 일반적으로 매단계 종료시마다 시행하는 것이 보통이며, 주목할 만한 특별사항이 발생할 경우 수시로 시행되기도 한다.

피드백 내용에는 조직에서 발견된 유의한 결과나 조직개발 추진방향의 타당성에 대한 입증, 향후개선을 위한 활동계획 수립단계, 즉 개입단계에서의 세부추진 활동계획 등이며, 조직개발 컨설턴트가 대상조직에 피드백한 결과에 대해 동의를 얻어내거나 긍정적인 반응을 이끌어내야 이어서 진행되는 개입단계가 원만히 진행이 되다.

한편 피드백의 대상은 경영자나 조직개발 의리인, 조직개발 컨설턴트의 도움이나 정보, 문제해결을 기대하는 사람이며, 조직개발에 대하여 우호적인 집단에게 의도적이거나 전략적으로 피드백함으로써 그들로부터 조직개발에 대한 적극적인 협력을 이끌어내고 그들이 조직개발에 대하여 전파자 역할을 담당하도록 유도하기도 한다.

[부 록]

기업체질 분석을 위한 조직진단표

구 분	진단항목	그렇다 (4점)	어느쪽도 아니다(2점)	아니다 (0점)
계획경영	1. 비전(vision)이 있고 목표가 명확하고 구체적이다.			
	2. 외부의 경영환경, 경쟁기업을 다방면에서 고려한다.			
	3. 업계의 특징 등을 파악한다.			
	4. 자사의 강·약점을 분석해 강점을 살린다.			
	5. 경영의 리스크(Risk)를 파악해 적절한 대응이 이루어진다.			
경영성과	6. 과거 3년간 매출이 경쟁동업 타사에 비해 신장하고 있다.			
	7. 과거 3년간 세후 순이익이 증가하고 있다.			
	8. 경영자·관리자·사원의 코스트의식이 있다.			
	9. 자기자본이 충실해서 차입금도 동업타사 대비 적은 편이다.			
	10. 신상품개발, 신규고객개척, 기존 고객의 관리가 잘된다.			
업적관리	11. 영업·제조·관리 등 주요기능에 대한 관리를 하고 있다.			
	12. 경영상 중요한 의사결정은 필요충분한 데이타로 관리하고 있다.			
	13. 담당자는 업무를 신속히 처리해 기일을 지킨다.			
	14. 업무의 표준화와 효율화가 상시작으로 이루어지고 있다.			
	15. 월차결산·년차결산, 연결재무제표가 활용된다.			
인사조직	16. 회사에 대한 인사조직 제도의 평가가 긍정적이다.			
	17. 미래의 경영을 책임지는 인재가 다방면에 있다.			
	18. 경영자·관리자·사원의 인사고과가 합리적이다.			
	19. 전사적으로 업무의 가 유지되고 있다.			
	20. 경영자·관리자의 이 확립되고 있다.			
기업활력	21. 시대를 통찰한 경영철학이 있고 기업가 정신이 있다.			
	22. 자발적으로 일을 하는 사람이 많다.			
	23. 고객중시, 거래선 중시의 풍토가 있다.			
	24. 경영자·관리자·사원의 문제의식이 높다.			
	25. 사회로부터 우량기업이라고 평가되고 있다.			
집 계	합 계			

기업체질 분석 Graph

제 6 장

개입설계

학습목표

1. 조직개발 개입설계를 위한 기본적인 틀에 대하여 이해할 수 있다.
2. 조직개발 추진시 동원되는 제기법에 대하여 설명할 수 있다.
3. 조직개발 개입설계시 단계별 절차 및 내용에 대하여 설명할 수 있다.

개입(Intervention)이란 일반적으로 개인, 집단 또는 그 이외의 어느 변화대상에 대하여 변화가 효과적으로 이루어지도록 변화과정에 간섭하는 행동을 의미한다. 조직개발에서 조직진단을 통하여 밝혀진 구체적인 문제를 해결하기 위한 방안을 설계하게 되는데 이를 개입의 설계 또는 실행계획 수립이라고 한다. 여기서는 진단된 문제에 대한 해결안들을 개발하고, 도출된 해결안들 중에서 가장 좋은 안을 선택하여 조직에 제안하게 되며, 선정된 해결안의 실행을 위한 준비작업에 들어가게 된다.

개입의 설계시에는 타당성이 입증이 된 과학적인 개입기법을 사용하게 되는데, 이러한 활용기법들은 반드시 통일적이고 정형적인 방법을 그대로 사용하는 것이 아니라 조직개발을 위해 요청되는 상황과 배경에 따라 각각 상이한 기법과 방식을 적용하여야 한다.

개입의 설계는 전적으로 조직개발 담당자의 전문적 지식 및 개입기술에 의존하게 되며, 개입의 성공에 영향을 미치는 요인으로는 변화상황과 관련된 요인과 변화대상과 관련된 요인이 있으며, 개입설계 시에는 이 두 상황요인을 함께 고려해야 한다. 본 장에서는 개입설계를 위한 해결방안 수립 및 대안의 선정방법에 대하여 알아보고, 조직개발에서 사용하는 조직개발 개입기법을 개략적으로 살펴보고 한다.

제 1 절 | 해결방안수립 및 대안의 선정

조직진단을 통하여 도출해낸 제 문제점에 대하여 최적의 해결방안을 바로 알아내는 것은 거의 불가능하다. 조직개발을 외부 컨설턴트에게 맡긴 경우에도 컨설턴트가 가지고 있는 기존의 지식, 기술, 경험을 그대로 조직에 적용하기는 어렵다. 따라서 조직에 맞는 최적의 해결안을 찾아내기 위해서는 창의력을 발휘하여 제 해결방안에 대한 아이디어를 이끌어내야 하며, 조직개발 컨설턴트는 본인 뿐만 아니라 조직구성원들을 통하여 조직에 맞는 해결방안에 대한 아이디어를 도출할 수 있도록 유도하여야 한다. 실제로 상당한 해결방안이 컨설턴트보다 조직구성원으로부터 나오는 경우가 많기 때문에 컨설턴트는 아이디어 도출에 대한 전문적인 기법을 숙지하는 것이 필요하다.

1. 해결안 도출을 위한 아이디어 발상

조직개발을 위한 아이디어의 발상과정은 <그림 6-1>과 같은 다섯 단계로 이루어지며, 각 단계들은 최상의 결과를 얻기 위한 의식적인 연습들을 필요로 한다.[1)]

그림 6-1 해결안 도출을 위한 아이디어 발상

준비	알려진 모든 요인획득, 분석적 사고를 통한 문제의 정의
노력	다각도의 고찰, 복수의 아이디어로 접근, 가능한 대안의 도출
숙성	잠재의식 속의 문제를 숙고하는 과정을 통한 아이디어와 기회의 도출
통찰	문제에 대한 타당안 제시를 가능케하는 통찰력의 적용
평가	노력과 숙성단계에 대한 분석과 타당안의 검색

■ 1단계: 준비(preparation)

준비단계는 알고 있는 모든 사실을 수집하고 분석적 사고를 활용하여 문제를 다른 방식으로 정의해 보는 단계이다.

■ 2단계: 노력(effort)

노력단계에서는 많은 아이디어, 개념, 접근방법 들을 만들어낼 수 있는 확산적 사고를 활용한다. 이러한 확산적 사고는 가능한 해결책들을 산출하거나 좌절시키는 두 가지 현상을 초래하게 된다. 좌절은 무엇인가를 만들어내기 위해 노력하는 과정과 모든 창의적 사고 과정에서 나타나는 중요한 현상으로서 이러한 좌절을 통해 훌륭한 아이디어를 만들어낼 수 있다.

■ 3단계: 숙성(incubation)

숙성단계에서는 현재 해결해야 할 일이 아닌 다른 일을 함으로써 해결해야 할 문제를 잠재의식에 내버려 둔다. 이러한 단계를 통해 새로운 아이디어에 대한 억제나 정서적인 방해들을 약화시킬 수 있으며, 부가적인 아이디어를 찾을 수 있는 기회를 얻을 수도 있다.

■ 4단계: 통찰(insight)

통찰단계는 앞의 숙성단계를 통하여 번뜩 떠오르는 아이디어들이 있을 때 직관적 사고를 통하여 각 아이디어들을 구체화하고 정리하는 단계이다.

■ 5단계: 평가(evaluation)

평가단계는 통찰을 통해서 구체화한 제 아이디어를 분석, 평가하여 해결안으로 구체화하는 단계이다.

2. 대안의 도출 및 최적대안의 선정

조직진단 과정에서 규명된 문제에 대한 해결방안은 단순히 한 가지 대안만 있는 것이 아니라 여러 가지 대안을 찾아볼 수 있다. 그 중 조직개발 성과가 큰 대안이 최적대안으로 선정이 되는데, 이를 위해서는 최적대안을 선정하기 위한 적절한 의사결정기준을 정하여야 한다. 의사결정기준을 통하여 실행가능한 대안들을 객관적으로 비교, 평가하여 가장 높은 평가를 받은 대안 또는 조직의 자원적 여건(시간, 돈, 인력 등)을 고려하여 실행이 가능한 여러 대안을 최종대안으로 선택하게 된다.

최적대안을 선정하기 위해서는 대안설정을 위한 의사결정 기준이 필요한데 여기서는 대안선정을 위한 대표적인 의사결정 모델인 중요도-긴급도 모델 및 노력-성과모델(pay-off matrix)에 대하여 설명하고자 한다.

(1) 중요도-긴급도 모델

중요도-긴급도 모델은 의사결정기준을 중요도와 긴급도로 하는 모델로서 기업에서 핵심 전략과제를 선정하는데 사용하는 가장 많이 사용하는 모델이다.

<그림 6-2>와 같이 중요도와 긴급도가 높은 대안인 우선적으로 선정이 되고 낮은 대안이 우선순위에서 밀려서 최적대안에서 제외가 된다.

그림 6-2 중요도-긴급도기준 의사결정 모델

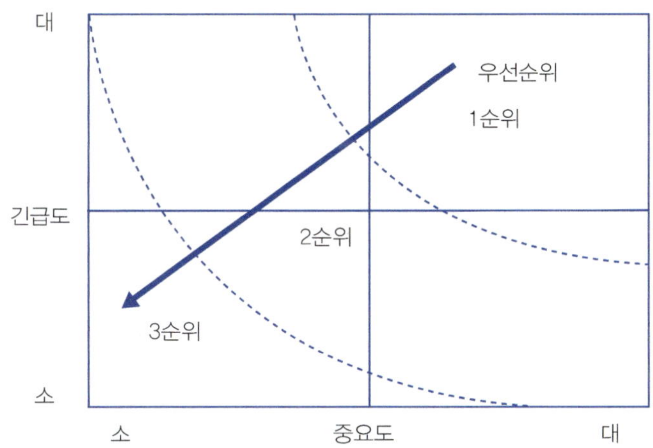

(2) 노력-성과모델

노력-성과모델은 미국의 General Electric사에서 실행하던 경영혁신 기법인 Work-out에서 혁신대상 과제를 선정하는 방법으로 개발되었던 모델로서, 대안선정을 위한 의사결정

그림 6-3 노력-성과기준 의사결정 모델

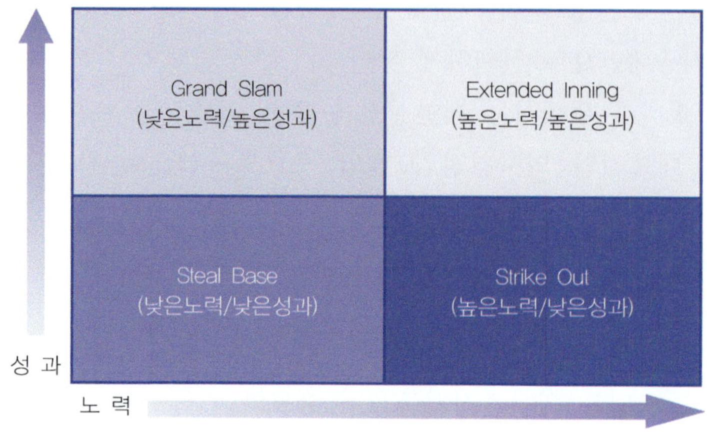

기준으로 대안을 실행하는데 필요로 하는 노력 대비 실행에 따른 성과를 비교하여 결정하는 모델이다. <그림 6-3>에서와 같이 많은 대안들 중에서 작은 노력으로 큰 성과를 내는 대안(gland slam)이 최적의 대안으로 선정되며, 큰 노력에 비해 성과가 작은 대안(strike out)은 선정에서 제외가 된다.

제2절 | 효과적인 개입의 설계

1. 조직개발 개입설계의 기본적인 틀

조직개발 개입설계 시에는 개입실행의 효과성에 영향을 주는 여러 가지 변수를 고려해야 하는데, 개입시 고려해야 할 세 가지 변수에는 <그림 6-4>와 같이 변화대상자, 변화의 성격, 변화주도자, 즉 조직개발 담당자의 역할이 있으며 이에 대하여 간략히 알아보기로 한다.

그림 6-4 개입설계의 기본적 틀

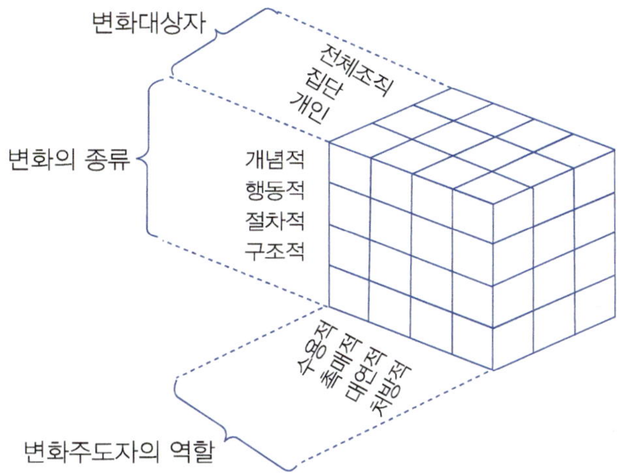

(1) 변화대상자

조직개발을 통하여 변화시키고자 하는 대상은 개인, 집단 및 전체조직으로 나누어지며. 누구를 대상으로 하느냐에 따라 적용기법이 달라지게 되는데 각각에 대하여 적용하는 기법은 후술하는 조직개발 개입유형에서 다루기로 한다.

(2) 변화의 성격

개입설계 시 조직개발 대상자, 즉 개인, 집단이나 조직을 변화시키고자 하는 내용에 따라 개념적 변화, 행동적 변화, 절차적 변화, 구조적 변화가 있다.

1) 개념적 변화

개념적 변화란 조직구성원들에게 새로운 정보나 지식을 전달하고 업무수행 태도의 변화 및 개선효과를 가져오도록 하는데 목적이 있다.

2) 행동적 변화

행동적 변화란 조직구성원들에게 업무수행시 새로운 기술이나 수행방법을 적용토록 함으로써 행동의 직접적인 변화를 유도함으로써 직무성과의 향상을 가져오도록 하는데 목적을 둔다.

3) 절차적 변화

절차적 변화는 조직의 새로운 정책이나 전략에 대하여 기존의 수행방식에서 탈피하여 새로운 절차에 의하여 수행하도록 변화시키는데 목적을 둔다.

4) 구조적 변화

구조적 변화는 조직내 부서간 업무분담의 변화나 임파워먼트 등 기존의 보고체계 및 구성원의 역할의 변화를 이끌어 내는데 목적을 둔다.

(3) 변화주도자의 역할

조직개발 컨설턴트는 변화주도자(change agent)를 통하여 개입을 실행할 경우 그들에게 어떤 역할을 맡길 것인가를 결정해야 하는데 개입실행시 변화주도자가 수행하는 역할을 살펴보면 다음과 같다.[2)]

1) 수용적인 역할

수용자 역할이란 조직개발 대상자가 스스로 자신의 문제 및 개선점을 탐색할 수 있도록 소극적인 지원을 제공하는 것을 말한다.

2) 촉매적 역할

촉매적 역할이란 조직개발 대상자가 가지고 있는 문제점에 대하여 직접 피드백을 줌으로써 대상자의 자기성찰을 자극케 하는 역할을 말하며, 변화주도자는 조직변화 대상자의 변화를 위한 촉매자의 기능을 수행한다.

3) 대면적 역할

대면적 역할이란 조직개발 대상자에게 문제점 및 원인분석을 위한 질문을 하고, 그들이 제시하는 의견 및 제안에 대하여 자료제시 등을 통하여 문제점을 지적하며, 대상자에게 동기를 부여할 대안을 제시하는 등을 활동을 통하여 대상자의 태도나 절차에 정면으로 도전하고 변화담당자가 의도하는 대로 변화대상자들이 변화하도록 하는 역할을 말한다.

4) 처방적 역할

처방적 역할이란 조직개발 컨설턴트의 입장에서 개선이나 의도하는 변화를 이끌어낼 수 있도록 상황을 통제하고 처방을 제시하는 역할을 말한다.

2. 조직개발을 위한 개입유형

조직개발을 위한 개입방법에는 인간관계 과정개입, 기술－구조적 개입, 인적자원관리 개입, 전략적 개입이 있는데, 각 유형에 대한 세부적인 설명은 제3부에서 다루기로 하고 각 유형별 개략적인 설명은 다음과 같다.[3)]

(1) 전략적 개입

전략적 개입(Strategic Interventions)은 경영환경의 변화에 따라 조직을 변화시키고, 내부환경을 적응시키는데 초점을 둔다. 사업전략과 구조, 조직문화 등을 일치시키는 전략을 활용한다.

(2) 인간관계 과정개입

인간관계 과정개입(Human Process Interventions)이란 조직의 목표를 달성하기 위한 과정속에서 상호작용하는 조직 내 구성원의 관계에 초점을 둔 개입을 말한다. 여기에는 커뮤니케이션, 문제해결, 집단의사 결정과 리더십 등을 변화시키는 방법이 있다.

(3) 기술구조적 개입

기술구조적 개입(Techno－structural Interventions)은 조직의 기술(예를 들어 업무수행 방법과 직무설계 등)과 구조(예를 들어 부서편제, 계층구조 등)에 초점을 둔 개입을 말한다. 기술－구조개입에서는 조직재설계, 집단과 직무의 재설계를 통해 변화시키는 방법들을 동원한다.

(4) 인적자원관리 개입

인적자원관리 개입(Human Resource Management Interventions)은 조직의 구성원을 통합시키는 인사활동에 초점을 두고 있다. 임금과 보상, 선발과 배치, 훈련 및 개발, 인사평가, 경력개발 등의 방식을 변화시키는 방법을 활용한다.

(5) 사회기술적 개입

사회기술적 개입(Socio－technical Interventions)은 집단문제 해결 및 책임경영을 통하여 조직의 성과를 높이기 위한 조직개별 방법이며, 이를 위한 기업으로는 품질분임조(quality circles), 전시적 품질관리(total quality management), 자율관리팀(self－Managed teams)등이 있다.

3. 조직개발 개입수준

조직개발 개입방법은 개입에 따른 영향을 수준에 따라 개인수준, 집단수준 및 조직전체의 수준으로 나누어진다.

(1) 개인수준의 개입

개인수준의 개입은 부서목표에 따른 개인목표의 설정, 개인실적 관리, 개인간 갈등관리 등 개인수준의 문제점을 관리하는 과정이다. 인지이론, 욕구이론, 동기이론, 직무만족 이론 등 주로 개인직무(Job)와 관련된 내용을 다룬다.

(2) 부서수준의 개입

부서수준의 개입은 부서단위의 집단, 즉 부서와 팀수준에 영향을 주기위한 조치를 취한다. 부서의 목표설정, 리더십, 갈등관리, 업무흐름 기획(work flow planning), 조직간 협조능력 향상(두 집단이나 조직이 보다 효과적으로 협동하는 관계를 수립하기 위한 개입), 집단간 갈등관리, 제3자개입, 기능간(cross－functional) 훈련 등을 다룬다.

(3) 전체수준의 개입

전체조직 수준의 개입은 조직전체의 의도적 계획적 변화를 실현하기 위하여 실시하는 개입을 말한다. 여기에서는 조직의 목표 및 사업구조의 재편, 경영혁신, 기업문화 혁신, 업무수행방식 혁신 등 조직의 모든 구성원들에게 영향을 주기위하여 개입이 실시되며, 일반적으로 개인수준이나 부서수준보다 개입이 어렵고, 개입에 따른 실패의 위험이 크며 시간이 오래걸린다.

제3절 | 개입설계의 제기법

개입활동은 조직개발의 과정에서 발생하게 되는 필연적인 과정이며, 이미 언급했듯이 개입에 따른 영향의 수준, 즉 개인수준, 부서집단 수준, 전사조직 수준에 따라 적용기법이 달라진다. 그러나 조직개발에서 개입을 위한 많은 기법들은 세 차원의 개입수준에서 어느 하나의 영역에만 적용되는 것이 아니라 여러 영역에 동시에 사용할 수 있으며, 문제에 따라 적절한 방법론을 선택하는 것이 바람직하다. 그러면 지금부터 조직개발을 위한 개입수준별로 주요방법 및 활동내용을 살펴보기로 한다.[4)]

1. 개인수준의 개입

조직변화가 지속되지 위해서는 개인의 새로운 태도와 기술, 행동을 습득하여야 한다. 개인수준의 개입은 조직전체의 변화와 개인이 용이하게 적응하고 동화될 수 있도록 하고자 하는 것이다. 개인수준의 개입의 고려사항과 조직개발의 고려사항, 개인수준의 개입의 결과는 <그림 6-5>와 같다.

그림 6-5 개인수준에서의 조직개발

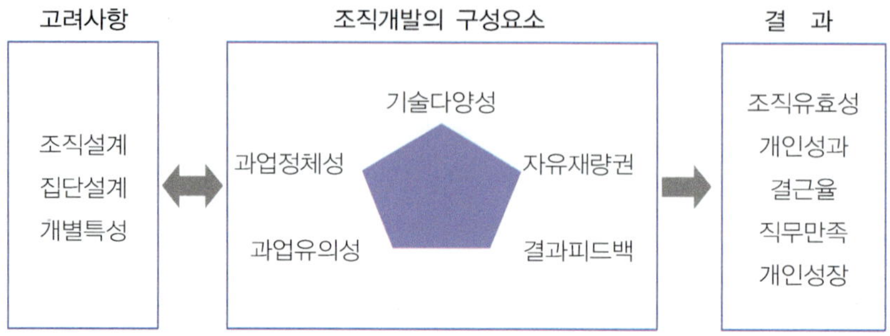

자료: Tomas G. Cummings and Christopher G. Worley, Organization Development and Change, South-Western, 2014.

(1) 실험실 훈련(Laboratory training)

개인에 중점을 둔 학습 및 개발의 방법으로 개방적이고 자유로운 상황하에 모여든 많은 개인들이 얼마후에 서로 실질적인 관계를 맺게되고 자기가 다른 구성원들에게 어떻게 속박되고 있는가에 대해 많은 것을 배우게 되리라는 가정위에서 자기확신감 및 자기관찰력을 길러 집단학습 상황에서 다른 구성원들과의 상호작용을 통하여 개인의 성장과 개발에 중점을 두고 대인관계능력을 개발하는데 목표를 갖는다.

감수성 훈련(sensitivity training) 또는 T – 그룹훈련 등으로 불리기도 한다. 소수인원으로 구성된 집단을 대상으로 인위적인 상황하에서 실시하는 훈련이다. 이 훈련에서는 참여자들이 스스로 자신의 태도와 행동을 반성(성찰)하고 자신의 행동이 다른 사람에게 미치는 영향을 검토하도록 지원하고 유도함으로써 태도와 행동의 변화를 초래하려고 한다.

실험실 훈련의 특징으로는 경험과 감성을 중요시 한다. 그리고 지식을 행동으로 옮길 수 있는 능력을 기르는 데 역점을 둔다. 참여자들이 스스로이 지각과 태도 및 행동을 반성하고 그 영향을 평가할 수 있는 상황을 마련한다. 훈련집단을 자체분석의 대상으로 삼게 한다. 비정형적 상황속에서 실시되고 어떻게 배울 것인가를 배우게 하는 기법이다.

(2) 코치와 카운셀링(Coaching and Counseling)

코치와 카운셀링은 특히 조직개발 과정동안에 변화해 가는 조직의 현실에 개인이 잘 적응하도록 도와주는 지속적인 활동이다. 이러한 개입의 목표는 상황의 현실을 이해하고 자신의 태도를 평가하고 자신의 능력으로 현실을 감당할 수 있는지를 평가하는데 도움을 주고자 하는 것이다. 카운셀러는 먼저 상황의 현실을 잘 이해하고 어울리도록 도와줘야 하고 현실을 진단하고 노력을 변경하며 직무를 변화시킬 수 있는 계획을 세울 수 있도록 도와주어야 한다.

(3) 경력계획(Career Planning)

경력계획 개입방법은 개인의 경력과 성장열망을 조직변화 활동에 접목시키는 것이다. 각 개인의 경력의사결정은 개인이 최초에 직무를 맡게 된 이후에 발생한다. 이 개입의 목적은 시간이 지남에 따라 조직내에서 개인이 상하수평적으로 직무를 이동해 가는 경력이동이 조직의 현실과 잘 어우러져 이루어질 수 있도록 도와주기 위한 것이다.

2. 집단수준의 개입

집단행동이 조직성과에 기여하려면 조직의 목적과 집단목적 간에 통합이 이루어져야 하고, 집단구성원들과 집단들 간에 상호이해와 협조적인 관계가 형성되어야 한다. 집단수준의 개입의 고려사항과 조직개발의 고려사항, 개인수준의 개입의 결과는 <그림 6-6>과 같다.

그림 6-6 집단수준에서의 조직개발

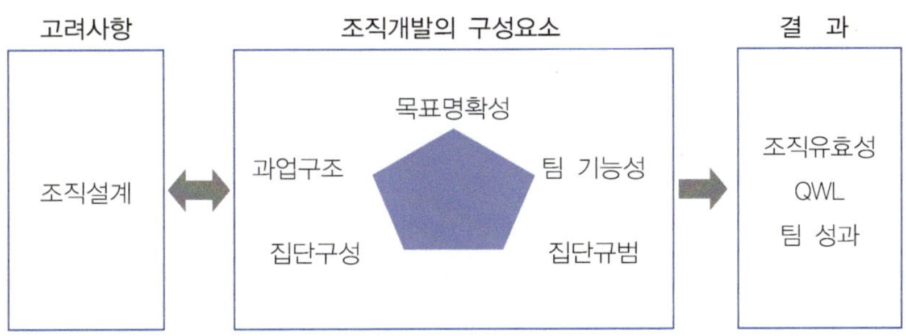

자료: Tomas G. Cummings and Christopher G. Worley, Organization Development and Change, South-Western, 2014.

(1) 과정상담(process consultation)

과정상담은 컨설턴트가 조직구성원이나 집단구성원들을 대상으로 개인행동이나 인간관계 등 조직경영 과정에서 당면하는 문제에 대한 그들의 분석능력과 해결능력을 향상시켜주는 조직개발 방법을 말한다. 즉, 컨설턴트가 조직관리자와 함께 조직의 문제를 진단하고 해결책을 수립하는 과정에 참여하는 것을 의미한다. 이러한 과정상담의 목적은 조직구성원으로 하여금 조직구성원으로서, 그리고 집단의 구성원으로서 조직이나 집단에서 일어나고 있는 조직관리상, 인간관계상의 과정과 사건들을 인식시키고 자기자신에서 바람직한 변화를 가져올 수 있는 자신의 능력을 개발하도록 도움을 주는 것이다. 과정상담을 통해 조직개발 컨설턴트는 회의과정에 영향을 미치는 회의의 저변에 존재하는 대인적이고 조직적인 이슈와 회의의 동태성을 이해시켜 집단이 회의에서 효과성을 얻을 수 있도록 도와준다.

과정상담에서 중요한 것으로 여겨지는 과정은 의사전달의 과정, 집단구성원의 기능적 역할에 관한 과정, 집단적 문제해결 및 의사결정의 과정, 집단의 규범 및 성장에 관한 과정, 리더십, 권력과정 등이다.

(2) 팀 빌딩(Team building)

팀 구성법은 개인간 또는 집단간의 관계를 개선하기위해 자주 이용하는 방법이다. 주요 목적은 첫째, 여러 집단들의 목표달성에 대한 협력을 구성하는 것이고, 둘째는, 집단의 성원으로서의 개인의 욕구를 충족시키는 것이다. 작업집단 발전의 구체적인 관심사는 집단임무성취, 집단내외의 관계, 집단과 조직의 과정, 역할분석 등이다.

개인의 욕구충족은 집단의 응집력과 집단목표에 대한 협력을 하는데 필수적이다. 이러한 목표를 달성하기 위해서 컨설턴트는 팀의 과업구조와 그 과정을 자세히 검토하게 된다.[5)] 이 기법은 주로 태스크포스, 새로운 팀 등에 적용된다. 또한 팀구성법의 일반적인 과정은 Lewin이 주장한 태도의 변화과정인 변화, 재동결의 단계를 거쳐 이루어진다. 이 과정은 개방적이고 참여적인 분위기 하에서 팀노력을 창출할 수 있으며 어떤 연구에서는 조직의 성과향상에 긍정적인 효과가 있었으며, 팀 성원의 태도와 지각에도 호의적인 영향을 미쳤음을 밝혀주고 있다.

3. 조직수준의 개입

조직체 행동은 개인과 집단의 행동으로 형성되어 있으므로 조직체 행동개발에는 앞서 설명한 개인 및 집단행동 수준에서의 개입들이 많이 사용된다. 개인이나 집단수준과는 달리 조직수준의 개입은 변화의 대상으로 조직 전체적인 특징에 초점을 두고 있다.

(1) 조사피드백(Survey feedback)

설문지를 이용하여 집단이나 조직체 문제에 대한 구성원들로부터의 설문조사 결과를 중심으로, 이것을 피드백 자료로 사용하여 구성원들로 하여금 자기집단과 조직체 문제를 해결하도록 하는 개입기법이다. 진단을 하는 동안에 컨설턴트는 현상태의 조직과 이상적인 조직사이의 차이를 인식하고 평가하여 작업집단에 피드백되며 그들이 문제를 인식하고 계획을 세운후 계획을 실행하게 되는 방법이다.

(2) 조직대면 회합(Confrontation Meeting)[6)]

대면회합이란 Beckhard에 의해 개발된 것으로서 조직의 여러 계층에서 나온 사람들로 구성된 집단이 조직의 건강도를 신속히 측정하여 빠른 시간내에 이를 개선할 방안을 마련하는 기법이다.[7)] 이 기법은 단지 경영자들과 스탭들만을 포함하여, 아주 단기간에 주로 조직변화의 수행을 위한 계획과 결정에 전체조직 특히 조직내의 모든 관리집단이 동원되도록 계획되는 것이 특징이다.

대면회합에 적합한 조직상황은 전체관리 집단이 그 자신의 업무수행을 검토할 필요성이 있을 때, 행동을 취하기 위한 시간이 제한되어 있을 때, 최고 경영층이 상황을 신속하게 개선하도록 바랄 때, 최고 경영층에 충분한 응집력이 있을 때, 최고 경영층에서 문제해결을 위한 실질적인 관여가 있을 때, 조직이 중대한 변화를 겪고있는 중이거나 겪고있을 때이다.

(3) 그리드 훈련(Grid-training)

조직개발을 위하여 사전에 프로그램화된 일련의 개입방법으로 Blake와 Mount에 의해

그림 6-7 매니지리얼 그리드

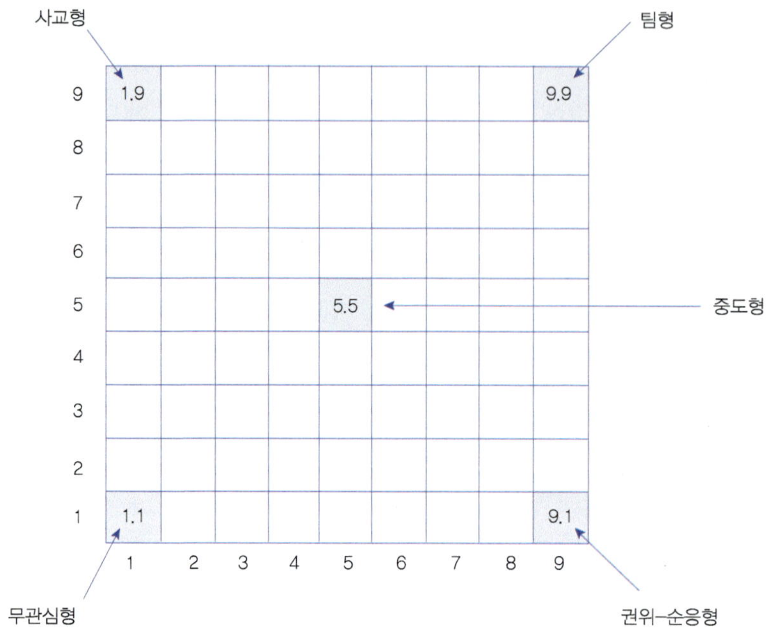

자료: 신형재 외(2017, p.244), 조직행동론, 삼영사.

개발된 것으로, 경영자 개개인의 개발에 그 방향을 두고 있으며 개인성장과 집단조직의 개발사이에 교량적 역할이 되는 집단학습을 활용하고 있다.

그리드 훈련의 기본개념은 인간에 대한 관심도와 업적내지 성과에 대한 관심도에 대응하는 위치, 즉 그리드에 따라 경영자내지 관리자의 유형이 정해진다고 하는 것이다. 즉, <그림 6-7>과 같은 매니지리얼 그리드를 만들어서 리더가 지향할 수 있는 방향을 과업과 인간의 2차원으로 구분하여, 이상적인 리더형인 팀형(9.9형)에 목표를 두고 실행되어야 하며 보통 3~5년 기간이 필요하다.

(4) QWL접근법

근로생활의 질 접근법(Quality of Work Life Approach)은 최근 조직개발 개입방법으로 개발된 것으로 다음과 같은 몇 가지 요소들로 구성되어 있다.

첫째, 참여적 문제해결은 종업원이 조직의 여러 계층의 의사결정에 관여하는 것을 말한다. QC(Quality Circle)나 노사협동 문제해결 집단과 같은 것이다.

둘째, 작업설계는 개인의 욕구와 기술적이 요구사항이 적합하도록 하기 위하여 작업을 재구조화하는 것이다. 여기에는 직무확대, 자율적 작업집단의 창조 등이 포함된다.

셋째, 혁신적 보상제도는 참여적이고 높은 성과를 달성하는 분위기를 형성하기위한 보상제도를 창조하는 것이다.

넷째, 작업환경개선은 유연잡업 시간제와 같은 제도나 새로운 과업설계를 용이하게 하는 장비와 기계의 재배치 등을 통하여 물리적이고 가시적인 작업환경을 개선하는 것이다.

[부 록]

헌터 더글라스(Hunter Douglas)사의 긍정적 탐구(Appreciative Inquiry ; AI) 기법을 통한 조직개발 사례

1. 긍정적 탐구기법의 소개

긍정적 탐구기법은 미국의 경영컨설턴트인 다이아나 휘트니(Diana Whitney) 박사가 소개한 조직변화 기법이다. 이 기법은 '결함', '문제'중심의 조직변화가 아닌, 긍정과 강점에 기반을 둔 새로운 조직변화의 패러다임이다. 이 기법에서는 심층적인 긍정의 질문을 통해 조직의 최고가치, 경험, 기회, 강점 등을 찾아내고 이를 실천할 수 있는 방법을 과학적인 이론과 실천에 기반하여 설명한다. 휘트니 박사는 긍정조직 혁명프로세스를 다음과 같이 다섯 단계로 설명하고 있다.

Stage 1 테마정의하기(Define)

Stage 2 발견하기(Discovery) 단계

Stage 3 꿈꾸기(Dream) 단계

Stage 4 설계하기(Design) 단계

Stage 5 실행하기(Destiny) 단계

2. 더글라스사의 긍정적 탐구기법 적용사례

가. 추진배경

블룸필드에 위치한 헌터 더글라스사의 Window Fashion 사업부(WFD)는 뛰어난 디자인과 에너지 효율이 높은 제품으로 업계를 선도하는 회사이다. 회사는 1980년대 중반에서 1990년대 후반까지, 종업원 수가 27명에서 거의 1000명에 가깝게 증가할 정도로 폭발적으로 성장하였다. 놀라운 성장에도 불구하고, 당시 WFD 사업부는 회사조직의 다른 사업부에 많은 수의 핵심인재들을 빼앗기고 있다는 문제에 봉착했다. 예를 들어 Hunter Douglas North America는 WFD에서 상당한 지식을 가지고 있는 여러 명의 고수행자들을 승진시켜 데려갔다.

그 결과로 WFD에 예상치 못했던 급작스러운 혼란이 발생하기 시작했다. 경영진으로 경험이 부족한 사람들이 뽑혔고, 향후 리더의 역할을 승계해야 할 잠재 후보군이 축소되었으며, 리더와 일반직원 간, 비즈니스 단위 및 기능 간의 커뮤니케이션의 단절이 더욱 심각하게 일어났다. 이 모든 현상들은 이직증가, 직원만족도 감소 및 생산성 감소를 낳았고, 이는 WFD가'Focus

2000'이라고 불린 AI활동을 실시하도록 결심하게 하는 계기가 되었다.

나. 긍정적 탐구기법의 실시

1단계 : Define

WFD는 앞에서 언급한 문제점을 해결하기 위한 AI 테마로 "a vision for Hunter Douglas in the new millennium"으로 정하였다.

2단계 : Discovery

구성원들은 두 팀으로 나누어 내부직원 고객대변인 공급업체 직원커뮤니티 구성원들을 대상으로 긍정인터뷰를 실시했다. 다른 사람들을 인터뷰하고 피드백을 얻으면서 직원들은 조직에 대한 긍지를 느끼기 시작했다. 다음은 Discovery 단계에서 긍정적 핵심(positive core)을 추출하기 위해 자주 사용되는 질문의 예시이다.

긍정인터뷰 질문문항 예
• 사람들은 누구나 살아가면서 좋은 때와 나쁠 때, 정상과 바닥을 경험합니다. 직장생활을 하면서 최상의 경험을 했을 때 당신이 살아있다고 느꼈을 때, 당신이 가장 자랑스럽게 느꼈을 때에 대해서 말씀해 주십시오. 개인적인 성공일 수도 있고 다른 사람들과 함께 달성한 것일 수도 있습니다. 가. 어떤 상황이었습니까? 나. 그것을 최상의 경험으로 만든 요소는 무엇입니까? 다. 이 최상의 경험을 위해 당신이 기여한 것은 무엇입니까? 당신은 어떤 기분을 느꼈습니까? 라. 이것이 가능하도록 한 조직 혹은 커뮤니티의 특징은 무엇입니까? 마. 그 결과는 무엇입니까? 조직이 얻은 결과는 무엇이며, 당신과 그 일에 참여한 다른 사람들이 얻은 결과는 무엇입니까?

3단계 : Dream

3일동안 실시된 Summit의 첫 단계로 참여자들은 조직의 미래의 강점에 대해 다음의 질문을 받았다.

"오늘부터 5년후를 상상하라. 당신은 Hunter Douglas Window Fashions 부서의 벤치마킹 팀에 있다. 당신이 조직에서 찾아낸 강점은 무엇인가? 이 조직을 위대하게 만드는 것은 무엇인가?"

사람들은 이 질문에 대해 개인적으로 생각해본 뒤 집단으로 모여 아이디어를 공유하였고 비전을 정의하여 창의적으로 표현하였다. 다음으로 전체집단은 Fish bowl 방식을 활용하여 향후 10년간의 전략적 비전선언문을 작성하였다.

4단계 : Design

디자인단계에서 참여자들은 변화를 위한 핵심요소로 창조성, 리더십, 사람, 교육, 커뮤니케이션, 고객, 상품을 선택하고 각각의 요소에서의 Hunter Douglas의 이상적인 모습을 구현하기 위한 변화방안을 도출하였다.

5단계 : Destiny

AI의 마지막 단계에서는 방 한가운데 하나의 마이크만을 설치하고"이 변화방안을 실행할 수 있는 아이디어가 있는 분 있습니까"라는 질문에 누구나 자유롭게 말하도록 하였다. 이 과정에서 총 35개의 아이디어가 나왔으며 중복되는 것을 제거하자 14개의 아이디어가 남았다. 참여자들은 14개의 아이디어를 처음 제안했던 사람들을 중심으로 소집단을 구성하여 언제 어떻게, 무엇이 필요한가를 토의했다. Summit이 끝난 뒤 구성원들은 실제 실행에 들어갔다. 실행의 첫 단계에서는 많은 팀들이 혼란을 겪기도 했지만 차츰 팀이 안정되어 가면서 상당한 성과들이 얻어졌다

3. AI 실행결과

9개월이 지난 후 조직구성원들에게 Focus 2000의 결과로 나타난 가장 중요하고 긍정적인 변화가 무엇이라 생각하는지 구성원들에게 묻자 많은 사람들이 조직이 더 친절하고, 부드럽고, 개방적으로 바뀌었다고 응답했다. 조사결과 다음의 성과들도 확인되었다.

[표 1] Hunter Douglas의 이직률 감소 그래프

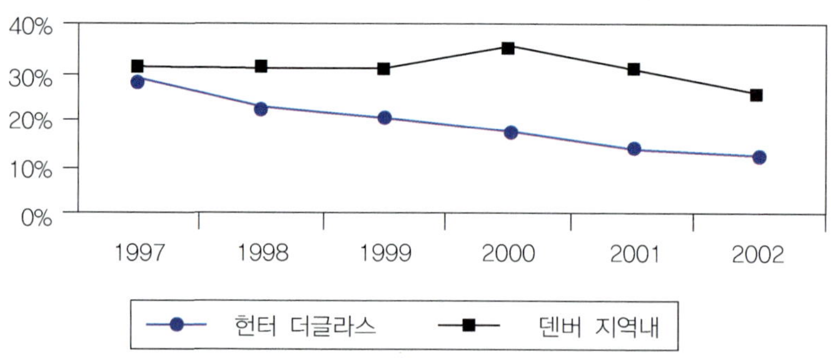

- 생산성 향상
- 이직률 감소 6년간 최저
- 직원들의 전문성 개발활동에의 참여증가

• 조직목표에 대한 이해증가
• 자신의 일이 조직목표와 맞는지에 대한 이해증가
• 조직목표에 대한 헌신몰입증가
• 직원들의 생산성 혁신 창의성에 대한 동기증가

2년 후 지난 2년동안 무엇을 달성했는지 설명해 달라는 요청에 WFD의 최고경영자인 Rick Pellett은 다음과 같이 말했다.

"우리부서와 다른 부서 사이의 관계가 지난 몇 년 동안 많이 발전했는데 이는 Focus 2000 노력의 한 부분으로 시작된 변화입니다. Focus 2000으로 인해 강화된 부서간 협력은 고객과의 커뮤니케이션을 통합하고 합리적으로 변화시키는데 큰 도움을 주었습니다"

자료 : 이영석, ORP연구소, 2010년 7월 HRD 자료 재인용.

제 7 장

실 행

학습목표

1. 변화관리의 개념 및 단계를 설명할 수 있다.
2. 변화추진 시 발생하는 저항의 원인 및 해결방안에 대하여 설명할 수 있다.
3. 조직개발의 효과성을 평가하기 위한 방법을 이해할 수 있다.

개입의 실행은 조직개발을 위한 실제적 행동개입의 단계다. 즉, 개입의 실행은 조직개발을 위한 실제적인 행동지향적인 과정이며, 변화과정의 핵심이다. 이 단계에서 변화담당자는 전 단계에서 수립한 개입계획에 대하여 실행에 옮기다.

조직이 조직개발을 통하여 조직변화를 시도하게 되면 조직 내 업무프로세스의 변화와 이에 따르는 구성원의 저항이라는 장애를 만나게 된다. 이때 발생하는 저항을 최소화하면서 변화되는 환경에 적응하기 위해서 필요한 것이 바로 변화관리이다. 변화관리란 변화주도자(change agent)나 조직개발 담당자가 조직변화 대상자, 즉 조직개발을 통하여 변화시키려고 하는 개인, 집단이나 조직전체에게 의도하는 대로 변화가 일어날 수 있도록 조직상황을 관리하고 구성원들의 정서를 관리하는 것을 의미한다

조직이 조직개발을 통하여 성공적인 변화를 이끌어내기 위해서는 체계적이고 과학적인 변화관리 활동이 필요하다. 변화관리 활동이란 변화관리를 성공적으로 이끌기 위해 시행하는 일련의 프로그램이며, 여기에는 벤치마킹, 고객만족 측정, 변화를 효과적으로 하기 위한 관련 교육프로그램 실시 및 홍보활동 등이 포함된다

본 장에서는 성공적인 조직개발을 위한 필수조건인 변화관리 방법을 살펴보고 성공적인 변화가 이루어졌는지에 대한 평가방법에 대하여 설명하고자 한다.

제 1 절 | 변화관리

1. 변화관리의 의의

변화관리란 변화의 계획단계인 개입설계 단계에서부터 변화의 목표가 달성되는 시점까지 생성되는 여러 가지 변화요인을 사전에 파악하여 일하는 방법, 조직구조, 제도 및 각종시스템을 현업에 원활하게 구현시키고, 구성원들이 환경변화에 적극적으로 공감하고 동참할 수 있도록 지원하는 체계적인 활동을 말한다. 즉 변화관리란 현재의 상태(current status)에서 목표로 하는 바람직한 상태(desired status)로 전환하기 위한 과정에서 생기는 저항 및 여러 가지 갭(Gap)을 해소하고 구성원들이 힘들이지 않고 변화에 동참하게 하는 활동이라고 할 수 있다. 덕(Duck)은 변화관리란 "변화노력을 이끄는 사람과 새로운 전략이 실행되리라고 기대하는 사람간의 대화를 관리하고, 변화가 일어날 수 있는 조직상황을 관리하며, 변화의 성공에 핵심적인 감정을 관리하는 것"으로 정의하고 있다.[1)]

그동안 기업들은 환경변화에 적응하기 위해 부단히 노력하고 있고, 그 결과 다양한 혁신 프로그램을 실시하는 등 많은 조직개발 노력을 해오고 있으나 성공확률보다 오히려 실패확률이 큰 것이 사실이다. 그리고 그 실패의 원인이 조직개발 내용이 빈약해서라기 보다 변화관리의 실패에서 비롯된 경우를 많이 발견할 수 있다. 즉 새로운 시스템의 도입이나 업무수행 방식 등의 개입설계가 잘못되어서가 아니라 조직구성원들의 변화에 대한 저항이나 비현실적 기대, 커뮤니케이션 부족, 변화를 위한 당위성에 대한 이해부족 등 기본적인 변화관리 활동이 부족하여 발생하는 경우가 많다는 것이다. 이러한 점에서 변화관리활동은 일종의 위험관리 활동으로도 볼 수 있으며, 단순한 홍보나 교육의 측면이기 이전에 기대하는 변화에 대한 성공의 확률을 높이고 조직의 생산성을 높이는 중요한 도구라는 점을 인식해야 한다.

2. 조직변화단계

조직의 변화에 대한 연구는 그 동안 많은 학자들에 의해 진행되어 왔다.

표 7-1 학자들의 조직변화 단계모형

<table>
<tr><th>모 형</th><th>Lewin</th><th>Kolb & Frobman</th><th>Hage & Aiken</th><th>Lippit</th><th>Daniels & Dale</th><th>Conner</th></tr>
<tr><td rowspan="8">단 계</td><td rowspan="2">해 빙</td><td>탐 색</td><td rowspan="2">평 가</td><td rowspan="2">변화 필요성 개발</td><td rowspan="2">핵심문화 변수설정</td><td rowspan="2">개인의 탄력성 개발</td></tr>
<tr><td>착 수</td></tr>
<tr><td rowspan="4">변 화</td><td>진 단</td><td rowspan="2">시 도</td><td>변화관계 설정</td><td rowspan="4">변수측정수단 설정과 현재위치 평가</td><td rowspan="2">조직의 변화의지 향상</td></tr>
<tr><td rowspan="2">계 획</td><td>문제진단</td></tr>
<tr><td rowspan="2">실 행</td><td>대체안과 행동목표 고찰</td><td rowspan="2">변화관리 의사결정</td></tr>
<tr><td>행 동</td><td>행동안 실행</td></tr>
<tr><td rowspan="2">재 결빙</td><td>평 가</td><td rowspan="2">관례화</td><td>변화안정화 및 일반화</td><td rowspan="2">취약점에 대한 계획이행 달성</td><td rowspan="2">실행구조 구축</td></tr>
<tr><td>종 료</td><td>변화담당자와의 관계 및 교육훈련 종결</td></tr>
</table>

<표 7-1>에서와 같이 연구한 학자들마다 상대적 관점에 따라 달라지지만 그들의 연구는 모두 레윈(Lewin)의 연구에 기초하고 있다. 본 장에서는 가장 대표적인 변화관리 모델인 레윈의 모델과 코터(Kotter)의 8단계 모델을 살펴보기로 한다.

(1) 레윈의 변화관리

독일 심리학자인 레윈(Lewin)은 세력장 이론(force field theory)을 통하여 조직의 변화에 대한 기본적인 논리를 제시하였다.[2)] 조직에는 항상 변화를 강요하는 요소들(변화세력)과 이에 저항하는 혹은 전통을 고수하려는 요소들(저항세력)이 존재하는데, 이 두 세력의 크기가 균형을 이루고 있을 때에는 조직은 관성(inertia)의 상태를 유지하면서 어떤 변화도 일어나지 않는다. 따라서 조직이 변화를 위해서는 <그림 7-1>에서와 같이 변화세력을 증대시키든지 저항세력을 감소시키든지 해야 한다.

레윈은 변화를 위한 전략으로 다음 세 단계로 구분하여 설명하고 있다.

■ 해빙단계

우선 조직이 변화하려면 조직의 구성원들로 하여금 변화의 욕구를 가지게 시도하는 단계가 필요하다. 아직 변화에 무관심한 사람들에게 변화욕구를 불러일으켜 변화에 저항하지 않고 오히려 협조할 수 있도록 해야 한다.

해빙단계(unfreezing) 는 기존의 시스템에 대한 모순을 이해하고 새로운 변화의 필요성

그림 7-1 변화를 위한 두 가지 힘

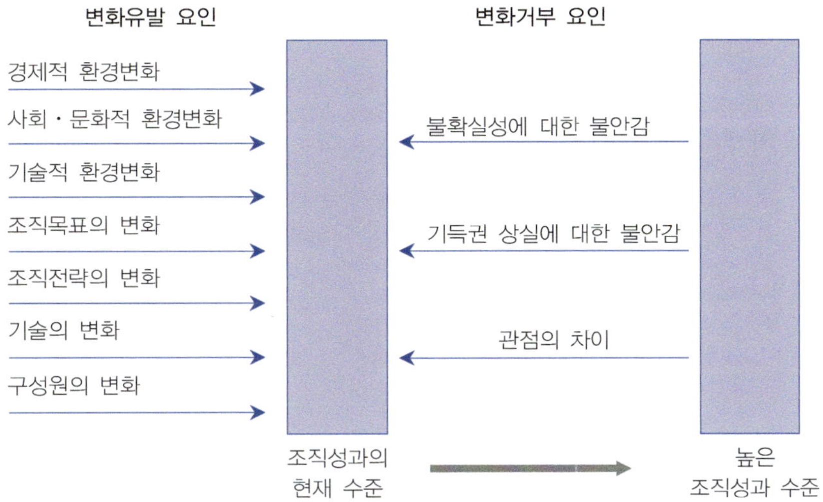

을 인식시킴으로써 변화에 대한 새로운 관점과 가치관을 수용하도록 한다.

■ 변화단계

변화(moving)단계는 기존 상태에서 새로운 상태로 바뀌는 단계로, 새로운 업무방식이나 새로운 제도를 도입하는 것이 여기에 해당한다. 이 단계는 조직의 현상태를 보다 바람직한 방향으로 변화시키기 위한 개입전략과 활동들을 실행하는 단계이다. 이 시기에서는 체제의 변화와 구성원의 변화모두에 신경써야 하며, 새로운 것을 수용하고 마음으로도 내면화하도록 하는 것이 필요하다.

■ 재동결단계

재동결(refreezing)단계는 조직을 새로운 상태에서 안정화시키는 단계이다. 인간은 변화했다가도 다시 원위치로 되돌아가려는 속성이 있기 때문에 계속적인 지원과 강화활동이 필요하며, 이 단계를 통하여 새롭게 형성된 가치관, 태도, 행동을 강화해 나감으로써 조직을 안정된 상태로 정착시킨다.

레윈이 제시한 변화의 세 단계는 변화의 성공을 위해 모두 중요하다. 먼저, 태도를 녹이지 않고 변화단계로 곧장 진행하면 무관심이나 강력한 저항에 부딪힐 가능성이 높다. 또한 변화단계에서 체계적 진단과 문제해결 능력이 부족하면, 조직변화를 위해 필요한 변화계획을 제대로 수립하지 못할 것이다. 그리고 재동결 단계에서 구성원의 안정적인 행동의 변화를 위한 지원활동을 게을리하면 변화는 실행되고 나서 얼마되지 않아 원래상태로 되돌아 갈 가능성이 높아진다.

(2) 코터의 변화관리

코터(Kotter)는 레윈의 변화관리 모델을 발전시켜서 변화관리를 다음과 같이 8단계로 나누어 설명하고 있다.[3)]

■ 1단계: 위기감 조성

변화관리 첫 단계는 구성원들에게 변화의 필요성을 인식시키기 위하여 위기와 긴장감을 조성하는 것이다. 조직에서 위기감을 조성할 때에는 이유가 명확하여야 하므로 이 단계에서는 시장환경, 경쟁상황 등 외부환경을 조사하고, 내부 구성원들에게 토론 등의 과정을 통하여 환경상의 기회와 위협요인을 인식시키도록 한다.

■ 2단계: 변화선도팀(change agent) 구성

이 단계에서는 변화를 이끌기에 충분한 역량과 리더십을 가진 사람들을 팀으로 구성하고, 대폭적인 권한위임 등을 통하여 그들로 하여금 변화의 선도자가 될 수 있도록 격려한다.

■ 3단계: 비전과 전략의 개발

이 단계에서는 변화노력을 이끄는데 도움이 되는 새로운 비전을 창조하고, 창조된 비전을 달성하기 위한 전략을 개발하는 단계이다.

■ 4단계: 구성원의 참여와 협력유도

이 단계에서는 위기감을 느낀 구성원들이 변화에 동참할 수 있도록 공유활동을 전개한다. 또한 구성원들에게 새로운 비전과 전략을 전달하고 원활한 의사소통을 전개함으로써, 변화에 대한 저항감을 줄이고 자발적으로 변화에 동참하도록 유도한다.

■ 5단계: 임파워먼트

이 단계에서는 구성원들에게 권한위임을 확장함으로써 그들이 비전에 따라 행동하도록 변화에 대한 장애물을 제거하고 위험감수와 창조적 문제해결을 장려한다.

■ 6단계: 단기적 성과실현 및 보상

이 단계는 단기적 성과를 위한 계획수립과 실현의 단계로서 가시적인 성과향상을 위한 계획을 수립하고 성과향상을 실현하며, 성과향상에 참여한 구성들을 인정하고 보상하는 단계이다.

■ 7단계: 변화의 가속화

이 단계에서는 앞단계를 통하여 달성된 성과를 지속시키고 후속변화의 창출하는 단계로서, 구성원의 의욕을 유지하고 지속적인 동기부여를 제공함으로써 변화가 조직에 내재화하게 한다.

■ 8단계: 변화의 정착 및 제도화

이 단계는 새로운 접근방법을 제도화하고 조직문화로 정착하는 단계로서, 조직개발을 통하여 구성원에게 요구한 새로운 행동양식이 그들의 일상적인 업무방식으로 자리잡게 함으로써 의도한 변화를 완성하고 새로운 조직문화로 정착하는 단계이다.

3. 변화에 대한 저항

조직이 변화를 추구하는 경우 언제나 저항을 동반한다. 변화과정에 있어 저항은 당연한 것으로써 이를 부정하지 않고 얼마나 효과적으로 다루느냐에 따라 변화의 성공여부가 결정된다. 저항은 변화과정을 받아들이고 싶지 않은 심리상태 혹은 행동현상을 의미한다. 저항은 안정된 질서나 체제를 부정하고 새로운 가치규범을 도입하려는 의도적인 변화활동에서 나타난다. 저항이 클수록 성공적인 변화를 기대하기 어렵다. 따라서, 성공적인 조직개발을 위해서는 우선적으로 저항관리가 필요하며 지금부터 저항의 원인과 대처방안에 대하여 설명하고자 한다.

(1) 저항의 요인

조직변화의 저항요인은 개인적 요인과 조직적 요인이 있다.[4)]

1) 개인적 요인

개인적인 저항은 변화가 현상태에서 누리고 있는 개인의 경제적, 사회적 이익, 즉 기득권에 대한 위협이 될 때 일어난다. 또한 변화에 수반되는 불편이나 불확실성, 새로운 작업방법을 배워야 할 필요성 등이 저항의 원인이 된다. 변화에 대한 개인적 저항요인은 지각, 성격, 욕구와 같은 인간의 기본적 특성에 속하는 요인들로 다음과 같다.

■ 습관적 행동

인간은 습관적이 동물로서 규칙적인 습관에 의하여 움직인다. 어떤 변화에 직면하였을 때 관습대로 반응하려는 경향이 변화의 저항요인이 된다.

■ 개인적 성향

안전욕구가 강하거나 조직내에서 안정을 많이 요구하는 사람일수록 변화에 저항하기 쉽다. 왜냐하면 변화는 그들의 안전에 위협적인 요소가 된다고 느끼기 때문이다.

■ 기득권 및 경제적 손실에 대한 우려

개인적인 저항은 변화로부터 오는 지위의 박탈이나 보상의 저하에 대한 우려때문에 발생하기도 한다. 특히 새로운 변화에 의하여 기존에 누리고 있던 임금과 같이 기존에 누리고 있던 경제적인 혜택이 줄어들 것으로 예상될 경우 이러한 현상은 더 크게 나타난다.

■ 미래에 대한 불확실성

변화는 기존의 지식에 대한 모호성과 불확실성을 증대시킨다. 조직내의 구성원들은 불확실성을 싫어하는 경향이 있다. 예를 들면 기존에 수작업으로 업무를 처리하던 조직이 새로운 정보시스템을 도입하는 경우 대부분의 구성원은 시스템의 복잡성을 배울 수 있을지에 대한 두려움을 갖게 된다. 따라서 그러한 시스템을 사용하도록 요구될 때 그들은 부정적인 태도를 취하거나 역기능적 태도를 나타내기 쉽다.

2) 조직적 요인

조직내 업무는 보통집단에 의해 수행되는 것이 대부분이며, 변화를 추구할 때 발생하는 집단의 특성의 변화가 집단의 구성원들에게 저항을 불러 일으킬 수 있다. 또한 조직자체의 구조적인 상황으로 인하여 변화가 어려울 경우도 많은데 조직적인 요인으로 인한 저항을 살펴보면 다음과 같다.

■ 구조적 관성

조직은 안정성을 보장하는 메커니즘이 형성되어 있다. 예를 들어 직원의 선발체계, 직무기술, 규범 및 규칙, 인사이동 절차 등의 안정적인 조직구조를 위한 공식화 요소가 여기에 해당된다. 조직은 이러한 요소들에 적합한 사람들은 선발하고, 그들을 특정한 방식으로 행동하도록 한다. 그러므로 조직이 변화에 직면하게 되면 이러한 구조적 관성은 안정성을 유지하기 위해 변화에 반대하는 요인으로 작용하게 된다.

■ 제한된 변화의 범위

조직은 여러 개의 상호 의존적인 하위시스템으로 구성되어 있다. 그러므로 다른 시스템의 변화없이 하나의 시스템만을 변화시킬 수 없다. 예를 들면 적합한 조직구조의 수정없이 기술적인 과정만을 변화시키려고 한다면 기술적 변화는 거의 이루어지기 어렵다.

■ 집단규범

대부분의 집단은 강력한 비공식적 혹은 공식적인 규범을 가지고 있다. 동일집단 속에서 역할이나 과업관계를 변화시키려 할 때 집단규범이나 비공식적 기대에 부딪치는 경우가 종종 있는데, 집단구성원은 집단의 규범으로부터 보이지 않는 지시와 명령을 받고 있기 때문이다.

■ 기존 부서의 전문성에 대한 위협

조직의 변화는 전문화된 집단의 전문가들을 위협할 수 있다. 예를 들어 1980년대 초 기업들이 메인 프레임을 통하여 구성원에게 필요한 정보를 제공하던 방식에서 탈피하여 개인용 컴퓨터를 보급하려했을 때 정보관련 부서에서 이러한 변화를 강하게 반대하였는데, 그 이유는 기업의 정보처리 업무는 정보관련 부서가 독점하였던 전문분야인데 이 기술이 구성원들에게 이전된다는 위협을 받게되었기 때문이다.

■ 기존 권력관계에 대한 위협

의사결정권 하의 재분배는 어떤 것이라도 오랫동안 지속되어 온 조직내의 권력관계에 위협요인이 될 수 있다. 참여적 의사결정이나 자율적 작업팀 등의 도입은 최고경영자나 중간관리자에게 하나의 위협요인이다.

■ 기존의 자원할당에 대한 위협

조직내의 부서들은 자원의 할당방식이 변화되면 위협을 느낀다. 즉 부서의 예산이 삭감되거나 인원수가 감소하게 될 경우 이러한 부서들은 변화에 저항하게 된다. 현재의 자원할당 방식에 의하여 이익을 보고 있는 집단에서는 변화로 인한 미래의 자원분배에 불이익을 받을지도 모른다는 위협때문에 저항하게 된다.

(2) 저항의 관리방법

조직변화에 대한 저항을 극복하고 의도한 변화를 유도하기 위한 변화담당자의 관리방법에는 ① 교육과 의사소통, ② 구성원의 참여, ③ 촉진 및 지원, ④ 협상, ⑤ 강압 등이 있는데 각각의 방법에 대하여 설명하면 다음과 같다.

■ 교육과 의사소통

조직구성원들에게 의사소통을 통하여 변화의 논리성을 이해시킴으로써 저항을 감소시킬 수 있다. 이 방법은 변화에 대한 저항이 정보의 부족이나 부적절한 의사소통에서 비롯된다는 가정에 근거를 두고 있다. 구성원들이 충분하게 사실들을 파악하여 오해가 사라지면 저항이 감소한다는 것이다. 따라서 일 대 일 토론, 메모, 집단 강의, 보고 등이 방법을 활용하게 된다.

■ 구성원 참여

조직변화에 관한 의사결정에 참여한 개인들은 변화에 저항하지 않게 마련이다. 그러므로 변화를 실시하기 전에 반대자들을 의사결정 과정에 참여시키는 것이 필요하다. 특히 이 방법은 변화에 대한 반대자가 의사결정에 의미있게 공헌할 수 있는 전문성을 지니고 있는 경우 참여를 통해서 저항을 감소시킬 수 있으며, 또한 그를 통하여 다른 구성원들의 동의를 확대해 나갈 수 있다. 그러나 전문성이 부족한 구성원들을 반대한다는 이유하나로 의사결정에 참여시키는 경우 바람직하지 못한 해결책이 나오기 쉽고 시간의 낭비가 많다는 단점도 고려해야 한다.

■ 촉진 및 지원

변화담당자들은 변화에 대한 저항을 감소시키기 위해 다양한 지원활동을 제공할 수 있다. 즉 구성원들이 두려움이나 불안을 느낄때는 그들을 대상으로 상담, 심리치료, 새로운 기술훈련 단기간의 유급휴가 등의 방법으로 변화에 적응을 촉진시킬 수 있다. 이 방법의 결점은 시간을 많이 소비하고 비용이 많이든다는 점이다.

■ 협 상

변화담당자가 변화에 대한 잠재적인 저항을 다루는 또 다른 방법은 저항을 줄일 수 있는 다른 가치와의 교환을 하는 것이다. 예를 들면, 변화에 저항하는 사람이 소수의 권력자일 경우 그들의 욕구에 부합하는 특별 보상계획으로 그들과 협상하는 것이다. 이러한 협상방법은 저항이 권력의 핵심으로부터 비롯될 때 필요하다. 협상은 비용이 많이들고, 변화담당자가 저항을 피하기위한 협상에 성공할 경우 다른 권력자들도 이러한 협상을 요구해 올 위험이 따른다.

■ 강 압

저항을 감소시키는 또 하나의 방법으로 강압이 있다. 강압은 저항자들에게 직접적인 위협이나 압력을 가함으로써 저항을 줄이는 것이다. 조직변화에 저항하는 집단이나 개인에게 공장폐쇄의 위협을 비롯하여 인사이동 위협, 승진탈락, 부정적 업적평가 등의 방법을 동원함으로써 그들이 기득권에 대한 손실에 대한 심리적인 부담을 느끼게 하는 것 등이 이와 같은 예이다.

4. 성공적인 변화관리방안

성공적인 변화관리 방안은 "현재의 상태(current situation)에서 목표로 하는 바람직한 상태(desired situation)로 전환하기 위한 과정에서 생기는 저항 및 차이를 해소하고 구성원들이 힘들이지 않고 동참하게되는 활동"을 의미한다.

성공적인 변화관리는 변화필요성의 인식, 변화에 대한 명확한 비전제시, 변화가능성에 대한 확고한 신념, 변화계획의 실천을 통해 가능하다. 이것들 중에 어느 것 하나 소홀할 경우에는 원하는 결과를 얻기가 어렵다.

변화의 필요성에 대한 인식이 부족하면 방관하게되고, 변화에 대한 명확한 비전이 없으면 혼란에 빠지게 된다. 그리고 변화가능성에 대한 신념이 부족하면 회의적으로 변하게 되며, 계획에 실천이 뒷받침되지 않으면 결국 좌절하게 된다. 따라서 조직개발을 통하여 지속적으로 성공적인 변화를 이끌어내기 위해서는 학습조직, 즉 조직변화의 추구 일상화되어 있는 조직을 구축하여야 하고 이런 활동이 조직문화로 정착되어야 한다.

본 절에서는 변화관리의 성공적 변화관리 요소 및 추진단계에 대하여 살펴보고자 한다.

(1) 성공적인 변화관리를 위한 주요요소

성공적인 변화관리를 위한 기본적인 요소에는 ① 경영자의 리더십, ② 조직구성원 참여, ③ 변화에 대한 의사소통, ④ 교육 및 훈련 등이 있으며, 구체적으로 살펴보면 다음과 같다.

■ 경영자 리더십

조직이 직면하는 문제에 대한 가장 바람직한 해결방법은 대부분 리더에 의해서 먼저 제시된다. 유능한 리더가 조직의 문제에 대하여 바람직한 문제해결 방법을 제시하고 조직구성원들은 이를 받아들일 때 변화의 성과가 나타난다.

조직변화에 성공적인 리더는 그렇지 않은 리더보다 더 구성원들의 적극적인 참여를 이끌어낸다. 그리고 이런 리더는 구성원에게 적절한 변화목표를 제시하고 이를 구성원이 달성할 수 있도록 용기를 불어넣어 준다. 그리고 구성원들의 역량을 개발하고, 또 그것을 발휘할 수 있도록 적극적인 지원을 한다.

■ 조직구성원의 참여

조직변화 추구시 조직은 경영자나 부서장 등 조직의 리더가 방향을 제시하고, 제시한 방향으로 이끌어 나가지만 정작변화를 완성하는 것은 조직구성원들이다. 조직의 성공적인 변화는 조직구성원들의 협조와 참여없이는 불가능하다.[5] 따라서 구성원 참여의 범위를 확대할수록 조직구성원의 대표성이 제고되며 이는 결국 조직구성원들의 시각에서 변화의 합법성을 제고시키는데도 도움이 되기 때문에 저항을 사전에 해소할 수 있다.[6]

조직구성원을 동참에 이끌어내기 위해서는 반드시 구성원을 대표할 수 있는 인력으로 조직변화 추진팀(change agent)을 구성해야 하며, 팀을 선정시 고려되어야 할 것은 미래를 이끌어 갈 수 있도록 하는 능력을 가진 팀원과 리더를 선정해야 한다는 점이다.[7]

조직구성원들의 또다른 형태의 참여는 워크샵과 교육을 통해서 이루어진다. 워크샵은 조직구성원들 간에 브레인스토밍을 통해 창조적인 생각을 표출시키는 효과적인 수단이 된다. 또한 제안제도를 활성화 함으로써 조직구성원들의 자발적이고 창의적인 마음을 불러일으켜서 자신의 업무 뿐만 아니라 조직전체 문제까지 개선해 나가도록 유도하여야 한다.

구성원들로부터 변화에 대한 필요성을 인식시키고 공감대를 조성하여 자발적인 협조를 유도하려면 상황진단으로부터 시작하여 변화계획의 수립과 변화프로그램의 실천에 이르기까지 변화과정 전면에 걸쳐 관련 구성원들을 최대한 관여시키고 참여시키는 것이 바람직하다.

■ 변화에 대한 의사소통

조직의 변화를 추구할 때 조직구성원들의 잠재적인 저항에 대비하기 위해서는 조직전체와 마음을 열고 공감할 수 있는 커뮤니케이션을 해야 한다. 경영자는 조직구성원들과의 사실적이고 광범위한 커뮤니케이션을 통해 구체적인 회사사업 현황이나 내부관리상의 문제점 등에 대하여 열린 마음으로 소통을 함으로써 변화의 필요성에 대하여 스스로 느끼게 하고 조직의 변화추진에 대하여 긍정적인 태도를 갖도록 유도해야 한다. 이를 위해서 조직내 인트라넷 등 자유게시판을 이용하거나 워크샵 등의 행사시에도 자유토론을 활성화하여 상하좌우 열린 커뮤니케이션을 할 수 있도록 제도적 장치를 마련해 주어야 한다.

■ 구성원에 대한 교육 및 훈련

조직의 변화를 추진할 때는 조직구성원들에게 변화를 촉진시키기 위한 적극적인 교육 및 훈련과 인력개발이 병행되어야 한다. 즉 구성원들에게 조직개발과 변화관리의 개념 등에 대한 교육이 필요하며, 조직의 변화를 가능하게 하는 새로운 정보기술 등 일반적인 능력향상 교육이 필요하다.

또한 경영혁신을 실행하기 위해서는 유능한 리더가 필요하기 때문에 현재의 리더에 대한 능력향상 교육과 미래의 리더를 육성하기 위한 체계적인 교육이 필요하다.

교육은 필수독서 과제 및 교육프로그램을 활용하여 전 구성원들이 교육받을 수 있는 직접 교육과 온라인 교육 등을 통하여 간접적으로 교육을 받을 수 있는 교육시스템을 활용하여 이루어져야 한다. 모든 구성원은 교육을 통해 변화의 필요한 지식과 기술을 배움으로써 성공적인 변화를 조기에 정착할 수 있다.

(2) 변화관리 추진단계

이미 앞에서 코터의 변화관리 8단계를 통하여 변화관리의 추진단계를 설명하였듯이 여러 학자들의 의견을 종합한 결과, 성공적인 변화관리를 추진하기 위해서는 다음과 같은 다섯 단계를 거쳐서 추진하는 것이 바람직하다.

■ 1단계: 변화의 필요성에 대한 홍보 및 교육

변화의 출발점은 레윈이 제시한 바와 같이 조직구성원들의 변화의 필요성에 대한 인식으로부터 시작된다. 따라서 변화관리의 첫단계는 구성원들을 조직변화에 동참하도록 함으로써 변화의 필요성을 느끼도록 하고 변화에 대한 저항력을 극복해야 한다. 변화에 대한 저항을 극복하고 구성원의 협력을 이끌어내기 위해서는 구성원들이 변화의 추진에 대하여 어떻게 인식하고 있는지를 이해하고, 교육과 커뮤니케이션을 통해 변화프로그램에 대한 내용과 변화이유에 대한 충분한 정보를 제공해야 한다.

■ 2단계: 변화의 목표 및 비전 제시

이 단계에서는 변화의 목적과 이유, 변화를 통해서 도달하게 될 바람직한 미래를 제시해야 한다. 비전이란 현실성 있고 믿을 만한 매력적인 조직의 미래상이다. 비전은 조직변화의 설계, 실행 및 평가에 대해 가치있는 방향을 제공하며 변화가 필요한 이유와 노력을 기울일 만한 가치가 있는지에 대해 공통의 목표와 강력한 근거를 제공함으로써, 구성원들을 변화에 동참시킬 수 있다.

■ 3단계: 지원방안 수립

이 단계에서는 성공적으로 변화를 추진하기 위해 정치적 지원방안을 확보해야 한다.

조직에서 변화를 위한 시도는 집단간 세력의 균형을 위협하게 된다. 변화에 의해 세력이 위협을 받는 쪽에서는 변화에 저항하고 방어적으로 행동할 것이며, 변화에 의해 세력을 획득하는 쪽에서는 변화의 필요성을 정당화하고 변화를 강력하게 추진하려 할 것이다. 조직변화의 정치적 역학관계를 관리하는 일은 변화주도자(change agent)의 중요한 책임이 된다. 변화주도자는 변화에 이해관계를 가진 개인과 집단을 파악해서 특정 이해관계집단이 변화를 방해할 위험을 최소화하고 핵심 이해관계자를 설득하여 지원을 확보해야 한다.

■ 4단계: 이행과정 관리

조직은 현재상태에서 바라는 상태로 이행하기 위해 필요한 구조와 활동계획을 수립해야 한다. 변화에 대한 상세한 계획을 작성하여 성공적으로 이행하기 위한 활동들을 파악해야 한다. 또한 변화에 동참시켜야 하는 개인과 집단을 파악하고 그들로부터 지원을 확보하기 위한 계획을 수립해야 한다.

■ 5단계: 변화의 가속화

조직변화에 대한 실행안이 초기에 성공적으로 시행되었다 하더라도 변화노력들이 장애물에 부딪히거나 조직으로부터 지속적인 지원을 받지 못하게 되면, 다시 이전의 방식으로 돌아가려는 특성이 있다. 따라서 경영자는 구성원들에게 변화에 대한 지속적인 추진의지를 표명하고, 변화에 대한 지속적인 관심과 지원을 아끼지 않아야 한다. 그리고 일단변화에 착수하면 변화를 가속화하기 위해 변화주도자(change agent)를 지원하는 조직체계를 구축하고, 구성원들에게 변화에 필요한 자원을 제공하며, 직무교육 등을 통하여 변화에 필요한 새로운 역량과 기술을 개발시킴으로써 조직이 기대하는 변화가 완성되도록 하여야 한다.

제2절 | 개입의 실행

1. 변화담당자의 역할

개입활동을 수행하는 변화전문가가 바로 변화담당자(change agent)이다. 조직체에서 변화담당자의 지위와 권한은 조직체의 변화상황에 따라 다르지만, 변화담당자는 대체로 변화에 대한 지식과 기법 그리고 실제경험을 가진 전문가로서 최고 경영자의 경영이념과 비전을 조직의 변신과 변화 등 조직개발 과정에 직접 반영시킬 수 있는 위치에서 그의 전문적인 영향력을 발휘하게 된다. 따라서 조직체의 조직개발을 주관하고 상위계층의 경영자나 이와 대등한 외부 컨설턴트가 변화담당자의 역할을 수행한다.

2. 개입의 주요과제

효과적인 조직개발 개입의 기준으로는 첫째, '조직의 요구를 얼마나 충족시키는 가'이고, 둘째, '의도한 결과가 얼마나 인과적 지식에 근거하는가'이며, 셋째, '변화관리 영향을 얼마나 조직 구성원들에게 전이시키는 가'이다. 이는 곧 행동과학적 지식을 이용하여 조직의 효과성을 이끌어 내기위한 전략, 구조, 과정 등을 통합하고 개선, 강화하여 조직원이 스스로 해나갈 수 있도록 전이시키는 과정인 것이다.

3. 개입의 실시방법

개입과정에서 변화를 실시하는데 있어서 고려되는 문제는 변화와 관련된 모든 의사결정상의 접근방법이다. 즉, 문제의 진단으로부터 시작하여 변화방법의 선정과 변화의 실제실시 등 변화과정에 관련된 경영층과 변화전문가 그리고 집단구성원들 간의 의사결정 권한과 상호간의 역할문제가 변화접근 방법의 중요한 측면을 차지한다. 개입과정에서 변화당당자의 역할은 이미 앞에서 설명하였다. 변화담당자는 조직체의 경영층과 문제집단 사이에서 개입의 기본성격을 결정하는 중요한 위치에 있다. 따라서 변화담당자는 자기의 역할을 수행하는데 있어서 문제집단 구성원들과의 관계를 어떻게 조정하느냐에 따라서 개입상의 접근과 실시방법이 많이 달라진다. 개입에서 추구하는 변화에 대한 의사결정 권한관계에 있어서 문제집단 구성원들의 참여역할을 중심으로 <그림 7-2>와 같이 세 가지의 개입실시 방법이 고려될 수 있다.

그림 7-2 개입실시 방법의 비교

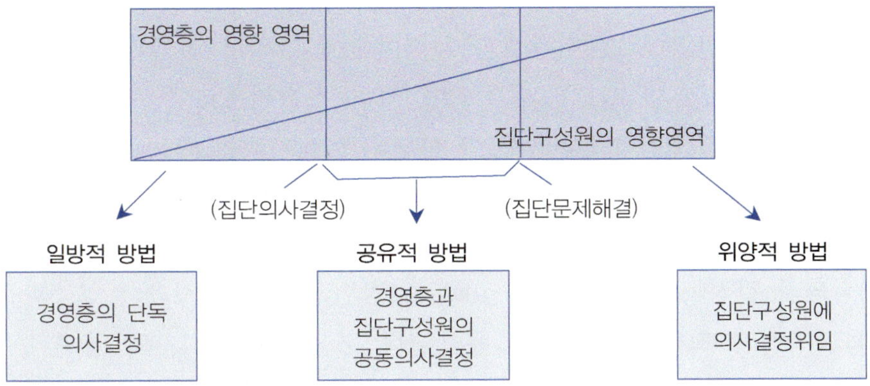

자료: Tomas G. Cummings and Christopher G. Worley, Organization Development and Change, South-Western, 2014.

(1) 일방적 접근방법

일방적인 방법(unilateral approach)은 조직변화에 관한 모든 결정을 상위경영층과 변화담당자가 일방적으로 정하고, 변화도 단독적으로 집행함으로써 변화에 관련된 모든 권한과 영향력이 상위경영층과 변화담당자에 의하여 발휘되고, 하위계층의 문제집단 구성원들에게는 변화과정에 참여할 기회가 주어지지 않는 일방적 접근방법이다. 일방적 접근방법은 조직기구의 개편, 인사이동, 경영방침과 관리제도의 개선, 규율의 변경, 새로운 기술과 작업방법의 도입 등 기술·구조적 개입이 상위계층에서 모두 결정되어 문제집단 구성원들에게 전달되고, 교육훈련과 소집단훈련, 대면과 팀구축 등의 각종 개입활동도 변화담당자가 일방적으로 결정하여 이를 그대로 실시해 나가는 방법이다. 그러므로 일방적 접근방법은 변화과정이 신속히 실시될 수 있는 장점을 지니고 있지만, 그 반면에 문제집단 구성원들의 저항반응을 유발시킬 수 있고 따라서 변화의 실패위험성도 많이 지니고 있다. 그리고 일방적 접근에 의한 개입은 당면한 문제를 신속히 해결할 수는 있지만 변화에 대한 조직구성원의 영구적인 능력과 자질을 향상시키는 데에는 효과상에 한계가 있다.

(2) 공유적 접근방법

공유적 접근방법(shared power approach)은 조직변화를 경영층과 집단구성원이 공동으로 의사결정하는 방법이다. 경영층은 조직변화를 포함한 모든 조직관리 권한을 갖고 있고, 변화과정에서 조직변화와 관련된 권한은 변화담당자에게 많이 위임되어 있다. 그러나 경영층과 변화담당자의 권한은 변화상황에 따라서 적절히 적용되어야 한다는 개념하에, 문제집단 구성원들의 변화에 대한 관심과 능력여하에 따라서 변화과정에 그들의 참여를 유도하고 협조를 얻음으로써 시도하는 변화를 보다 효율적으로 달성하려는 것이 공유적 접근방법의 목적이다. 문제집단 구성원들의 참여는 변화상황에 따라서 그 성격과 정도 그리고 형태가 다르지만, 다음 두 가지의 방법이 흔히 사용된다.[8)]

첫째, 집단의사 결정(group decision－making)방법으로서, 이것은 경영층과 변화담당자가 결정한 조직변화에 대하여 문제집단 구성원이 관리자와 함께 변화담당자의 상담하에 구체적인 변화실시 방법을 토의하여 가장 적절한 대안을 선택하는 방법이다.

둘째, 집단문제 해결(group decision－solving)방법으로서, 이것은 문제집단 구성원들이 변화담당자의 상담하에 변화실시 방법뿐만 아니라 문제진단과 문제해결 대안의 구상 등 변화전반에 걸쳐서 관리층과 함께 공동으로 변화에 관련된 의사결정과 문제해결에 참여하는 방법이다.

(3) 위임적 접근방법

일방적 접근방법과 정반대의 변화실시 방법이 위임적 접근방법(delegated approach)이다. 위임적 접근방법은 문제집단 구성원들이 변화담당자의 상담하에 경영층과 함께 변화과정에 공동으로 참여하는 것은 공유적 집단문제 해결방법과 비슷하지만, 참여과정에서 구조적 제약조건이 없이 구성원이 자유스럽게 변화에 대한 모든 의사결정 문제에 참여할 수 있다는 점에서 공유적 접근방법보다도 더 많은 권한과 역할이 구성원들에게 위임되어 있다. 위임적 접근방법에도 두 가지의 참여방법이 흔히 사용된다.

첫째, 집단토의(group discussion)로서, 이것은 변화담당자의 상담하에 문제집단 구성원들과 관리자들이 개방적으로 변화를 필요로 하는 문제와 변화에 의한 문제해결 방법을 집단토의하는 방법이다.

둘째, 감수성 훈련(sensitivity training)과 같은 개인 또는 집단행동 개발을 통하여 문제집단 구성원들로 하여금 자신에 대한 인식도를 높이고 집단과 조직체에서의 자친의 역할을 인식시킴으로써 변화과정에서 보다 적극적이고 건설적인 참여를 유도하는 방법이다.

경영층의 영향영역과 집단구성원의 영향영역에 따라 개입과정에서 고려될 수 있는 세 가지의 변화접근 방법은 각기의 장·단점을 가지고 있다.

일방적 방법은 변화과정을 신속히 계획할 수 있고 이를 신속히 실시할 수 있는 장점을 가진 반면에, 문제집단 구성원들이 조직변화에 기여할 수 있는 기회는 주어지지 않고 있는 단점을 지니고 있다.

위임적 방법은 문제집단 구성원들에게는 최대의 참여기회가 주어지는 장점이 있지만, 그 반면에 경영층의 관점이 제한되는 단점이 있다. 그러므로 경영층과 문제집단 구성원의 공동참여를 극대화시켜 줄 수 있는 공유적 방법이 가장 합리적이고 바람직한 방법이라고 할 수 있다.

그러나 공유적 변화접근 방법이 성공적으로 활용되려면 몇 가지의 전제조건이 충족되어야 한다.

첫째, 변화에 대하여 문제집단 구성원들이 적극적인 관심을 가지고 협조적 태도를 보여야 하고

둘째, 문제집단 구성원들이 변화과정에서 건설적으로 참여할 수 있는 자질과 능력을 가지고 있어야 한다.

셋째, 관리자들도 자기의 지위권한에 대한 방어적 태도가 없이 안정되고 개방적인 태도를 가지고 있어야 하고, 문제집단 구성원들의 참여와 제안을 개방적으로 수용할 수 있는 태도를 가지고 있어야 한다.

이와 같은 조건이 선행되지 않으면 공유적 접근방법은 효율적으로 활용하기가 어렵고, 따라서 공유적 접근방법이 모든 조직체 변화에 가장 직절하다고 할 수 없으며, 조직변화의 긴급성과 중요성에 따라서 공유적 접근방법보다는 일방적 변화방법이나 위임적 변화방법이 더 효과적으로 사용될 수도 있다. 그리고 변화상황에 따라서도 공유적 접근보다는 일방적 또는 위임적 접근이 더 바람직할 수도 있다. 기업의 구조조정에 있어서 사업구조나 조직구조의 조정은 대체로 일방적 방법에 의하여 이루어지는데 비하여 직무나 업무개선 등 하부구조의 조정에는 일반적으로 공유적 또는 위임적 방법의 적용이 바람직하다.

그러나 일반적으로 볼 때, 개입과정에서 조직변화가 효율적으로 실시되고 조직체가 지향하는 효과가 달성되려면 문제집단 구성원들의 변화에 대한 희생과 적극적인 협조가 필요하므로 그들의 참여는 성공적인 조직변화에 매우 중요한 역할을 한다. 그리고 이미 설명한 바와 같이 이들 변화접근 방법에서 변화담당자의 역할은 매우 중요하다. 특히 공유적 변화방법에서 관리층과 문제집단 구성원들의 참여를 조성하는데 있어서 변화담당자는 그들의 기여도를 높이는데 결정적인 역할을 한다.

제3절 | 조직개발의 효과성 평가

1. 평가의 유형

조직내 효과성을 판단하기 위한 평가의 유형에는 두 가지 형태로 구분된다.[9] 코너(Conner)는 조직내 인적자원개발 프로그램 성과에 대한 평가를 총괄평가와 형성평가로 구분한 바 있다. 총괄평가란 인적자원개발 프로그램 운영결과를 보고비용 대비 성과를 판단하여 프로그램의 지속여부를 판정하는 것을 말하고, 형성평가란 향후에도 프로그램을 지속을 지속한다는 가정하에 프로그램 운영과정에 초점을 맞추어 전체성과에 영향을 미치는 운영상의 문제점을 발굴하고 수정을 하는데 목적을 두고 있는 평가를 말한다. 조직개발의 효과성 평가도 코너의 개념을 빌리자면 같은 개념으로 구분해 볼 수 있다. 총괄평가는 특정 주제에 대한 조직개발의 성과를 평가하여 향후에도 지속할 것인지 여부를 결정하는 평가이다. 총괄평가는 조직개발 활동에 대한 질적 또는 양적인 성과를 알려준다. 총괄평가의 평가방식은 활동에서의 비용－편익관계를 파악하고, 그 결과에 따라 조직개발 활동에 들어간 비용을 정당화하고 지속적으로 조직개발을 추진할 것인가를 판단하는 기준을 제시해 준다.

반면에 형성평가는 조직개발 프로그램의 개선을 위한 피드백을 제공하고, 수정의 방법을 선택할 수 있도록 한다. 조직개발 실행에 대한 평가는 발전적이어야 하므로, 형성평가가 중요하다. 평가는 단순히 과정의 지속여부를 결정하기 위한 기초자료로서가 아니라, 향후 조직개발 과정을 건설적으로 수정보완할 수 있는 토대가 되어야 하기 때문에, 조직개발의 평가는 형성적이어야 한다.

형성평가는 활동하는 동안에 피드백을 제공하여 활동을 수정(조정)할 수 있게 하며, 향후 의사결정을 위한 기초자료로 활용된다. 형성평가는 반복적인 과정으로서, 어떤 하나의 활동, 모임, 토론, 프로젝트 등의 효과에 관한 자료를 수집하고, 그 결과와 성과를 검토하여, 새로이 조직개발 추진방향을 설계하는 것이다. 이러한 형성평가를 통하여 팀의 구성원들은 함께 학습하고 경험을 갖게 된다. 그들은 함께 참여하여 문제를 해결하고, 그런 노력을 하는 과정에서 많은 것을 배우게 된다. 팀의 구성원들은 이런 절차를 통해 조직개발을 통한 새로운 변화의 추구에 대해 개방적 자세를 가지며, 자신이 처음 가졌던 이해와 가정들을 변경하고, 새로운 학습을 할 수 있게 한다.

형성평가를 통하여 얻은 결과는 반성적 학습이다. 팀의 구성원들은 자신의 기존 학습에 대한 반성에서 보다 나은 업무관계를 유지하고, 품질을 향상시키며 성과를 높이는데 기여한다.

2. 평가의 단계

조직개발을 실행한 이후 결과가 만족스러운지 그렇지 않은지를 판단하려면 적절한 평가방법을 선정하여 조직개발의 효과성을 평가하여야 한다. 지금까지 조직개발의 효과성만을 평가하기 위한 평가기법은 소개되어 있지 않으나 커크패트릭(Kirkpatrick)이 개발한 인적자원 개발의 효과성 평가모델을 조직개발 효과성 평가모델로 활용하면 좋은 평가방법이 될 수 있다. 커크패트릭은 인적자원개발 프로그램의 성과를 판단하기 위하여 <그림 7-3>과 같이 네 가지 단계를 제시하고 있는데 이를 각각 설명하면 다음과 같다.[10)]

(1) 반응의 측정

조직개발 성과평가의 1단계는 조직개발 프로그램에 대한 반응을 측정하는 것이다. 조직개발 프로그램에 대한 구성원의 반응을 측정하는 것이다. 구성원이 조직개발 프로그램을 좋아하고 유용하다고 생각하고 있는지를 평가하는 것이다. 반응이라는 평가기준의 초점은 프로그램의 내용과 유효성에 대한 구성원의 지각이다. 조직개발 프로그램의 평가가

그림 7-3 조직개발 성과평가의 수준

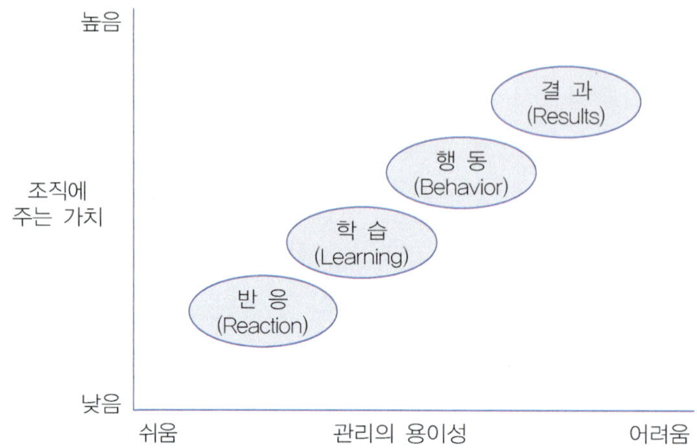

긍정적이면, 이후의 조직개발에 대한 직원의 참여를 촉진할 것이다. 그러나 평가가 부정적이면, 해당 프로그램은 물론 다른 조직개발 프로그램에 대한 추진을 억제시키게 될 것이다.

(2) 학습의 측정

조직개발 성과평가의 2단계는 조직개발 프로그램을 통한 학습의 효과를 측정하는 것이다. 여기에서 학습은 구성원이 이해하고 습득한 원칙, 사실 또는 기술 등을 의미한다. 다시 말하면, 구성원은 조직개발 프로그램이 의도한 바를 배웠는지 평가하는 것이 학습의 측정이다.

조직개발 프로그램의 학습측정은 반응측정에 비하여 평가가 어렵다. 학습의 기준이 다차원적(인지적 결과, 스킬향상, 정서적 결과 등)이어서, 이들 각각은 서로 다른 측정방법(필기시험, 속도테스트, 자기보고서 등)을 필요로 하기 때문이다.

(3) 행동의 측정

조직개발 성과평가의 3단계는 조직개발 프로그램을 통한 구성원의 행동변화에 대한 측정이다. 이는 조직개발 프로그램을 마친 후 구성원이 업무수행에서 어떠한 행동변화를 가져왔는지 평가하는 것이다. 구성원은 조직개발 개입활동을 통하여 학습한 것을 실제 업무에 활용하고 있는가 하는 것이다. 행동이라는 평가기준은 프로그램의 내용과 업무행위 사이의 정적인 전이를 목표로 삼는다. 학습이 업무로의 전이가 되었을 때, 조직개발 프로그램은 업무성과에 영향을 미친것이 된다.

(4) 결과의 측정

평가의 4단계는 조직개발 프로그램이 경영성과에 어떠한 직접적 결과를 가져왔는지 측정하는 것이다. 조직개발 프로그램이 기업의 유효성을 증진시켰는지, 기업의 수익성을 개선시켰는지 또는 고객만족도를 향상시켰는지 등을 평가한다. 결과는 대부분의 경영자가 가장 관심을 가지는 평가의 기준이다. 결과의 평가는 프로그램이 성과에 대한 예상과 실제를 비교하여 그 차이를 분석함으로써 측정하기도 한다.

[일하기 좋은 기업] 삼성전자, 멈추지 않는 조직문화 혁신… 비효율성 감소시켜

올해 삼성전자는 브라질과 러시아에서 '가장 일하기 좋은 기업'으로 선정됐다.

지난 4월 러시아 모스크바에서 열린 '란스타드 어워드'(Randstad Award) 2017 시상식에서 삼성전자를 가장 일하기 좋은 기업(가전·전자기기 부문)으로 뽑았다. 러시아의 란스타드 어워드는 현지에서 활동하는 기업 중 일하기 좋은 기업을 선발해 시상하는 행사다. 러시아 주요 헤드헌팅 업체인 안코르(Ancor) 사의 데이터베이스를 활용해 18~65세의 취업자와 구직자 등 1만 4000명 이상을 대상으로 온라인 설문조사를 벌여 수상기업을 정한다.

또 글로벌 인사전략 평가기관인 '우수고용협회(Top Employers Institute)'는 지난 4월 삼성전자를 '2017 브라질 최고 고용기업'에 선정했다. 1991년에 설립돼 네덜란드에 본사를 두고 있는 우수고용협회는 미국, 영국, 한국, 일본 등 전 세계 100여 개국 1100여개 기업을 평가하는 글로벌 인사평가 기관이다. 이번으로 삼성전자는 브라질에서 4년연속 가장 일하기 좋은 기업에 올랐다.

중남미에서 이같은 평가는 삼성전자가 1971년 처음 중남미에 진출한 이후 지속적으로 현지 근무환경 개선과 인력육성을 위해 노력한 결과다. 삼성전자는 중남미 현지직원을 선발해 한국 본사에 일정기간 파견, 업무노하우를 배우고 본사인력과의 관계를 강화하는 '글로벌 모빌리티(Global Mobility)' 프로그램을 운영하고 있다.

삼성전자 관계자는 이에 대해 "앞으로도 다양한 인재육성 프로그램과 투자를 통해 초일류 인재양성을 위해 노력할 것"이라고 말했다. 이처럼 삼성전자가 해외에서도 일하기 좋은 기업으로 인정받는 것은 국내에서의 기업문화가 그대로 전해진 이유다.

삼성전자는 최근까지도 국내전문가 여론조사에서 특히 여성이 일하기 좋은 기업으로 선정되기도 했다.

하지만 삼성전자는 이같은 외부의 호평에도 불구하고 내부조직 문화혁신을 멈추고 있지 않다. 최근 삼성전자는 글로벌기업에 걸맞는 사고방식과 일하는 문화조성을 위해 '스타트업 삼성 컬처 혁신'을 선언했다. 이는 조직문화 혁신으로 스타트업처럼 빠르게 실행하고 상하 소통할 수 있는 문화를 만들자는 의미다.

조직문화 혁신을 위해 삼성전자는 연공서열 중심의 인사제도를 업무와 전문성을 중시하는 직무와 역할중심의 인사체계로 개편했다. 부장, 과장, 사원 등 수직적 직급개념을 직무역량 발전정도에 따라 '경력개발단계'로 전환했다. 직급단계는 7단계에서 4단계로 단순화했다. 임직원

호칭에 직급을 없애고 'OOO님'을 사용한다. 회의엔 반드시 필요한 인원만 참석해 빠르게 결론을 낼 수 있는 문화를 만들고 있다. 보고방식도 동시보고를 활성화해 직급단계를 순차적으로 거치는 데 따르는 비효율성을 없앴다. 근무능률 향상을 위해 직원들이 연간 휴가계획을 사전에 수립해 재충전할 수 있는 휴가문화를 정착하고 있다. 또한 자율출근제도 시행하고 있는데 2015년부터는 자율출근제 개념을 발전시켜 '1일 4시간 이상, 1주 40시간 이상' 범위에서 자율적으로 근무시간을 정할 수 있도록 했다.

정보기술(IT) 기업이 필요로 하는 창의성을 확산하기 위한 사내 벤처프로그램 'C랩(Creative Lab)'도 2012년말 도입했다. 사내아이디어 공모전에서 선정된 임직원들은 일정기간 현업에서 벗어나 스타트업처럼 근무할 수 있다. C랩의 가장 큰 특징은 자율성이 최대한 보장되며 실패가 용인된다는 점이다. 팀구성, 예산활용, 일정관리 등 과제를 수행하기 위한 조직 구성과 예산사용을 팀원들이 자율적으로 결정한다. 실패에 대한 책임을 묻지 않아 높은 목표를 설정하고 과감하게 도전할 수 있다. C랩에서 우수한 성과를 낸 과제는 사업화도 지원받는다.

시사1번지 폴리뉴스, 2017. 9에서 일부 인용

제 **3** 부

조직개발 기법

제 8 장

전략 및 조직혁신 개입

학습목표

1. 경쟁전략과 협력전략을 비교하여 설명할 수 있다.
2. 구체적인 경쟁전략의 내용을 설명할 수 있다.
3. 구체적인 협력전략의 내용을 설명할 수 있다.
4. 조직변혁의 정의를 설명할 수 있다.
5. 조직문화의 변화의 주요 성공요인에 대하여 토론할 수 있다.

리빙 스타트업 3사 미스터홈즈–어웨어–스위쳐, 전략적 업무제휴 체결

1인 가구의 약 25%는 20, 30대 청년층으로 대학생이나 사회 초년생이 많기 때문에 다른 2~4인 가구보다 상대적으로 경제적 능력이 낮다. 또한 서울 및 수도권의 비싼 월세에 비해 환기가 원활하지 않아 곰팡이가 피거나 여름엔 덥고 겨울에 추운 주거취약 가구가 많다.

최근 이러한 1인 가구의 열악한 주거환경에 개선이 필요하다고 느낀 주거전문 스타트업 미스터홈즈, 어웨어, 아이오 등 소형임대 주택과 홈 IoT 상품을 만드는 회사들이 전략적 업무제휴를 시작해 그동안 삶의 질을 결정하는 주거문화에서 소외됐던 1인 가구의 라이프스타일을 고민하고 이들을 위한 솔루션을 제공하며 좀 더 나은 제품과 서비스를 함께 발전시킬 계획이다.

정교한 센서를 통해 다섯 가지 항목으로 공기의 질을 체크한 후, 실내환경의 질을 높일 수 있도록 고객에게 맞춤형 팁을 알려주는 어웨어(Awair)를 실내에 설치해 홈즈스튜디오 입주민들은 집안의 앱을 통해 실내 공기상태를 언제, 어디서나 확인하고 맞춤형 솔루션을 제공받을 수 있게 됐다.

또한 스위처(Switcher)는 홈즈스튜디오 입주민에게 무상으로 제품을 체험할 수 있게 한다. 나아가 사용을 한 입주민의 의견을 바탕으로 올 8월말에 출시할 후속 제품 링커의 WIFI 제어, IR 센서를 이용한 에어컨, TV작동 등 기능을 개발할 예정이다.

홈즈스튜디오 관계자는 "일반 IoT 서비스는 별도로 시공이 필요한 데다가 자주 이사를 하는 1인 가구에게는 그동안 누리기 힘든 사치품이었다"며 "1인 가구의 라이프 스타일을 고려해 기획한 홈즈스튜디오 용산의 취지와 가장 부합하는 스마트 홈 제품을 입주민에게 함께 선보일 수 있어 그 의미가 크다"고 말했다.

출처: 머니투데이. 2017.07.17에서 일부 인용

제1절 | 경쟁전략과 협력전략

조직은 환경과 상호작용하기 때문에 환경으로부터 자원과 정보를 획득하고 고객에게 가치있는 제품 및 서비스를 제공하기 위하여 환경의 특성을 고려해 전략을 형성한다. 환경에 대응하는 조직의 전략은 경쟁과 협력전략으로 나뉜다. 경쟁전략은 목표설립, 새로운 사업분야 개발, 환경관리 부서설립 등으로 경쟁자를 이기기 위한 방안을 강구하는 것이다. 반면에 전략적 제휴, 네트워크 형성 등으로 다른 조직과 협력을 통해 성과증진을 도모하는 것은 협력전략이라 칭한다.

경쟁전략의 성공은 독특하고, 가치있고, 모방하기 어려운 조직관행을 형성할 수 있는가가 결정적 요소로서 작용한다. 경쟁전략에는 단일조직 및 사업단위 수준에서의 개입방법인 통합적 전략변화와, 다른 조직과 결합해 강점을 극대화하는 인수합병이 있다. 인수합병은 복잡한 전략적 변화로써, 인수합병이 성공적으로 실행되기 위해서는 다양한 조직개발 관행이 뒷받침되어야 한다고 제시한다.

협력전략은 제휴와 네트워크를 포함하고 있으며, 이는 다시 조인트벤처, 프랜차이즈, 장기계약으로 나뉜다. 이는 자율성이 낮아지지만 이를 능가하는 협력의 이점을 제공해 상호이익을 달성할 수 있다. 네트워크는 연구개발 컨소시엄, 민관파트너십 등 다양한 형태로 나타나며, 세 개 이상의 조직이 복잡하고 다면적인 문제나 과제를 해결하기 위해 협력하는 방식이다.

현대는 한정된 경영자원과 시장접근, 핵심역량의 확보, 기술과 지식의 교환, 불확실성의 위험에 대한 인식이 확대되고 있는 현실을 헤쳐나가기 위해 상호보완적 협력을 통해 시너지 효과를 창출하고자 하는 것에 대한 관심이 증폭되었기 때문이다. 오늘날 기업간 관계는 단순한 경쟁과 협력의 이분법적 형태로 이루어진 것이 아닌 경쟁과 협력이 동시적으로 발생하는 동태적 상호작용(dynamic interplay)관계로서 가치사슬(value chain)에서 업무별, 시장별, 제품 및 사업별 기준을 통해 다각적 관점으로 상기 상호작용을 이해해야 함을 주장한다.[1)] 예를 들어, 가치사슬에서 어느 하나 또는 둘 이상의 업무분야(R&D, 마케팅, 생산, 판매・유통)로 구성된 경쟁 및 협력관계의 조직을 형성할 수 있는데 특히 기술개발이나 부품의 생산과정은 부가가치의 극대화를 이루기 위해서 규모의 경제와 효율성이 뒷받침되어야 하기 때문에 많은 금액의 투자가 이루어져야 하며 단독으로는 규모의 경제와 효율성을 달성하는데 제한적이기 때문에 협력관계를 형성하고 유지하게 된다.

일반적으로 협력이란 '파트너 기업들이 공통의 문제를 해결하기 위해 지식과 역량의 교류작용을 통하여 상호 기여함으로써 가치를 창출하는 지속적인 활동 및 관계'라고 정의할 수 있으며 협업(collaboration), 제휴(alliance), 파트너십(partnership)등을 포함하는 의미로 사용하고 있다.[2)] 협력은 복잡성의 증가, 감시와 통제로 인한 자율권의 감소, 정보의 불균형과 같은 부정적인 요인이 동반되기도 하지만, 신기술이나 신시장에 대한 접근성, 그리고 규모의 경제(economics of scales)를 통한 제품과 서비스의 광범위한 제공능력, 생산성 향상, 공동연구를 통해 경계를 초월한 지식에의 접근, 위험의 공유, 상호 보완적인 기술의 접근 등을 제공한다.

오늘날 산업간, 국가 간의 경계가 허물어지는 등 경영환경의 변화로 기업 간의 경쟁은 배타적 경쟁에서 협력을 내포한 경쟁으로 전환되고 있는데 이러한 협력우위(collaboration advantage)를 통해 제조 및 판매제품, 영업지역, 고객범위를 확장하기 원하는 경영자들은 제휴를 통한 기업 간 협력을 기업경영의 전략적 도구로 고려하는 경향이 점차 높아지고 있다.

협력체제 구축의 장점은 다음과 같다.[3)]

첫째, 협력은 기업으로 하여금 독자개발보다 빠른 시간안에 필요한 기술과 자원을 습득할 수 있도록 도와준다.

둘째, 독자개발을 통해 필요한 역량을 확보하는 것보다 협력을 통해 다양한 역량을 확보하는 것이 새로운 역량개발에 따른 기업의 자원집중도를 낮출 수 있으며 기업의 유연성을 증대시킬 수 있다.

셋째, 타 기업과의 협력관계는 타 기업을 배울 수 있는 좋은 기회를 제공한다.

넷째, 기업이 협력체제를 구축하는 가장 큰 이유 중 하나는 프로젝트 수행에 따른 비용과 위험의 분산이다.

다섯째, 기업들은 협력관계를 통해 공유할 수 있는 표준을 확립하고자 한다.

기업에서 기업간 협력관계를 형성하고 유지하려는 목적은 기업마다 다르지만, 앞에서 설명한 바와 같이 최근 급변하는 경영환경 속에서 상호간의 자원을 공유하는 보완재(complement)와 보완자(complementor)의 상호보완적 관계로서 새로운 가치를 창출하고 불확실한 사업으로의 투자와 위험을 감소시키며, 다양한 문제들에 대응하기 위한 전력으로 기업간 협력은 이제 불가피해 지고 있다.

1. 경쟁전략

경쟁전략은 조직이 경쟁우위를 확보하고 경쟁적 성과를 증진하기 위해 내적자원을 관리하는 방법이다. 구체적인 경쟁전략으로는 통합적 조직변화와 인수합병이 있다. 경쟁전략이 성공적으로 전개될 수 있는 조건은 기업이 보유하고 있는 핵심역량이 어떠한 가에 있으며 다음과 같은 조건을 보유하여야 한다.

■ 독특성

독특성(Uniqueness)은 어떤 조직이 지닌 독특한 자원과 과정은 기업경쟁력의 원천이 된다. 경쟁전략은 조직의 특징을 이해하고, 자원과 과정의 결합을 통해 다른 조직보다 나은 활동을 수행할 수 있다. 이것이 조직의 독특한 능력(distinctive competence)이며 경쟁력을 만드는 요소가 된다.

■ 가 치

가치(Value)는 조직이 생산하는 제품과 서비스가 창출하는 가치창출력을 말한다. 동일한 품질에서는 낮은 가격이 더 많은 가치를 창출하며, 동일한 가격이라면 뛰어난 품질이 더 많은 가치를 창출한다. 조직은 높은 품질로 생산하거나, 낮은 가격으로 생산할 때 경쟁력을 갖게 된다. 제품과 서비스의 가격이 비싸더라도 소비자의 요구를 만족시킨다면, 여전히 품질면에서 가치가 있는 것이다.

■ 비모방성

비모방성(Difficult to imitate)은 다른 조직이 자원과 과정을 흉내를 내거나 복사하지 못할 때 조직의 경쟁력은 지속된다. 비모방성은 내부자원의 법률적 보호나 관리적 원칙, 좋은 조직문화 등에서 찾아볼 수 있으며, 조직은 중요하지 않은 정보를 공개하는 방법을 통해 조직의 독특한 능력을 다른 조직이 모방해 낼 수 없도록 하고 있다.

경쟁전략은 독특하고, 가치 있고, 모방하기 어려운 조직관행을 형성해야 성공할 수 있다. 다음으로 이러한 전략변화를 관리할 수 있도록 지원하는 구체적인 경쟁전략으로는 통합적 변화전략과 인수합병 전략이 있다.

(1) 통합적 전략변화

통합적 전략변화(ISC, Integrated Strategic Change)는 환경과 조직의 전략적 지향사이를 조정하여 효과성을 향상시키는 과정이다. 과거의 통합적 전략변화는 전략실행에 필수적인 변화과정이나 인적지원 이슈에 관한 관심은 소홀하였다. 전통적인 전략과정에서는 조직의 강점과 약점을 위기와 기회에 비교하여 전략을 형성했다. 따라서 중간관리자와 일반구성원은 직무변경, 새롭게 수립된 목표 등으로 조직의 전략을 알게 된다. 결과적으로 구성원은 전략형성 과정에 참여가 제한되어 목표달성을 위한 주도적 역할은 낮아진다는 단점이 있다.

통합적 전략변화는 전통적 전략과정과 달리 매우 참여적인 과정으로, 다음 세 가지의 주요 특징이 있다.

■ 조직의 전략적 지향

초점이 되는 분석의 단위조직의 전략적 지향으로, 이는 조직설계를 포함하는 개념이다. 전략과 조직설계는 함께 고려한다.

■ 통합된 과정으로 수행

전략을 수립하고, 동의를 얻고, 계획을 세우고, 실천하는 것이 통합적 과정으로 수행되는데, 이를 빠르고 효율적으로 반복할 수 있는 능력이 지속적인 경쟁우위가 된다.

■ 구성원의 동반참여

구성원과 조직의 각 부문이 분석, 계획, 실행과정에 참여하면 더 실현가능한 계획을 설정하고, 전략적 초점을 유지하고, 핵심능력에 자원을 집중하고, 높은 주인의식으로 참여를 촉진시킬 수 있다.

통합적 전략변화의 적용은 전략분석, 전략선택, 변화과정 선택, 변화과정 실행의 4단계로 이루어 지며 단계별 주요 요소는 <그림 8-1>과 같다.

그림 8-1 통합적 전략변화 과정

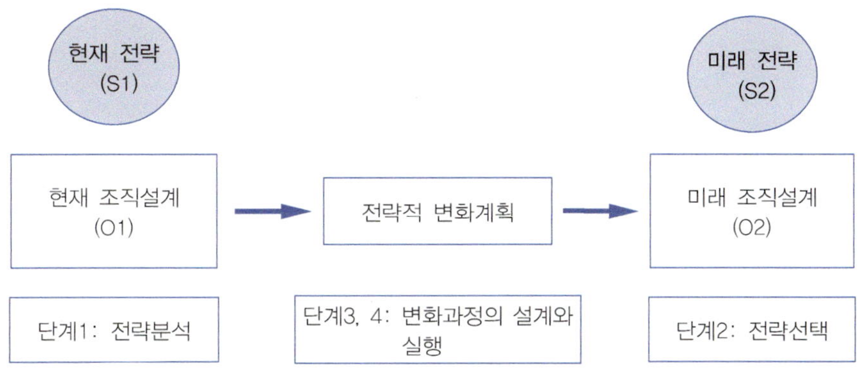

자료: Commings T. G., Worley C. G.(2016). Organization Development & Change, 10th ed., Cengage Learning.

1) 전략분석

통합적 전략변화 과정은 조직의 준비성, 현재의 전략과 조직설계를 진단해야 한다. 전략분석의 첫 번째 단계인 준비성은 전략변화에 대한 의지(willingness)와 능력(ability)의 정도를 의미한다. 만약 최고 경영층이 의지와 능력이 없다면 팀빌딩 과정을 통해 몰입을 촉진시켜야 한다. 두 번째 단계는 현재의 전략과 조직설계를 이해하고, 재무성과나 효과성, 산업에 대한 분석을 동시에 병행하는 것이다. 다음으로 현재의 성과수준 평가모델을 통해 전략적 지향의 성과를 기술한다. 조직설계는 구조, 직무, 정보 및 인적자원 시스템 등을 통해 살펴 볼 수 있고, 전략적 지향은 경쟁적 포지셔닝 모델, 다른 유형화 모델 등을 통해 살펴볼 수 있다. 한편으로 전략분석 과정에서 구성원의 적극적으로 참여하여 구성원의 몰입을 촉진시키고 주인의식을 높일 수 있다. 이를 통해 전략적 변화의 이유를 이해하고 지지할 수 있다.

2) 전략선택

기존 전략적 지향을 이해한 후, 미래 전략과 조직설계 등 새로운 전략적 지향을 설계해야 한다. 이 과정에서 다양한 구성원의 참여는 중요하지만 그 중에서도 최고 경영자의 역할이 가장 중요하다. 이 단계는 전략적 변화의 내용을 결정하는 과정이므로 특정전략을 지원하기 위한 구조와 과정을 명확히 할 뿐만 아니라, 특정 전략과 조직구조를 연계하는 것이 경쟁우위 달성의 중요 요소가 될 수 있음을 간과해서는 안 된다.

3) 변화과정 설계

조직이 현재에서 미래의 바람직한 방향으로 전략과 조직설계를 하는 것이다. 이는 변화활동의 유형, 스케쥴, 비용을 검토하고, 조직문화, 변화실행 능력 등을 구체화하는 것이다.

4) 변화과정 실행

전략적 변화계획을 실제적으로 실천하는 단계로, 동기부여, 집단역학, 변화과정 등을 중심적으로 다룬다. 실행과정에서는 조정, 적응, 팀워크, 조직학습 등을 다루고 상위관리자들의 역할이 중요하다. 실행과정에서는 예측하지 못한 사건이 발생할 수도 있고 새로운 기회가 생길수도 있으므로 이를 반영하여 계획을 잘 조정해야 한다.

(2) 인수합병

인수합병(M&A : Mergers and Acquisitions)은 두 개의 조직을 결합시키는 기법이다. 두 조직을 완전히 새로운 하나의 조직으로 통합하는 합병(merger)과, 다른 조직을 매수해 자신의 조직으로 결합하는 방법인 인수(acquisition)를 말한다. 인수합병은 두 조직을 결합할 때 적어도 하나의 조직은 소멸한다는 측면에서 전략적 제휴나 합작투자 등과 구별된다.

1) 인수합병을 하는 이유

조직이 다른 조직을 인수합병하는 데에는 다음과 같은 이유가 있다.[4)]

첫째, 글로벌 시장에 침투 및 기술, 자원을 획득하기 위한 것
둘째, 생산효율성, 혁신의 촉진, 혹은 자원공유의 이익을 성취를 위한 것
셋째, 다각화 또는 수직적 통합을 위한 것을 이유로 한다.

현대에서 인수합병은 조직성장과 전략적 변화를 신속하게 성취하는 좋은 방법으로 많은 조직에서 선호되고 있다.

인수합병은 빈번하게 이루어지고 있음에도 불구하고 그 성공가능성은 회의적으로 나타나고 있는데, 인수합병이 실패하는 이유는 다음과 같다.

① 상대방 회사에 대해 충분한 주의와 경계심을 기울이지 않는다.
② 확실한 전략적 근거가 결여되어 있다.
③ 인수합병을 통한 시너지 효과를 비현실적으로 높게 기대한다.
④ 인수합병의 거래를 성공시키기 위해 너무 큰 대가를 지불한다.
⑤ 두 회사 간의 기업문화 간의 갈등이 있다.
⑥ 인수합병 절차를 신속하게 이행하지 못한다.

인수합병 개입은 기업전략(corporate strategy)과 사업전략(business strategy)의 검토후에 결정된다. 기업전략이란 기업이 진출하는 사업의 범위를 명시하는 것이고, 사업전략이란 특정한 사업분야에서 경쟁할 수 있는 방법을 구체화 하는 것이다. 조직은 전사적인 조직적 목표를 조직혁신과 같은 내부적인 조직개발 방법으로 실행할 것인지, 아니면 인수합병과 같은 외부적인 접근방법으로 실행할 것인지를 결정해야 한다. 내부적인 조직개발 방법이 속도가 느리거나 전략적 제휴나 합작투자의 방법이 조직목표를 달성하는 데 필요한 핵심자원에 대한 충분한 통제를 제공해 주지못할 때에는 인수합병이 선호된다.

인수합병은 여러 가지 법률적인 문제와 재무적인 문제를 포함하는 전략적 변화를 초래한다. 조직개발 실행자는 법률문제와 재무분야를 비롯한 관련분야의 전문가들과 협력하여 문제해결을 모색하여야 한다.

표 8-1 인수합병에서의 주요단계와 활동

단 계	주요활동	조직개발 이슈
결합이전 단계	• 후보기업의 탐색과 선정 • 인수합병 팀구성 • 사업의 타당성 검토 • 대상기업의 평가 • 통합계획수립	• 후보기업의 문화적, 재무적, 기술적, 시설 등의 측면에서 평가 • 명확한 리더십 구조확립 • 전략적 비전, 경쟁전략, 시스템통합의 이점을 구체화 • 바람직한 조직구조의 구체화 • 통합의 실행계획 설정
법률적 결합단계	• 재무적 협상완료 • 모든 거래종결 • 인수합병의 공포	
운영적 결합단계	• 실행 첫날활동 • 조직적, 기술적 통합활동 • 문화적 통합활동	• 신속한 변화실행 • 커뮤니케이션 • 고객에 초점을 두고 함께 문제해결 • 추가적인 통합계획의 영역발굴을 위한 평가

자료: 이한룡(2004). 조직개발과 조직혁신, 도서출판 대명, p.417.

2) 인수합병의 실행단계

인수합병은 <표 8-1>에서 보는 바와 같이 결합이전 단계(precombination), 법률적 결합단계(legal combination), 운영적 결합단계(operational combination)의 세 가지 주요한 단계를 거쳐서 실행된다. 조직개발 실행자는 결합이전 단계와 운영적 결합단계에서 실질적인 공헌을 할 수 있다.

① 결합이전 단계

결합이전 단계는 인수합병을 통하여 성공적인 조직결합을 달성하기 위한 계획을 수립하는 단계이다. 인수합병을 통한 전략적인 변화를 주도하는 조직은 먼저 후보조직을 발굴하고, 그 조직과 협력하여 서로 상대에 대한 정보를 수집한 후, 인수합병의 실행 및 통합활동을 위한 계획을 수립하여야 한다. 이 단계에서 수행되는 주요활동은 다음과 같다.

■ 후보기업의 탐색과 선정

이 단계에서는 후보기업들을 심사하고 그 대상을 좁혀 나가기 위한 평가기준의 개발, 일차선택 후보기업에 대한 합의, 법적규제 준수여부의 심사, 최초의 접촉과 의향서(a letter of intent)를 공식적으로 작성하는 것 등의 과정이 포함된다. 후보기업의 리더십, 경영관리 특성, 시장에 접근하기위한 자원, 기술적 혹은 재무적인 역량, 물적설비 등의 기준을 통하여 대상기업을 선택할 수 있다.

또한 조직개발 컨설턴트는 대상 기업선택에서 기술적, 재무적 관리적, 조직적, 문화적 요소를 모두 포함하는 평가기준을 사용하도록 함으로써 인수합병 기업에 도움을 줄 수 있다. 대부분 이 단계에서 주주가치 극대화를 위한 재무적인 이슈가 더 많은 관심을 가지기도 하지만 문화적인 문제와 조직적인 문제에 주의를 기울이지 않으면 운영적 결합단계에서 오히려 주주가치를 감소시키는 결과를 가져올 수도 있다.

■ 인수합병 팀구성

인수합병을 추진하기로 최초의 합의가 이루어지면, 각각의 최고 경영자는 인수합병 팀을 구성한다. 인수합병 팀은 기업평가, 기술, 조직, 마케팅 분야의 전문가로 구성되며, 인수합병의 타당성검토, 대상기업의 평가, 그리고 인수합병에 의한 통합계획 수립 등을 수행한다. 조직개발 컨설턴트는 팀구축이나 과정자문 기법과 같은 인간적 과정개입을 통하여 인수합병 팀의 형성을 촉진하고 인수합병 팀이 분명한 목표와 행동전략을 수립하도록 도와준다. 또한 인수합병 팀이 분명한 리더십을 발휘할 수 있도록 지원하며, 적절한 지식과 능력을 활용할 수 있도록 하며, 양 조직의 담담자가 조직 적절히 대표하도록 도움을 제공한다. 인수합병 팀의 업무수행에 대하여 책임을 지는 사람은 인수(acquisition)의 경우에는 인수조직에서 파견된 사람이 인수팀의 리더가 된다. 합병(merger)의 경우 합병팀을 리드할 한 사람을 결정하기는 것은 어려운 일이 될 수도 있지만 반드시 선정되어야 팀을 이끌어 갈 리더십을 확보할 수 있다.

■ 인수합병의 타당성 검토

이 단계에서는 두 개의 조직이 개별적인 활동을 하는 것보다는 결합하여 활동하는 것이 더 큰 경쟁우위를 확보한다는 것을 검토하는 단계이다. 두 조직이 결합했을 때 전략적 비전, 경쟁전략, 그리고 시스템의 통합이 이루어졌을 때 이점을 구체화하여 결합했을 때의 경쟁우위를 충분히 검토한다. 만일 인수합병이 사업적 이점이 전략적, 재무적, 그리고 운영적인 측면에서 없다면 인수합병은 재검토되거나 중단되거나 다른 후보기업을 찾아야 한다.

인수합병은 전략적 비전이란 두 조직의 강점이 결합되어 새로운 조직에서 달성할 수 있을 것으로 기대되는 성공적인 미래상을 말한다.

인수합병의 경쟁전략은 두 조직의 결합으로 생긴 새로운 조직의 강점, 차별화 등의 경쟁수단을 말한다. 경쟁전략을 미리 검토하는 목적은 인수합병에 임하는 조직이 단순히 '두 조직이 인수합병하는 것으로 시너지효과를 거둘 수 있다'와 같은 추상적인 것과 같은 것을 초월하여 인수합병의 효과를 구체적으로 검토하는 데 있다.

■ 대상기업의 평가

이 단계는 인수합병에 임하고 있는 조직들이 보유하고 있을 것으로 평가되고 있는 관리적, 기술적, 재무적 자원들이 실제로 보유하고 있는지를 평가하는 단계이다. 여기에는 상대조직의 정관, 스톡옵션 플랜, 조직도 등에 대한 포괄적인 검토가 포함된다. 평가과정에서 몰랐거나 불리한 정보가 발견되면 인수합병은 더 이상 진척되지 못하고 중단될 수도 있다.

전통적으로는 기업의 재무적인 부분이 강조되는 경향이 있었지만, 최근에는 문화적 요소를 중요한 측면으로 고려되고 있다. 이것은 인수합병 후에 두 조직간의 문화적인 충돌로 인하여 기대되었던 재무적인 이익이 하락될 수도 있다는 것에 따른 것이다. 인수합병 대상

기업의 평가는 후보기업에 대한 지식, 그 기업이 속한 산업의 복잡성, 인수합병 거래의 상대적 규모와 위험, 인수합병을 위한 가용자원 등을 고려해 결정된다.

이러한 평가활동들은 인수합병 후에 나타날 새로운 조직의 비전과 가치를 상징적으로 반영하여야 한다. 하지만 지나치게 세밀한 평가활동은 인수합병 거래의 초기에 이루어 지는 상호신뢰와 호의성을 침해할 수 있으므로 상당한 주의가 필요하다. 이 단계에서는 치밀한 계획을 수립하여 세심하게 추진하여야 인수합병으로 인한 시너지, 비용절감, 주주가치 개선 등의 목적을 달성할 수 있다.

■ 통합계획수립

이 단계에서는 인수합병 후에 두 조직이 어떻게 결합될 것인지를 구체적으로 명시하는 단계이다. 목합목표, 통합활동의 범위와 시기, 조직설계 기준, 인수합병후 최초의 활동개시일에 필요한 사항, 그리고 필요한 업무와 담당자를 정하는 것을 수행한다.

통합계획의 범위는 두 개의 조직이 어느정도로 하나의 조직으로 통합될 것인지에 따라 달라지게 된다. 어느 정도의 운영적 자율성이 보장되는 조직으로 운영될 것이라면, 인수합병 계획은 두 조직이 공통적으로 도입하여야 할 시스템만 명기하여도 되지만, 완정한 통합이 예정되어 있다면 광범위한 통합계획이 필요하다.

통합계획은 사업의 타당성 검토단계에서 시작되며 인수합병 후의 새로운 조직의 전략적 비전, 경쟁전략, 시스템통합 등을 정교하게 분석하여야 한다. 다음으로 합병통합 계획에는 새로운 조직을 설계하기 위한 계획이 포함되는 데, 새로운 조직의 구조, 보고체계, 인적자원관리 방침, 정보 및 통제시스템, 물류시스템, 작업설계, 고객지향 활동 등의 활동이 포함된다.

마지막으로, 인수합병의 실행을 위한 실천계획을 수립하는 것이다. 여기에는 인수합병을 실행하기 위한 과업, 의사결정의 권한과 책임 그리고 실행의 시기 등이 명시되어야 한다. 또한 실행과정에서 불가피하게 발생하는 갈등과 문제들을 처리하기 위한 방안도 세워야 한다.

② 법률적 결합단계

인수합병 단계의 법률적 단계는 인수합병의 법적 측면과 재무적 측면을 다루는 단계이다. 이 단계는 거래조건합의, 인수합병 규제기관에 거래사실을 등록하고 승인을 획득하는 것과 법적문서의 정리활동 등의 활동이 이루어 진다. 경우에 따라서는 조직개발 컨설턴트는 공정한 합의를 이끌어낼 수 있도록 조언을 할 수도 있지만, 대개의 경우 조직개발의 범위를 넘어서는 전문적인 지식이 필요하다.

③ 운영적 결합단계

운영적 결합단계는 합병통합 계획을 실행하는 단계이다. 실제로 운영적 결합단계에서는 상대조직에 대한 평가과정이 실행되고, 법적 결합단계가 진행되는 상당히 긴 시간동안 계속진행될 수도 있다.

■ 실행 첫날활동

이 단계에서는 인수합병이 계약에 따라 실행이 공식적으로 시작되었음을 공포하고 행동에 돌입하는 첫날의 활동을 말한다. 첫날 활동의 예로서 새로운 조직의 핵심임원들, 본사의 위치, 과업의 구조, 인적자원의 조정과 정리가 이루어 진다면 이에 대한 분야와 직능들을 공표하는 것을 들 수 있다. 인수합병을 주도하는 변화담당자는 구성원, 투자자, 합병계획과 그것이 가져올 조직변화의 건전성을 감시하는 관계기관에 양 조직의 결합이 전략적, 운영적 목적달성을 위해 바람직하다는 것을 보내는 방안에 주의를 기울여야 한다.

■ 운영적, 기술적 통합활동

전략적 목표, 비용절감 효과를 달성하기 위해 물적흐름, 조직구조의 변화, 작업설계, 절차 등을 실행하는 활동을 말한다. 조직의 로고를 바꾸는 것, 제복의 변경, 마케팅과 홍보의 활동변경 등을 모든 구성원들이 변경된 임금제도, 복리후생 제도와 같은 내부적인 프로세스를 명확히 이해하고, 예약 및 일정시스템, 가격시스템을 통합하는 것 등도 이 단계에서 중요한 활동이다. 이러한 활동들이 신속하게 실행되지 못할 경우 물류의 문제, 안전사고의 위험, 고객의 불만을 초래할 수 있다.

■ 문화적 통합활동

성공적인 조직결합을 달성하기 위해서 새로운 가치관과 행동규범을 구축하는 것을 말한다. 인수합병이 성공적으로 실행되면 새로운 조직의 기술적 측면과 문화적 측면이 동시에 해결되어야 한다.

문화적 통합활동이란 새로운 가치관 및 행동규범을 구축하기 위한 활동을 말한다. 운영적 결합단계를 관리하기 위한 방안은 다음과 같다.

첫째, 합병통합계획은 가능한 조기에, 신속히 실행되어야 한다. 인수합병은 재무적인 투기의 대상이 될 가능성이 많으며, 인수합병의 변화과정은 문화적 충돌과 정치적인 대립으로 어려움을 겪을 수 있으므로 실행을 통해 불필요한 방해요인 제거, 구성원에 대한 불확실성 감소, 구성원의 두려움 감소 등의 효과를 거둘 수 있다.

둘째, 인수합병의 통합활동은 주주, 규제기관, 고객, 그리고 조직구성원들을 포함하는 여러 이해관계자에게 통합활동이 분명하고 시기적절하게 전달되어야 한다. 인수합병은 미래에 대한 불확실성과 두려움이 생길 수 있는데, 이러한 두려움이 구성원에게 전달되면 생산성이 저하되고 구성원 간 협력을 기대하기 힘들다. 따라서 조직은 인수합병에 뒤따르는 모호성을 감소시키기 위하여 회사소식지, 인트라넷 게시판, 언론, 경영자와의 면담 등의 다양한 방법으로 구성원과 의사소통을 명확히 해야 한다.

셋째, 양 조직에서 온 구성원들은 통합 실행문제를 해결하고, 고객욕구를 충족시키기 위해 양 구성원이 함께 일하며 협력해야 한다. 이러한 활동을 통해 고객에게 더 나은 서비스를 제공한다면, 고객들도 합병을 통하여 이익과 만족의 증진될 수 있다는 확신을 가지고 새로운 조직을 지지하고 기대하게 될 것이다.

넷째, 조직은 계속적으로 인수합병 실행과정을 심사해서 이 과정에서 나타나는 문제점과 과제를 점검하고 평가해야 한다. 인수합병 과제를 평가하기 위한 항목은 다음과 같다.

- 사전에 계획했던 대로 비용절감 효과가 있는가?
- 결합조직이 새로운 전략, 기회를 공유하고 실행하고 있는가?
- 핵심 인적자원을 상실하지 않고 새로운 조직이 기능수행을 잘하고 있는가?
- 통합과정은 공정하고 객관적으로 이루어진 것으로 인정받고 있는가?
- 새로운 조직은 효율적으로 업무를 수행하고 있는가?
- 이해관계자에 대한 중요문제를 간과하지는 않았는가?
- 합병과정이 일정계획대로 진행되고 있는가?
- 이해관계자가 상충하는 실질적인 쟁점이 해결되었는가?
- 구성원은 과거보다 더 동기부여되고 있는가?

2. 협력전략

조직은 내적자원을 관리하여 경쟁우위와 성과를 향상시킬 뿐만 아니라, 다른 조직과 협력하여 환경의 변화에 대응하여 변화의 압력을 극복할 수 있다. 변화하는 환경을 극복하기 위한 방법으로 다른 조직보다 경쟁적 우위를 점하기 위한 경쟁전략보다는 상호보완적 협력을 통해 시너지 효과를 창출하고자 하는 것이 협력전략이다. 그러나 오늘날에는 단순한 경쟁과 협력의 이분법적 형태로 이루어진 것이 아닌 경쟁과 협력이 동시적으로 발생하는 동태적 상호작용(dynamic interplay)관계로서 가치사슬(value chain)에서 업무별, 시장별, 제품 및 사업별 기준을 통해 다각적 관점으로 상기 상호작용을 이해해야 한다.

협력전략은 전략적 제휴와 네트워크를 포함하고 있으며, 전략적 제휴는 조인트벤처, 프랜차이즈, 장기계약으로 나누어 진다. 전략적 제휴는 각각의 조직의 자율적인 의사결정에는 일정한 제약이 될 수 있으나, 이를 능가하는 협력의 이점을 제공해 상호이익을 달성할 수 있다. 전략적 제휴의 이점은 위험분산, 규모의 경제, 자원의 상호보완, 시장진출 현지 국가의 내셔널리즘 시너지 효과를 들수가 있다. 네트워크는 연구개발 컨소시엄, 민관파트너십 등 다양한 형태로 나타나며, 세 개 이상의 조직이 복잡하고 다면적인 문제나 과제를 해결하기 위해 협력하는 방식이다.

협력전략은 두 조직 이상의 전략, 목표, 구조, 과정이 연계되어 상호 조정된다는 측면에서 경쟁전략과 근본적으로 다른 전략적 지향을 의미한다. 먼저, 협력전략의 이유를 살펴본 후 협력전략 유형인 제휴와 네트워크를 살펴보면 다음과 같다.

(1) 협력전략의 목적

더 많은 조직이 대립을 통한 경쟁우위보다는 다른 조직과 협력하여 연구개발 및 위험분산, 복잡한 문제해결, 규모의 경제달성, 국제적 시장에 진출하는 등 '협력의 논리'를 통한 상호이익을 달성하려고 한다.

협력전략은 한 조직이 감당하기에는 복잡하고 비용이 많이 드는 부문의 과업을 추진하는 데 사용된다. 원자재 구매, 마케팅과 유통, 전략적 계획 등이 이러한 내용에 해당된다. 협력전략을 위해서는 개별과업이 서로 조정되어야 하는데, 과업이 두 단위(개인, 부문, 조직) 사이에서 서로 교환되는 것을 '거래(transaction)'라고 부른다. 거래는 내부적으로 관리되거나, 조직 사이에서 관리될 수도 있다.

경제학자 또는 조직이론가들은 협력전략이 경쟁전략보다 유리하다는 것을 증명하기 위해 거래비용 이론과 대리인이론을 주장했다.

거래비용 이론이란 시장거래에는 필연적으로 다양한 거래비용이 존재하며, 기업조직 등의 경제적 제도들은 거래비용을 절약하기 위해 발전되었다고 보는 이론이다. 즉, 기업의 조직이나 형태는 결국 기업의 거래비용을 최소화하는 방향으로 결정된다는 것이다. 거래가 빈번히 발생되어 작업시간, 임률, 고용지위(투입변수), 세금(과정변수), 결과변수가 정기적으로 발생되고 법률에 의해 규정되면, 임금지급 업무를 외주화하며 협력전략이 잘 기능할 수 있다는 것이다.

대리인이론이란 대리인 관계에서는 대리인의 선호 혹은 관심사항과 주인의 그것이 일치하지 않거나 주인이 대리인에 비해 전문지식과 정보가 부족하기 때문에 대리인이 주인의 이익을 충실하게 대변하고 확보하지 못하는 대리인문제(agency problem)가 발생한다. 현재와 같이 조직이 수행해야하는 분야가 많은 경우에 독특한 사람, 장비, 기타 자산을 포함하는 거래가 발생될 때는 특정 부분에 대한 전문적인 지식과 정보를 가지고 있는 대리인의 전문적인 협력이 나은 방법일 수 있다.

공통의 목적을 위해 단일조직과 사회체계의 중간에 위치하는 다조직으로 구성된 단위로 결합하는 조직을 초조직시스템(transorganizational systems, TSs)이라고 부른다. 초조직시스템 내 개별조직이 독립성을 유지한다는 특징이 인수합병과의 차이점이라고 할 수 있다.[5)]

초조직시스템은 일반적인 조직과 다른 특징을 나타낸다. 조직간의 관계가 느슨하고(loosely coupled), 권한이 회원조직 사이에 분산되어 있고, 함께 업무를 수행하는 동안에 일시적으로 참여하여 회원이 된다. 하지만 초조직시스템에 참여하더라도 각 조직은 동기가 다르기 때문에 초조직시스템을 형성하고 관리하는 것이 용이하지는 않다.

(2) 전략적 제휴

전략적 제휴(alliance)는 두 조직이 자원을 공유 혹은 공동개발함으로써 공통의 목표를 달성하려는 공식적인 협약을 의미한다.[6)] 라이센스 계약, 프랜차이즈, 장기계약, 조인트벤처 등과 같이 둘 이상의 조직사이에서 이루어지는 협력적 노력을 포함한다.

프랜차이즈는 다른 독립적 조직과 가맹점 계약을 맺고 독립적인 조직이 브랜드명이나 노하우를 사용할 수 있도록 하고, 브랜드를 홍보하는 역할을 수행한다.

조인트벤처는 둘 이상의 조직이 새로운 조직을 만들고 공동으로 소유하는 형태로, 무역장벽을 극복하고, 국가간 기술의 이전을 촉진하는 효과가 있다.

일반적으로 효과적인 전략적 제휴는 전략의 수립, 파트너 선정, 구조화와 개시, 운영과 조정 등의 과정으로 전개된다.

1) 전략의 수립

전략적 제휴의 첫 번째 단계는 사업전략을 수립하는 것이다. 제휴가 실패하는 이유는 명확한 전략을 형성하지 않았기 때문이다. '조직이 가장 잘하고 있는 것(hedgehog conc ept : 고슴도치 개념)'에 맞추어 파트너를 선정해야 전략적 제휴가 성공할 수 있다. 조직이 자신의 능력, 경제적 상황 등을 잘 알고 있다면, 제휴는 조직의 전략을 지원하는 수단이 될 것이다.

따라서 협력의 논리(collaboration logic)에 따라 제휴를 추진하는 것이 중요하다. 내부적으로 역량을 개발하거나, 다른 조직을 인수합병하거나 거래관계를 통해 다른 조직으로부터 이점을 획득하는 것보다, 제휴는 훨씬 효과적으로 이러한 역량을 획득할 수 있는 방법이 될 수 있다.

2) 파트너 선정

전략적 제휴의 필요성이 명확해지면 적당한 파트너를 탐색하는 과정이 시작된다. 제휴를 통해 새로운 시장이나 새로운 역량에 대한 접근성을 높일 수 있는 이점이 있는 반면, 조직은 활동의 자율성이나 통제력을 부분적으로 양보해야 한다.

제휴파트너를 선정하기 위해서는 인수합병과 마찬가지로 선별기준의 마련, 후보기업의 선정, 후보기업에 대한 최초접촉, 그리고 의향서 작성 등의 과정의 순서를 거쳐 이루어 진다. 잠재적 제휴파트너 간의 유사성과 차이점을 적절히 가지고 있어 경쟁적 이점을 창출할 수 있는 파트너를 찾는 것이 중요하다.

3) 제휴의 구조화와 개시

제휴에 대한 합의가 종료되면, 파트너 간의 관계를 구조화하고 신뢰를 형성하는 방법이 중요한 관심사항이 된다.

첫째, 적합한 지배구조의 확립, 중·장기적 계약이나 적당한 투자규모 및 형태에 대한 합의가 이루어 져야 한다.

둘째, 제휴가 장기적으로 유지되고 성공하기 위해서는 '관계의 질'을 높여야 한다. 전략적 제휴는 단순히 제품, 서비스, 자원의 일회적인 교환을 의미하는 것이 아니므로, 미래에 지속적인 교환을 염두에 둔 관계형성이 중요하기 때문에 조직은 상호 신뢰를 구축하여야 한다. 제휴는 미래에도 교환이 계속될 것이라는 기대를 지닌 관계이므로 신뢰를 필요로 한다.

4) 운영과 조정

전략적 제휴가 본격화되면, 팀빌딩, 갈등해결, 대규모 개입, 직무설계, 구성원관여, 문화변화 등 모든 조직개발 방법을 적용하여 지원할 수 있다. 조직개발 실행자는 파트너들이 기여, 학습, 어떤 이점 등을 서로에게 명확히 밝힐 수 있도록 도와야 한다.

(3) 네트워크

네트워크는 오늘날과 같이 경쟁적이고 글로벌화 된 환경에서 세 조직이상이 공통의 목표를 향하여 서로 협력하는 형태이다. 민간부분에서는 연구개발 컨소시엄을 통해 위험을 분산하거나 필요한 자원을 공유하며 발전하기도 한다. 또한 공공부분에서는 정부와 기업이 파트너가 되어 복잡한 프로젝트를 수행하기도 한다.

여러 조직으로 구성된 다조직 네트워크가 발전하기 위해서는 첫째, 네트워크 내에서 참여조직의 역할과 관계를 명확히 이해해야 네트워크 조직을 형성할 수 있다. 둘째, 네트워크에서 형성되는 관계는 매우 복잡하고 다차원적이어서 단순히 네트워크가 가지고 있는 특성만으로 설명할 수 없는 다양한 특성을 나타내게 된다. 네트워크가 가지고 있는 다양하고 복잡한 조직간의 관계를 이해함으로서 전체시스템 조직들의 역할을 재정립해야 한다.

1) 네트워크 형성

조직개발 실행자는 네트워크의 형성 및 그 효과성을 높이는 계획적 조직변화 방법을 발전시켜 왔다.[7] 초조직개발이라고 하는 네트워크의 개발의 범위를 개념적으로 규명하면서, 네트워크처럼 과소 조직화된(underorganized)체계에 적합한 다음과 같은 계획적 변화 단계를 제시하였다.

그림 8-2 초조직개발의 응용단계

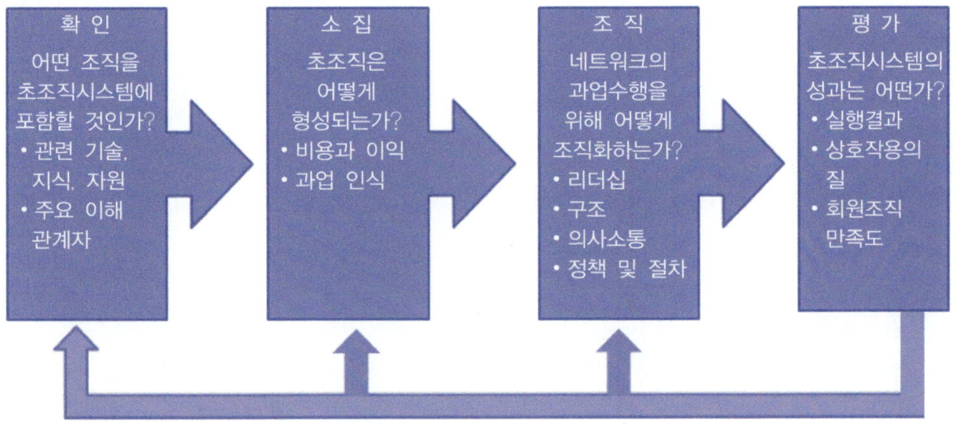

자료: Commings T. G., Worley C. G.(2016). Organization Development & Change, 10th ed., Cengage Learning, p.553.

① 확인단계

네트워크 개발의 확인단계는 집단적 목표를 달성하기에 가장 적합한 구성조직을 파악하는 것이다. 잠재적인 조직들을 찾는 것은 매우 어려운 일이다. 잠재적 조직들은 네트워크에 참여할 필요를 느끼지 못할 수도 있으며, 서로에 대하여 충분한 파악이 되지 않아서 참여를 주저할 수도 있다. 또한 상호간의 관계가 없을 수도 있으며, 참여를 위한 방법을 모를 수도 있다.

따라서 네트워크 형성은 그 가능성을 탐색하는 소수의 조직에 의해 수행되므로 조직개발 실행자는 목표를 명확히 하거나 조직의 자율성과 협력의 가치사이의 상쇄효과를 이해할 수 있도록 지원한다. 또 네트워크 회원조직이 지켜야 할 기준을 설정하고, 이러한 기준의 준수여부를 평가할 수 있도록 지원하고, 또한 가능한 회원사를 선정하여야 한다.

이 단계에서는 직면하면 어려움은 리더십을 확보하는 것이며, 조직개발 실행자는 참여조직이 의사결정을 적절히 수행할 수 있도록 리더집단 형성을 지원해야하고, 네트워크에 관련된 다양한 상호작용을 전개하는 것이 중요하다.

② 소집단계

잠재적인 네트워크 참여조직이 확인되면, 회원조직은 공통의 과업을 이해하고 참여동기가 높아지도록 함께 모여 네트워크의 실현가능 여부에 관하여 평가한다. 대면접촉을 통하여 네트워크에 참여하려는 동기를 제고하고 함께 해야할 활동들을 확인한다. 조직개발 실행자는 중립적인 입장에서 모든 잠재적 참여조직을 동등하게 대해야 한다. 실행자가 중립적일 때 네트워크 회원조직은 실행자와 정보를 공유하고, 실행자의 제안에 주의를 집중할 가능성이 높아진다.

소집단계가 성공적으로 마무리되고 조직화 단계로 나아가기 위해서는 참여조직들이 네트워크를 통해 해결하고자 하는 특정 문제를 포착할 수 있는 기회가 있고, 이를 위해서는 참여조직들 간의 상호의존이 필요하며, 공동의 노력을 통하여 긍정적인 결과를 얻을 수 있다는 긍정적인 결과를 얻을 수 있다는 것에 합의하여야 한다.

③ 조직화 단계

소집단계에서 네트워크를 만들기로 결정하면, 과업수행을 위하여 참여조직들을 조직화하는 단계가 시작된다. 네트워크에 포함되는 참여조직들이 수행하여야 하는 역할, 참여조직들 사이의 의사소통과 상호관계, 의사결정에 필요한 통제시스템, 성과를 통제하는 시스템도 구축한다. 조직개발 실행자는 네트워크의 경쟁적 이점을 정의하고, 그 목표를 달성하기 위해 어떤 지원조직이 필요한지에 대하여 조언한다.

④ 평가단계

평가단계는 네트워크가 어떻게 기능하고 있는지를 평가하는 것이다. 실행성과, 회원조직의 참여도, 만족도 등의 평가피드백을 통해 문제를 확인하고 해결방안을 모색한다. 조직개발 실행자는 인터뷰 및 설문서베이를 통해 성실행 결과와 네트워크의 특성을 다각도로 조사하고, 그 결과를 분석하여 피드백한다.

2) 네트워크 변화관리

새로운 네트워크를 개발하는 것과 동시에, 조직개발 실행자는 기존 네트워크의 변화를 촉진해야 한다. 조직네트워크는 매우 복잡한 시스템으로서 다음과 같은 특징을 가지고 있다.

① 초기조건의 작은 차이가 향후 네트워크의 발전에 지대한 영향을 미친다. 기존 네트워크의 형태와 구성, 즉 파트너 사이의 신뢰성, 선택된 조직의 성향과 특성, 조직화 방식 등이 향후변화의 의지와 역량에 핵심적인 역할을 한다.

② 네트워크에서는 부분의 속성과는 다른 새로운 속성이 나타난다. 부분속성과 그들간의 상호 작용법칙을 이해하는 것도 중요하지만, 네트워크가 가지는 전체의 속성을 파악하는 것이 중요하다. 따라서 시스템 사고나 복잡시스템을 전체적으로 이해하는

방법론이 적용될 필요가 있다.

③ 네트워크에 참여하는 조직들은 단순한 규칙에 따라 업무를 수행하고 의사결정을 내린다 하더라도 네트워크 전체에서 기대하지 못했던 다양한 결과가 형성된다.

네트워크와 같은 복잡한 시스템에서의 변화과정은 불안전성의 조성, 전환점(tipping point)관리, 자기조직화 등을 포함한다. 레윈(Lewin)의 변화과정 모델과 유사한 점은 해빙과정이 필요하다는 것이다. 시스템에서 변화과정은 전환점으로 급속한 변화가 일어나게 되고, 마지막으로 재동결되는 자기조직화 과정을 거치게 된다.

① 불안정 상태조성

네트워크에서 변화발생을 위해서는 회원조직 사이의 관계가 불안정한 상태에 있어야 한다. 네트워크 내에서 개별조직에 기대되는 역할인 '구조(structure)'와 불안정성을 야기하는 자기이해를 의미하는 '행동(agency)'에 대한 선호도에 의해 네트워크의 불안정성이 결정된다. 구조에 대비하여 행동의 비율이 증가하면, 네트워크의 불안정성이 커져 변화가 가능하게 된다.

조직개발 실행자는 커뮤니케이션 패턴을 변화시키거나 정보를 획득하는 주체를 변경하여 네트워크의 불안정성을 조장할 수 있다. 조직개발 실행자는 관계에 대한 진단을 통해 어떤 조직이 네트워크에서 필수적인지 파악할 수 있어야 한다.

② 전환점 관리

전환점(tipping point)이란 어떤 상황이 처음에는 미미하게 진행되다가 어느 순간 갑자기 모든 것이 급격하게 변하기 시작하는 극적인 순간을 뜻한다. 예를 들어 인기가 없던 제품이 어떤 일을 계기로 폭발적인 인기를 끌게되는 극적인 순간이 바로 이 경우이다.

불안정성이 변화의 기회를 제공하지만, 어떤 형태의 변화가 어떤 과정과 방향으로 발생할지가 결정된 것은 아니다. 조직개발 실행자가 네트워크의 변화를 촉진하는 방법으로는 다음과 같은 방법이 있다.

■ 소수의 법칙(the law of the few)

새로운 아이디어나 관행이 네트워크에 확산되는 것은 핵심역할을 수행하는 소수에 의해서 이루어 진다. 변화는 네트워크 내의 연결자(connectors), 전문가(mavens), 판매자(sale-speople)를 통해 신뢰를 얻어 실행가능하게 된다. 연결자, 전문가, 판매자가 활용할 수 있는 커뮤니케이션 채널을 만드는 것이 네트워크를 변화시키는 가장 중요한 요소이다. 조직개발 실행자는 특정 주제에 대한 전문가가 되어 새로운 네트워크 관행이나 새로운 관계방식, 혹은 새로운 정보시스템에 대한 객관적인 정보를 제공할 수 있다. 때로는 연결자가 되어 특정한 정보나 메시지를 전체 네트워크에 전파하는 것도 가능하다. 판매자로서 특정 아이디어를 열렬히 지지하는 역할을 수행할 수도 있다. 만약 조직개발 실행자가 중립성을 유지하는 것과 아이디어 챔피언으로서 변화를 일으키는 것이 상쇄(trade off)효과가 나타날 수 있는데, 이를 해결하려면 시스템 내부에 나타나는 가치문제와 이해갈등을 해결하는 정치력이 필요하다. 정치적인 감각을 통해 자신의 역할과 가치를 조정해 나갈 수 있다.

■ 강력한 인상(stickiness)

조직개발 실행자는 네트워크 회원조직이 구조, 형식, 정서적 내용, 실용성 등 작은 특성이지만 강력한 인상을 줄 수 있는 메시지를 개발하도록 도울 수 있다. 또 메시지의 전체적인 구조를 다양하게 바꾸어 보는 것도 좋다.

■ 상황의 힘(power of context)

마지막으로 전달되는 메시지는 네트워크 참여조직에게 적합한 의미를 가지고 있어야 한다. 따라서 조직개발 실행자는 참여조직들이 네트워크의 현재 상황을 이해하고, 회원조직이 시기적절한 시기에 적합한 메시지로 커뮤니케이션을 할 수 있도록 지원해야 한다.

③ 자기 조직화의 활용

네트워크는 자기 조직화(self-organizing)의 경향이 있으므로 조직개발 실행자는 이를 활용하여 재동결 변화를 달성해야 한다. 네트워크내에 변화가 발생되면, 그것을 제도화하기 위한 다양한 방법을 활용한다. 자기 조직화의 활용이 네트워크의 안정화에 도움이 되며, 개별조직들도 자기의 이익만을 추구하지 않고 전체 네트워크의 변화를 위해 어떤 노력을 했는지에 대하여 서로 소통할 수 있다.

제2절 | 조직변혁과 조직문화 혁신

1. 조직변혁의 개념

(1) 조직변혁의 의의

기업이 환경변화에서 대응하여 생존하려면 전략적인 조직개발을 통하여 조직변화를 추구하여야 한다. 여기서 전략적이라함은 조직의 전략적인 경영을 말한다. 전략적 경영이란 기업의 구조와 과정의 조화를 유지하면서 환경변화에 탄력적으로 대응하여 기업의 비전을 효과적으로 달성함에 있어서 경쟁우위적인 전략을 수립하고 집행해 나가는 경영체제를 말한다.

조직은 부단히 변화하는 환경속에서 존재하는 동태적 체제로서 도전을 극복하지 못하거나 또는 적응하는 노력을 경주하지 않으면 정체되거나 사멸하게 된다. 조직변혁에는 단순한 체제의 순화적 변화도 있고, 체제내의 부분적 변화도 있으며, 체제자체의 질적변화도 있다. 그런데 여기서 다루고자 하는 것은 계획적 변혁(planned change)을 말한다. 계획적 조직변혁이란 조직을 어떤 상태에서 보다 나은 바람직한 상태로 의도적 · 인위적으로 변경하는 것을 말한다. 또한 조직의 변혁에 관해서 연구할 때 주의해야 할 점은 조직의 변화가 조직의 지속성과 안정성을 유지하여야 한다는 것이다. 대부분의 조직은 대규모의 변혁적 조직변화를 실시하여야 할 자극을 받기전에 생존에 심각한 위협을 경험하거나 예상되어야만 이루어진다.[8] 이러한 위협은 환경과 내부의 급격한 변화가 기존의 조직전략이나 설계를 시대에 뒤떨어진 낡은 것으로 만들때나 가능하다. 이러한 붕괴는 현재의 조직설계를 위협하게 되거나 높은 성과를 지속할 가능성을 위협하게 된다. 대규모의 조직변화는 다음의 세 가지의 붕괴에 대응하기 위하여 일어나게 된다.[9]

① 산업의 비연속성 : 산업내에서 경쟁의 기반을 흔드는 법적, 정치적, 경제적, 기술적 조건의 급격한 변화

② 제품수명 주기의 변화 : 다양한 사업전략과 비즈니스 모델을 원하는 제품수명주기의 변화

③ 회사내부의 급격한 변화 : 규모, 포트폴리오 전략, 경영진의 이직 등의 변화

환경적 요구에 의해 나타난 조직변혁이란 환경에 대한 조직의 적응수준을 변화시키고 종업원의 내부적 행동형태를 변화시켜서 조직의 유효성을 높이고, 유지 · 성장 · 발전시키려하는 과정이라고 할 수 있다. 계획적 조직변혁은 조직의 변화를 오래하기 위해 개인이든 조직이든 변화담당자가 의식적으로 또 계속적으로 변화를 기획(design), 설계(project), 이행(implement)하는 것으로 당연히 목표지향적이며 동태적인 성격을 갖게된다는 측면에서 자연적 변혁과 차이를 나타낸다. 계획적 변혁과 자연적 변혁의 차이를 살펴보면 다음과 같다.

표 8-2 계획적 변혁과 자연적 변혁의 차이

계획적 변혁	자연적 변혁
1. 동태적 2. 계획적 3. 목표지향적 4. 사전적 5. 전략적 6. 의도적	1. 수동적 2. 우연적 3. 과정지향적 4. 사후적 5. 실증적, 경험적 6. 적응적

(2) 조직변혁의 목적

조직변혁은 조직의 여러 분야에 있어서 조직의 현 상태와 조직이 바라는 상태와의 사이에 존재하는 간격이 인식될 때 일어나는 것으로, 조직변혁이 목적하는 바는 조직을 보다 유효하고 보다 능률적이며 구성원들이 보다 만족스럽게 일할 수 있는 곳으로 만드는 것이다. 다시 말하면 조직변혁의 목표는 조직의 유효성 향상, 즉 생산성 향상과 유지를 들 수 있는데 더 구체적으로는 조직성과, 모티베이션, 협동, 커뮤니케이션 향상과 근태율, 이직률, 갈등의 감소 등을 말한다.

따라서 조직변혁은 조직이 목표달성 및 유효성 증대를 위해서 과거의 경험 및 조직의 내외환경에 대한 이해의 바탕위에서 사전적(predetermined), 의도적(desired), 전략적(strategic), 동태적(dynamic)으로 변화를 설계, 기획하는 것으로 볼 수 있다.

(3) 조직변혁의 특성

계획적 조직변혁의 개념속에는 다음과 같은 몇 가지 특성이 포함되어 있다.

첫째, 계획적 조직변혁은 계획적(planned), 의도적(intended)이며 목표지향적(goal oriented) 성격을 띠고 있다.

둘째, 계획적 조직변혁은 동태적(dynamic), 즉 조직의 내적요인과 환경적 요인이 복잡하게 작용하는 동태적 과정을 고려한다.

셋째, 계획적 조직변혁은 저항이 따른다. 조직변혁은 인위적으로 현상을 탈피하고 변화를 유도하므로 저항이 따르게 마련이다.

넷째, 계획적 조직변혁은 조직의 구조적, 기술적, 행동적 측면의 변혁에 중점을 둔다.

다섯째, 계획적 조직변혁의 중요한 대상변수는 과업, 인간, 구조, 기술 등 조직과 관련된 모든 측면에 걸친다.

(4) 조직변혁의 방향

조직에 있어서 변혁의 방향은 기본적으로 조직의 유효성도 높이면서 성원의 참여를 중시하는 데 있다. 조직의 유효성은 성원의 창의와 참여를 바탕으로 할 때 더욱 바람직한 결과를 얻을 수 있기 때문이다. 조직변혁을 통한 신조직의 조직구축의 방향은 <표 8-3>과 같다.

표 8-3 조직변혁의 방향

영 역	구 조직	신 조직
1. 사 람	재정적 자본이 사람보다 중요(구성원에 대한 감시, 감독, 체제)	사람을 통한 품질, 서비스, 대응력 제고가 자본보다 더 중요(구성원의 참여 및 몰입 중시)
2. 국제화	부수적 활동	핵심적 활동
3. 조직형태	스탭 중심적, 계층적	라인 중심적 : 사업팀/과업팀/소집단, 분권화
4. 최고경영자	구성원과 거리유지, 분석적, 중앙집권적 전략수립	최고경영자가 가치관 설정, 하부에서 전략개발
5. 생 산	양(量)중심, 긴공정, 자동화가 사람보다 더 중요시됨	질(質)중심, 유연하고 짧은 공정
6. 마케팅	대중시장, 대중광고, 시장조사 기간이 장기간 소요	분할된 시장을 상대로 새로운 용도를 중심으로 속도를 중시
7. 혁 신	집권적 연구개발, 대형 프로젝트 중심	모든 분야가 혁신의 핵심 분야임

(5) 조직변혁의 과정

조직변혁을 개발하고 수행하는 과정에는 <그림 8-3>과 같이 중요한 6단계를 거쳐서

그림 8-3 조직변혁의 과정과 내용

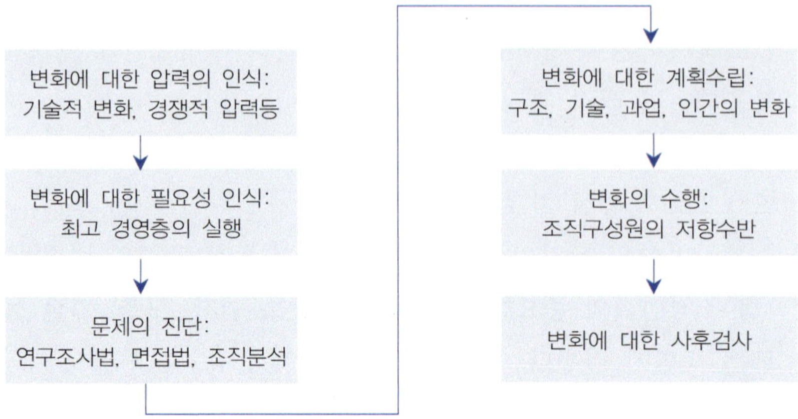

서서히 이루어진다. 조직변혁의 과정과 내용은 다음과 같다.

① 변화에 대한 압력의 인식

조직변혁은 조직의 내적·외적 환경에 대한 압력의 예고 또는 반응에 따라 수행된다. 인간·기술·정보처리와 커뮤니케이션, 경쟁의 변화를 조직변혁에 대한 압력요인으로는 들고있는데 구체적인 내용은 <표 8-4>와 같다.[10)]

표 8-4 조직변혁의 압력요인

내 용	인 간	기 술	정보처리와 커뮤니케이션	경 쟁
구체적 사항	유아출산의 퇴조, 고령인구, 신진세대 가치관	우주공간 공장건설, 지능로봇	인공지능 컴퓨터, 통신위성 커뮤니케이션, 화상회의	범세계적 시장구조, 국가 블록화 및 신생국가 출현

자료: Griffin R. W., Moorhead G., Johnson B. H. and Chonko L. B., The Empirical Dimensionality of the Job Characteristic Inventory, Academy of Management Journal Vol. 23 No. 4 pp.772~ 777.

② 변화에 대한 필요성 인식

변화에 대한 경영자의 인식과 변화에 대한 그 필요성의 수용태도이다.

③ 문제의 진단

문제에 대한 근본적 원인을 분석, 확인하여 적절한 변화를 계획하고 수행할 수 있도록 한다.

④ **변화에 대한 계획**

무엇을(what), 언제(when), 어떻게(how) 변화시킬 것인가에 대한 해결책과 관련된다.

⑤ **변화의 수행**

변화수행의 단계에서는 조직내에 있는 구조, 과업, 기술, 인간을 재조직화하거나 OJT 훈련계획과 조직구성원의 저항을 수반하는데 이러한 저항의 종류에는 태업, 작업으로부터의 이탈, 이유는 불평불만, 생산성의 감소와 같은 형태의 저항 등이 정기적으로 나타나게 된다거나, 생산지연과 같이 저항이 뚜렷한 것도 있고 아프다는 핑계로 작업에 참여하지 않는 음성적인 저항도 있다.

⑥ **변화에 대한 사후검사**

성과, 태도의 향상과 같은 면에서 목표가 설정되어져야 하지만 변화를 계속적으로 개선할 수 있는 정도가 평가될 수 있다는 점을 의미한다.

2. 조직문화 혁신

(1) 조직문화의 정의

문화란 사회를 구성하고 있는 모든 사람들이 공통적으로 지니고 있는 가치관과 신념, 이념, 관습, 그리고 지식과 기술 등을 총칭하는 것으로서 그 문화권에 속한 인간의 행동에 영향을 끼치는 법칙들에 대한 가장 거시적인 개념이다. 따라서 문화란 한 사회를 형성하고 나서 그 사회를 유지, 발전시키기 위하여 사회구성원의 행동과 의식을 통합하고 조정하는 종합요소라 할 수 있다.

인간이 태어나 특정 환경에서 성장하면서 나름대로의 태도, 가치관, 행동유형을 가꾸어 가듯이 기업조직도 특정의 기업환경 속에서 적응하고 발전하는 동안에 구성원 중 대다수가 공유하게 되는 기본신념이나 가치관, 행동규범, 관습 등 일종의 집합적 의지(collective will)를 취득하게 된다. 이와 같이 외부환경에의 적응과 내부구성원의 통합이라는 중요한 기능을 수행하고 있는 것이 조직문화(organizational culture)이다. 조직문화란 용어를 처음 사용한 것으로 알려져 있는 페티그루(A. M. Pettigrew)는 조직문화를 '조직이 가지고 있는 상징, 언어, 이념, 의식, 전통 등의 총체적 개념의 원천'이라고 정의하고 있다. 샤인(E. H.

Shein)은 문화란 '한 집단이 외적인 적응과 내적인 통합의 문제를 극복하기 위해 학습해 나가면서 발견되고 개발된 일련의 기본적인 전제유형(a pattern of a basic assumption)이며, 그것은 이들 제문제에 관련하여 충분히 타당하고, 그래서 새로운 구성원에게 지각하고 생각하고 또한 느낄 수 있는 옳은 방법을 가르치는 것'으로 설명하고 있다.

그는 조직문화란 '외부환경에 적응하고 조직내부를 통합하는 문제를 해결하는 과정에서 특정 집단이 고안하고 개발한 기본 믿음들로, 이것은 오랫동안 구성원들 사이에서 아무런 의심없이 당연한 것으로 받아들여지고 새로운 구성원들에게는 조직의 대·내외 문제를 해결하는 방법으로 학습되어지는 것'으로 보고 있다. 그밖의 많은 학자들이 다양한 형태로 조직문화의 개념을 설명하고 있으며, 이상의 정의를 종합해 볼 때 조직문화란 '외부환경에 적응하고 조직내부를 통합하는 문제를 해결하는 과정이 반복되면서 구성원들 사이에 당연한 것으로 받아들여지는 기본적인 믿음으로서, 구성원들의 가치관, 태도, 행동에 영향을 주는 기본적인 가정(basic assumption)'으로 정의할 수 있다.

(2) 조직문화의 중요성

최근에 들어와서 조직문화에 대한 연구가 급증하고 있고, 각 기업마다 조직문화 운동이 활발히 진행되고 있는 이유는 조직문화가 그 특성과 강도에 의해서 기업의 효과성이 결정된다고 믿고 있기 때문인데, 조직문화가 기업경영에 있어서 미치는 영향은 다음과 같다.

첫째, 조직문화는 기업의 전략수행에 영향을 미친다. 즉, 기업이 비전 및 환경변화에 부합되는 바람직한 전략을 수립하였다 할지라도 그 전략을 수행함에 있어서 기존의 문화와 전혀 다른 가치관이나 행동양식, 작업방식 등을 요구하는 경우에는 그 전략의 성공적인 실행을 기대하기는 어렵다. 따라서 경영전략을 수립하는 경우에는 사전에 반드시 조직문화에 대한 분석이 필요하며, 기존의 조직문화와 상이한 경영전략을 수행하고자 하는 경우에는 조직문화의 변화에 대한 시도가 병행되어야 한다.

둘째, 합병 또는 다각화를 시도하는 경우에는 문화적 요소를 고려하여야 한다. 합병이나 다각화는 환경, 기술, 생산방식, 업무수행 방법 등에 있어서 기존의 틀을 깨기를 요구하게 되며, 그 과정에서 종업원들의 변화에 대한 갈등이나 저항 등 부작용을 겪게 된다. 따라서 합병이나 다각화를 시도하는 경우에는 사전에 변화에 대한 구성원들의 적용능력 및 분위기의 조성여부를 파악하는 것이 중요하다.

셋째, 조직문화는 조직내의 집단간 갈등에 영향을 미친다. 모든 조직은 하위집단별로 하위문화가 자연스럽게 형성되며, 집단간 하위문화의 이질성이 기업내에 반드시 존재하게 마련이다. 따라서 집단간 문화의 이질성을 통합할 수 있는 공통의 조직문화가 존재하지 않는 경우에는 문화적 특성의 차이로 인하여 집단간 심한 갈등이 발생하게 된다.

넷째, 조직문화는 의사소통에 영향을 미친다. 동일 기업내에서도 집단간 문화적 이질성이 큰 경우에는 어떤 상황에 대한 해석하는 방식과 지각내용이 차이를 가져오고 효율적인 의사소통이 어려워지게 된다.

다섯째, 조직문화는 생산성에 영향을 미친다. 기업내 구성원들의 개인적인 가치관과 조직이 추구하는 가치관 사이에 차이가 큰 경우에는 구성원들의 조직몰입도가 떨어지고 궁극적으로 생산성 저하를 초래하게 된다.

(3) 조직문화 혁신

1) 조직문화 혁신의 필요성

조직문화는 앞에서 언급한 바와 같이 기업이 지향하는 목표에 대하여 구성원들에게 공통된 가치를 부여함으로써 일체감을 조성하고, 단결을 유도하며, 궁극적으로 조직의 높은 성과를 이끌어 내는데 기여하게 된다. 특히 바람직하고 긍정적인 조직문화는 조직이 높은 성과를 보이고 있을 때보다 어려움에 처해있을 때 큰힘을 발휘하게 된다. 그러나 조직이 아무리 긍정적인 조직문화를 가지고 있다 하더라도 그 문화요소가 영원히 긍정적일 수 없다는 데 문제가 있다. 즉, 한 조직에서 영원무궁한 최고의 이상적인 문화가 없고 한 시점에서 긍정적인 문화가 어느 순간 부정적인 문화로 작용할 수 있다는 의미이며 조직문화 혁신의 필요성이 여기에 있는 것이다. 그러면 조직문화 혁신이 왜 필요한지 그 이유에 대하여 살펴보면 다음과 같다.

첫째, 조직의 환경의 변화가 새로운 기업문화를 요구한다. 과거 산업사회의 경쟁력은 생산성과 낮은 원가의 실현에 있었다. 따라서 조직내 낭비요소를 줄이고 구성원들이 근검절약하는 가치를 공유하는 문화를 가진 기업이 긍정적인 조직문화로 작용해 기업의 높은 성과를 이루는 원천이 되었던 것이 사실이다. 그러나 지식사회에 들어와서 기업경쟁의 원천이 구성원 창의력과 기업의 혁신능력으로 바뀌면서 근검절약의 기업문화를 가진 기업보다 애플이나 3M과 같이 구성원들이 창의력과 혁신을 최고의 가치로 여기는 문화를 가진 기업이 훨씬 긍정적인 문화로서 작용하게 된다.

둘째, 기존 문화에의 집착은 우량기업을 쇠퇴시킨다. 1980년대에 전 세계적으로 선풍적 인기를 누렸던 베스트셀러의 저자인 피터스와 워터맨(Peters & Waterman)은 <우량기업의 조건(In Search of Exellence)>에서 초우량 기업이 가지고 있는 공통조건 8가지 중 하나로 강한 기업문화를 꼽은 바 있다. 그런데 아이러니하게도 연구대상으로 한 43개 초우량기업들 중 3분의 1이 5년이 지나지 않아 도산하거나 쇠락의 길로 접어들었는데, 그 이유는 과거의 성공에 너무 집착한 나머지 외부환경의 변화를 무시하고 도외시하였고 구성원의 의식도 과거의 기업문화에 억매여서 변화하지 않았기 때문이다.

셋째, 조직은 영위하고 있는 사업이나 제품의 수명주기에 따라서 문화가 변해야 한다. 예를 들어, 제품이 도입기나 성장기에 있는 기업의 경우 적극적인 시장개척, 마케팅 및 신제품 개발능력을 강화하여야 하는 만큼 창의적이고 도전적인 문화가 필요할 것이다. 그러나 시간이 흘러 제품이 성숙기에 접어들었을 때는 이익창출을 극대화하기 위해서 관리비용을 줄이고 근검절약하는 문화로 바뀌는 것이 바람직하다.

2) 조직문화 혁신 추진절차

조직내 문화를 혁신하고자 하는 경우 <그림 8-4>에서와 같이 조직문화진단, 혁신방안수립, 구성원에 대한 교육 및 홍보, 실천프로그램 개발, 실천 및 확산의 단계를 거치게

그림 8-4 조직문화 혁신 추진단계

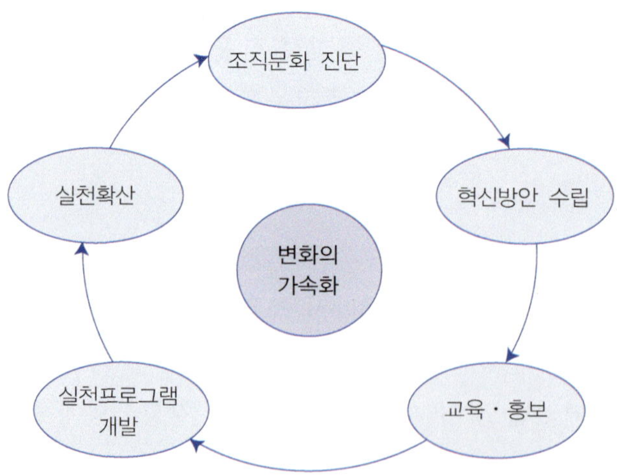

되며 각 단계를 간략히 살펴보기로 한다.

① 조직문화 진단

조직문화 진단은 조직문화의 혁신을 위한 첫 번째 단계로서 현재 조직이 가지고 있는 문화유형은 무엇인가, 그 문화적 특성이 조직성과에 긍정적인가 아니면 부정적인가, 긍정적 · 부정적 문화에 영향을 미치는 요인은 어떤 요인이 있는가 등을 분석한다. 조직문화의 특성을 분석하는 방법에는 여러 가지 방법이 있으며, 대표적인 분석기법으로 5장에서 설명한 맥킨지의 7S 분석이나 이것을 요약, 정리한 모델로서 <그림 8-5>의 5I 분석기법이 활용된다.

그림 8-5 조직문화 분석을 위한 5I 모델

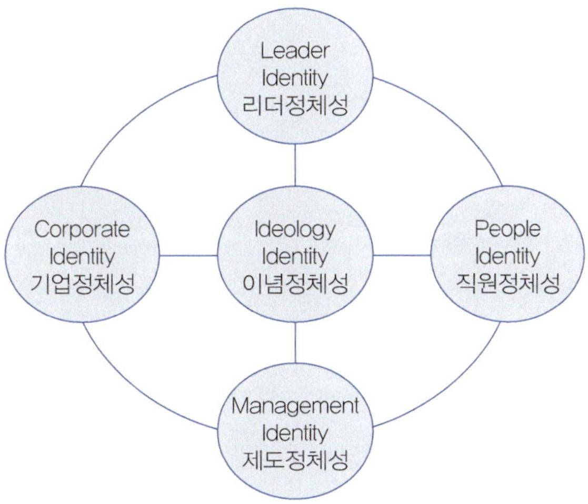

② 조직문화 혁신 방안수립

조직문화 진단을 통하여 조직문화의 부정적 특성 및 요인을 찾아냈다면 이를 극복하기 위한 방안을 수립한다. 여기에서 유의할 것은 한 조직문화의 특성이 7S 또는 5I 모델에서 알 수 있는 바와 같이, 한두 가지 요인에 의하여 결정되는 것이 아니라 다섯 또는 일곱 가지 구성요소 간에 서로 얽혀서 상호작용을 함으로써 결정된다는 사실이다. 따라서 조직문화 혁신방안을 수립하는 경우에는 문화혁신 지향목표를 분명히 한 다음 이를 달성하기 위한 개별조직 문화구성 요소별 개선방안을 수립하여야 한다. 예를 들어, 보수적인 조직문화 특성을 가진 한 기업이 혁신지향적인 문화로 바꾸려고 한다고 하자. 그러면 5I 모델에서의 다섯 가지 요소를 혁신이라는 일관적인 방향으로 바뀌어야 한다. 예를 들어, 기업의 경영이념을 혁신으로 바꾸고, 대외적인 표방도 혁신을 공표하며, 내부적으로는 경영자와 구성원의 의식을 혁신지향적으로 바뀌도록 교육을 강화하며, 인사제도도 혁신을 최고의 가치로해서 이를 실현하는 구성원들에게 보상하는 방향으로 개선을 함으로써 조직문화의 다섯 가지 요소 모두 혁신적 방향으로 바꾸어 주어야 한다.

③ 구성원 교육 및 홍보

조직문화 혁신방안이 수립되었으면 교육 및 홍보를 통하여 조직문화 혁신의 필요성과 구체적인 혁신방안을 구성원들에게 알린다. 조직문화의 혁신방안에는 경영자의 경영이념, 대외적으로 표방하는 가치, 직원의 공유가치, 인사제도 혁신방안이 포함되어 있어야 하며, 혁신방안을 실행하는 경우 일부 구성원의 기득권을 침해할 수도 있어 실천 중 저항이 발생하기도 한다. 따라서 혁신방안에 대하여 구성원들의 적극적 지지를 이끌어내고 기득권 침해자들의 저항을 줄이기 위하여 교육 및 홍보는 필수적이다.

④ 실천프로그램 개발

조직문화 혁신에 대하여 직원들의 수용도가 높아지면 혁신방안시 수립해 놓았던 조직문화 구성요소별 혁신방안을 구체화하기 위한 실천프로그램을 개발하여야 한다. 예를 들어, 한 기업이 창의적 문화를 창출하기 위해서는 인사제도 혁신방안으로서 제안마일리지 제도를 실시하거나 3M에서 실시하고 있는 혁신 문화창출을 위한 인사제도(예로서 15% 규칙 : 개인시간의 15%까지를 원하는 프로젝트에 자유롭게 사용해도 됨)를 도입하는 등의 조직문화 혁신을 위한 구체적 실천프로그램을 개발한다.

⑤ 혁신프로그램 실천 및 확산

조직문화 혁신프로그램의 개발을 마쳤으면 프로그램별로 단계별 이행계획을 수립한 후 이행계획에 맞춰 이를 실행에 옮기도록 한다. 혁신프로그램을 실천하는 방법에는 특정 부문이나 특정 부서를 시범적으로 실시하고 이를 전부서로 확산해 가는 방법과 전부서 및 전 구성원을 대상으로 일시에 실시하는 전사적 방법이 있는데 어느 방법을 적용할 것인가는 실천프로그램의 특성과 각각의 방법의 장·단점 및 효과를 비교, 분석하여 결정한다.

대한항공, '델타'와 손잡는다…LCC 맞선 대형항공사간 협력

대한항공이 미국 델타항공과 태평양 노선을 공동운영하기로 했다. 저비용항공사(LCC)들이 국내선과 단거리 국제선의 장악력을 확대한데 맞서 장거리 경쟁력을 강화하려는 전략으로 풀이된다.

대한항공은 29일 그랜드하얏트인천 호텔에서 조양호 한진그룹 회장과 조원태 대한항공 사장, 에드 바스티안 델타항공 최고 경영자(CEO) 등이 만나 조인트 벤처운영에 관한 양해각서(MOU)를 체결했다고 밝혔다.

항공사간 '결혼'에 비유하기도 하는 조인트 벤처는 별도의 회사를 설립하는 것은 아니지만, 두 업체가 모든 일정을 공유해 한 회사처럼 공동으로 영업을 한 뒤 수익과 비용을 나누는 최고 수준의 결합이다. 특정 항공편의 일부좌석을 제휴사에 위탁판매하는 코드쉐어나 마일리지와 라운지, 체크인 카운터를 공유하면서 코드쉐어를 하는 얼라이언스(항공동맹)보다 높은 단계의 협력인 셈이다. 대한항공은 델타항공과 미주 250여개 도시, 아시아 80여개 도시를 이같은 방식으로 연결할 계획이다. 회사측 관계자는 "세부내용을 협상해 정식계약 체결과 정부인가까지 거친 뒤 본격적인 조인트 벤처운영에 나설 것"이라며 "두 항공사가 노선을 공유해 항공일정의 선택폭이 넓어지면 환승할 수 있는 연결편이 늘어나고, 합리적인 값에 항공편 구매도 가능해진다"고 전했다.

세계 항공시장에서 이같은 공동경영은 2009년 미주~유럽 간 대서양 노선에서 시작돼 이미 보편화됐다. 이는 2000년대 초반 미국과 유럽에서 잇따라 생겨난 저비용항공사(LCC)들이 싼 값을 경쟁력으로 근거리 노선을 확대한 것과 맞물려 있다. 대형항공사들은 LCC와 차별화된 장거리 · 환승노선 확보가 절실해졌고, 다른 나라 대형항공사와 조인트 벤처를 통한 일부노선의 공동경영으로 추가노선을 늘린 것이다.

델타항공은 대한항공 외에도 에어프랑스 · 알이탈리아 · KLM 등과 대서양 미주~유럽노선을, 버진오스트레일리아와 미주 대양주 노선을 공유해 운영 중이다. 일본 대형항공사들도 2011년 조인트 벤처를 통한 협력이 도입돼 일본항공은 아메리칸항공과, 전일본공수는 유나이티드와 손을 잡았다.

한국 역시 6개로 늘어난 LCC가 국내선에서 절반이상의 점유율을 가져갔고 일본과 동남아 등 단거리 노선에서 영향력을 높이고 있는 상황이다. 이에 따라 대한항공과 아시아나항공은 장거리 신규노선을 확보해 신규취항하는 한편 친환경 차세대 대형항공기 도입경쟁도 벌이고 있다.

경향신문 2017. 3. 29

제 9 장

인간관계 과정개입

학습목표

1. 바람직한 인간관계 개선을 위한 행동의 변화방안을 수립할 수 있다.
2. 효과적인 인간관계를 형성방안을 설명할 수 있다.
3. 조직내 최고의 성과를 달성할 수 있는 팀 조직활성화 방법을 알아본다.

스트로크 결핍(영화 second chance)

22개월 된 수잔은 병원입원 당시 체중 6.75㎏, 신장 71㎝로 미국 유아의 평균치에 비해 체중은 5개월, 신장은 10개월 된 아이에 불과했다. 물론 걷지도 못했고 '예, 예'하는 말조차 할 수 없을 정도였다. 더구나 누군가가 가까이 다가가면 울어버리고 포옹하거나 어루만지는 것도 싫어했다. 여러 가지 검사를 해 보았지만 수잔의 신체에는 아무이상도 없었다. 의학적으로는 도무지 발육부진의 원인을 찾을 수가 없었고 의사는 당혹스러워 했다.

그런데 엉뚱한 곳에 원인이 있었다. 수잔이 입원해 있는 3주동안 부모가 한 번도 면회를 오지않았고, 이를 이상히 여긴 병원관계자가 수잔의 부모를 방문하면서 밝혀졌다. 수잔의 부모는 젊은 학생부부로 뜻하지 않게 태어난 수잔을 몹시 귀찮아 했고 거의 보살피지도 않았다. 더구나 수잔의 엄마는 "우리애는 반항적이라 안아주는 것도 싫어해요. 그냥 놔두는 것을 제일 좋아해요. 그리고 사실은 난 우리 애가 싫어요. 더 이상 우리애를 보살필 자신이 없어요"라고 했다.

이런 면담결과를 토대로 병원에서는 수잔의 병명을 모성애정결핍증후군이라 결론내리고 발육부진의 원인을 부모로부터의 스트로크 결핍으로 보았다. 그래서 의사는 전담간호사를 배정하여 수잔의 부모역할을 하게 하였다.

간호사는 하루에 6시간 동안 수시로 포옹을 하기도 하고 눈을 마주치기도 하면서 정신적·신체적 스트로크를 계속해서 주었으며 병원의 스태프들도 수잔에게 될 수 있는 대로 스트로크를 주려고 애썼다. 수주일이 지난 후 수잔은 더 이상 사람이 가까이 다가가는 것을 싫어하지 않게 되었고, 오히려 조금씩 반응도 나타내기 시작했다. 또한 체중도 2.7㎏나 늘었고 신장도 5㎝나 커졌다. 운동기능과 정서도 놀라울 만큼 발달하여 의사표현도 할 수 있게 되었고, 모르는 사람이나 낯선 물건에도 흥미를 보이게 되었다. 그리고 몇 달 후 수잔은 혼자서 병원을 걸어나갈 수 있었다.

자료: 문화와 커뮤니케이션, 양춘희 외, 북코리아, 2009. pp. 162-163

조직이 성장과정을 거치면서 겪게 되는 조직내외의 갈등은 조직성장 과정이 필수적으로 발생한다. 이러한 갈등은 적절한 긴장과 경쟁을 통하여 조직의 발전에 기여하기도 하지만 심각한 갈등은 조직의 성장에 많은 문제를 야기한다. 따라서 조직은 이를 극복하지 못하면 심한 성장통을 겪게되고 이로 인하여 많은 손실을 겪게 된다. 조직개발에서 인간관계과정개입(Human Process Interventions)은 조직안에서 사람들이 조직목표를 성취해가는 과정에 초점을 맞추는 개인기법이다.[1] 인간관계 개입에는 커뮤니케이션과, 문제해결, 진단의사결정, 그리고 리더십 등의 과정을 포함한다.

이 기법은 주로 대인관계와 집단의 역동성에서 발생하는 문제를 개선하려는 변화프로그램과 집단간 관계나 조직이나 부문전체에 초점을 두는 변화 프로그램으로 나눌 수 있다.

대인관계와 집단의 역동성에서 발생하는 문제는 감수성 훈련, 교류분석, 팀구축의 기법이 포함되고, 집단간이나 조직전체 관계에서 나타나는 문제는 조직대면회의, 집단간 관계, 대집단개입, 관리격자 조직개발(grid OD) 관계기법 등이 포함된다.

따라서 인간관계 과정개입에서는 대인관계와 집단의 역동성에서 발생하는 문제인 감수성 훈련, 교류분석, 팀빌딩 기법에 대하여 살펴보도록 하겠다.

제1절 | 감수성 훈련

1. 감수성 훈련개요

(1) 감수성 훈련의 의미

감수성 훈련은 MIT집단 연구소의 사회심리학자인 레윈(Kurt Lewin)에 의해 1946년 개발된 것으로 인종편견을 없애기 위한 훈련으로 시작되어, 리더십 훈련에서도 중시되었으며, 현재는 상담원 훈련, 종교훈련, 기업체에서 태도변화를 위한 산업훈련, 그외 인간관계 향상을 위한 각종 훈련에 사용되고 있다. 처음에 강의식기법, 사회적 기술양성기법, T(training)－집단기법 등을 사용하였던 감수성 훈련은 점차 T－집단(T－group)이라는 이름으로 널리 사용되었다. 여기서 'T'는 인간관계 내에서의 훈련(training in human relation)을 의미하며, 1960년대 중에서 로저스(Carl Rogers)가 만들어낸 참 만남집단(encounter group)의 이름으로 사용되어 왔다.[2)]

감수성 훈련은 소집단 모임의 상호작용을 통하여 인간관계에 대한 이해와 기술을 향상시키고자 하는 사회성 훈련기법이다. 감수성 훈련의 기본적인 의도는 훈련참가자들이 자신들의 감정과 그 감정이 상대방에 미치는 영향, 그리고 집단상호 작용과정의 역학을 보다 잘 이해하게 만들어 결국 인간관계를 향상시키고자 하는 것이다.

로빈스(Robbins)는 "감수성 훈련은 비조직적 소집단을 활용하여 행동의 개선을 유도하는 대인관계 증진기법으로 실험실 훈련, T-집단이다."라고 정의하고 있다. 감수성 훈련이란 나와 타인 그리고 상호관계에서 나타나는 감정과 마음의 흐름을 예민하게 감지하고 적절히 반응함으로써 자기자신의 내면세계에 대한 보다 정확한 인식과 조화를 기하고 마음과 감정의 교류를 체험적으로 학습하는 일종의 '정서교육'이라고 할 수 있다. 즉, 상호작용을 강화하고 체험을 통해 자신과 타인을 깨닫게 하는 만남의 훈련이요 대화의 훈련이다.[3)]

(2) 감수성 훈련의 목표

감수성 훈련활동은 자기의 발견과 타인의 이해를 기본으로 바람직한 인간관계 개선과 행동의 변화를 그 목표로 하고 있다. 즉 자신의 생각, 느낌, 관점, 행동 등의 특징에 대해 눈뜨게 하고, 다른 사람들이 모든 점에서 자기와 같지 않은 독자적 존재임을 알게 하며 자기와 타인과의 관계, 의사소통의 현상, 집단의 형성과 발전 등에 관심을 갖게 한다.

(3) 감수성 훈련특징

감수성 훈련의 특징은 지도자가 지식적인 전수, 설명, 교훈 등으로 집단구성원을 교육하지 않으며, 지식보다는 생각을, 생각보다는 느낌을 소중하게 다루고 표현하도록 장려한다. 또한 과거보다는 이 순간을, 저기보다는 바로 여기에 모든 초점과 주의를 기울이고, 집단구성원 상호간의 반응에 대해 판단과 평가적 발언을 자제하고 존중과 공감수용의 자세를 유지시켜 나간다. 이렇게 하여 감수성 훈련에 참가한 집단구성원들은 처음에 다소 어색함과 주저함을 보이다가 조금씩 집단지도자를 따라 개방을 시도하고 반응을 드러내는 용기를 보인다. 이들은 안전감과 자유감이 증대됨에 따라 심리적 방어로부터 해빙으로, 다시 바람직한 정서의 재수립과정으로 이어지는 하나의 단기적 집단체험 과정을 거치게 된다.

그러므로 이런 제대로 된 감수성 훈련과정을 위해서는 고도의 물리적 환경과 시간이 절대적으로 필요하며 집단구성원들의 심리내적인 요구와 집단지도자의 전문자적 지도력이 잘 발휘되어 조화롭게 상호작용할 수 있는 분위기가 조성되어야 한다.

감수성 훈련은 다른 훈련들과 어떤 차이를 보이며 어떤 특징을 가지고 있는지를 정리해 보면 다음과 같다.[4)]

1) 실험실 학습

감수성 훈련은 가상의 실험실을 만드는 것으로부터 시작한다. 현실과는 다른 조건의 실험실을 만들어 놓고, 체험을 통해서 그 동안 살아가면서 구축해 놓은 자신의 삶의 경험을 통하여 구축해 놓은 사고의 체계, 정서의 체계, 행동의 체계 등을 다시 한 번 다른 관점에서 바라보는 것을 시도한다. 우리가 살아가는 현실과는 다른 조건의 실험실을 만들기 위해서는 훈련에 임하는 사람들이 지켜야 할 약속들이 필요하다. 다음은 감수성 훈련을 하면서 필요한 대표적인 약속들이다.

2) 체험학습

감수성 훈련은 체험학습으로 진행된다. 기존의 대인관계 교육방식과 많은 차이를 보이게 되는 데 그 차이는 다음과 같다.

사람들은 살아가면서 각자 체험을 한다. 그리고 이러한 체험을 통해 어떠한 일이 일어나는지를 관찰한다. 자기안에서 일어나는 정서적 반응을 관찰하고, 내면에서 일어나는 인지적 변화를 관찰한다. 그 결과로 나타나는 행동을 관찰하며, 그 행동에 대한 외부의 반응 등을 관찰한다. 이러한 관찰의 결과로 나름대로의 자기만의 가설을 세우고, 그 가설이 맞는지를 실험하게 된다. 이러한 경험의 순환을 통하여 자신이 살아가는데 필요하다고 생각

표 9-1 감수성 훈련과 기존 대인교육과의 차이점

	기존의 대인관계 교육방식	감수성 훈련의 교육방식
목 표	지식 및 테크닉 습득	인간적인 성장
주 제	정해진 교재와 주제가 존재함	정해진 교재나 주제가 없음
형 태	대집단 중심	소집단 중심
내 용	객관적 사실, 과거나 미래의 문제	정서적 영역, 현재의 문제
학습방법	강의식, 주입식, 교사중심, 수동적	체험학습(느낌), 모든 참가자 중심, 자발적, 능동적
효 과	행동으로 전이되려면 많은 노력이 필요	실생활에 적용하는 전이능력 향상
분위기	강제적이고 규제적	허용적이고 안전함

하는 사고(인지), 정서(감정), 행동의 패턴을 만들어 간다. 그러나 이렇게 세운 가설이 모두 사실이 아니라는 것이다. 상황마다 다르고 사람마다 다른데도 불구하고 이렇게 경험을 통하여 축적된 사고는 쉽게 무너지지 않는다.

이러한 것들은 말로 가려져서 변화를 시킬 수 있는 것이 아니라, 기존에 가지고 있던 가설과 다른 체험을 통해 새로운 가설을 세우고 그 가설을 지지하는 경험을 몇번 반복하여야 수정, 변화시킬 수 있다. 진솔한 체험을 통하여 새로운 경험을 한다면 이전에 세워놓은 신념체계가 와해되어지는 경험을 할 수 있는데 이것이 바로 '해빙'이다.

강의식 학습은 원인과 결과를 알 수 있고, 자연현상에 대한 이해할 수 있는 지식이 축적되지만 사람마다 다른 반응에 대한 체험학습은 지혜를 축적시켜 준다.

3) 대인관계 능력의 향상

사람은 태어나면서 1차집단인 가정에서부터 대인관계를 경험한다. 인간이 성장에 따라서 가정뿐만 아니라 학교, 이웃, 직장, 사회 등에서 대인관계를 맺으면서 살아간다. 이렇게 대인관계를 맺으면서 살아가는 동안 필요한 대인관계 능력은 여러 가지이다. 우선 가장 중요한 것이 커뮤니케이션 능력이다. 커뮤니케이션은 인간의 생활을 영위하는 모든 것이 필연에 의하여 주어지는 것이 아니라, 커뮤니케이션을 하는 방법을 학습을 하고 이러한 학습의 과정을 통하여 인간의 행동양식으로 자라왔기에 인간의 심층을 이해하는 도구로서 작용한다.[5)]

따라서 커뮤니케이션은 사람을 이해하는 도구이며 사람과 사람 사이를 이어주는 수단이기에 커뮤니케이션 능력이 얼마나 있는가가 그 사람의 대인관계 능력을 측정할 수 있는 도구라고 할 수 있을 것이다. 커뮤니케이션 능력이란 크게 상대방의 말을 듣는 능력 즉, 경청의 능력과 상대방에게 말하는 능력 즉, 자기주장을 하거나, 칭찬을 하거나 지적을 함으로써 자신의 의도와 기분을 표현하는 능력이 필요하며, 필요에 따라서는 그 사람에게 영향을 미쳐서 그 사람을 변화시킬 수 있는 능력으로 나누어 볼 수 있다. 커뮤니케이션 능력은 인간관계를 형성하는 데 중요할 뿐만 아니라 의사결정능력, 문제해결능력 등 대인관계에 필요한 많은 능력들이 집단속에서 타인과의 역동속에서 모델링하고 체험하면서 습득되고 증진된다. 뿐만 아니라 훈련을 위한 집단을 구성하고 보면 많은 참여자들은 집단 안에서 자신이 먼저 경험했던 가족들과의 대상관계를 반복하고 있는 것을 발견하게 된다. 가족과 비슷한 특성을 가진 참여자들을 통하여 실제의 가족에게 해보지 못했던 언어적, 정서적, 행동적 표현을 해봄으로써 카타르시스를 경험하기도 하고 해빙이 일어나기도 한다. 그 과정을 통하여 정서적 재체험을 하면서 대인관계의 패턴이나 모습이 달라진다. 주눅들어 있던 모습에서 보다 적극적인 모습으로, 수동적인 모습에서 보다 적극적인 모습으로 변하기도 하면서 그 사람의 대인관계 능력을 증진시켜주는 계기를 마련해 준다.

4) 시행착오 학습

감수성 훈련이 시작되면 사람들은 그동안의 경험처럼 훈련을 잘하려고 하고 인정받고 사랑 받으려고 노력한다. 그래서 많은 사람들은 실수를 두려워하며, 시도를 하려고 하지 않는다. 그러면서 타인을 관찰하는 것만으로 자신이 변할 수 있다고 생각한다. 물론 관찰을 하는 것도 조금의 효과는 있을지 모른다. 하지만 관찰을 통하여 얻은 것은 지식으로만 남을뿐 내면화되지 않는다.

삶을 살아가는데 반드시 필요한 커뮤니케이션 기술이라든지 효율적인 의사결정, 문제해결 등은 관찰만으로 내면화되지 않는다. 많은 시행착오야말로 이러한 것들을 충분히 내면화시켜 주는데 도움을 준다. 그러므로 감수성 훈련에서는 이러한 실수나 시행착오를 비판하지 않고 오히려 권장한다.

(4) 감수성 훈련의 기대효과

감수성 훈련활동의 일반적인 기대효과는 자기성장 면에서 남의 말을 경청하고 자신의 감정을 있는 그대로 솔직하게 표현하며 타인의 감정을 이해하는 데 민감해 짐으로서 의사소통능력과 사회적 적응력이 신장된다는 점이다. 또한 무조건적인 존중과 공감수용의 안전하고 신뢰할 수 있는 집단풍토 안에서 자신의 긍정성을 발견하게 되고 자신감을 갖게 되어 자기안에 내재된 잠재적 능력과 자기실현의 가능성을 믿게 된다. 타인이해의 면에 있어서는 인간이 모두 독자적이고 개성적 존재임을 알게되고 남을 존중하고 수용하는 자세가 길러지며 바람직한 인간관계와 공동체의식에 눈뜨게 된다.

감수성 훈련은 다양한 부류의 다양한 성격을 가진 사람들이 직위, 성별, 학별, 지역 등 차이를 극복하고 수평적인 동등한 인격적 만남을 가질때 훈련의 효과는 증진된다.

2. 감수성 훈련의 조직개발 적용

(1) 감수성 훈련의 조직활용

T-집단을 중심으로 한 감수성 훈련은 15명 정도의 구성원과 1-2명의 지도자로 구성된 비교적 자유로운 소집단을 중심으로 시작된다. 소집단 모임은 정해진 주제나 방향없이 시작되어, 「지금-여기서」의 문제를 중심으로 모든 구성원 간의 자유로운 상호작용으로 발전된다. 구성원 사이의 자유로운 활동과 다양한 행동반응을 통하여 각자의 감정과 생각을 표현하고, 스스로를 관찰, 분석, 평가할 기회를 가지며, 새로운 행동을 실험해 보고, 서로에 대한 피드백을 주고 받도록 하는 것이다.

감수성 훈련과정에서 구성원들은 이야기의 내용도 경청하지만 집단이 운영되는 방식, 상호작용시의 분위기나 구성원들의 감정에 더욱 관심을 갖게 된다. 이 훈련과정에서 지도자는 자유로운 모임의 분위기를 조성하고 상호작용에 필요한 행동들의 모범을 보이며, 활발한 집단활동을 유지하는데 필요한 규준을 발전시키도록 자극하는 등 훈련의 전문적인 조력자로서의 역할을 담당하게 된다.

(2) 감수성 훈련프로그램 구성

1) 활동, 체험단계

주로 생각한 것을 쓰고, 그리고, 행동을 통해 만들어내는 자료생산 단계이다. 이 단계에서 학습은 참가자 각자에게 맡겨지게 된다. 체험학습이란 발견(귀납적)학습이며 학습될 내용을 미리 정확하게 규정지을 수 없다. 그래서 촉진자는 활동계획 수립에 막대한 힘을 쏟지만 그 결과에 대해서는 계획을 세울 수가 없다. 이 단계에서 과도한 자료가 생산되지 않도록 주의한다.

2) 발표단계

활동중에 각 개인이 생각하고 느끼고 행동한 점에 대해 발표하여 참가자의 경험을 집단에 이용하는 단계이다.

3) 상호작용단계(심화단계)

참가자들의 체험을 조직적으로 면밀히 검토하는 단계이다. 즉 참가자들이 발표한 활동 내용을 상호작용을 통해 재구성하는 집단역동의 장이다. 이 단계는 체험학습 순환모형의 주추돌에 해당된다. 이 단계는 다음단계로 넘어가기 전에 철저히 수행되어야 하며 참가자로 하여금 일반적인 의미면에서가 아니라 개별적이고 구체적인 상호작용면에서 일어난 감정과 느낌들을 검토하도록 장려되어야 한다.

4) 일반화 적용단계(종합정리단계)

일상적인 생활에서 의식을 가지고 적용할 수 있는 점에 초점을 두며 "그래서 실제생활에서 어떤 도움을 받을 수 있겠습니까?"라는 질문에 해당되는 단계이다. 이 단계가 소홀해지면 체험학습은 표면적인 것에 그치고 만다.

제3절 | 교류분석

1. 교류분석 개요

교류분석(Transactional Analysis: TA)은 1957년에 캐나다의 정신과 의사인 번(Eric Berne)에 의해 창안되었으며, '개인의 성장과 변화를 위한 체계적인 심리치료법이며 성격이론'이다. 교류분석은 프로이트(S. Freud)의 심리학에 기반을 두고 있는데, 이는 퍼스낼리티속의 행동을 조정・통제하는 세 가지 원천인 본능(id), 자아(ego), 초자아(super ego)를 그 근간으로 하고 있으며, 번이 개발하였고, 그 후로 해리스(T. A. Harris)가 발전시켰다. 교류분석은 인간의 퍼스낼리티에서 나타나는 많은 현상을 심리학에 특별한 지식과 훈련을 받지않은 사람도 이해하기 쉬운 언어로 바꾸었다. 즉, 교류분석에서 가장 많이 쓰이는 어버이(parent), 어른(adult), 아이(child), 게임(game), 각본(script) 등은 일상생활의 용어를 그대로 활용하고 있다.

교류분석 이론에서는 모든 사람은 여러 가지 측면에서 특성을 달리하는 어버이, 어른,

아이의 세 가지 자아상태를 가지고 있으며, 이 가운데 어느 하나의 입장에서 행동하고 다른 사람과 교류를 한다고 설명한다.[6)]

어버이(P), 어른(A), 아이(C)의 세 가지 개념은 각각 상태의 역할(role)을 의미한다기 보다는 심리적인 실재(psychological realities)를 의미하며, 어버이, 어른, 아이는 프로이트의 본능, 자아, 초자아와 같은 개념이 아니라, 일상적인 행동에서 나타나는 현상적 실재이다.[7)] 어버이, 어른, 아이는 생리적인 연령을 의미하는 것이 아니라 정신적인 연령(psychological age)을 의미한다.

결국 이 세 가지의 상태는 실재하는 인물, 사건, 장소 및 감정을 포함하는 과거의 요건이 개인내에 기록된 자료의 재생에 의해 나타나는데, 건전한 사람은 여러 부류의 다른 사람과의 관계에서도 균형이 잡힌 세 가지 자아상태를 유지한다. 교류분석은 개인자신보다는 집단속에서의 개인의 성장과 변화를 가져올 수 있도록 하고 있다.

2. 교류분석의 기본철학

① 교류분석의 특징은 이론이 쉬워 누구나 이해하기 쉽다. 심리상태를 표현하는 언어를 간단하고 생생한 어버이, 어른, 아이, 게임, 스트로크(stroke), 각본의 일상용어로 표현하고 있다.

② 교류분석의 철학은 인간의 긍정성(Ok－ness)을 적극적으로 확인하는 가치체계 위에 기초하고 있다. 이는 인간의 기본입장을 나타내는 자 · 타 긍정(I'm Ok－You're Ok)의 단순한 전이적 감정이 아니라, 인간존재에 대한 실존론적 서술로서 인간존재의 본래성(authenticity)의 회복을 의미한다.

③ 모든 인간은 자신을 생활, 감정, 행동 등에 책임을 져야하며 또 질 수 있다고 확신한다. 각 개인이 지니고 있는 긍정성으로 과거로부터 물려받은 부정성(Not Ok－ness)을 극복하고, 각본(script)에 의해 고정된 삶을 자발적인 자유와 책임으로 재결단에 이를 수 있다고 보며, 이를 통하여 인간성장을 이룰 수 있다.

④ 교류분석의 철학은 사고, 감정과 행동의 세 차원을 조화롭게 통합하는 것이다.[8)]

3. 교류분석의 기본구조

(1) 자아상태 개념

1) 자아상태의 정의

인간에게 일어나는 모든 사건은 뇌나 신경조직에 기록된다. 어린 시절의 모든 경험, 부모와의 관계, 사건의 인식, 이러한 사건과 관계된 감정, 기억속에 남아 있는 치명적인 손상 등은 녹화테이프처럼 오래도록 남아 있다. 이러한 경험이 다시 작동하면 그 당시의 기억과 경험을 회상할 수 있다. 이러한 기억과 경험을 담고 있는 저장소를 교류분석에서는 자아상태라고 한다. 자아상태는 크게 나누어 세 가지가 있고, 이것은 그때, 그 장소에 따라 다른 자아상태로 확실히 변화한다. 이것은 마음속의 에너지가 끊임없이 움직이고 있어 하나의 자아상태로 에너지가 집중한 때에 그 자아상태의 태도와 행동, 감정반응 등이 나타나는 것이다.

지금 당신이 교통사고(젊은이의 난폭운전)를 목격했다고 하자. 당신이라면 어떤 반응을 보일 것인가?

이 반응에는 다음과 같은 세 가지를 보일 것이다.

① "젊은이가 스포츠카 따위나 타고, 되어 먹지 않은 놈 같으니, 그렇지만 큰 부상이라도 없었으면 좋겠는데……."

이 말은 야단을 치면서도 헤아려 주는 기분을 나타내는 감정의 표현방법으로 어렸을 때부터 부모로부터 들어온 말과 비슷하다고 생각되는데, 이것을 부모라하여 P라고 기호화한다. 부모의 영향을 받고있는 부분을 말한다.

② "어떤 상태에서 사고를 냈을까? 부상자가 있는 듯한데, 구급차는 불렀을까?"

이와 같이 냉정하게 현장상황을 분석해서 적절한 행동을 취하는 반응으로 어른으로서 생각하는 나의 부분이다. 이것을 어른이라 부르며 A라고 기호화 한다. 현실적인 나라고 할 수 있을 것이다.

그림 9-1 자아상태의 도식

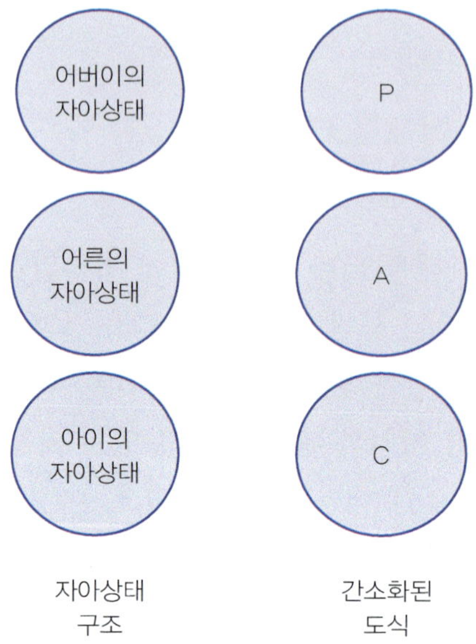

자료: 양춘희 외, 인간관계론, 삼영사, 2015.

③ "굉장하네, 이건 너무 화려하게 해낸거 아냐! 사고는 무서운데 무서워……."

이 말은 공연히 떠들어대는 제멋대로의 반응으로 어린이 같이 느끼는 대로 행동을 하는 부분이다. 이것을 어린이라 하며 C라고 기호화 한다.

즉, 누구의 마음속에도 '세 가지의 나'라는 것이 있는데, 이것을 자아상태라고 한다. 그리고 위의 예처럼 때와 경우에 따라 우리의 마음은 그 세 가지 중의 어떤 것이 강하게 반응을 일으키는 것이다.

2) 자아상태의 구체적 내용

① 어버이의 자아상태

사람이 P의 자아상태에 있을 때는 내려다보는 자세로 "밤새워 놀이를 하는 것은 못써!"라는 장면이나 상대방에 손을 내밀면서 "상당히 곤란한 것 같은데 좀 도와줄까…… "라는 투로 부모가 하는 바와 똑같이 야단을 치거나 원조를 한다.

즉, 인간이 가지고 있는 어버이와 같은 심리적 상태를 말한다. 어버이는 어린이의 행동에 모형을 제공한다. 어버이의 자아상태(parent ego state)는 유아기의 아버지, 어머니 또는 다른 양육자의 큰 사람(big people)에 관한 관찰의 기록에서 연유된다.[9] 언제나 돌보아 주었으며, 옳았고 자신에 비하여 우월하였다는 기억으로 요약된다. 따라서 어버이의 자아상태는 어버이처럼 '지시하고', '보살펴 주고'하는 어버이처럼 판단하고 생각하고 느끼고 행동하려는 경향이 있다.

② 어른의 자아상태

사람이 A의 자아상태로부터 심적에너지를 내고 있을때는 올바른 자세와 냉정한 태도로 "어떻게 하면 해결할 수 있을까, 어쨌든 확인해 보아야 겠다"고 사실에 입각한 판단에 논리적으로 일을 해결하고자 한다.

어른의 자아상태(adult ego state)는 현실을 객관적으로 다루려는 상태이며 논리적 사고와 합리적·비감정적 행동이 특징이다. 어른의 자아상태는 교육과 경험에 의해 학습되는 것으로 다른 자아상태를 통제하여 목표지향적인 행동을 하게 하며, 자신에 대하여도 비판적인 태도를 갖게 한다.

③ 아이의 자아상태

"야아, 이것 참 예쁜데! 그렇게 비싸! 놀랬다!"와 같이 느낀 바의 자기를 그대로 표현하거나, 한편 "그래 이번에는 져주지, 상대방이 나쁘니 ……"라고 자기본래의 감정을 누르며 조심성 있는 언행일 때에는 C의 에너지가 나오고 있는 것이다. 아이의 자아상태는 유아기적에 기억된 경험을 가지고 있는 상태(child ego state)를 말하며, 그 때의 기억처럼 생각하고 느끼는 것을 말한다.

표 9-2 자아상태 반응결과

구 분		표현과 행동
어버이의 자아상태 (P)	언어표현	~해야 한다, ~하지마, ~하지 않으면 안된다, 언제나, 결코, 질문하지마, 방해하지마, 좋은 아이로 있어라, 도와주겠다. 좋다, 나쁘다, 보기싫다, 아름답다, 예쁘다, 영리하다, 바보스럽다, 장난이다, 틀렸다, 혜택받은 사람, 돼먹지 않아 해 보아, 두려워하지마, 자 이리와, 괜찮겠지, 걱정하지 말고, 당신을 보살펴 주지
	행동/자세	손짓하며 비난한다, 손짓하며 위협한다, 등을 친다, 테이블을 두드린다, 눈을 위로 한 싫증난 얼굴, 발을 구르며 양손을 쥐며 참는다, 고개를 가로 흔든다, 고개를 세로로 흔들며 'ok'를 나타낸다, 양팔을 끼고 턱을 가라앉힌다, 얼굴을 위로 하고 내려다본다.
	어투/표정	징벌적, 비난적, 격려적, 지시적, 동정적, 조소적 불쾌한 얼굴, 커다란 목소리를 낸다, 용기를 북돋아 주고 수긍한다, 이마에 주름살을 짓는다, 이를 악 다문다, 동정적, 거만한 얼굴, 미소, 애정적….

어른의 자아상태 (A)	언어표현	어떻게, 언제, 누구, 무엇, 어디, 왜, 가능성, 결과는, 예, 아니요, 사실은 무엇인가, 이것은 실증되어 있지 않은 의견이다, 조사해 보자, 이제까지 무엇이 시정되었을까, 오후 9시 50분이다, 원리는 무엇인가, 이것을 시험해 보았는가, 비교해 보자, 원인을 찾자, 통계에 의하면 변경이 표현되어 있다, 회의는 금요일 오후 6시이다.
	행동/자세	똑바르고 굽어지지 않는 자세, 알맞은 높이의 눈으로 접촉, 손가락으로 무엇인가를 가리킨다. 피드백한다, 이해의 확인, 관심을 나타낸다.…….
	어투/표정	여분의 정서를 끼지않고 명쾌하게, 냉정, 직각적, 정보를 주거나 받거나 한다. 사려깊다. 주의깊게 관찰한다, 질문하려는, 신선한, 지금, 기민한 시선, 자신만만한 얼굴
아이의 자아상태 (C)	언어표현	무엇이, 이리와, 엄마, 안돼, 싫어, 줘, 몰라, 그러고 싶어, 나 예쁘죠, 자 날봐, 무서워, 살려줘, 아무도 나를 좋아하지 않아, 네가 나를 울린거야, 그이는 틀렸어, 내것이 네것보다 좋아, 집에 가고싶어, 놀자, 제기랄, 이런 귀찮은 일, 모두가 나를 좋아하면 좋겠어.
	행동/자세	의기소침, 신경질을 일으키고 뾰루퉁 한다, 즐거운 듯, 마음이 들떠 있는 모습, 창피한 듯이 우물쭈물한다, 손톱을 깨문다, 손을 들어 신호를 보낸다
	어투/표정	목청을 울리게 한다, 슬픈듯이 운다, 속인다, 달콤한 이야기, 허락을 받는다, 괴롭힌다, 약 올린다, 역정내고 가만히 있는다, 조소한다, 크게 웃는다, 흥분상태로, 큰 소리로 빠른 말을 한다.
	표 정	눈물진 눈초리, 볼멘 얼굴을 한다, 타인의 눈을 지켜본다, 눈을 내리깐다, 멍청하게 있다, 즐겁다, 흥분한 얼굴, 눈을 크게 뜬 얼굴, 슬픔 잠긴다.

그림 9-2 자아상태의 개요

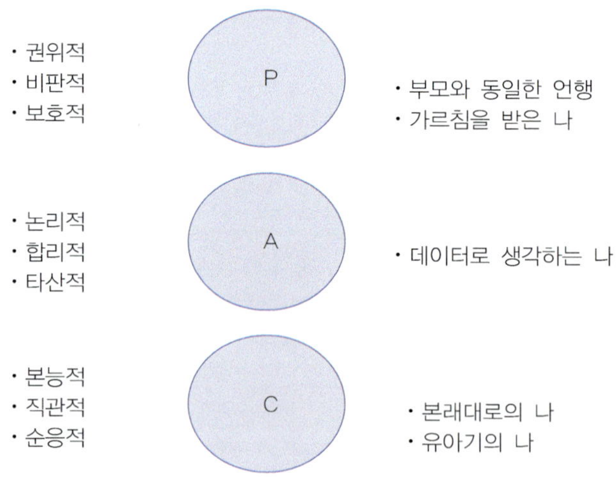

이러한 세 가지 자아상태의 반응결과를 요약하면 <표 9-2>, <그림 9-2>와 같이 나타낼 수 있다.

3) 자아상태의 흐름

어버이, 어른, 아이의 자아상태는 한 상태로 고정되어 있지 않으며 늘 유동적으로 움직인다. 이것은 자아상태의 간격을 '정신에너지'가 자유로이 통과할 수 있다는 것이다. 각 자아상태의 그림은 서로 간격이 떨어지거나, 서로 겹쳐서는 안 된다. 이는 각 자아상태의 간격은 심적(心的) 에너지가 유동적으로 흐른다는 것을 나타낸다. 즉, 인간의 자아상태는 언제나 한 상태에서만 고정되어 있는 것이 아니라, 상태, 장소, 상대방에 따라 유동적이다. 어느 한 순간에 나타나는 사람의 행동은 세 가지 자아가 유동적으로 움직이다가 한 상태가 밖으로 표출되는 것이다. 어떤 자아상태에서 행동이 발현되었는지에 따라서 때로는 어버이의 자아상태에서 행동이 발현되어 지원적인 행동(예: 보살핌, 보호함, 위로함, 용납함)이나 비판적인(critical) 행동(예: 비판함, 금지함, 교훈함, 비용납적임)을 나타나거나, 어른의 자아상태에서 행동이 발현되어 논리적이거나 합리적인 행동이 발현된다. 때로는 아이의 자아상태에서 행동이 발현되어 자유롭고(free) 자연스러운(natural) 행동(예: 호기심, 친밀함, 즐거운, 천진난만한, 공상・환상적임)이 있는데 이것을 자유로운 어린이 상태라(free child) 한다. 한편 어린이, 아이상태의 다른 한 유형은 상대에게 자신을 표출하지 않고 맹목적으로 의존하거나 순응하는(adaptive) 행동(예: 두려움, 잘따르는, 노여움, 반항적임)이 있는데, 이런 행동이 발현될 경우 의존적인 또는 순응하는 어린이 상태(adapted child)라고 한다.

(2) 자아상태의 구조분석

1) 자아상태 구조분석의 개념

자기이해를 하기 위해 세 개의 자아상태 P, A, C를 써서 자기자신의 여러 행동이나 태도를 분석하는 방법으로 '구조분석'을 사용한다.

사람은 일상생활의 특정장면에서 자아상태 P, A, C로 분석해 보면 어느 자아상태가 많이 사용되고, 어떤 것이 적은가를 알 수 있다. 구조분석(structuralanalysis)에 의해 스스로의 일반적인 경향을 알 수 있다.

표 9-3 자아상태 구조분석

어버이의 (P) 자아상태	
(통제적 P : CP)	(보호적 P : NP)
• 보스기질이 있다 • 질책한다 • 습관을 지킨다 • 분별한다 • 도덕적이다 • 비판한다 • 빈틈없고 꼼꼼하다 • 통제한다 • 정의감이 있다 • 보수적이다 • 권위를 중시한다 • 크고 굵은 소리를 낸다 • 지시, 명령을 엄격하다 • 예의바르다 • 규율을 지킨다 • 전통을 지키려 한다 • 동작이 활기차다 • 예의를 중시한다 • 압력을 가한다 • 엄격하다 • 선의를 분명히 한다 • 편견을 가진다 • 평가를 확실히 한다 • 압박한다	• 거들어 준다 • 잘 도와준다 • 위로한다 • 동정한다 • 지지적이다 • 양육적이다 • 잘 헤아린다 • 간섭한다 • 구원한다 • 용기를 북돋는다 • 귀여워 한다 • 칭찬한다 • 방임한다 • 자상하다 • 보호한다 • 마음을 쓴다 • 돌보아 준다 • 관대하다 • 격려한다 • 불쌍히 여긴다 • 뺨을 맞대고 비빈다 • 보살펴 준다 • 수긍한다 • 껴 안는다
어른의(A) 자아상태	
• 통계를 중시한다 • 안정된 느낌 • 컴퓨터적이다 • 무미건조하다 • 타산적이다 • 잘 깨닫는다 • 논리적이다 • 숫자에 밝다 • 어른다움을 느낌 • 냉담하다 • 차가운 인상 • 많이 생각한다 • 정보를 수집한다	• 이성적이다 • 현실적이다 • 사실에 따라 행동한다 • 계획을 세운다 • 신중하다 • 계산을 정확히 한다 • 냉정하다 • 현상을 분석한다 • 합리적이다 • 객관적인 행동 • 논리가 정연하다

어린이의(C) 자아상태	
(자유로운 C : FC)	(순응하는 C : AC)
• 재미있고 우습다	• 예의에 따른다
• 실컷 먹는다	• 상대방의 감정에 맞춘다
• 놀기 좋아한다	• 아첨한다
• 타인을 조작한다	• 의존적이다
• 내키는 대로 행동한다	• 순종한다
• 적극적이다	• 자기를 책망한다
• 충동적이다	• 영합한다
• 자기중심적 이다	• 마음이 비꼬인다
• 제멋대로이다	• 반항한다
• 창의성이 풍부하다	• 양보심이 많다
• 반발한다	• 자기를 불쌍히 여긴다
• 향락적이다	• 대결하지 않는다
• 적당주의다	• 순응하기 쉽다
• 본능적으로 행동한다	• 좋은 아이다
• 자발적이다	• 협조적이다
• 버릇없는 행동을 한다	• 타협한다
• 자유로이 감정표현을 한다	• 상대방의 말을 듣는다
• 루즈하다	• 자기기분을 억제한다
• 건방지다	• 발언을 삼간다
• 순간적으로 머리가 회전한다	• 얌전하다
• 직관적이다	• 참는다
• 호기심이 많다	• 솔직하다
• 천진난만하다	• 비판없이 신뢰한다
• 활발하다	• 한 사람의 마음대로 움직인다
• 자유로이 행동한다	• 감정을 억제한다

2) 구조분석의 해석

P, A, C의 세 자아상태 중 어떤 자아상태에 편향되어 있느냐에 따라 P주도형, A주도형, C주도형으로 나누어 볼 수 있다.

① P주도형

P주도형인 사람은 너무 융통성이 없고 성실하기 때문에 본래적 감정을 표현하지 못하여 인생을 즐기는 능력이 부족해 일 중독에 빠지기 쉽다. 부모 또는 양육자가 하는 방법으로 "이렇게 해야한다"든가 "저렇게 해야한다"는 등 이나 "이렇게 해준다"는 식의 언행이 많아 상대방에게는 C주도형이 되어 버릴 것이다.

② A주도형

A주도형은 현실적 자아가 지나쳐 타산적이 되기 쉬우며, 합리적이기는 하지만 인간미가 적으며 상대방도 A의 자아상태가 될 것이지만 약간 차가운 관계가 될지도 모른다.

③ C주도형

C주도형은 유아적 욕구가 강하며 현실적 자아(A)의 부족때문에 문제처리나 해결에 어두우며 이상적 자아(P)의 미발달 때문에 사회적응도 어려운 점이 많으며 감정이 우세하여 자기뜻대로 행동하거나 반대로 자기를 억제해서 상대방의 감정에 맞추려고 한다. 이런 사람을 대하는 상대방은 P로 접하는 일이 많아질 것이다.

구조분석을 하는 것은 세 자아상태의 분포를 통하여 일상생활에서의 언행을 개선하기 위해서 이다. 따라서 평상시 자기자신의 언행을 뒤돌아보아 P, A, C의 불균형을 조사하여 자아상태 개선의 단서를 잡고, 자아상태를 균형있게 하면 좀 더 발전된 삶을 영위할 수 있다.

그림 9-3 자아상태 편향의 예

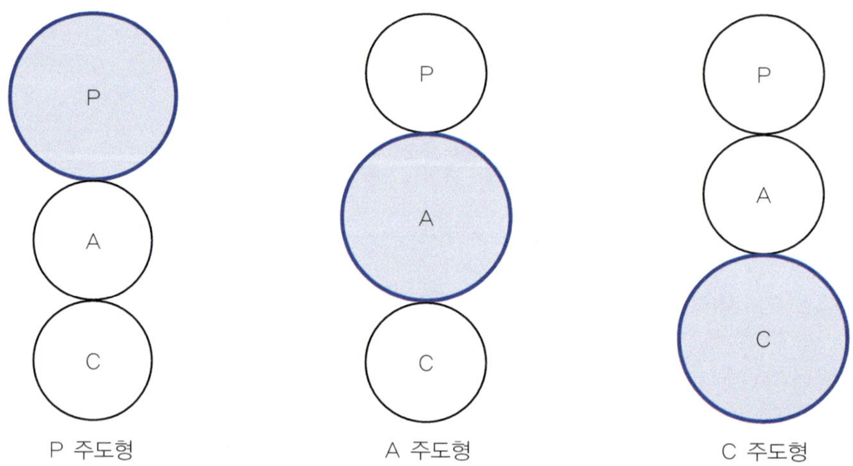

4. 교류분석을 통한 대화분석

(1) 대화분석의 정의

모든 사람은 타인과의 교류를 통하여 사회생활을 영위한다. 교류는 자극과 반응의 연속이므로 이 자극반응에 따라 잘 이루어지기도 하고 그렇지 못하기도 하다. 교류분석에서는 어떤 사람의 한 가지 자아상태에서 보내는 자극에 그 자극을 받은 사람의 한 가지 자아상태에서 반응이 되돌아오는 것을 대화라고 한다.

따라서 대화분석이란 어떻게 상호작용하는가, 즉 자극과 반응관계를 간결한 모양으로 분석하여 명확히 하는 것이다. 다시 말해 구조분석이나 기능분석에 의해 명확해진 자아상태의 이해를 근거로 해서 일상생활에서 주고 받는 말이나 행동, 태도 등을 분석하는 것이다.

언어에 의한 메시지가 상대편에게 완전히 이해되는 데에는 상대편의 말뿐만 아니라 비언어적인 것도 중요한 역할을 한다. 대화분석은 이러한 주고 받음을 파악하고 이를 분석함으로써 상대방과의 인간관계에 어떠한 장애가 있는지, 그리고 어떻게 하면 그 장애를 제거할지 교류상의 문제점을 발견하고, 자극이나 반응을 변경하여 좋은 인간관계를 형성할 수 있도록 한다.

대화를 분석하려면 대화교류를 분류하는데, ① 목적을 달성할 수 있는 '상호교환적(com-plementary) 대화', ② 목적달성이 되지 않고, 대화가 중단되는 '상호교차적(crossed) 대화', ③ 말 이외의 다른 의도가 숨겨져 있는 '비노출적(ulterior) 대화'의 세 가지 종류가 있다.[11)]

(2) 대화교류의 종류

1) 상호교환적 대화

상호교환적 대화(complementary transaction)는 자극과 반응이 상호평행선을 이루며 상호보완적 대화라고도 한다. 즉, 특정한 자아상태에서 송신한 메시지가 상대방의 특정한 자아상태로부터 예측했던 응답을 얻을 때 일어나는 대화의 교류를 말한다.

두 사람의 자아상태 중 두 개의 자아상태가 상호관여하는 교류로 발신과 응답방향이 평행하고 있다. 말하고 싶다고 생각한 것이 상대에게 전달되고, 상대에게서 듣고 싶은 말을 듣게되므로 상호지지적 대화는 계속되어 목적이 달성된다. 따라서 이를 개방적인 교류라고도 하는데, 수신자가 적절한 상태에 의해 송신자를 받아들이는 한편, 피드백 또한 기대하는 응답을 보냄으로써 송신자가 기대하는 응답을 받을 수 있음을 말한다.

대화의 교류가 이처럼 평행(parallel)으로 이루어질 때 건설적이고 상호유익한 인간관계가 형성된다. 여기서 대화의 교류는 평행선만 이루면 자아상태에 관계없이 대화의 교류는 보완적이고 무한히 계속되어 상호교환적 대화가 완성되지만, 일반적으로 가장 효과적인 대화교류는 어른과 어른(Adult−to−Adult base)의 방식이다.

해리스(T. A. Harris)에 의하면 어른과 어른의 대화의 교류를 위한 지침을 다음과 같이 제시하였다.

첫째, 자기내면의 어린이를 인정하고 그의 취약점, 두려움 및 이 감정들의 주된 표현방법을 연구하라

둘째, 자기내면의 어버이를 인정하고 그의 충고, 명령, 고정화된 가치관 및 이 감정들의 주된 표현방법을 연구하라

셋째, 상대방에게 있는 어린이의 자아에 민감하고 그 어린이와 이야기하고 감싸며 보호하라

넷째, 어른의 자아상태에게 객관적인 제반자료를 처리하고 현실에서부터 어버이와 어린이를 가려내도록 시간을 주기 위하여 필요하다면 열까지 숫자를 헤아려라

2) 상호교차적 대화

상호교차적 대화(crossed transaction)는 자극과 반응이 교차하기 때문에 평행선을 이루지 못한다. 이는 자극에 예기하지 않았던 반응이 발생할 때 일어난다. 이것은 두 사람의 자아상태 중 셋 또는 넷이 관여하는 것으로 발신자가 기대한 교류가 저지됨으로써 교류는 단절되고 기대에 어긋나는 회답이 되돌아 오기 때문에 목적은 달성되지 않은 상태로 끊기는데, 별도목적에 새로 바꿀 수 있게 된다. 상호교차적 대화의 교류는 상호교환적 대화의 교류와는 달리 반응이 자극에 대응하지 않고 기대에 어긋날 뿐만 아니라 송신자 대화의 의도까지도 다른 자아상태에서 나온 것으로 받아들여 반응이 나오기도 하여 송신자는 수신자가 메시지를 오해한 것으로 생각하거나, 때때로 심각한 불쾌감이 남게 된다.

3) 비노출적 대화

비노출적 대화(ulterior transaction)란 밖으로 표현되는 언행과 달리 마음속에 숨겨 놓은 의도를 가지고 교류를 하는 것을 말한다. 비노출적 대화는 항상 두 가지 이상의 자아상태를 포함하고 있다는 점에서 상호교환적 대화나 상호교차적 대화와 상이하다. 메시지를 전달할 때, 어휘의 표면적인 의미로 전해지는 분명한 내용이 있지만, 또 다른 한편으로는 은폐된 다른 의미가 있는 경우로 실제 전달하고자 하는 메시지는 은폐된 채 대화가 교류된다. 이 은폐된 의도는 때로는 그 의도를 알고 대처하는 경우도 있고, 그렇지 못할 경우도

있다. 또는 사건의 진상 등은 이면에 숨겨있고 표면적으로는 그것과 다른 형태의 대화교류가 이루어진다. 이와 같이 표면의 메시지와 이면의 메시지가 다른 교류를 비노출적 대화라고 한다. 비노출적 대화의 교류에는

① 세 가지 자아상태가 관여하는 '예각 비노출적 대화교류'와
② 네 가지 자아상태가 관여하는 '이중 비노출적 대화교류'가 있다.

비노출적 대화의 교류는 시간을 낭비하고 인간관계를 단절시키는 원인이 되므로 바람직한 인간관계의 유지와 원활한 커뮤니케이션을 위해서는 메시지의 숨은 의미와 의도를 파악하는 데 노력을 하여야 한다.

(3) 대화의 개선

"사회생활은 교류로 이루어져 있다." 즉 대화의 교류란 자극과 반응의 연쇄작용이므로 상대하는 사람중 일방이 '자극의 방법'이나 '반응의 방법'을 다르게 함으로써 대인관계를 개선할 수 있다.

에고그램을 통하여 자아상태의 편중을 알았다면 필요에 따라 의식적으로 바꾸도록 노력하여 대인관계를 개선시켜야 한다. 하지만 자기 이외의 타인이 변하기를 기대하는 것은 불가능한 일이며, 상대를 바꾸라고 강요할 수 없는 일이다. 따라서 대화개선의 주체는 자기자신이며 이를 통하며 타인의 개선을 유도할 수 있고, 궁극적으로 자기와 타인의 관계개선을 이끌어 낼 수 있다.

1) CP → AC의 관계개선

통제적 어버이(CP)는 일반적으로 상대를 순응하는 어린이(AC)의 자아상태를 나타나게 한다. 다시말하면, 상대에게 다른 의견을 제시하거나 생각한 바를 말할 수 없게 만들고, 감정을 감추고 마음에도 없는 감정에 의해 행동하는 자아상태가 되어 버리게 한다. 이러한 자아상태는 상대방의 본심을 분간할 수 없고 상황을 벗어나려고 지나쳐 가는 말로 넘겨버리기 쉽다.

따라서 CP를 많이 사용하는 사람은 CP를 상대방의 AC를 향하지 않고 A를 향하여 대화를 시도해 보는 것이 좋으며, 그 방법으로는

① 내용은 같으나 대화방법을 조금 완화할 것
② 말끝에 상대방의 의견을 구하여 어른(A)을 향한 대화를 시도하는 것이 좋다.

어른 대 어른(Adult－to－Adult)의 대화를 통하여 성숙한 대인관계가 유지되고 신뢰관계가 구축될 수 있다.

2) NP → FC의 관계개선

보호적 어버이(NP)가 강한 사람의 경우는 상대를 자유로운 어린이(FC)의 자아상태로 나타나게 한다. "무엇이라도 다해 준다"는 과잉적인 NP행동은 과보호로인해 상대의 '주체성'과 '자율성'을 저해하게 된다. 따라서 필요이상의 NP적 행동을 줄임으로써 상대방의 '자율성'과 '독립성'을 키우고 궁극적으로 스스로의 방법을 찾는 어른 대 어른의 대화를 유도할 수 있다.

제3절 | 팀 구축

1. 팀 구축 기법의 개념

팀 구축(team building)기법은 조직을 구성하는 많은 수의 연구적 집단(permanent groups)과 임시적 집단들(temporary groups)으로 하여금 과업을 수행하는 방법을 개선하며 구성원들이 대인관계 능력과 문제해결 능력을 도와줌으로써 집단의 팀 워크와 과업성취를 개선시키려는 기법이다.

팀 구축기법은 조직개발의 개입관점에서 볼 때 집단행동 개발에 있어서 가장 중요한 방법으로 인식되고 있다. 개인 간 또는 집단간의 관계를 개선하기 위해 자주 이용하는 방법으로 목적은 ① 현존하는 팀 강화, ② 새로운 팀 구성, ③ 조직개편 후 팀 재편성, ④ 몇몇 팀 간의 관계개선을 하는 것이다. 작업집단 발전의 구체적인 관심사는 진단, 임무성취, 집단내외의 관계, 집단과 조직의 과정, 역할분석 등이다.

개인의 욕구충족은 집단의 응집력과 집단목표에 대한 협력을 하는데 필수적이다. 이러한 목표를 달성하기 위해서 컨설턴트는 팀의 과업구조와 그 과정을 자세히 검토하게 된다. 이 기법은 주로 태스크포스, 새로운 팀 등에 적용된다. 또한 팀 구성법의 일반적인 과정은 레윈이 주장한 태도의 변화과정인 변화, 재동결의 단계를 거쳐 이루어진다. 이 과정은 개방적이고 참여적인 분위기 하에서 팀 노력을 창출할 수 있으며 어떤 연구에서는 조직의 성과향상에 긍정적인 효과가 있었으며, 팀 성원의 태도와 지각에도 호의적인 영향을 미쳤음을 밝혀주고 있다.

2. 팀 구축을 위한 준비

조직의 어떤 작업단위가 팀 구축프로그램을 도입을 필요로 하는지? 그리고 프로그램을 도입을 하여 효과를 얻기위한 준비가 되어 있는지를 확인하여야 하며 이를 위한 체크리스트는 <표 9−4>와 같다.[12)]

팀 구축은 조직의 목표달성을 방해하는 몇몇 기본적인 환경이나 프로세스를 개선시키려고 하는 강한 욕구를 갖고서 시작해야만 한다. 거의 모든 조직체들은 수명주기에서 언젠가는 반드시 변화를 가져오며, 조직체의 구성원들이 두 가지 혼란스런 상황에 직면하게 되는 시기가 온다. 그 한 가지 상황은 조직체의 산출물(output) 혹은 결과에 관한 것이고, 다른 하나는 프로세스 또는 역동성(dynamics)에 관련된 것이다. 이 두 가지 중 하나만이라도 문제점이 발생하게 되면 변화관리를 하도록 해야만 한다. 팀 구축을 해야 할 필요성을 조기에 진단하기 위하여 이 두 가지 경우의 환경을 관찰하는 것이 필요하다.

통상적으로 여러 가지 바람직하지 못한 징후가 나타나기 때문에 매니저가 작업부서의 효과성이 예전과 같이 좋지 못하다고 판단할 때 팀 구축프로그램을 착수하게 된다. 아래와 같은 중요한 징후들이 나타나면 심각하게 생각하고 곧 개선책을 마련해야 한다.

- 생산수율(收率)의 감소
- 스태프로부터의 고충 또는 불평의 증가
- 모호한 책임, 불명확한 관계와 지시사항이 전달되지 않음
- 의사결정이 오해받고 제대로 이행되지 않음

표 9-4 팀 빌딩 체크리스트

팀 구축기법도입의 필요성 확인
귀하의 작업부서는 다음과 같은 문제점들이 어느 정도로 나타나고 있습니까?

	적다		보통		높음
① 생산의 손실 또는 작업부서의 산출물의 손실	1	2	3	4	5
② 작업부서 내의 고충 또는 불만	1	2	3	4	5
③ 작업부서원들 간의 갈등 또는 적대감	1	2	3	4	5
④ 작업부서원들 사이의 불명확한 관계 또는 작업할당에 대한 혼란	1	2	3	4	5
⑤ 목표가 분명하지 않거나 목표에 대한 낮는 몰입도	1	2	3	4	5
⑥ 작업부서원들이 무관심하거나 관심의 결여	1	2	3	4	5
⑦ 혁신, 모험심, 상상력 또는 솔선수범이 부족	1	2	3	4	5
⑧ 비효과적인 스태프 미팅	1	2	3	4	5
⑨ 보스와 작업함에 있어서의 문제점 발생	1	2	3	4	5
⑩ 커뮤니케이션이 원활하지 못함: 사람들이 솔직하게 말하려고 하지 않고, 서로 경청하지 않거나 함께 대화를 나누려 하지 않는다	1	2	3	4	5
⑪ 리더와 구성원들 간에 또는 구성원들 간에 신뢰의 결여	1	2	3	4	5
⑫ 부서원들은 의사결정을 이해하지 못하고 의사결정에 동의하지 않음	1	2	3	4	5
⑬ 훌륭한 업무성과가 인정받지 못하고, 보상받지 못한다고 부서원들이 느낌	1	2	3	4	5
⑭ 팀원들이 좀 더 훌륭한 팀워크로 일하도록 격려되지 않음	1	2	3	4	5

점수매기기: 앞에서 체크한 14가지 항목의 점수를 모두 더해서 만약 귀하의 점수가 14~18사이라면 귀하의 부서는 팀 빌딩할 필요성이 아주 적습니다. 만약 귀하의 점수가 29~42인 경우, 두 세 가지 항목에 있어서 귀하의 점수가 아주 높지 않다면, 귀하의 부서는 팀 빌딩할 필요성이 다소간 있으나 시급한 것은 아닙니다. 만약 귀하의 점수가 42~56이라면 팀 빌딩 프로그램 계획을 수립할 것을 심각히 생각해 봐야 합니다. 만약 귀하의 점수가 56이상이라면, 팀 빌딩이 귀하의 작업부서에서 가장 우선적으로 추진되어야 합니다.

자료: Dyer, W. G., 1987, pp.42-46.

- 무관심과 스태프 멤버들의 참여가 부족함
- 복잡한 문제를 푸는데 필요한 적극성, 상상력, 혁신이 부족함
- 비효과적인 스태프회의, 낮은 참여율, 효과성이 최소인 의사결정
- 작업 팀을 신속하게 구축하기 위해서는 새 그룹을 빨리 만들어야 되는데 늦게 착수함
- 매니저에게 너무 의존하거나 또는 부정적인 반응
- 서비스의 품질에 대해 사용자(또는 고객)로부터의 불평
- 원인을 알 수 없는 비용이 계속 증가함

• 직원들 간에 갈등과 적대감이 발생

3. 팀 구축실시 절차

팀 구축프로그램(Team Building Program: TBP)은 함께 일하고 있는 집단구성원들이 소속집단의 문제를 규정하고 공동의 해결책을 마련하여, 이를 실행하고 그 결과를 평가하는 반복적인 과정을 통하여 그 집단의 팀 워크와 효과성을 증대시킬 수 있도록 도와주는 일련의 절차와 제도적 장치를 말한다.

팀 구축프로그램에는 팀 구축회의((team building meeting)가 포함되는 데 보통 1박 2일의 시간이 소요되며, 10명 내외(5~30명까지도 가능)의 업무집단이 그 대상이 된다. 이 준비기간에 자체평가, 분석, 행동계획, 의사결정 등등을 그리고 실행까지도 어떻게 하는가를 배운다.

첫 번째 회의를 마치고 난후에, 팀은 정기적으로 시간을 내어 프로세스를 계속 추진하고, 마지막 팀 회의 이후에 이룩한 발전을 재검토하고, 또 팀의 전반적인 효과성을 끊임없이 개선시키기 위해 무엇을 해야 될 것인가를 찾아낸다. 팀은 팀 구성원들이 개선해야 할 분야를 계속적으로 알고, 또 그 개선할 필요가 있는 분야를 합당한 사람들과 함께 합당한 시기에 제기할 수 있어서 따로 이와 같은 활동을 하기 위해 시간을 내어 특별회의를 할 필요가 없을 정도까지 팀개발기술을 개발하는 것 또한 가능하다.

(1) 준 비

이 단계의 목표는 팀 구축의 목적을 설명하고, 팀원들로 하여금 강한 참여의지를 갖도록 하고, 팀 구축워크샵을 위한 사전작업을 하는 것이다. 어떠한 팀 구축프로그램도 잘 인지되어야 하며, 프로그램에 참여한 사람들은 적어도 최소한의 참여의지를 나타낼 수 있어야 한다. 왜 팀 구축프로그램이 제안되었는지를 구성원들이 명확하게 이해한다면, 팀 구축프로그램을 이끌어 나갈 의사결정에 영향을 미칠 기회를 갖는다면 참여자들의 의지는 증가할 것이다.

작업그룹이 구체적인 과제를 가지고 자신의 효과성을 돌이켜보고, 변화를 위한 계획을 세우기 위해 다소간의 시간을 내본 것이 처음이라면, 참여자들은 우려와 두려움을 묻어 둘

것이 아니라 공개적으로 해결해야만 한다.

(2) 착 수

이 단계에서의 목표는 다음과 같은 작업환경을 조성하는 것이다.
① 사람들이 느긋하게 휴식을 취할 수 있도록 하기
② 개방지향적으로 되기 위한 계획을 수립하기
③ 이슈들을 해결하기 위한 규범들을 확립하기
④ 전반적인 경험을 위한 인지구조를 만들기

착수단계에서 확립된 작업환경은 당연히 팀 구축프로그램이 실행되는 전기간에 걸쳐서 영향을 미치게 된다.

(3) 그룹문제 해결 및 프로세스 분석

이 단계에서 한 가지 목표는 찾아낸 문제점들에 대해서 행동을 취하는 것이다. 일을 끝내기 위해 작업할당을 하고 기한을 정한다.

또 하나의 목표는 팀이 더 훌륭한 문제해결, 의사결정, 계획세우기, 목표선택과 권한위임 등등에 대한 스킬들을 실제로 실행하는 것이다.

착수방법이나 또는 활용된 방법들과 관련없이 이 단계는 두 부문으로 구성된다. ① 작업부서가 문제－해결프로세스에 직접 참여하기 시작하는 단계와, ② 프로세스 컨설턴트가 작업그룹으로 하여금 효과적인 팀으로서 문제－해결능력을 향상시키기 위한 전(前)단계로 문제를 해결하는데 필요한 기술을 갖추고 있는가를 점검하도록 도와주는 것이다.

1) 컨설턴트의 역할

프로세스 컨설턴트는 통상적으로 그룹이 과업수행 활동과 관계－유지활동에 어느 정도 효과적인지 알기 위해 노력하고 있다. 컨설턴트의 역할은 그룹의 스킬을 더 많이 개발하기 시작하도록 돕는 것이다. 특히 그룹은 프로세스 문제점을 인지하고 난 후에는 위에서 지적한 부정적인 상황을 감소시킬 수 있는 절차, 가이드라인, 행동계획을 만들 필요가 있다.

2) 문제-해결프로세스

선택된 대안에 대해 작업부서는 이 시점에서는 일련의 문제점, 관심사나 이슈들을 찾아야 한다. 그 다음으로 팀은 아래와 같은 행동을 취함으로서 문제-해결프로세스를 거쳐야만 한다.

- 중요문제 선정 : 우선순위에 따라 문제를 적고, 워크샵에서 토의될 가장 중요한 문제를 5~6개 선정
- 전통적인 문제-해결프로세스 실시 : 문제정의, 대안안 열거, 실행에 옮길 대안선택, 행동계획을 수립하고 실행, 성과평가 시작
- 세력장(forcefield) 분석 : 작업그룹 효과성의 현재 수준을 알아내어, 목표를 정하고, 동인(動因)과 제약요인을 찾고, 제약요인을 제거할 계획을 수립
- 역할(role)협상을 실시 : 그룹구성원들 간에 또는 하위부서들 간에 효과성을 향상시키기 위해서 서로 필요한 행동 또는 역할을 협상
- 태스크 포스(task force)팀이나 하위부서 구성 : 각 팀에게 해결해야 할 문제를 제시하고, 문제해결을 위한 행동계획을 수립하고, 그 행동계획을 실행에 옮기고, 결과를 평가
- 문제점 분류 : 모든 문제들을 적어서 나열한 후에는 그룹은 나열한 문제점들을 다음의 기준에 따라 분류
  - 우리가 여기에서 해결할 수 있는 문제
  - 조력자가 해결할 수 있는 문제(조력자를 알아내는 것)
  - 현재 해결할 수 없는 문제(능력의 범위를 초과한 문제)
- 목표설정 : 성취하고자 하는 장 · 단기목표를 설정하고, 작업을 할당하고, 완성시키고자 하는 예정날짜를 정함

(4) 피드백(팀원 간의 피드백, 하위부서 및 전체그룹 피드백)

문제점들을 발견 이후에 가장 중요한 일은 팀원간에, 팀의 하위부서 또는 전체작업 그룹과 피드백을 공유하는 것이다. 한 사람 또는 여러 사람의 특정한 행동, 기능 또는 개인적 스타일과 전략이 팀 워크를 이루는데 있어서 다른 팀원들의 만족과 목표달성에 걸림돌이 될 수도 있다. 이러한 걸림돌이 발생하는 경우에는 공개적인 피드백 세션(session)을 열어 그 모임에 참여하여 보는 것이 좋을 수도 있을 것이다.

이 단계는 팀원들이 그들의 효과성을 개선시키고, 모두 공동의 목표를 갖고 작업부서에 피드백을 시킬 수 있도록 팀원들을 도울 수 있는 방식으로 팀원들끼리 피드백을 공유하기 위해 설계된다.

(5) 행동계획수립

지금까지 토의한 모든 활동들의 긍정적인 목표는 개인과 그룹의 효과성을 가로막고 있는 상황들을 작업부서가 찾아낼 수 있도록 하여 행동계획과 변화계획을 작업부서가 시작할 수 있도록 하는 것이다.

이 단계의 목표는 변화, 목표, 직무할당, 완성 및 검토날짜를 확인하고 틀림없도록 하는 것이다. 이 단계에서는 계획이 수립되고, 직무가 할당되고, 절차를 개략적으로 만들고, 완성날짜를 정한다.

행동계획을 수립할 때 고려해야 하는 사항은 <표 9-5>와 같이 요약된다.

표 9-5 팀 구축프로그램 행동계획 수립할 때 고려할 점

① 행동계획 수립과 발표: 팀원들 각각은 시간을 내어서 자신의 피드백을 평가하고, 자신을 개선시키기 위한 행동계획을 수립하고 다른 사람들 앞에서 발표

② 계약협상: 개인들 간에 또는 하위부서들 간에 특별한 문제점들이 발생한다면 그러한 갈등을 해결하기 위해 구체적인 합의를 도출해내고 서명

③ 할당요약: 팀원들 각각은 그가 맡은 일이 무엇이지 또 팀 구축회의의 후속 조치로써 어떤 행동을 실행하고자 하는지 요약

④ 하위부서 또는 그룹계획: 만약 개발계획이 완성되면 그 계획을 발표하고 검토

⑤ 일정검토: 그룹은 일정과 행동계획을 면밀히 검토한다. 작업완성 날짜와 작업진행 날짜를 확인하고, 차후의 미팅을 위한 일정을 마련

(6) 사후점검

팀 구축프로그램을 통하여 수립된 의사결정과 대책들은 대안으로만 존재하여서는 팀 구축 프로그램 실시의 목적을 달성할 수 없다. 따라서 이행여부를 확인하고 점검하는 회의(follow-up meeting)를 실시하는 것은 매우 중요한 단계이다. 팀 구축회의가 실시되고 많은 대책들이 수립되었으나, 사후점검이 제대로 이루어지지 않아서 결과적으로 관심과 열정이 식고 별로 소득이 없었다면, 작업부서의 효과성이 감소하고, 또 팀 구축회의도 장기적으

로는 부정적인 영향을 받게 될 것이다.

이 단계에서의 가장 중요한 목표는 합의사항과 합의서가 확실하게 제대로 이행되도록 만드는 시스템을 만드는 것이다. 마감일을 명확하게 정하고, 마감일을 지킬 수 있도록 정규적인 관리프로세스가 지원된다. 팀 구축이 한 두번 이루어지고 마는 것이 아니라 작업그룹의 끊임없는 활동의 한 부분이 되도록 하는 것이 관건이다.

사후점검 단계에서는 행동들은 다음과 같은 것들이 있다.

① 프로세스 리뷰(review) : 워크샵이 끝날즈음 시간을 내어서 팀구축 프로그램을 평가한다. 그동안 잘된 것, 변화시킬 필요가 있는 것, 다음 팀 구축회의에서 개선할 사항에 대하여 생각하고 이를 반영하도록 한다.

② 매니즈먼트 리뷰 : 확실하게 계획을 지원하고, 리뷰(검토)하고, 또 적절한 시기에 필요로 하는 작업들이 할당되도록 하기 위해서 모든 작업과 행동계획들을 담당매니저나 매니즈먼트 그룹이 리뷰한다.

③ 태스크 포스나 위원회의 구성 : 작업그룹이 그 동안 이룩한 성과를 보고하기 위해 구체적인 날짜를 정한다.

④ 미비점 보완회합 : 제1차 팀 구축회합을 갖고 난후 보완회합을 실시한다. 짧은 시간(4시간 정도)을 할애하여 지난 팀 구축회합 이후에 이루어진 작업을 검토하고, 새로운 데이터를 수집하고, 새로운 작업할당을 하고, 또 다음 세션을 위한 계획을 세운다.

이와 같은 프로세스로 팀 구축이 집단간 조직 유효성을 증대하는 연속적인 프로세스로 구축할 수 있다.

4. 변화전략으로서의 팀개발

목표를 달성하기 위해 함께 모인 작업부서가 자기네들이 직면하고 있는 문제점들을 더 이상 잘 해결할 수 없다거나 또는 일정한 기대수준의 목표치까지 도달할 수 있는 능력이 없다고 판단될 경우에는 작업부서를 재편할 수 있는 방법을 강구해볼 필요가 있다. 팀개발은 사회시스템에 활기를 불어넣는 프로세스이다. 적절한 데이터를 수집해서 분석해 본 결과를 바탕으로 어느 작업부서가 더 이상 생산적으로 기능할 수 없다고 진단되었을 때는 그 작업부서의 효과성을 개선하기 위한 방법으로서 팀 개발프로그램을 활용해야 한다.

팀 개발프로그램을 시작할 때 고려해야 될 가장 중요한 사항은 왜 팀 개발프로그램을 실시하려고 하는가이다. 효과적인 팀워크의 결여가 가장 중요한 문제점이라는 명확한 증거가 없다면 팀개발 프로그램을 시작해서는 안된다. 만약 그 문제점이 작업그룹 간의 문제, 기술적인 어려움이나 관리상의 부정부패라고 한다면 팀 빌딩은 적절한 변화전략이 아닐것이다.

[부 록]

미지의 자아를 찾아가는 영화 〈트루먼 쇼〉

자신의 모든 삶이 24시간 생중계된다는 사실을 오직 자신만 모르고 있었던 트루먼은 진실을 알게 되자 새로운 인생을 찾기위해 탈출을 시도한다. 폭력적인 매스미디어의 본질에 대해 질문하는 동시에 리얼리티 쇼의 범람을 예측한 피터 위어의 SF 코미디.

▪ 시놉시스

30세의 보험회사 직원 트루먼은 집과 회사를 시계추처럼 오가며 살고 있다. 트루먼은 아버지를 일찍여읜 것 말고는 큰 어려움 없이 성장해서 대학을 졸업하고 대학동창 메릴과 결혼한다. 쾌활하고 유머러스한 트루먼은 좋은 남편이자 성실한 직장인이고 건전한 시민이다. 하지만 트루먼은 무료한 일상에 회의를 느끼고 남몰래 피지로 떠날 계획을 세우고 있다. 트루먼이 피지를 선택한 것은 대학시절 잠깐 만났다가 영문도 모른 채 헤어진 실비아가 있는 곳이기 때문이다. 트루먼은 아내가 여행에는 전혀 관심이 없고 아이를 낳을 생각뿐이라는 걸 알게 되자 혼자 떠나기로 작정한다.

아내와 여행 이야기가 오고갈 즈음, 돌아가신 아버지를 우연히 만나는 등 이상한 일들이 벌어진다. 조명기구가 난데없이 보도블록 위로 떨어진 사건을 시작으로 트루먼은 자신의 이동경로를 방송하는 라디오 방송까지 듣게 된다. 혼란에 빠진 트루먼은 엄마와 아내에게 고민을 토로하지만 둘다 그의 말을 믿지 않는다.

트루먼의 삶은 태아때부터 30년동안 전세계에 24시간 생중계되고 있었던 것이다. 그가 사는 세상은 거대한 세트고 그 자신을 제외한 모든 사람은 역할을 맡은 배우다. 그의 일상에 등장하는 모든 제품은 사실광고를 위해 협찬된 물품들이고, 물 공포증 조차도 그가 먼 곳으로 떠날 수 없게 조작된 것이었다. 그리고 이 엄청난 텔레비전 쇼는 크리스토프라는 감독에 의해 총괄지휘되고 있었다.

■ 마지막 장면과 주제

<트루먼 쇼>는 조작된 삶을 살던 주인공이 모든 장애를 극복한 뒤 새로운 삶을 찾는 영화로 기억되곤 한다. 엄마도 아내도 죽마고우도 다 연기자였다는 걸 알게 된다면 누구라도 상상할 수 없는 배신감과 공포를 느낄 것이다. 신문, 라디오 같은 공적인 매체도 다 조작되었으며 심지어 기후도 프로그램으로 조절되는 세계는 끔찍하다.

트루먼이 세트밖으로 나가지 못하게 하기위해 물 공포증을 갖도록 치밀하게 유도했다는 것도 경악할 일이다. 물 공포증을 이겨내고 험한 폭풍우에도 굴하지 않으며 "날 막을 생각이면 차라리 죽여라!"라고 당당히 외치는 트루먼의 모습은 감동적이다. '트루먼 쇼'의 시청자들도 그의 탈출을 열렬히 응원하고 <트루먼 쇼>를 감상하는 관객도 그가 성공하기를 기원한다.

모든 것을 극복하고 바다저편까지 나간 트루먼은 세트의 끝에 도달한다. 트루먼은 파란하늘에 흰구름이 그려진 세트벽을 두드리며 절망하고 분노한다. 그의 안타까운 심정을 표현하기 위해 영화는 일부러 벽을 두드리는 소리를 묵음으로 처리하고 관객의 감정을 고양시키는 배경음악만을 사용한다. 마침내 트루먼은 세트벽에 설치된 계단을 발견하고 그 위로 올라간다. 마치 마그리트의 그림을 연상시키는 배경속으로 걸어들어간 트루먼은 문앞에 다다른다.

문앞에서 망설이던 트루먼이 비상구(exit) 버튼을 누르자 문이 열리지만 선뜻 문턱을 넘지는 못한다. 그때 크리스토프의 목소리가 들린다. 트루먼이 "난 누구죠?"라고 묻고 크리스토프는 "네가 바로 스타"라고 대답한다. 크리스토프의 궤변에 흔들리던 트루먼은 그의 회유와 협박을 무시하고 문밖으로 나선다. 이 장면에서 텔레비전을 보던 시청자들은 환호하고 연출자 크리스토프는 의미를 알 수 없는 표정을 짓는다.

언뜻 생각하면 트루먼의 승리라고 보이지만 이것은 여러 가지로 해석할 수 있는 열린 결말이다. 만들어진 세상에서 30년을 살아 온, 전세계에 얼굴이 알려진 트루먼이 과연 그가 원하는 평범한 진짜인생을 살 수 있을까? <트루먼 쇼>는 트루먼의 탈출로 잠시 빈 화면이 나타난 텔레비전을 시청하던 경비원들이 "TV가 왜 저래?"라는 한마디를 던지고 피자를 먹는 모습으로 끝이 난다. 시청자들에게 텔레비전 쇼는 제아무리 요동친다 한들 찻잔 속 태풍같은 것이라는 해석도 가능하다. 트루먼이 탈출하는 것조차 크리스토프의 시나리오 중 하나가 아닐까 의심할 수 있다.

[네이버 지식백과] 트루먼 쇼 [The Truman Show]

제 10 장

기술구조적 개입

학습목표

1. 조직내에서 직무설계 제 방법을 이해한다.
2. 대안적 작업방식 설계방법 및 각각의 특징을 설명할 수 있다.
3. 직무설계 및 대안적 작업방식 설계를 통한 조직개발 개입방법을 이해할 수 있다.

조직을 둘러싼 환경은 끊임없이 변화하고 있다. 최근 4차 산업혁명은 의료, 제조, 서비스, 유통, 정부 등 다양한 분야에서 새로운 가능성을 통한 대혁명이 일어나고 있다. 기업은 어느 분야를 선택하고 집중하느냐에 따라서 향후 미래 성장산업의 선두주자가 되는냐? 그렇지 못하느냐의 길목에 서 있다. 기업은 시장기술의 변화에 발맞추어 직무를 재설계해야 할 것이다. 또한 기존의 아날로그 방식의 작업관리 방식에 벗어나 새로운 기술환경에 부합하는 작업관리 스캐쥴 또한 재설계의 대상이 되어야 할 것이다.

이러한 기술환경의 변화뿐만 아니라 정부의 입법 또한 기업에 많은 영향을 미치고 있다. 이러한 입법은 기업에 대부분 압박 또는 제약요소로 작용을 하게 된다. 기업은 정부의 새로운 입법과 그 영향을 받아 정부가 요구하는 환경에 맞은 직무를 재창조 또는 재설계해야 될 것이다. 또한 작업 스캐쥴 관리도 재설계의 대상이 될 수밖에 없을 것이다.

최근 유통분야에는 예측할 수 없는 대혁명이 일어나고 있다. 상상할 수 없는 세상을 재창조할 것이다. 시장에서 요구하는 적정수준에 맞는 유통분야 혁신을 성공적으로 구축하기 위해서는 기존의 유통직무 설계를 재창조해야만 될 것이고 유통분야의 직무수행 스캐쥴 관리기법 또한 재창조되어야 할 것이다.

기업을 둘러싼 다양한 분야에서의 대혁명은 기업의 생존과 지속가능 경영의 핵심 성공요인이다. 기업의 이러한 대혁명의 바람속에서 생존하기 위하여 기업의 조직개발 측면에서 직무의 재설계 또는 창조가 선행되어야 할 것이다. 또한 기존 직무수행시 작업스캐쥴 관리도 소통과 스피드를 강조하는 시대에 부합하도록 재설계와 창조의 과정을 거쳐야 될 것이다.

기술구조 개입(Techno-structural Interventions)은 조직의 기술(예를 들어 업무수행 방법과 직무설계 등)과 구조(예를 들어 부서편제, 계층구조 등)에 초점을 둔 개입을 말한다. 기술구조 개입에서는 집단과 직무의 재설계, 작업방식의 재설계 등을 통해 변화시키는 방법들을 동원한다. 기술구조 개입에서 다루는 내용으로 조직 재설계에 대해서는 전략 및 조직혁신 개입에서 포괄적으로 다루기로 하고, 본 장에서는 직무재설계와 대체작업 방식설계를 중심으로 설명하기로 한다.

제 1 절 | 직무설계

1. 직무설계의 의미

직무란 일에 사람이 결합한 형태를 말하며 한 사람이 맡고 있는 일의 총합을 의미한다. 예를 들어, 모든 조직은 인사관리라는 업무가 있을 것이다. 그러나 인사관리 업무에 사람이 결합되면 어떤 사람은 인사관리 담당이 될 것이고 어떤 사람은 인사관리 총괄을 할것이다. 이와 같이 직무란 조직에서 해야할 업무에 사람을 배치한 것을 의미한다.

조직의 직무는 수많은 작업, 즉 과업으로 구성되어 있다. 이러한 수많은 작업이나 과업들이 모여 직무를 이루고, 또한 직무는 계획된 범위와 틀속에서 체계적으로 그리고 유기적으로 이루어져야 한다. 따라서 조직의 기술뿐만 아니라 능력, 구성원의 선호 등을 충분히 반영할 수 있도록 신중하게 직무를 설계해야 한다. 이것을 통하여 구성원은 완전한 생산능력을 갖추게 된다.

직무설계(job design)란 업무에 사람을 배치하는 방식을 결정하는 것을 말한다. 직무설계는 조직구성원들에게 개인의 적절한 업무를 부여해서 하나의 직무를 결정할 때 활용이 된다. 어떤 직무는 작업이나 과업이 규격화되어 있고, 반복적으로 수행되기 때문에 일상적인(routine) 직무가 되지만 다른 직무는 그렇지 않다. 어떤 직무는 변화가 존재하고 다양하고 숙련된 여러 가지의 기술을 필요로 하지만 다른 직무는 한 가지 기술이 요구되는 경우도 있다. 또 어떤 직무는 정확한 순서와 과정을 따르도록 요구하여 구성원들을 구속하지만 다른 직무는 일하는데 있어 많은 자유를 주기도 한다. 그리고 어떤 직무는 팀을 이루어 일하는 경우 더 효과적이고 다른 직무는 개인이 혼자서 하는 경우 효과적일 수 있다. 결국 개인별로 부여되는 직무는 작업이나 과업들이 어떻게 결합되느냐에 따라 각각 다양한 형태로 나타나며, 과업의 다양한 결합으로 인해 다양한 직무설계가 이루어진다.

본 장에서는 조직에서 업무와 사람을 결합하기 위한 방식을 의미하는 직무설계의 여러 가지 유형에 대해서 살펴보기로 한다.

2. 직무설계의 방법

조직에서 개인별로 직무를 부여하기 위한 직무설계방식에는 직무단순화, 직무순환, 직무확대, 직무충실화, 직무특성 이론 등 여러 가지 방법이 있는데, 지금부터 각 각의 직무설계방식에 대한 구체적인 내용을 살펴보기로 한다.

(1) 직무단순화

직무단순화란 분업의 원리에 충실히 해서 개인별로 부여하는 직무를 가급적 단순화해서 직무의 전문성을 높이는 방법이다. 일찌기 아담스미스(Adam Smith)는 국부론에서 분업의 이점을 설명하면서, 개인별로 직무를 부여할 때 공정별로 세분화해서 개인별 과업을 단순화시키면 개인별로 생산성이 증가하면서 조직전체의 성과가 높아진다고 주장한 바 있다. 그러나 <그림 10-1>에서 보는 바와 같이 과업을 세분화하면 분업의 이점으로 인하여 생산성이 증가하나 어느 수준을 넘게되면 분업으로 인한 인간적인 측면에서의 비경제성, 즉 지루함, 피로, 스트레스, 낮은 품질, 결근, 이직 등과 같은 문제점을 유발하기 때문에 조직마다 적절한 수준의 분업이 이루어져야 한다.[1)]

그림 10-1 분업과 생산성과의 관계

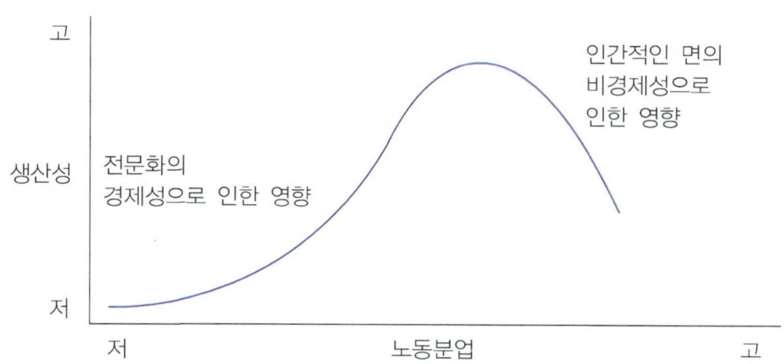

(2) 직무순환

직무순환(job rotation)은 종업원이 단순화 및 세분화된 업무를 일정 기간동안 순환하면서 직무를 수행하고, 동시에 직무수행 과정에서 실무를 통해서 직무의 성질과 처리방법 및 절차와 유기적 상호관계성을 이해하게 된다. 그리고 직무순환은 단순화된 작업의 단조로움과 권태감을 감소시킬 수 있는 반면 전문성을 요하는 직무에는 바람직하지 못하다.[2]

따라서 직무순환은 조직내 직무의 유기성과 수행능력을 파악하는 데에는 효과적이고, 또 동일직무를 장기간 수행하는 과정에서는 태만성과 권태감을 제거시키는 관리기법으로서 효과가 있다. 그러나 순환과정에서 업무의 성격과 내용에 따라 순환기간과 순환시점의 타당성 분석이 선행되어야 효과를 증대시킬 수 있다.

(3) 직무확대

직무확대(job enlargement)는 직무단순화와 반대의 개념을 갖고 있다. 즉, 직무확대는 특정인을 중심으로 하여 직무의 다양한 부분을 동시에 수행시켜 한 사람에 의해 몇 가지 직무가 수행되도록 직무를 확대시키는 것을 의미한다. 이 이론은 직무수행 과정에서의 다양성을 통해 직무의 지루함과 권태감을 감소시키면서 작업의 능률을 증대시키는데 있다.[3] 그러나 직무확대는 직무수행의 주체인 개인의 능력과 자질을 고려하지 않고 제도적으로 운영을 강요하다 보면 업무수행과정에서 작업결과의 질이 떨어질 가능성이 있다. 따라서 직무확대는 과학적이고 계량적인 분석결과를 기초로 하여 이루어져야 한다.

(4) 직무충실화

직무충실화(job enrichment)는 직무수행에 대한 권한을 늘려주는 것을 의미한다. 즉 기존의 방식이 관리자가 업무지시를 하면 구성원은 지시하는 대로 업무를 수행하는 방식이라면, 직무충실화는 관리자가 업무지시를 하지 않고 스스로 업무를 계획하고 자율적으로 업무를 수행하며 결과를 스스로 통제하게 하는 방식이다. 직무충실화는 구성원들에게 권한 및 자율성을 높혀줌으로써 스스로에게 책임감을 높이고 동기부여를 높혀주며, 결근율과 이직율을 감소시키는데 기여할 수 있다. 앞에서 살펴본 직무순환, 직무확대 및 직무충실화의 관계를 그림으로 나타내면 <그림 10-2>와 같다.

그림 10-2 직무순환, 직무확대, 직무충실화

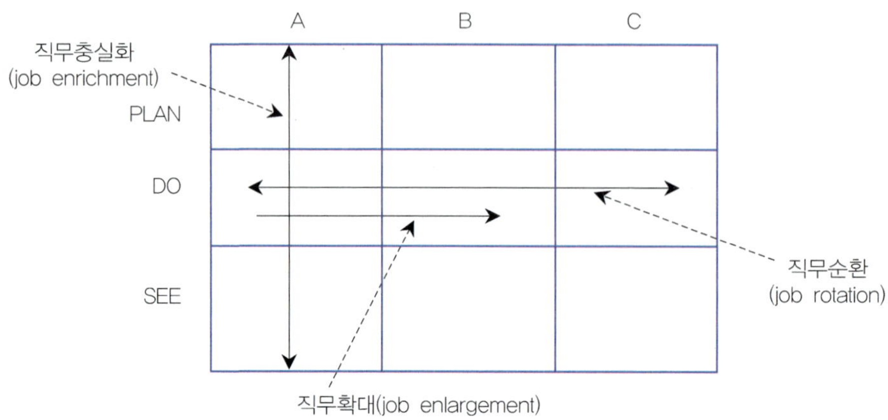

(5) 직무특성 이론

직무특성 이론(job characteristics theory)은 해크먼(J. R. Hackman)과 올드햄(G. Oldham)에 의해서 고안된 직무설계 이론 중 가장 대표적이고 타당성이 입증된 이론이다. 이 이론의 핵심은 개인이 맡고 있는 직무는 다섯 가지 요인, 즉 기술다양성, 과업정체성, 과업중요성, 자율성, 피드백 등의 특성이 다르며, 이와 같은 특성이 종업원의 주요 심리상태를 유발시키고, 이러한 심리상태는 개인의 동기부여와 직무만족에 영향을 미침으로써 생산성에 영향을 준다는 이론이다.[4)]

직무특성 이론은 기존의 직무충실화 이론이 안고 있는 문제점, 즉 개인과 직무사이의 상호작용에 대한 인과관계가 설명되지 않았던 점과 개인차이를 고려하지 않은 점을 보완하기 위해 어떠한 직무특성이 조직구성원의 동기유발이나 직무만족에 관련을 갖게되는가 하는데 관심을 집중한 결과 나온 이론이다. 특히 직무수행자 개인이 일을 통해 성장하고자 하는 성장욕구 강도(growth needs strength)의 수준에 따라 직무결과는 달라질 수 있기 때문에 개인의 내적 동기부여가 중요하다는 점을 이 이론은 강조하고 있다. 즉, 개인의 성장욕구 강도의 수준이 직무특성과 심리상태, 심리상태와 성과 간의 관계를 조절하는 변수로 작용한다는 가정을 하고 있으며, 이를 도표로 나타내면 <그림 10-3>과 같다.

그림 10-3 직무특성 모델

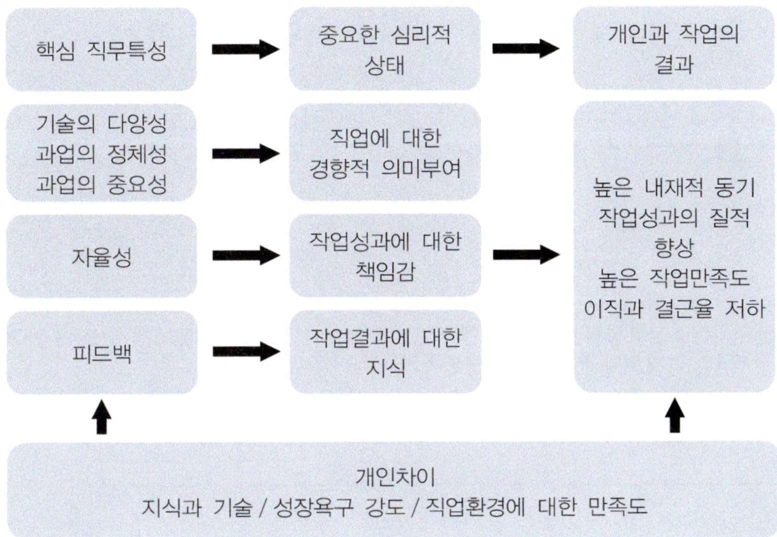

1) 핵심 직무특성

핵심 직무특성은 개별직무가 가지고 있는 타 직무와 구별되는 고유의 주요 특성요인을 말한다. <그림 10-3>에서 알 수 있듯이 핵심 직무특성은 작업자의 심리상태에 영향을 미친다. 다섯 가지의 핵심 직무특성의 정의는 다음과 같다.

■ 기능다양성

기능다양성(skill variety)은 업무수행에 요구되는 기술이 얼마나 여러 가지인가를 뜻하며 다양성이 높은 직무에서 수행자는 의미성(meaningfulness)을 느끼게 된다.

■ 과업정체성

과업정체성(task identity)은 업무내용이 시작부터 끝까지 전체에 관한것인지 아니면 일부에만 관여하도록 되어 있는지에 관한 것으로 정체성이 높은 직무에서 수행자는 의미성을 얻게 된다.

■ 과업중요성

과업중요성(task significance)은 수행업무가 조직 내·외에서 타인의 삶과 일에 얼마나

그림 10-4 직무특성 설문지

1. 귀하가 하시는 일은 어느 정도의 다양한 지식과 기술 또는 기능을 필요로 합니까?

1	2	3	4	5	6	7
지식과 기술 또는 기능이 전혀 필요없다			중간이다			매우 다양한 지식과 기술(또는 기능)을 필요로 하는 일이다

2. 귀하의 일은 시작과 끝이 명확한 하나의 완전한 일입니까? 아니면 다른 사람들에 의해서나 또는 기계(기기)에 의해서 완성되는, 전체 일의 과정 중 작은 부분에 불과합니까?

1	2	3	4	5	6	7
나의 일은 전체과정 중에서 매우 작은 부분에 불과하다			중간이다			나의 일은 처음부터 끝까지 일의 전체를 다 다룬다

3. 대체로 귀하가 맡은 일은 얼마나 중요합니까?

1	2	3	4	5	6	7
전혀 중요하지 않다			중간이다			매우 중요하다

4. 귀하는 일을 함에 있어서 얼마만큼의 자율성을 갖고 있습니까? 즉 일을 할 때 귀하가 마음대로 처리할 수 있는 자유재량권이 어느 정도 입니까?

1	2	3	4	5	6	7
자율성이 전혀 없음			중간이다			자율성이 매우 많음

5. 귀하의 일은 귀하가 일을 하고 계실 때 어떻게 처리되고 있는지(잘 되는지 못 되는지)귀하 스스로가 알 수 있도록 되어 있습니까? 즉, 일 자체로부터 일의 과정이나 결과에 의해 어느 정도 알 수 있습니까?(상사나 동료가 주는 피드백 정보는 제외함)

1	2	3	4	5	6	7
전혀 모른다			중간이다			매우 많이 안다

큰 영향을 미치는가에 관한 것으로 중요성이 큰 직무에서 수행자는 업무에 대한 의미성을 느끼게 된다.

■ 자율성

자율성(autonomy)은 업무수행에서 개인에게 부여된 자유와 재량권 정도로서 자율성이 큰 직무에서 수행자는 책임감(responsibility)을 느끼게 된다.

■ 피드백

피드백(feedback)은 업무자체가 주는 수행성과에 대한 정보의 유무를 뜻하며 수행자가 직무수행의 결과를 알게 함으로써 직무수행 결과에 대한 지식을 높인다.

2) 동기부여 및 직무만족 수준의 측정

핵크먼과 올드햄은 특정 직무가 가지고 있는 다섯 가지 핵심 직무특성을 측정하기 위한 도구로 <그림 10−4>와 같이 직무진단 설문(job diagnostic survey)을 개발하고 이를 통하여 동기부여 잠재력 점수(motivation potential score: MPS)를 계산하기 위한 공식을 제시하였는데 이를 수식으로 나타내면 다음과 같다.

$$\text{MPS} = \left(\frac{\text{기능다양성} + \text{과업정체성} + \text{과정중요성}}{3}\right) \times \text{자율성} \times \text{피드백}$$

동기부여 잠재력 점수(MPS)는 개별직무의 핵심적 특성이 내적 작업동기 유발을 촉진할 가능성이 높다는 것을 의미하며, 점수가 높다고 반드시 직무만족이나 동기부여 수준이 높다는 것을 의미하지 않는 점에 유의할 필요가 있다. 직무만족이나 동기부여의 수준은 다음과 같은 세 가지의 변수에 의하여 결정된다.

■ 성장욕구 강도(growth needs strength)

성장욕구 강도는 개인이 조직내 성공이나 업무에서 바라는 성취욕구, 배움을 위한 기회의 정도 등을 의미한다. 높은 성장욕구를 가진 사람은 강화된 직무에 긍정적으로 반응하는 반면 낮은 욕구를 가진 사람들은 강화된 직무에 부담을 느끼기 때문에 직무만족 수준은 오히려 떨어질 수 있다

■ 수행직무에 대한 지식과 기술

MPS가 높은 직무, 즉 중요하고, 어려우며, 책임감이 높은 직무에 적합한 능력을 가진 사람들은 그들의 성과에 대해 자신감이 있기 때문에 직무만족도가 높을 수 있으나 지식과 기술이 부족한 사람은 직무에 대하여 부담감이 크기 때문에 반대의 심리가 작용할 것이다.

■ 직무수행 관련 환경에 대한 만족(context satisfaction)정도

급여수준, 감독의 질, 동료와의 관계, 작업환경 등에 만족하는 정도에 따라 직무만족 수준은 달라지게 된다.

3) 직무특성 이론의 연구결과 의의 및 한계

직무특성 이론은 많은 연구결과에서 이론적 타당성을 입증하고 있는데, 지금까지 나타난 연구결과를 정리하면 다음과 같다.

- 핵심적 직무차원의 점수가 높은 직무를 수행하고 있는 사람들은 그렇지 않은 사람보다 더 동기유발되고 더 만족해하며 더 생산적이다.
- 보다 강한 성장욕구를 가진 사람들은 보다 약한 성장욕구를 가진 사람들보다 MPS가 높은 직무에 대하여 더 긍정적으로 반응한다.
- 핵심적 직무차원들은 결과변수에 대하여 직접적으로 영향을 미치지 않고 중요한 심리적 상태를 매개로하여 영향을 미친다.

직무특성 이론은 구체적인 직무설계 방향을 제시한 점, 직무에 대한 동기부여를 강조하고 있다는 점, 직무특성과 직무성과와의 인과관계를 제시하고 있다는 점에서 그 의의를 가지고 있다. 그러나 이 이론은 중요심리 상태와 직무성과의 관계가 명확하지 않고, 개인의 욕구나 동기는 동적・가변적이라는 점에서 적용상의 한계를 가지고 있다.

3. 직무설계의 지침

직무특성 이론은 직무설계를 위한 구체적인 지침을 제공하고 있다. 다음에 제시하고 있는 것은 직무특성 이론에서 나온 제안들로 다섯 가지 직무의 핵심차원의 향상을 주도한

변화의 유형을 보여준다.

① 작업을 결합한다

세분화되어 존재하는 작업이나 과업을 새롭고 더 큰 단위의 일로 결합시켜야 한다. 이로써 직무수행자의 기술을 증가시키고 전체적인 직무를 완성할 수 있도록 해준다.

② 자연스런 작업단위를 형성한다

전체를 형성할 수 있는 과업을 설계해야 한다. 그림으로써 직무수행자의 소속감이나 주인의식을 증가시켜 자신의 직무가 의미있고 중요한 것으로 여기게 할 수 있다.

③ 고객과의 관계를 이룬다

고객은 작업수행자가 만든 제품의 사용자이고 제공되는 서비스의 수혜자이다. 어디서든 가능하다면 작업수행자와 고객간의 직접적인 관계가 형성되도록 해야 한다. 이는 작업수행자의 기술을 향상시키고 그들에게 피드백을 제공하게 된다.

④ 직무를 수직적으로 확대한다

수직적인 확대는 직무수행자에게 관리층에게 일임된 책임과 통제권한을 주게 된다. 그것은 부분적으로 직무측면에서 수행(doing)과 통제(see) 사이에 존재하는 차이를 줄이는 것이고 동시에 직무수행자의 자율성을 높이게 된다.

⑤ 피드백 경로를 개방한다

피드백을 증가시킴으로써 직무수행자들은 자신이 얼마나 일을 잘해내고 있으며 또 업무수행이 얼마나 향상되었는지, 악화되었는지 아니면 현재수준에 머물고 있는지를 배우게 된다. 이상적으로 말하자면 직무수행자는 업무수행 피드백을 가끔씩 경영층에 의해 받기보다는 자신의 직무를 통해서 직접적으로 인식되어야 한다.

제2절 | 대안적 작업방식의 설계

1. 대안적 작업방식 설계의 의미

대안적 작업방식(alternative work arrangement)이란 작업시간 및 작업방식을 회사에서 기존의 정해진 대로 하는 것이 아니라 본인이 선택하게 함으로써 개인적인 차원에서 볼 때 업무의 유연성을 높이고, 업무에 대한 사기 및 직무만족도를 높이며, 조직차원에서는 인력의 유연한 활용을 통한 생산성 증대를 목적으로 하는 제도이다. 대안적 작업방식은 서구의 기업에서 고용만족에 영향을 주고 종업원들의 일과 삶의 균형을 돕기위해 고안되었다. 우리나라에서도 정보기술의 발전으로 인하여 직무수행 방식의 변화가 요구됨에 따라 자연스럽게 본 방식을 도입하고 있다. 대안적 작업방식에는 선택적 근로시간제(flexible time), 주간집중 근무제, 재택근무, 직무공유제, 시간제근로제 등 다양한 방법이 있는데, 우리나라에서는 대안적 작업방식이라는 용어는 잘 사용하지 않고 다양한 근무형태를 대표하는 개념으로 사용하고 있는 유연근무제 용어를 사용하고 있는 바, 본 절에서는 유연근무제로 포괄하여 설명하려고 한다.

2. 유연근무제[5)]

(1) 유연근무제의 의의

유연근무제(Flexible working hours)는 근로자가 개인적 선택에 따라 근로자가 일하는 시간, 장소 및 근무환경을 유연하게 사용할 수 있는 제도다. 오늘날 공무원을 포함하여 대다수의 기업이 유연근무제를 도입하고 있다. 근로자는 유연근무제를 통하여 주5일 전일제 근무에 얽매이지 않고 다양한 방식으로 근무할 수 있다. 최근 우리나가 기업들 중 유연근무제가 확산되는 더 중요한 배경은 스마트폰 등 정보통신 기기의 보급과 더불어 개인별 성과 기준이 근무시간이 아닌 목표달성률이나 최종성과를 기준으로 평가하는 성과평가제 도입이 크게 기여했다고 볼 수 있다.

한편 일본의 경우 저출산·고령화에 대한 기업과 정부차원의 공동대응을 위해 유연근무의 한 형태인 재택근무제를 활발하게 도입하고 있다. 일본정부는 2010년까지 전체 취업인구의 20%를 재택근무로 전환하는 것을 목표로 'e-Japan' 프로젝트를 추진중에 있다.

유연근무제는 노동자의 편의에 따라 근무시간과 장소를 유연하게 사용함으로써 노동력을 효과적으로 활용하는 것이 목적이다. 노동자는 일과 가정의 양립에 도움이 될 수 있으며 기업은 업무수요에 따라 노동력을 조절할 수 있다는 장점이 있다. 그러나 유연근무제를 도입함으로써 비정규직을 확대하고 여성 일자리의 질이 저하될 수 있다는 비판도 있다.

(2) 유연근무제의 유형

유연근무제는 개인이 선택하는 기준으로 근무형태, 근무시간, 근무장소, 근무방법, 근무복장 등 다양한데 여기서는 이를 포괄하여 대표적인 유연근무제 유형을 알아보기로 한다.

1) 시간제 근로제(part-time work)

시간제 근로제는 유연근무 형태의 하나로서 파트타임제라고도 하며, 통상적인 근무시간인 주 40시간, 일 8시간보다 짧게 근무하는 방식이다. 공공기관의 경우 1일 최소 3시간 이상, 주당 15~35시간을 근무한다. 시간제 근로제는 처음부터 시간제 근로자로 채용하거나 기존 전일제 근로자가 육아, 학업 등의 이유로 시간제 근로로 전환하는 유형이 있다. 「남녀 고용평등과 일·가정 양립지원에 관한 법률」에서는 육아휴직을 대신하여 1년이내 주당 15시간 이상 35시간을 초과하지 않는 범위에서 근로시간을 단축할 수 있다고 명시하고 있다.

시간제 근로자는 대부분 계약직이나 기간제 등 비정규직 형태로 채용된다. 업무량 변동에 따라 인력을 효율적으로 운용하기 위한 측면과 함께 인건비 절감을 목적으로 도입하는 기업이 많기 때문이다. 이런 이유로 유연근무제 중에서도 많은 기업이 시행하고 있는 제도지만, 비정규직을 확대하는 측면이 있다는 비판도 있다.

2) 선택적 근로시간제(flexible-time work; flextime work)

선택적 근로시간제는 주5일 하루 8시간을 근무하되 노동자 스스로 출·퇴근 시간을 결정하는 방식이다. 의무적으로 근무해야하는 핵심시간(Core Time)을 제외한 다른 시간을 자유롭게 조정할 수 있다.

직장에서의 출·퇴근 시간이 오전 9시부터 오후 6시까지라고 하면 본인의 선택에 따라

출근시간을 1시간 앞당겨서 오전 8시에 출근하고 오후 5시에 퇴근하는 것이 그 예이다.

3) 주간 집중근무제(compressed work weeks)

주간 집중근무제는 1일 8시간 이상 초과 근무하는 대신 일주일에 5일 미만으로 출근하는 것을 말한다. 예를 들어서 집중근무제를 도입하는 경우 기존에 월요일부터 금요일까지 하루 8시간 근무하던 방식을 변경하여 월요일부터 목요일까지 하는 대신 업무시간을 하루 10시간으로 늘려서 근무하는 경우이다.

한편 우리나라의 경우 주간 집중근무제 대신 하루의 일정시간을 집중근무 시간으로 정하고 업무에 전념하게 하는 것을 칭하여 집중근무제라고 한다. 예를 들어 우리나라의 한 지자체에서는 오전 9시부터 11시까지 집중근무제를 도입하고 있는데, 업무의 집중도가 높은 이 시간대에는 타부서 방문안하기, 사적전화 안하기, 신문안보기, 커피, 흡연을 이유로 자리 안비우기, 기타 인터넷 검색이나 오락행위 등이 금지되는 5無 운동을 하고 있다.

주간 집중근무제는 출·퇴근 시간을 자유롭게 조절할 수 있다는 점에서 선택적 근로시간제와 유사하지만, 주5일보다 적게 출근한다는 차이점이 있다.

주간 집중근무제는 다음과 같은 여러 가지의 장·단점을 가지고 있다

■ 주간 집중근무제의 장점

① 근로자에게는 추가적인 휴일이 생김에 따라 레저시간이 증대되고 삶의 질이 향상된다.
② 근로일수가 줄어듦에 따라 통근비용이 절약된다.
③ 주간 근로일수가 줄어듦으로써 근로에 대한 부담이 줄어 낮은 결근을 유도한다.
④ 근로일수 단축에 따르는 유리한 근로조건으로 인하여 새로운 근로자를 모집함에 있어서 우수한 인재를 유인하는데 도움을 준다.

■ 주간 집중근무제의 단점

① 하루의 업무시간이 증가함에 따라 정신적, 육체적 피로가 증가하고, 위험한 업무를 수행하는 경우 안전사고의 위험이 높아진다.
② 하루 근무시간이 증가함에 따라 근무일에는 가족간 대화의 시간이 줄어들어 가정불화의 우려가 증대한다.
③ 기업의 휴일이 늘어남에 따라 고객의 불평이 증가할 가능성이 높다.
④ 하루 근무시간이 증가함에 따라 종업원이 초과 근무수당을 요구하는 등 노사간 갈

등을 유발할 가능성이 있다.

4) 재택근무제(telecommuting)

재택근무제는 사무실에 출근하지 않고 자택에서 일하는 근무형태다. 이 제도는 업무의 독립성이 강한 업종에서 시행한다. 주 5일 모두 자택에서 일하거나 사무실 근무를 병행하는 두 가지 유형이 있다. 장애인 직원이나 자녀가 있는 직원, 집과 사무실의 거리가 너무 멀어 출·퇴근이 어려운 직원 등에게 유용할 수 있다. 재택근무제는 미국 및 캐나다 기업에서 보편화되고 있고 국내기업에서 빠른 속도로 확산되고 있다. 캐나다의 IBM사는 대부분의 미팅이나 특별한 미팅도 집에서 하게 한다. 20%의 직원들은 일주일에 2일 이상 그렇게 일을 한다.

재택근무에 대한 개념은 실제 사무실에서 더 연관이 있다. 개개인들이 일할 때 어느 장소에도 구애받지 않고 심지어 그들이 여행을 할 때에도 일을 할 수 있다는 것이다. 대부분의 모든 경우에, 직장에 있는 사람들이 자신과 오피스에 전자기기로 연결되어 있다.

재택근무는 대규모 노동력의 풀을 확보할 수 있고, 높은 사기와 생산성, 낮은 이직율, 사무실 공간비용절감 등 많은 장점을 가지고 있지만, 근로자를 직접 감독할 수 없고, 조직내 팀워크형성과 조정이 어려운 단점이 있다.

5) 직무공유제(job sharing)

직무공유제는 하나의 일자리를 두 사람 이상이 나눠 근무하는 형태를 말한다. 직무공유는 본래 하나였던 일들을 직무공유에 동참하는 사람들이 서로 일할 시간을 정하고 일을 한다. 때로는 일을 오전하고 오후하고 구분해서 하기도 하지만, 또한 일주일 단위 또는 한달단위로 일을 교대해서 하기도 한다.

한편 직무공유와 구분하여 업무공유(work sharing)를 별도 개념으로 사용하기도 있는데, 직무공유가 직무분할을 통해 하나의 풀타임 일자리를 2명 이상의 파트타임 근로자가 나누어 하는 것을 말한다면, 업무공유는 근로시간 단축을 통해 일감을 나눔으로써 고용을 유지하거나 창출하는 것을 말한다. 그러나 업무공유를 직무공유와 구분하여 설명하는 경우 용어의 혼동이 오고, 개념의 구분상 혼란이 올 우려가 있어서 여기서는 업무공유를 별도 개념으로 구분하지 않고 직무공유의 유형중 긴급대책형으로 구분하고자 한다. 직무공유의 유형에는 다음과 같이 긴급대책형, 고령대책형, 고용창출형 등이 있는데 취업창출형 등 다양한 유형이 있다.

■ 긴급대책형

일시적 경기악화에 따른 긴급대응책으로 종업원 1인당 정규노동 시간을 단축하여 사내의 기존 고용을 유지하는 방식이다.

■ 고령대책형

중·고령층 종업원을 대상으로 1인당 정규노동 시간을 단축하여 사내에 보다 많은 중·고령층의 고용을 유지하는 목적으로 활용하는 유형이다.

■ 고용창출형

국가(또는 기업단위)주도로 노동시간을 단축시켜 보다 많은 실업자에게 고용기회를 제공하는 형태로 정부에서 고용창출의 수단으로 사용하는 유형이다.

■ 취업확대형

정규직(풀타임) 사원도 단시간 근무제를 도입하는 등 근로방식을 다양화시켜 여성, 고령자 등의 시간제 근로와 같은 다양한 형태의 취업기회를 제공하여 고용을 확대하기 위하여 활용하는 방식이다.

한편 직무공유는 여러 가지의 장·단점을 가지고 있는데 이를 각각 살펴보면 다음과 같다.

■ 직무공유의 장점

① 직무공유자들은 한 사람의 전담자보다 높은 수준의 노력과 열정을 갖기 때문에 보편적으로 생산성이 높다.
② 직무할당 계획에 있어 융통성이 있기 때문에 과중한 업무를 보다 잘 처리해 낼 수 있다.
③ 직무공유는 보다 많은 개인시간을 제공하고 개인시간을 선택적으로 활용할 수 있기 때문에 결근율·이직률을 감소시킨다.
④ 직무공유제에서 한 사람의 시간제 근무자가 사직할 경우 나머지 한 사람은 새로운 근무자에 대해서 현장훈련이나 현장지도를 통해서 훈련을 시키게 되므로 효과적인 직무훈련이 가능하다.

⑤ 직무공유제는 노약자, 장애자, 가정주부와 같은 전일근무가 곤란한 사람들에게 고용기회를 제공할 수 있다.

■ 직무공유의 단점

① 직무공유제에서의 시간제 근무자들에 대한 복리후생적 부가급부의 지원에 어려움이 있다.

② 시간제 근무자들에 대한 지휘, 감독과 의사소통에 있어서의 문제가 있다.

③ 직무공유 상황에서 시간제 근무자들의 성과, 평가, 승진, 해고 등의 문제를 해결하기가 매우 어렵다.

■ 〈유연근무 사례 1〉 삼성전자의 자율출근제

삼성전자가 '유쾌한 실험'을 시작한 지 한 달이 지났다. 삼성전자는 지난달부터 완제품 부문의 디지털프린팅 사업부 등 임직원 8000여명을 대상으로 자율출근제를 시작했다. 기존 오전 8시 출근대신 몇 시에 출근하든 규정된 하루 근무시간만 채우면 되는 제도다. 매달 한 차례씩 금요일 휴가를 허용, 토요일과 일요일까지 모두 3일을 쉴 수 있는 순환휴가제도 시행 중이다.

이 같은 실험은 딱딱한 조직문화를 창의적으로 확 뜯어고치겠다는 이윤우 부회장의 의지가 담겨 있다. 그는 지난해 5월 대표이사 부회장에 취임한 직후부터 틀에 박힌 시간관리 중심의 조직문화로는 아이디어 경쟁시대에 뒤처진다며 창조적인 조직문화를 강조해왔다. 그동안 앞만보고 달려왔는데 앞으론 창조경영을 통해 새로운 시장을 개척, 1등을 고수하겠다는 전략이다. 마이크로소프트, 구글 등 최첨단 IT기업들도 직원의 자율성을 높이기 위해 자율출근제를 실시하고 있다. 또 정시 출근부담이 줄어들면 아이를 둔 고급 여성인력을 확보하는 데 유리할 것이라는 계산도 깔려 있다.

일단 초반반응은 나쁘지 않은 편이다. 삼성전자측은 "일부직원들은 아침시간을 활용해 영어나 중국어 등 외국어 학원에 갔다가 회사에 늦게 출근하고, 아이들을 유치원이나 어린이 집에 보내고 오는 직원들도 있다"고 말했다. 한 직원은 "시범사업부에서 일하는 동기가 술을 많이 마신 다음날 늦게 출근했던 경험을 말하더라"며 "지각이 아니라는 것만으로도 심리적 부담이 크게 줄었다고 하더라"고 전했다. 다른 직원은 "순환휴가제로 3일을 쉴 수 있어 연말까지 짧은 여행계획을 세우고 있다"며 기대감을 보였다.

자율출근제는 이달말까지의 시범운영을 마친 뒤 전 직원에게 적용할 계획이다.

하지만 이 같은 변화가 근로자에겐 도움이 안될 것이라는 의구심도 여전하다. 전직 삼성전자 직원은 "과거 오전 7시에 출근하고 오후 4시에 퇴근하는 7·4제를 시행할 때도 실제 오후 4시에 퇴근하는 사람은 거의 없었다"며 "처음에야 신선하게 보이겠지만 결국 원래대로 돌아갈 테고 근로자는 시간외 수당만 못 받게 될 것"이라고 지적했다. 다른 직원은 "자율출근제는 임직원 평가를 책상에 앉아있는 시간 대신 철저히 성과위주로 하겠다는 의미"라며 "지금도 인간미 하나 없는 조직인데 성과를 더 따지게 되면 업무스트레스만 더 커질 것"이라고 푸념했다.

국민일보, 2009.05.03

■ 〈유연근무 사례 2〉 미국의 일자리 나누기 확산

미국의 민관이 일자리 지키기에 총력을 기울이고 있다. 특히 민간분야에서는 일자리 나누기를 통한 일자리 지키기가 확산되고 있다.

〈뉴욕 타임스〉는 22일 컴퓨터 제조업체 델(무급휴가 확대), 시스코(연말 4일 가동중단), 모토롤라(임금삭감), 네바다카지노(1주일 4일 근무), 혼다(자발적 무급휴가), 시애틀타임스(500명 직원들의 일주일 무급 임시휴가로 100만달러 절감계획)를 비롯해 많은 기업들이 해고 대신 일자리 나누기를 선택했다고 보도했다.

펜실베이니아주 토완다의 금속기업인 '글로벌 텅스텐 앤 파우더스'는 1년 전에 비해 수익이 25% 줄었지만, 잔업을 없애고 설비구입을 취소하고 1천여명 직원들에게 무급휴가 사용을 권장하는 방법으로 해고를 피하고 있다. 인사책임자인 크레그 라이더는 "우리 직원들은 매우 숙련된 노동력이고, 경기가 회복될 때를 대비해 되도록 해고를 피하고 싶다"고 말했다.

지난 15년 동안 한번도 해고를 하지 않은 캔자스의 콘크리트 생산기업인 프리테크는 이번에도 잔업을 없애고 정부의 경기부양책에 따라 수요가 늘 것으로 예상되는 건설용 콘크리트 생산부문에 인력을 더 배치하는 등의 방법을 채택했다. 회사 소유주인 밥 번드셔는 "열심히 일하는 우수한 노동력들을 남겨두기를 원한다"고 했다.

샌프란시스코의 웹디자인 기업 핫 스튜디오의 마리아 가이디스 사장은 "2000년 닷컴버블 붕괴때 해고는 회사의 두뇌를 잘라낸 잘못된 선택이었다"며, 이번에는 잘못을 되풀이하지 않겠다고 말한다. 대신 보너스를 줄였다. 웹디자이너인 존 리텔은 "지금 당장 보너스를 받는 것보다는 6개월 뒤에도 일자리가 있는 게 낫다고 생각한다"고 말했다.

이달 초 보스턴의 브랜다이스대 이사회는 300여명의 교수, 강사들에게 급여의 1%씩을 줄이자고 제안해, 교수진의 30%가 자발적으로 급여의 1%씩을 삭감해 절감된 10만달러로 해고를 줄일 수 있었다.

컨설팅회사인 왓슨와이어트는 지난주 발표한 통계에서, 지난 10월에 26%의 기업이 내년에 해고계획이 있다고 밝혔지만, 최근 조사에선 23%로 줄었다고 지적했다. 조사대상 기업들은 대신 비용절감 계획을 검토하고 있다고 응답했다. 캘리포니아대 버클리 캠퍼스의 제니퍼 채트먼 교수는 해고를 피하고 노동비용을 줄이는 전략으로 "기업들은 노동자들의 충성심을 확보할 수 있고, (경기회복 때) 새로운 노동력을 고용해 훈련시킬 필요도 없어진다"고 말했다.

한편, 버락 오바마 대통령 당선자는 경기부양 예산을 6750억~7750억달러로 확대하고, 앞으로 2년간 일자리 창출의 목표도 250만개에서 300만개로 늘려잡았다고 〈뉴욕타임스〉가 이날 인수위 관계자들을 인용해 보도했다.

제 11 장

인적자원관리 개입

학습목표

1. 성과관리 시스템을 전략과 연계하여 설명할 수 있다.
2. 성과평가 결과를 보상시스템에 반영하여 활용할 수 있다.
3. 종업원 개발과 지원을 통한 조직개발 개입을 설명할 수 있다.
4. 조직의 교육훈련 체계를 조직개발과 연계하여 활용할 수 있다.

2008년의 리먼 브라더스 파산에서 시작한 세계 3차 경제위기는 기업의 생존을 위협하기 시작했다. 이러한 경제상황 하에서 많은 기업들이 지속가능한 성장과 경영을 위한 성과관리를 도입, 활용하고 있다. 그러나 성과관리 도입과정에는 많은 어려움이 있다. 개인의 성과를 측정함에 있어 필요한 정확한 측정지표가 없거나, 사용하더라도 사용하고 있는 지표가 전략과 관련이 없는 경우가 이에 해당된다. 또한 전략실행과 성과관리를 별개의 과정으로 이해하고, 이를 조직개발과 부분적으로만 접목하여 기업경영에 적용함으로 실패하게 되는 경우를 종종 보게된다. 그리고 성과관리의 목적을 결과에 대한 평가수단으로만 인식하고 있는 등 여전히 많은 걸림돌들이 있다.

인적자원관리 개입은 조직의 구성원을 통합시키는 인사활동에 초점을 두고 있다. 이 개입에서는 인적자원관리의 영역, 즉 임금과 보상, 선발과 배치, 훈련 및 개발, 인사평가, 경력개발 등의 방식을 변화시키는 방법을 활용한다. 본장에서는 인적자원관리 개입 중 가장 중요한 부분이 성과관리 시스템 변화를 통한 개입과 인적자원개발 개입을 중점적으로 다루고자 한다.

성과관리 시스템에서는 전략과 별개의 개념으로 인식되어진 종래의 성과관리 시스템이 아니라 조직전략과 연계된 전략적 성과관리 시스템을 통한 효과적인 조직개발 구축방안을 제시하고, 인적자원개발 개입에서는 조직의 전략과 연계한 교육훈련 체계구축과 더불어 기업내 교육훈련 프로그램 개발을 위한 단계적 절차에 대하여 설명하고자 한다.

제 1 절 | 성과관리 시스템

1. 성과관리의 의미

몇 년 전만해도 '최선'과 '성실'이 최선의 덕목이었던 시대였다. 하지만 현대사회에서의 미덕은 더 이상 '최선'과 '성실'이 되지 못한다. '최선'보다는 '최고'를, '성실'보다는 '성과'를 미덕으로 여기는 사회에서는 과거와 다른 기준으로 사람을 평가하게 된다.

이러한 사회변화를 가장 먼저, 빠르게 받아들인 곳은 다름 아닌 기업이다. 기업들이 추구하는 인재상의 기준은 '성과'가 되었다. '성과'를 내세우는 일사불란함은 정반사되어 자기자신에게로 돌아오는 부작용을 낳고 있다. 본절에서는 경영자가 정반사되어 나타난 부작용을 통제하면서 동시에 고성과 조직으로 만들어가는 성과관리 기법을 조직개발에 투영시켜 살펴보고자 한다.

성과관리란 조직전체, 부서 및 개인이 추구하는 목표의 달성여부를 측정하기 위한 주요 성과지표(Key Performance Indicator: KPI)를 정하고, 지표별로 성과목표 또는 성과기준을 정한 다음, 성과에 대한 과정관리, 성과평가 및 성과의 피드백이 이루어지는 시스템을 말한다. 일반적으로 성과관리는 다음과 같이 세 단계로 구분된다. 우선 경영전략과 연계된 경영성과를 정의하고 해당 성과의 정의에 합당한 성과목표를 정한다. 그리고 성과목표를 달성하기 위해 필요한 성과실행 과정을 체계적으로 관리한다. 마지막으로 성과목표의 달성정도를 평가하고 그결과에 따라 차기목표의 설정, 훈련 및 육성, 그리고 승진이나 임금 등의 보상에 연계한다.

2. 성과관리의 목표

성과관리의 목표는 기업과 종업원 측면에서 다섯 가지로 나누어 볼 수 있다.

첫째, 기업은 전략과 연계된 성과달성을 통한 장래의 비전을 달성할 수 있다. 기업의 비전은 장기적인 만큼 체계적인 전략계획 없이는 달성하는 것은 불가능하다. 장기적인 만큼 체계적이어야 하고, 체계적인 만큼 정기적인 관리와 목표점검이 필요하다. 경영자와 종업원은 정기적인 성과관리와 주기적인 목표점검을 통해 장래의 비전달성을 가능케 한다.

둘째, 종업원의 동기부여를 통한 조직성과 달성을 극대화하는데 있다. 이는 종업원에게 성과목표를 명확히 하고, 목표달성 정도를 기준으로 보상과 연계하여 목표의식의 고취 및 목표달성을 위한 개인의 역량을 집중할 수 있도록 해 준다.

셋째, 성과관리는 종업원의 역량개발을 도모한다. 성과목표를 부여받은 종업원은 이를 달성하기 위하여 역량을 집중하게 되며, 달성결과를 본인에게 피드백함으로써 개인의 부족한 부분을 인식하고 이에 대한 보충을 위한 교육이나 자기개발 기회를 부여함으로써 궁극적으로 역량개발이 이루어진다.

넷째, 종업원의 직무만족을 통한 욕구를 충족시킨다. 종업원의 대부분은 자신의 일을 어떻게 해야 하는지에 관하여 알기를 원한다. 그들은 조직으로부터 그들이 어떻게 성과를 향상시킬 수 있는가에 대한 조언과 피드백을 원한다. 잘 고안된 성과관리 프로세스는 종업원들이 그들 스스로의 성과를 측정할 수 있는 도구를 제공함으로써 문제를 해결할 수 있다.

다섯째, 성과관리는 성과기준을 통하여 조직이 종업원에게 기대하는 사항을 명확히 함으로써 조직성과에 대한 기업과 종업원 간의 이견에 따른 갈등과 마찰을 예방할 수 있다.

3. 성과관리 프로세스

성과관리 프로세스는 <그림 11-1>에서 보는 바와 같이 크게 성과의 전략의 연계, 성

그림 11-1 성과관리 프로세스

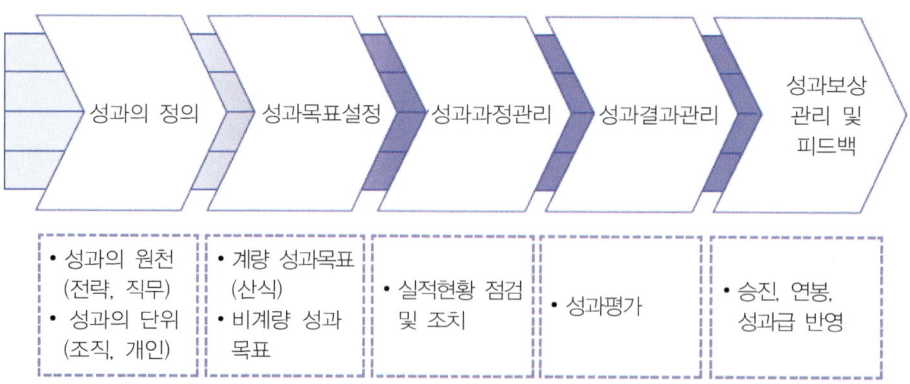

과정의, 성과목표 설정, 성과과정 관리, 성과결과 관리, 성과보상 관리 및 피드백 6단계로 진행된다.[1)]

(1) 성과의 정의

성과관리의 첫단계는 조직내 구체적인 성과에 대한 정의를 내리는 단계이다. 성과의 정의는 조직성과의 원천인 고유직무나 전략과제중 중요한 업무를 성과관리 대상업무로 청하고 분야별 성과의 단위를 확정하는 단계이다. 조직의 성과를 무엇으로 할 것인가를 정의하는 것이 성과관리의 출발점이다. 조직의 성과는 크게 경영성과, 조직성과, 개인성과로 나누어진다.

경영성과란 조직전체에서 추구하는 실적지표로서 매출액, 부가가치, 당기순이익, 성장률 등이 이에 해당한다. 조직성과란 조직내 하부조직, 즉 본부, 실, 팀, 과 등 단위조직이 지향하는 실적지표로서 단위조직이 가지고 있는 미션과 기능, 주요업무, 전략과제 등에 의해 결정된다. 개인성과란 조직내 개개인에게 주어지는 실적지표로서 개인의 직무 및 조직이나 부서로부터 부여받은 중요 전략과제에 의하여 결정된다.

조직전체이든 단위조직 또는 개인이든 부여받은 성과기준을 측정할 수 있는 형태로 정리된 것을 주요 성과지표(Key Performance Indicat; KPI)라 한다. 성과지표의 특성이 정량적으로 측정이 가능한가 그렇지 않은가에 따라 계량지표와 비계량지표로 나누어진다. 계량지표란 지표의 형태가 산식을 통하여 성과를 명확히 측정할 수 있는 지표로서 매출액, 수익률, 불량률, 성장률 등이 이에 해당한다. 비계량지표는 지표의 특성상 산식을 통하여 측정하기 곤란한 지표로서 노력도, 충실도 등의 지표가 이에 해당하며, 비계량지표의 성과를 판단하기 위해서는 지표와 관련한 주요행동을 추출한 후 계획, 실행, 점검 등 관리프로세스별 주요 성과기준을 설정하여 판단하여야 한다.

(2) 성과목표의 설정

조직, 부서 또는 개인의 성과지표가 확정이 되면 지표별로 계량인지, 비계량인지 속성을 파악한 후 지표별 세부적인 목표설정이 필요하다.

계량지표의 경우 산식을 확인한 후 조직의 기대치, 본인의 역량과 의욕, 해당지표와 관련한 전년도 목표나 추세치, 경영환경 등을 고려하여 적정한 목표를 설정하게 되는데, 성과목표를 확정하는 과정에서 반드시 조직과 개인간의 커뮤니케이션이 필요하다. 과거 우리기업의 목표설정 방법은 Top Down으로 조직에서 목표를 설정하고 그 목표가 부하에게 내려오는 방식으로 이루어졌다. 최근 목표설정 방법은 성과목표를 상사와 부하가 합의하여 결정하는 방식이 글로벌기업의 일반적인 흐름이다.

(3) 성과과정 관리

성과목표 실행과정에서 잘 진행되고 있는지를 주기적 점검을 통하여 진행상의 문제점이나 장애요인이 발생하는 경우 이에 대한 적정한 조치를 행함으로써 궁극적으로 목표달성이 잘 이루어질 수 있도록 체계적으로 과정을 관리하는 것을 말한다. 때론 환경변화나 조직의 변경이 이루어지는 경우 이에 따른 성과지표 및 성과목표의 변경을 실시하는 것도 성과과정 관리의 주요한 항목이다.

(4) 성과결과 관리

성과결과 관리란 경영지표에 맞는 기 설정된 성과목표에 대한 달성정도를 평가하는 것을 말한다. 즉, 성과결과 관리는 성과평가를 의미하며, 인사평가의 영역에서 주요하게 다루게 된다. 성과평가에서는 계량지표의 경우 기초 성과목표에 대한 달성도를 중심으로 평가하게 되며, 비계량지표의 경우 주요 성과기준을 확인한 다음 해당 기간동안 지표관련 활동들의 평가함으로써 결과관리가 이루어진다.

(5) 성과보상 관리 및 피드백

성과평가가 마무리되면 평가결과에 따라 차기 성과지표 및 목표에의 피드백 및 보상과의 연계가 이루어지게 되는데, 보상에는 크게 신분적 보상과 금전적 보상으로 나누어진다.

신분적 보상이란 성과평가 결과를 승진이나 승격에 반영하는 것을 의미하며, 개인성과관리에서는 승진시 성과평가 결과를 일정비율 반영하게 되며, 조직성과 관리의 경우 성과평가 결과를 부서장 승진요건에 반영하게 된다.

금전적 보상이란 성과평가 결과를 연봉이나 성과급에 반영하는 것을 말하는데 조직의 경우 성과평가 결과를 팀장연봉을 결정하는데 반영하거나 부서성과급을 결정하는데 활용된다. 한편 개인의 경우 성과평가 결과를 토대로 주로 연봉이나 성과급에 반영하게 된다.

4. 전략적 성과관리

(1) 전략적 성과관리의 의의

지난 수십 년간 국내의 많은 기업들은 조직원들의 올바른 행동을 유도해 기업의 잠재역량을 극대화하기 위해 전략적 성과관리 체계를 도입, 운영하고 있다. 그러나 필자의 다년간 컨설팅 프로젝트 경험에 따르면, 실제로 자사의 성과관리 시스템을 통해 성과를 극대화하고 자사의 잠재력을 완전히 발휘하고 있다고 자부할 수 있는 기업들은 많지 않을 것으로 보인다. 그 이유는 훌륭한 전략이 없어서가 아니라 전략이 제대로 실행되지 않기 때문이라는 것을 의미한다. 모든 기업은 자신이 처한 환경을 극복하고 비전을 달성하기 위해 전략을 수립하지만 조직구성원은 현업에 매달려 전략의 실행에는 관심을 기울이기 힘든 것이 현실이다.

균형성과표(Balanced Score Card : BSC)는 이러한 전략실행을 문제를 해결하기 위한 중요한 경영도구로써 전세계 초우량기업에서 대부분 도입하여 실시하고 있고, 국내에서도 이미 언급한 바와 같이 공공부문 및 사기업에서 도입·활용하고 있다.

(2) BSC의 정의 및 등장배경

전략적 성과관리 체계를 구성하는 핵심은 균형성과표(BSC: Balanced Score Card) 개념이다. 이 이론은 1992년 하버드 비즈니스 스쿨(HBS)의 로버트 캐플란(Robert Kaplan) 교수와 Norton 박사에 의해 소개됐는데,[2] 그때까지 주로 재무적 관심중심으로 기업을 평가하던 방식에서 탈피해 균형있는 관점으로 기업목표와 전략, 그리고 측정 및 평가방식을 통합적으로 수립 및 실행하는 방법이다. 2002년 `하버드 비즈니스 리뷰에서는 이를 21세기 가장 영향력 있는 Best 15 사상(思想)에 BCS를 포함시켜 그 이론과 실제적 효과를 공인한 바 있다.

균형성과표의 창시자인 노튼 및 캐플란 교수는 'BSC란 조직구성원들에게 조직전체의 전략을 이해시키고, 의도하는 전략적 방향대로 자발적으로 움직일 수 있도록 하는데 사용되는 비전전략으로부터 도출된 일련의 균형잡힌 측정도구'로 정의하고 있다. 즉, BSC란 조직의 비전을 달성하기 위한 최적의 전략시나리오를 구성하고 전략 달성도를 측정·관리하기 위한 주요 성과지표(KPI)를 도출하여 구성원들에게 전략적 목표 및 달성성과를 명확히 제시함으로써 전략목표 달성을 위하여 조직구성원 역량을 집중하는데 활용되는 전략관리 및 성과관리 도구를 의미한다.

BSC는 다음과 같이 세 가지 의미를 가지고 있다.

첫째, 조직의 성과를 여러 관점에서 균형있게 실시간으로 측정, 분석, 피드백할 수 있는 성과관리 시스템을 의미한다.

둘째, 조직 전 계층에 걸쳐 전략의 일체화를 도모하고, 다양한 전략이 구체적인 지표로 표현되어 구성원으로 하여금 전략의 실행을 유도하는 전략관리 시스템이다.

셋째, 전략간의 인과관계를 나타내주는 전략지도의 공유를 통하여 구성원 간 커뮤니케이션을 활성화하고, 의식과 행태를 전략중심으로 변화시키는 변화관리 시스템이다. BSC가 도입되기 이전 기존의 기업성과 지표는 재무상태표와 손익계산서, 현금흐름표 등의 재무시스템이 주축이었다. 하지만 재무시스템을 통한 기업의 성과측정은 기업과 고객의 관계, 직원의 교육수준 및 동기부여 정도, 내부 프로세스의 효율성 등 비재무적인 성과를 측정하기에는 많은 한계점을 가지고 있었다. 따라서 기업의 장기적인 성장과 발전을 위해서는 단기업적 중심의 재무적 성과보다는 비재무적인 성과도 관리할 수 있는 균형잡힌 성과지표 체계가 요청됨에 따라 BSC가 새로운 성과관리 시스템으로 기업에 도입하기에 이르렀다.

(3) BSC구축 절차

BSC구축은 다음과 같이 전략체계도 도출, 주요 성과지표(KPI) 설정, 성과관리 운영프로세스 설계의 절차로 진행된다.

1) 전략체계도 도출

전략체계도 도출절차는 다음의 3단계에 따라 진행된다.

■ 1단계: 미션, 비전 및 전략리뷰

BSC를 구축하기 위해서는 먼저 기업이 가지고 있는 미션과 비전, 전략을 확인하고 재구축하는 절차를 갖는다. 이를 통하여 기업이 추구하는 목표와 목표를 달성하기 위한 전략과 핵심 전략과제를 정리함으로써 전략관리를 위한 핵심지표를 도출하는 토대가 마련된다.

■ 2단계: 관점(perspective)검토

관점이란 기업의 성과(가치)가 어디에서 나오며, 가치의 원천을 어떻게 지속적으로 유지시킬 수 있는가에 초점을 맞추어 설정하게 된다. 노튼과 캐플런 교수는 기업의 전형적인 관점을 재무관점(finance perspective), 고객관점(customer perspective), 프로세스 관점(process perspective), 학습 및 성장관점(learning & growth perspective) 등 네 가지를 제시하고 있다. 즉, 기업은 전략을 달성하기 위해서는 학습과 역량강화를 통하여 미래를 준비하고, 현재의 업무프로세스 혁신을 통하여 최적의 업무수행 방식을 갖춤으로써 고객만족을 기하고 궁극적으로 재무성과의 극대화를 이룰 수 있다는 논리적 인과관계를 구성하여 네 가지의 관점을 제시하고 있다. 그러나 공공기관의 경우 노튼과 캐플란이 제시한 관점이 적합하지 않다. 왜냐하면 공공기관의 경우 수익성과 같은 재무적 성과보다도 공공성을 더 중요시하기 때문에 기관의 특성에 따라 관점을 달리 설정하게 된다.

■ 3단계: 전략체계도 작성

전략체계도(strategy map)란 전략의 달성 시나리오를 정리한 도표를 말한다. 전략체계도는 <그림 11-2>의 예와 같이 전략을 달성하기 위한 핵심 전략과제가 결정되면, 전략과

그림 11-2 전략체계도의 예

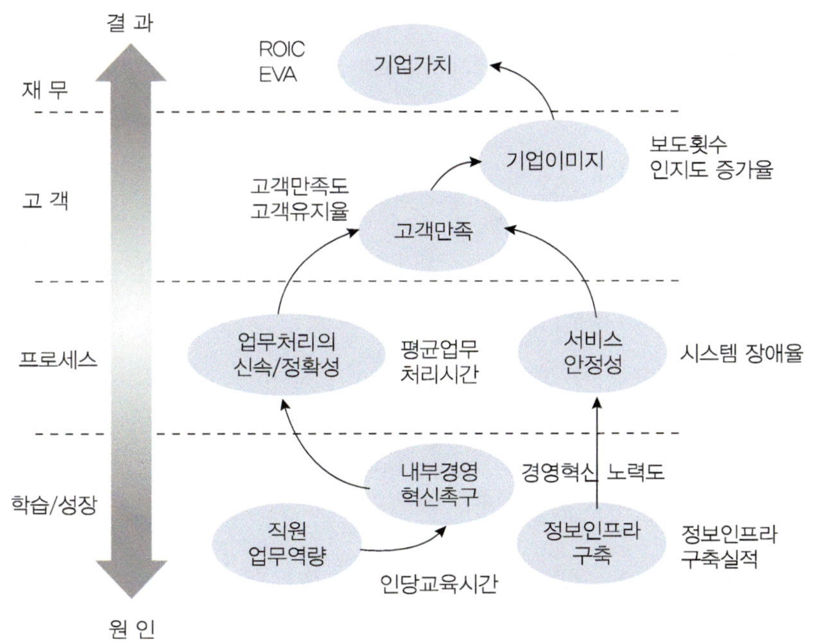

제를 달성하기 위한 핵심 성공요인(Critical Success Factor: CSF)을 관점별로 도출한 후 요인별 인과관계를 분석한 후 이를 도표화하여 마무리하게 된다.

2) 주요 성과지표(KPI) 설정

전략체계도가 완성되면 전략체계도 상의 핵심 성공요인(CSF)의 특성을 파악한 후 요인의 특성과 일치하는 성과지표를 도출하게 된다. 즉, 핵심 성공요인의 특성은 일반적으로 품질(quality), 원가(cost), 납기(delivery) 등으로 규정되어지는데, 만일 핵심 성공요인의 특성이 품질관련 특성을 지니고 있다면 성과지표도 품질을 측정할 수 있는 지표형태로 구성하여야 한다.

성과지표 도출과정에서는 가급적 현장 실무자가 많이 참여하는 것이 바람직하다. 왜냐하면 현장 실무자가 참여하는 경우 지표를 도출하는 과정에서 조직원에 대한 교육 및 학습이 이루어짐으로써 조직역량을 강화할 수 있고, 전체 구성원의 수용도가 높아질 수 있기 때문이다. 최종 성과지표를 선정하기까지 다음과 같이 세 단계를 거쳐 진행하는 것이 바람직하다.

■ 1단계: 예비 성과지표 도출단계

조직전체 및 부서단위 워크샵을 통해 전사에서 개인단위까지 단계적으로 성과지표를 발굴하고 개발하도록 하여 핵심 성공요인(CSF)과 주요 성과지표(KPI) 초안을 도출한 후 태스크포스팀(TFT)에서 검토 및 보완작업을 마무리하여 예비 성과지표 pool을 구성한다.

■ 2단계: 성과지표 검증단계

태스크포스팀에서 마련한 예비 성과지표에 대하여 전 부서에 검증요청을 실시한다.

■ 3단계: 최종 성과지표 선정단계

검증단계를 토대로 지표를 수정하고 새로이 선정하여 성과지표 총괄표를 작성한 후 성과지표에 대한 가중치, 산식 및 착안점 등 정의서를 작성하여 최종적으로 선정한다.

3) 성과관리 운영프로세스의 설계

성과관리 운영프로세스의 설계단계에서는 성과목표의 수립 및 성과관리 운영방안에 대한 체계적인 프로세스 및 원칙을 확립하는 단계이다. 성과목표는 기설정된 주요 성과지표의 속성을 파악하여 지표별 성과산식이나 주요 활동기준을 정하게 되며, 성과목표가 확정이 되면 성과목표 달성을 위한 추진계획을 수립하고 장애요인을 파악하며, 성과달성 여부를 지속적으로 모니터링을 하기위한 방안을 설계하게 된다.

5. 성과평가의 과정

성과평가의 과정(performance appraisal process)은 <그림 11−3>과 같이 다섯 단계로 나누어 진다.[3)]

그림 11−3 성과평가의 과정

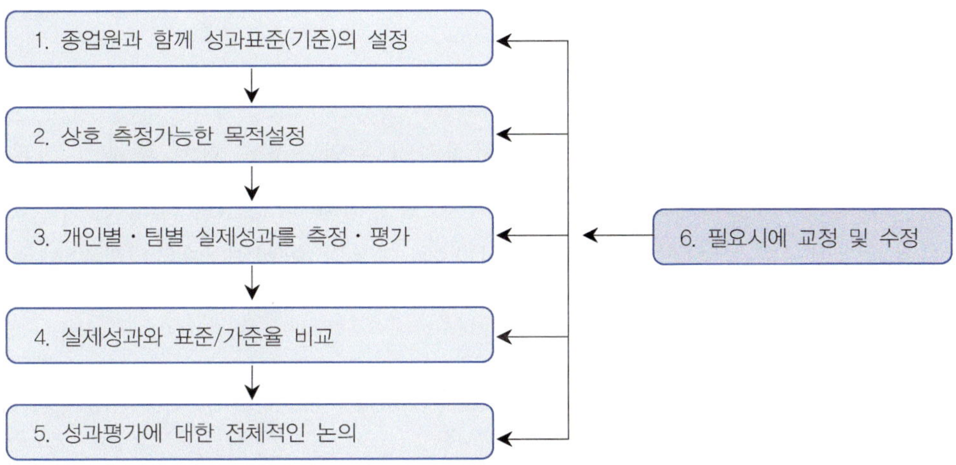

■ 1단계: 성과기준의 작성

조직의 전략적인 목적에 부합하는 성과표준이나 기준을 결정하여, 이를 기초로 조직의 전략적 지침을 결정하는 것에서부터 출발한다.

■ 2단계: 성과목표의 설정

성과표준이나 기준은 이해될 수 있고, 측정가능할 정도로 객관적으로 명확해야 한다. 업무자체가 다양한 경우에는 표준과 현실과의 괴리성이 나타날 가능성이 있기 때문에 쌍방적 커뮤니케이션으로 의사소통이 이루어져야 할 것이다.

■ 3단계: 성과평가

성과를 측정·평가하는 단계로 결정에 필요한 실제적인 정보입수와 무엇을 어떻게 측정할 것인가에 대해 관심을 가져야 한다. 이때 고려되어야 할 공통적인 요인은 개인적인 관찰, 통계적인 보고서, 구두보고서, 서면보고서 등이며, 이들 요인은 각각의 장·단점을 갖고 있으므로 요인별 혼합방법을 통해서 정보를 정리할 필요가 있다. 측정은 측정방법보다 측정대상 요인이 중요하고, 측정대상은 미래지향적 노력과 교정 및 수정사항의 구체적인 내용을 지적해야 한다.

■ 4단계: 성과의 차이분석

실제성과와 표준이나 기준을 비교하는 단계이다. 여기에서는 실제성과와 표준이나 기준을 비교하여 그 차이를 규명하고, 동시에 불합리한 요인의 제거를 위한 교정 및 수정사항을 파악하여 실천에 옮기는 일이 중요하다.

■ 5단계: 전체적 논의

다섯 번째 단계에서는 성과평가에 관해 전체적인 논의과정을 거쳐 평가의 객관성을 입증함과 동시에 불합리한 요인을 지적·색출하여 형평성과 공정성을 입증할 수 있도록 총체적인 커뮤니케이션이 이루어져야 한다. 이때에 과정적 양방향 커뮤니케이션을 중시할 필요가 있다.

■ 6단계: 결과의 피드백 및 교정

마지막으로 각 단계별로 필요한 곳에 교정조치를 취하게 되는데, 이때에 교정조치(corrective action)는 두 가지 유형으로 나누어진다. 하나는 오차나 오류에 대한 잘못된 증상을 치유하는 일이고, 다른 하나는 문제의 근본적인 원인을 조사하는 일이다. 이는 성과극대화를 위한 조치이다.

제2절 | 종업원 훈련과 개발지원

1. 훈련개발의 의의

교육훈련은 학교에서 일반학생을 대상으로 하는 학교교육과는 구분되어야 한다. 여기서의 교육훈련은 산업현장에서 사회인(직장인)들을 대상으로 실시되는 것으로, 근로자의 작업능력을 개발하기 위한 지식, 기능(기술) 교육, 태도의 향상을 추구하는 활동을 말한다.

기업의 규모가 작고 직무가 단순하여 습득하기 쉽거나 기술변화 등과 같은 외부적 요인에 의한 영향이 거의 없을 경우, 종업원의 교육훈련이 그리 크지 않다. 하지만 현대의 기업은 규모가 확대되고 직무가 개별화됨에 따라 교육훈련의 중요성이 더욱 커지고 있다. 오늘날처럼 급속한 변화가 잦은 고도로 발달한 산업사회에서, 기업은 제품과 서비스의 생산 및 조달방식, 필요한 직무유형, 이들 직무를 완수하기 위해 관리 및 기술유형 등을 변경해야 할 필요가 있다.

논의에 앞서 용어에 대한 접근에서 시작해보면, 교육훈련은 교육(education)과 훈련(training)이란 두 용어가 결합되어 만들어진 합성어다. 교육은 종업원의 지식·소양·태도를 육성하는 것이다. 흔히 정규 교육제도를 통한 장기적, 포괄적인 측면에서의 정신적인 이론위주의 지식함양과 능력개발을 목적으로 하고 있기 때문에 주체적이고 자기개발적이다. 반면에 훈련은 특정 직무를 수행하는 데 필요한 지식과 기능의 습득을 위해 이루어지는 것으로, 주로 기업에 의해서 기업만의 단기적이고 구체적인 실무위주의 육체적 기능습득과 연마를 목적으로 인간의 능력을 외부로부터 보충하는 것이라고 할 수 있다.

각 대상자들의 전반적인 수준과 차이를 고려하여 종업원을 채용하고 그들을 배치하여야 한다. 그 후에는 그들 스스로 자신의 자격과 능력을 할당된 직무활동에 적응시켜 의욕적인 노력을 하도록 해야 한다. 그러기 위해서는 하나의 학습행위가 필요하며, 그 결과 기술과 숙련을 습득하게 되는데 이 학습과정의 성립을 꾀하여 필요한 기술훈련의 습득과 배양을 노리는 것이 교육훈련이다. 교육훈련은 새롭게 채용된 종업원은 물론이고, 이미 경험과 숙련도를 소유한 종업원에게도 직무와 관련된 상황이 변화하기 때문에 지속되어야 한다. 조직 또는 기술의 혁신, 배치전환이 없어지기 전까지는, 새로운 사태에 대한 적응훈련이 실시되어야 한다.

인적자원관리에서 종업원 능력개발이 갖는 중요성을 간과할 수 없다. 인적자원관리는 종업원의 잠재능력을 개발하여, 실현된 능력을 조직목표의 실현에 활용하는 기능을 갖고 있기 때문이다. 이러한 큰 비중을 차지하는 능력에는 세 가지가 있다.

첫째는 종업원들이 가질 업무능력, 즉 기술적 지식
둘째는 중간관리자의 인간관계 능력이나 추진능력이고
셋째는 톱 매니저의 문제해결 능력이나 의사결정 능력

이같은 능력을 개발하려면 기업은 교육과 훈련의 인사방침을 적절하게 추진해 나가야 한다.

2. 훈련개발의 목적

기업은 교육훈련을 통해 구성원의 능력을 개발하여 최대한의 성과향상을 기대한다. 다시 말해서 교육훈련은 구성원의 성과를 향상시키기 위하여, 이에 필요한 자질과 능력의 향상을 목적으로 하며, 전반적으로는 조직유효성의 증대를 목적으로 한다. 단 교육훈련을 통

그림 11-4 교육훈련의 목적

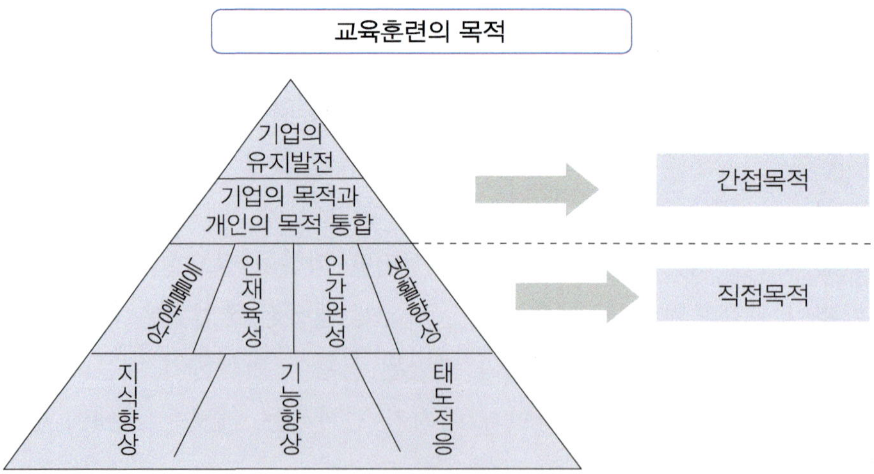

해, 기업은 업무의 능률을 향상시키고 그것이 계속적으로 발휘될 수 있도록 인재를 육성하려고 하고, 종업원은 인간완성과 이에 따른 처우의 향상을 목표로 한다.

3. 훈련개발의 종류

교육훈련은 실시주체, 목적과 대상, 교육장소, 내용, 방법 등에 따라 <표 11-1>과 같이 다양하게 분류된다.

표 11-1 교육훈련의 종류

	교육훈련의 종류 및 형태
주 체	• 직장내 교육(OJT) – 직장내 훈련: 직제의 장 및 선배 등 타인에 의한 지도 – 전문가와 외부강사에 의한 교육스텝 훈련 • 직장외 교육(off-JT) – 파견교육훈련: 관공서, 모회사에 의한 위탁, 학교, 해외파견 – 외부교육 훈련기관 훈련: 강좌세미나, 기타 • 자기개발 교육(SD) – 자기개발: 자기성장 의욕에 의한 자기훈련 – 지도를 수반한 능력개발 향상: 생애교육, 통신교육
대 상	• 신입자 교육: 인지훈련(Orientiation), 기초훈련, 실무훈련 • 현직자 교육(계층교육): 일반 종업원 훈련, 감독자 훈련(TWI) 관리자 훈련(MTP), 경영자 훈련(AMP)
내 용	• 직능별 교육: 생산부문, 마케팅부문, 인사부문, 재무부문 • 정신개발 교육: 자기개발 훈련, 교양교육, 노사관계, 극기훈련 • 능력개발 교육: 어학연수, 컴퓨터교육, 자격취득 훈련

(1) 종업원 교육훈련

1) 입직훈련(Orientation training)

신입사원이 새로운 직장의 환경에 적응하는 것을 돕는 훈련으로, 도입훈련(Entrance training)이라고도 불린다. 훈련은 조직전체에 대한 개괄(역사, 경영방침, 조직구조), 직무와 개개 종업원과의 관계(규정, 근로조건), 기타 조직의 일원으로서 필요한 입문교육(직무지식, 예절, 일반상식)등 기업전반에 대한 내용을 포괄한다. 조직문화 관점에서의 입직훈련은 입사초기에 조직의 전통적 가치를 교육하고 조직체의 사람으로 만드는 조직사회화(organizational socialization)의 과정이기도 하다.

2) 직장내 훈련(On-the-Job Training, OJT)

직장내 훈련, 혹은 직무훈련이란 종업원이 직무에 관한 지식과 기술을 현장에 종사하면서 감독자에게서 훈련받는 현장 실무중심의 현직훈련이다. 이 방법은 매우 실질적이고 적용가능한 방법이어서 오늘날 교육훈련 방법 중 가장 많이 사용되고 있다. 이 방법은 전사적인 교육훈련의 프로그램에 의해 실시되지 않고 각 부서의 장의 주도로 모든 계획과 집행의 책임을 지는 부서내 교육훈련인 경우가 흔하다. 이 훈련의 장점은 일을 하면서 훈련이 가능하다는 점, 종업원의 습득정도나 능력에 맞춰 훈련을 조절할 수 있다는 점, 상사나 동료간의 이해와 협조정신을 높일 수 있다는 점에 있다. 다만 일과 훈련의 병행에 따른 심적부담, 다수의 종업원을 훈련하는 데는 적절치 못한 점, 훈련내용 및 정도가 통일되지 않을 수 있다는 단점이 있다.

3) 직장외 훈련(Off-the-Job Training, Off-JT)

직무외 훈련은 종업원을 직무로부터 분리시켜 일정기간 동안 기업내 연수원 같은 곳에서 교육훈련에만 열중케하는 훈련을 일컫는다. 즉 교육훈련 담당종업원의 감독하에 연수원에서, 혹은 외부의 전문교육 훈련기관에 위탁하여 훈련을 실시한다. 이 훈련은 현직을

표 11-2 OJT와 Off-JT의 장 · 단점 비교

	장 점	단 점
OJT	훈련이 추상적이 아니고 실제적이다. 실시가 용이하고 저비용이다. 훈련으로 학습 및 기술진보를 알 수 있다. 상사와 동료 간 이해와 협동정신이 강화되고 촉진된다. 일을 하면서 훈련을 할 수 있다. 구성원의 습득속도와 능력에 맞게 훈련할 수 있다.	우수한 상사가 곧 우수한 교관인 것은 아니다. 조업에 지장을 초래한다. 많은 구성원을 한번에 훈련할 수 없다. 원재료의 낭비를 초래한다. 전문적인 고도의 지식과 기능훈련과 통일된 훈련을 할 수 없다.
Off-JT	현장작업과 관계없이 계획에 따라 실시가능하다. 많은 종업원들을 동시에 교육할 수 있다. 전문적 지도자가 교육한다. 업무부담에서 벗어나 훈련에만 전념할 수 있다. 훈련효과가 높다.	현장에서 바로 활용하기 어렵다. 작업시간이 감소한다. 비용이 많이 든다.

떠나 전문가의 지도아래 훈련에만 전념할 수 있어 통일적, 단체적 집단훈련이 가능하다. 또 다른 부서의 종업원과 지식, 경험 등을 서로 교환할 수 있는 장점이 있다. 그러나 교육훈련내용이 추상적이고 이론적이어서 현장과 괴리될 가능성이 높고, 훈련시설의 설치 및 이용에 따른 경제적 부담이 크고, 중소기업은 작업시간 감소로 일손이 모자랄 수 있어 실시가 어렵다는 단점이 있다.

4) 직능별 교육훈련

이 훈련은 각 부서에 종사하는 종업원들의 업무관련 지식의 수준향상과 고 기능화를 통한 숙련인력의 개발을 목적으로 실시된다. 직능별 부서로는 생산, 영업, 상품개발, 인사, 재무 및 연구조사 직능 등을 들 수 있다. 교육훈련을 통한 기술축적은 기업의 전 직능별로 골고루 이루어져야 내실있는 경쟁력이 확보된다. 생산부문의 교육훈련은 제품의 생산 및 개발과 관련된 기술 및 지식을 향상시키기 위한 교육훈련이다. 마케팅부문의 교육훈련은 제품의 판매 및 유통에 관한 능력을 제고시키기 위한 교육훈련으로서 시장 및 소비자의 특성에 대한 조사, 마케팅믹스(marketing mix)전략, 물적 유통(physical distribution), 광고 등을 교육내용으로 한다. 또 인사부문은 채용, 배치, 이동, 승진, 인사고과, 능력개발, 임금과 복지후생, 안전보건, 노사관계, 인간관계 측면의 능력향상을 주요 내용으로하며, 재무·회계부문의 교육훈련은 자금계획, 자본의 조달과 운용, 자기금융과 배당정책, 경리 등에 관한 전문지식과 능력향상을 목적으로 한다.

(2) 감독자 교육훈련

계장, 반장 및 조장 등 현장감독자의 지도력, 통솔력 양성과 관리에 기초적인 지식, 기술배양이나 능력의 향상을 목적으로 실시되는 훈련이다. 감독자 교육훈련에는 산업내 훈련, 브레인스토밍(brainstorming), 역할연기법 등이 있다.

1) 산업내 훈련(Training Within Industry; TWI)

산업내 훈련(Training Within Industry, TWI)을 실시할 경우, 감독자로서의 조건을 갖추기 위해 필요한 3대 기본과정을 정하고 8~10명의 감독자를 한 조로 편성해서 과정마다 두 시간 단위의 화합을 다섯 번 갖도록 한다. 3대 기본과정은 작업지도 및 훈련능력을 배양하기 위한 작업지도 훈련(Job Instruction Training, JIT), 작업방법 개선능력을 향상시키기 위한 작업방법 개선훈련(Job Method Training, JMT), 작업상의 인간관계, 특히 부하에 대한 지휘통솔력을 향상시키기 위한 작업상의 인간관계 훈련(Job Relations Training, JRT)으로 구성되어 있다.

20세기 산업사회 시대에는 기업내 직장, 반장, 조장 등 감독자의 감독능력 향상을 위한 프로그램화된 교육으로 기업으로부터 많은 각광을 받았으나 지식사회에 들어와서는 거의 사용되지 않는다.

2) 브레인스토밍(Brainstorming)

오스본(A. F. Osborn)이 자유연상법을 이용하여 독창적 아이디어를 개발하기 위한 방법으로서, 여러 사람으로 하여금 자유롭게 각종 아이디어를 내게하고 이것을 결합, 교체, 연결하여 실행 가능한 새 아이디어를 개발한다. 여기에는 네 가지 원칙이 적용된다.

첫째, 아이디어의 질보다 양을 추구한다.
둘째, 고정관념을 탈피하고 자유분방한 사고를 추구한다.
셋째, 가급적이면 비판은 삼간다.
넷째, 제출된 아이디어를 결합하거나 개선한다.

이 방법은 일정한 과제에 대해 일정시간 내에 자유로이 독창적인 아이디어를 제출함으로써 창조성을 개발하고 폭넓은 사고력의 개발과 새로운 답안을 만들어내는 것에 활용된다. 두뇌짜기는 작업방법, 관리방법, 판매방법 등 산업조직 내 경영을 개선 및 개발하는 것에, 신제품의 신용도 개발에, 그리고 여러 조직에서 새로운 아이디어를 창안하는 것에 이용되고 있다.

3) 역할연기법(Role playing)

주어진 사례나 문제에 등장하는 인물의 역할을 연기해 봄으로써 그가 당면한 문제를 체험해보는 교육훈련 방법이다. 이것은 실제의 인간관계적 상황을 가상한 현장실습 교육으로, 심리극(psycho drama)이라고도 한다. 이 방법은 감독자, 관리자 집단의 인간관계 훈련이나 판매훈련용으로 사용된다.

(3) 중간관리자 교육훈련

1) 관리자 훈련프로그램(Management Training Program, MTP)

미국공군에서 중간관리자를 훈련시키기 위해 개발한 방법이다. 관리자 훈련프로그램은 산업내 훈련(TWI)보다 상위의 관리층을 대상으로 하기 때문에, 비교적 광범위한 경영문제, 경영원리 해설, 관리자로서의 필요한 관리기술 지도를 목적으로 한다. 이 방법의 훈련내용은 관리자의 책임분야로 조직의 이해와 운영, 작업의 관리, 작업의 개선, 부하의 훈련, 인간관계, 관리의 전개 등 6개 부문 20개 항목으로 구성되어 있으며, 주로 회의식 토의방법을 활용한다. 20세기 산업사회 시대에는 관리자 역량강화를 위한 교육으로 기업으로부터 많은 각광을 받았으나 지식사회에 들어와서는 거의 사용되지 않는다.

2) 중견간부 이사회 제도(Junior boards of executives)

중견간부들로 하여금 경영관리자로서의 경험을 쌓고 그에 맞는 자질과 능력을 배양하는 훈련방법으로, 복수경영제도(multiple management) 또는 청년이사회 제도라고도 한다. 기업내의 문제점이나 건설적인 제안들을 조사하여 이사회 및 상위경영진에 건의하기도 하고, 경영자로서의 실무경험을 쌓는 상설 자문기관으로 두어 미래의 경영자를 배출하는 도구로 사용되기도 한다.

(4) 경영자 교육훈련

1) 최고 경영자 훈련프로그램(Administrative Training Program, ATP)

기업의 최고 경영층을 대상으로 토의식 경영강좌를 운영하는 프로그램으로, 교육대상자에게 최신의 기업경영에 관한 지식과 기법을 지도하는 것을 목적으로 하고 있다. 주요 강좌내용은 기업의 목적과 경영방침, 조직상 문제(형태, 권한과 책임 등 조직편성과 구조), 제반관리 문제(인사, 자재, 예산, 원가, 품질 등), 관리과정과 업무실시 조정(작업결정, 할당, 집행, 검토) 등에 관한 문제 등을 포함하고 있다.

2) 감수성 훈련(Sensitivity training)

이미 앞에서 설명한 바와 같이, 감수성 훈련은 다른 사람이 느끼고 생각하는 것을 정확히 감지할 수 있는 능력과 반응하는 태도, 행동을 개발하는 경영자 육성방법의 하나이다.

이 방법은 서로 알지 못하는 8~10명으로 이루어진 소집단에 '문화의 고도'라는 사회적 조건을 상정한다. 그리고 1~2주간 집단생활을 하며 자신의 감정이나 행동이 타인에게 미치는 영향과 타인의 반응을 체험한다. 타인에 대한 민감성을 높이고 집단 상호작용을 통하여 자신의 행동을 개선하고 대인관계 기술을 향상시키려는 것이 감수성 훈련의 목적이다.

3) 비즈니스 게임(Business game)

모의기업 경영경기(Management Simulation)라고도 하며, 경영자들에게 경영의사결정의 중요성을 훈련시키는 사례연구법 중 하나다. 보통 5~6명이 한 조로 된 여러 개의 집단이 가상적인 모의회사의 경영진이 되어, 부여된 각종 상황(생산비, 설비투자, 광고, 연구개발 등)에 따라 의사결정을 내린 후 그 결과를 심사집단에서 평가하여 우열을 가리게 하는 방법이다. 이 방법은 가상 경영게임을 통해 복잡하고 다양한 경영문제를 다루는 의사결정 훈련을 하게 함으로써 수 년에 걸치는 실무상의 경험을 수일내에 습득하는 것을 돕는다.

4) 인바스켓 훈련(In basket training)

실제와 유사한 가상상황을 설정하고 가상적 요구에 따라 의사결정 혹은 업무를 수행하도록 하는 훈련방법으로, 상사에게서 받은 메모, 전보, 편지, 지시, 전화메시지 등 실제상황과 비슷한 업무지 시용지(business papers)를 바스켓 안에 넣어 놓는다. 훈련조는 바스켓에서 업무지 시용지를 꺼내 일정시간 내에 상황을 분석하고 회답, 주문, 회의구상 등 적절한 조치를 취하도록 하는 것이다. 이 방법은 경영자개발과 능력평가에 사용된다.

4. 훈련과 개발의 조직개발 적용

조직내 체계적인 훈련프로그램을 개발하기 위해서는 적정한 훈련개발 모형이 필요한데, 기업에서 교수체제 설계를 위해 쓰이는 가장 기본적인 모형으로는 내들러(Nadler)의 학습프로그램 설계모형과 너빅(Nervig)의 교수체제 설계모형(Instructional System Design ; ISD)이 있는데 여기서는 교수체제 설계모형을 중심으로 설명하고자 한다.

(1) 교수체제 설계모형(ISD일반모형)

교수체제 설계모형은 일반적으로 "ADDIE모델"이라 불리며, <그림 11-5>와 같이 분

그림 11-5 교수체제 설계모형(ISD 모형)

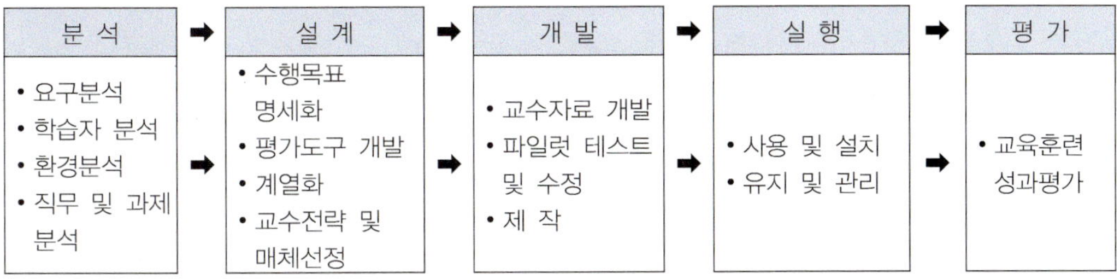

석(Analysis), 설계(Design), 개발(Development), 실행(Implementation), 평가(Evaluation) 등 총 다섯 단계로 구성되어 있다. 그리고 각 단계마다 형성평가 피드백이 있는 구조를 띄고 있다. 이 모형은 조직 및 개인의 훈련요구에 입각하여 투입의 최소화와 성과의 최대화를 위한 절차적 모형으로 이를 단계적으로 설명하면 다음과 같다.

1) 분석단계

분석단계는 경영상에서의 요구분석과 차이분석, 현재의 문제점과 원인을 분석한다. 그리고 학습자와 개발자원, 직무/과업 및 수행과제의 분석을 행하며 그 교육적 대안이 필요하다고 판단되는 경우, 무슨 내용을 어떻게 가르칠 것인가를 결정한다. 요구분석이란 개발하려는 교육과정의 관계자를 규정하고 그들의 성과가 낮은 원인을 분석한다. 문제의 원인이 교육과 관련된 것인지 아닌지 구분하고, 교육으로 해결할 수 있는 문제를 기록한다. 학습자 분석에서는 학습자의 선수지식과 기술 및 일반적 특성 등을 분석하며 개발자원 분석에서는 개발에 필요한 인적자원, 예산, 시간 등을 분석한다. 직무·과업분석이란 학습할 내용을 추출하기 위한 것으로 관찰법, 인터뷰방법 등을 통해 성과나 기술적인 문서 등을 분석하는 단계이다.

2) 설계단계

설계단계는 학습목표 기술과 평가전략수립, 계열화, 교수전략 및 기법 등을 선택하는 단계이다. 설계단계에서는 코스를 실제로 개발하기 전에 교과목들에 대한 구체적인 설계를 한다. 분석결과를 바탕으로 구체적으로 달성해야 할 교육목표, 교육내용, 학습자 활동 및 교수전략과 매체가 결정되고 적정 수업시간이 추정되며 학습목표를 달성을 평가하는 도구와 기준 등을 설정한다.

학습목표 기술은 교육이 끝났을 때 학습자가 나타내는 행동을 기술하는 것으로 흔히 ABCD의 구성요소를 지니고 있다. A(Audience)는 학습대상자, B(Behaviour)는 기대되는 성과, C(Condition)는 학습자의 행위가 이루어 질 조건이나 과업이 수행되는 작업환경, D(Degree)는 수행행위를 평가할 양적, 질적 수준을 기술한 것이다.

학습자의 Performance를 평가하기 위한 평가전략 단계에서는 필기테스트, 작업현장 관찰법 등 평가유형을 결정하고 방법을 개발하는 단계이다. 학습내용의 순차적 제시를 위한 계열화 기법에는 낮은 스킬→높은 스킬, 시작단계→최종단계, 초기→말기, 단순한 것→복잡한 것 순으로 제시한다. 끝으로 교수전략 및 기법을 결정하는 단계에서는 학습집단의 규모, 교육방법론(설명적 학습 혹은 발견적 학습), 교수기법(강의식 혹은 토론식), 교수매체 등을 결정한다.

3) 개발단계

개발단계는 설계단계에서 만든 자세한 설계도를 기초로 교재, 학습자료, 강사매뉴얼, 시청각 매체, 평가도구 등을 개발하는 단계이다.

4) 실행단계

실행단계는 경영층과 현장 관리자층의 지지 아래에서 강사양성과 실제로 학습대상자에게 개발된 코스를 학습하게 하는 단계이다.

5) 평가단계

평가단계는 커크 패트릭(Kirk Patrick)의 4단계 평가방법(학습자의 반응평가, 학습이해도 평가, 현업에서의 행동변화 및 성과에 전이된 정도를 평가하는 현업적용도 평가, 그리고 교육결과가 경영성과에 미치는 기여도 평가) 등을 사용한다.[4] 또한 형성평가와 총괄평가가 여기에 속하는데, 형성평가는 코스를 실시하기 전에 모의된 상황에서 학습대상자 대표와 교과내용 전문가들에게 개발된 내용과 매체, 평가도구 등을 제시함으로써 문제점을 점검·수정하는 단계이고, 총괄평가는 학습된 내용의 수행정도를 평가하는 단계로 미리 정한 평가도구와 평가기준을 이용해 순위나 점수가 학습자에게 부여된다.

훈련과 개발의 조직개발 적용에서는 ISD모형의 "ADDIE모델"을 통하여 조직구성원들의 훈련과 개발을 위한 교육프로그램 개발시 현업에 맞는 교육프로그램을 개발할 수 있다.[5]

[부 록]

SONY의 특별한 신입사원 교육 'Digital Dream'

SONY는 1946년도에 설립하여 전자기기, 게임, 엔터테인먼트, 금융 등 다양한 산업에 진출해 있는 일본의 다국적기업이며, 특히 음향/영상기기, 방송기재에서 독보적인 위치를 차지하고 있는 일본을 대표하는 기업이다. 21세기에 들어와서 기업환경이 디지털환경으로 바뀌면서 2010년 이후 회사는 실적부진 및 적자를 거듭하였으며, 이를 극복하기 위하여 몇 년간 뼈를 깎는 인력감축 및 구조조정을 실시하였다. 그 결과 2017년 3분기에 핵심 사업들이 발굴의 실적을 보임으로써 사상 최대의 이익을 냈으며. 이와 같은 기업의 회생뒤에는 디지털시대에 필요로 하는 명확한 인재상과 기업특유의 체계적이고 합리적인 인적자원관리 및 인재육성 시스템이 있었기 때문으로 볼 수 있다.

1. SONY의 인재상

① 호기심을 가진 인재로 다양한 분야에서 최고, 최선의 것을 알고 있어야 하며, 최신 분야에서 '나라면 어떻게 할 것인가'하는 대안을 가지고 있어야 하는 사람

② 상품제작에서부터 마무리까지 최선의 노력을 다하는 사람

③ 집착해야 할 것과 유연할 것에 대해서 구분할 줄 아는 사고의 탄력성을 가진 사람

④ 안될 것 같은 일에도 도전적인 자세를 가지고 있는 긍정적인 사람

⑤ 리스크에 대해 책임을 질줄 알고 위험을 감수하는 모험심이 있는 사람

2. SONY의 특별한 신입사원 교육 : 디지털 드림(Digital Dream) 실현을 위한 교육훈련체계

'디지털 드림(Digital Dream)'이란 1996년 이즈이 노부유키 사장이 창립 50주년을 맞아 내세운 슬로건 'Digital Dream Kids'에서 온 것이다. 디지털 기술을 통해 어린이들에게 꿈을 심어줌과 동시에, 한 사람 한 사람 사원들도 디지털기술을 사용하여 '어린이처럼 즐기면서 새로운 것을 창출하자'라는 의미를 담고 있다. 사흘반의 신입사원 교육 중 핵심교육은 '디지털 드림연수'라 이름 붙여졌다. 회사의 신입사원 교육을 통해 추구하는 바가 바로 이 '디지털 드림'의 실현이기 때문이다.

3. SONY의 신입사원 교육단계

Sony의 신입사원 교육단계는 매너연수, Group Work연습, 필드 인터뷰(Field Interview), Digital Dream 연수로 진행이 된다.

① 매너연수 : 입사식 종료 후 오후는 매너연수를 통하여 약속방법, 전화응대 등 비즈니스의 기본을 학습한다.

② 집단업무(Group Work) 수행방법 실습 : 일을 추진하거나 업무를 처리하는 과정에서 필요로 하는 효과적인 집단내 팀원 간 효율적인 업무수행 방법에 대하여 실습을 통하여 학습을 하게 된다.

③ 현장 인터뷰(Field Interview) : 첫날 배운 매너를 활용하여 사내의 선배(과장급)에게 약속을 하고 방문한다. 선배의 경험담이나 성공체험담을 직접 들음으로써 스스로 회사의 일원임을 자각하게 된다.

④ Digital Dream 연수 : 10인 1조로 Digital Dream의 실현을 위한 새 비즈니스를 기획한다. 완성된 비즈니스 기획작품은 부스에 전시하고, 프레젠테이션 시간에 신입사원 모두 서로의 부스를 돌면서 조별로 프레젠테이션을 진행하고 그 결과를 신입사원이 직접 평가한다. 특히 입사 2년에서 5년까지의 'Facilitator'라 불리는 선배사원들이 투입되어 신입사원의 연수의 효과를 높이는 역할을 한다.

제 12 장

사회기술적 개입

학습목표

1. 전사적 품질관리 시스템을 기업경영 측면에서 설명할 수 있다.
2. 전사적 품질관리 시스템의 중요성과 다양한 접근방법을 이해할 수 있다
3. 자율경영팀의 필요성과 구축방법을 현업에 적용할 수 있다.

사회기술적 개입은 집단문제 해결 및 책임경영을 통한 조직개발 방법이며, 이를 위한 기법으로는 품질관리 분임조(quality circle: QC), 전사적 품질관리(total quality management: TQM), 자율관리팀 등이 있다. 품질경영이란 최고 경영자의 리더십 아래 품질을 경영의 최우선 과제로 하는 경영관리 체계이다. 즉, 품질경영은 고객만족을 통한 기업의 장기적인 성공은 물론 경영활동 전반에 걸쳐 모든 구성원의 참가와 총체적 수단을 활용하는 전사적, 종합적인 경영관리 체계인 것이다.

기업의 경쟁력 확보노력은 기업의 전략적 의사결정을 통해 실천하게 되며, 이는 전사적 차원에서 목표달성에 기여하게 된다. 결국 최고 경영자의 리더십, 품질경영전략의 수립, 기업내부의 종업원들에 대한 교육훈련과 그에 따르는 종업원의 주인의식, 효과적인 업무 프로세스의 개선 및 개발, 품질 정보시스템의 확보, 이해관계자들과의 상생체제 구축 등의 노력을 지속적으로 실현함으로써 기업의 목표를 달성하게 된다고 할 수 있다.

이처럼 품질경영 전략이 기업의 전사적 측면에서 실행되고 있다는 것은 품질경영 활동의 성과에 영향을 미치는 것이고, 품질경영의 핵심요인 및 경영성과 간의 관계에 중요한 관계가 있음을 의미하는 것이다.

그리고 품질경영의 성공적인 정착을 위하여 자율경영 팀조직에 대한 새로운 개입이 필요하다. 이는 품질혁신 · 생산성 향상 · 참여확대를 위한 자율작업 집단을 의미하는 것으로, 일상적인 작업 외 모든 일을 스스로 수행할 수 있는 권한을 부여받은 소규모 집단을 말한다, 따라서 본 장에서는 조직개발을 위한 사회기술적 개입 기법으로서 품질경영과 자율경영 팀의 운영방법 및 조직개발 적용에 대하여 알아보고자 한다.

제 1 절 | 전사적 품질관리

1. 품질의 개념

미국품질관리협회는 품질을 "욕구를 만족시켜 줄 수 있는 역량을 지닌 제품과 서비스의 외양과 특성의 집합체"로 정의하고 있다. 이는 품질에 대한 소비자 중심적 정의로, 이 정의를 따를 경우, 기업의 제품과 서비스가 소비자의 기대를 상회할때만 기업은 품질을 소비자에게 제공했다고 볼 수 있을 것이다.

품질은 소비자의 사전기대에 부응하는 정도를 말하는 일치품질과 성능품질로 구분해야 한다. 예를 들어, 승용차의 경우 그랜저는 마티즈보다 승차감, 속력, 안전성, 내구성 등을 포함한 여러 면에서 우수한 성능품질을 가지고 있다. 두 종류의 서로 다른 승용차가 성능품질 면에서 나타나는 엄연한 차이에도 불구하고, 각각의 표적시장내 소비자의 기대에 일치하게 되면 일치품질을 가지게 된다. 즉 소비자가 가지고 있는 기대와 품질이 일치하는 경우를 말한다. 그러나 소비자가 그랜저가 승차감이 떨어지고 마티즈의 연비가 기대보다 낮다고 인식한다면, 이는 일치품질을 보여주지 못한 것으로 평가되고, 기업은 소비자에게 만족을 제공하지 못해 그 제품은 실패했다고 판단할 수 있다.

물론 일치품질이 소비자 만족을 유발하는 것이 중요하다. 그러나 어떤 제품은 제품명세표나 성능설명서에 기술된 내용이 실제 기능이나 성능과 일치하지 않거나 내용이 불충분하기도 하다. 또 제품설명이 시장소비자를 지향한 품질이 아니라 기업의 기술자가 주도한 품질을 기준으로 작성되어, 비록 높은 수준의 일치성능을 가질지라도 소비자 만족과 괴리가 발생하기도 한다.

2. 품질관리 프로그램

1980년대에 접어들어, 미국기업들은 품질혁신에 주력하기 시작했다. 일본기업들에게 시장점유율을 잠식당한 포드, 제록스, 모토로라 등의 미국의 대기업들은 품질향상을 위한 캠페인을 주도하여 전개하기 시작했다. 그리하여 대기업에 부품을 공급하는 중소기업들도 품질이 기업성공의 필수요건임을 인식하기 시작했다.

오늘날의 품질추구는 서비스산업, 비영리조직체, 정부기관, 심지어 교육기관에까지 확산되었다. 예를 들어 미국에서는, 품질개선 캠페인의 일환으로 1987년에 의회가 품질경영의 우수성을 인정하는 말콤 볼드리지 품질대상을 제정하였다. 이 상은 품질의 중요성에 대한 인식을 높이고, 미국기업의 우수품질 달성을 인정하고, 성공적인 품질전략을 홍보하는 목적으로 제정되었다. 매년 제조업, 서비스업, 중소기업 부문가운데 단지 두 기업만이 이 상을 수상한다. 수상한 기업은 다른 기업에게 그들의 품질전략에 관한 정보를 공유하기를 동의한다면 수상사실을 홍보하거나 광고할 수도 있다.

미국의 품질관리 캠페인은 유럽으로 확산되었다. 유럽연합의 ISO 9000 표준은 품질관리와 품질보장의 국제적인 기준이 되었다. 많은 유럽기업들은 공급업체에게 협력관계를 맺는 조건으로 ISO 인증서를 요구하기 시작했다. ISO 인증서를 받기 위해서는 기업은 서류상으로 나타난 품질달성 과정이 현장에서 반영되어 있고, 전 종업원이 그 과정을 이해하고 준수하고 있음을 확인하는 현장감사를 받는다. 대략 14개월 동안 정기적인 감사를 통해 서류와 현장의 수행과정이 일치하고 있음을 보여줌으로써 ISO 요구조건을 충족시킨다. 인증서를 받으면 그 기업의 협력업체도 ISO 인정을 받도록 해야 한다. 이제 ISO 9000은 유럽에서 기업을 함에 있어서 최저 요구조건이 되고 있다.

유럽연합 회원국이 아닌 국가의 경쟁사들은 거대한 유럽시장에서 배척당할 것을 염려하면서 ISO 9000의 표준을 달성하기 위해 신속히 움직이고 있는 실정이다.

3. 전사적 품질관리와 마케팅

오늘날의 최고 경영자는 제품과 서비스의 품질향상을 최우선 과제로 삼고 있다. 이제 소비자는 평이한 수준의 품질을 더 이상 원하지 않는다는 현실을 감안한다면, 기업은 이윤은 고사하고 경쟁에서의 생존을 위하여 전사적 품질관리 외에는 별다른 대안을 가지고 있지 않다.

품질이란 기업과 소비자 간의 제휴와 동맹관계를 가장 확실히 보장해주고 외부경쟁에 대응하는 방파제 역할을 담당할 뿐만 아니라 지속적 성장과 이익확보를 위한 유일한 길이라 볼 수 있다. 주목할 점은 제품과 서비스의 품질, 소비자 만족, 그리고 기업이익 사이에는 밀접한 연관성이 있다는 사실이다. 고품질은 고가격을 유지해주고 원가절감을 가능하게 할 뿐만 아니라 높은 수준의 소비자 만족을 가져다 준다. 품질향상 프로그램을 통하여 기업이윤을 증대할 수 있음은 많은 실증연구에서 이미 입증되고 있다.

전사적 품질관리를 시행하는 기업에 있어서 마케팅 또한 두 가지 책임이 있다. 먼저, 마케팅 관리자는 기업이 총체적인 품질의 우수성을 통하여 시장에서 경쟁력을 발휘할 수 있도록 전략수립과 집행에 적극적으로 관여해야 한다. 그리고 제품의 품질뿐만 아니라 시장조사, 판매원 훈련, 광고, 고객서비스 등을 포함한 강력한 마케팅 관리를 통하여 우수한 제품과 서비스를 소비자에게 제공할 수 있어야 한다. 양질의 제품과 서비스를 표적소비자에게 제공하기 위하여 마케팅 관리자는 다음 사항을 유념해야 한다.

첫째, 소비자의 욕구와 필요사항을 정확히 파악해야 한다.
둘째, 소비자의 제품과 서비스에 대한 기대사항을 제품설계자에게 제대로 알려주어야 한다.
셋째, 소비자의 주문을 정확하고도 신속하게 처리해야 한다.
넷째, 소비자가 제품사용과 관련하여 설명서나 훈련, 혹은 기술적인 도움 등을 제대로 받았는지를 파악해야 한다.
다섯째, 구매 후 제품사용에 어느 정도 만족하고 있는지를 소비자를 대상으로 조사한다.
여섯째, 제품과 서비스에 대하여 소비자가 제시하는 의견이나 아이디어를 수집하고 이를 해당 부서에 전달해야 할 것이다.

이와 같은 일련의 업무를 효과적으로 수행했을 때 전사적 품질관리를 통한 소비자 만족추구에 마케팅이 고유의 역할을 수행했다고 평가할 수 있을 것이다. 이렇게 볼 때, 마케팅 관리자는 소비자를 대상으로 하는 외부 마케팅 뿐만 아니라 기업내의 단위부서 혹은 종업원을 대상으로 하는 내부마케팅 역량을 향상시킴으로써 전사적 품질관리에 기여해야 하는 것이다. 소비자가 해당기업을 향하여 기대에 미치지 못한 제품이나 서비스에 대하여 불만족한 내용을 불평하는 것처럼 마케팅도 역시 기업을 향하여 불평하는 이른바 “소비자 지킴이”의 역할을 수행해야 할 것이다.

4. 말콤 볼드리지 품질상

(1) 말콤 볼드리지 품질상 제정배경

대일경쟁력 저하 등 심각한 경제위기에 빠져있던 미국이 대역전 드라마를 이끌어낸 비결 중 하나로 꼽히는 말콤 볼드리지 국가품질상(Malcolm Baldrige National Quality Award, 이하 MB상이라고 지칭함)은 1987년 레이건 행정부와 의회가 1970년대 이후 점차 상실해가던 미국기업들의 자신감을 회복시키고, 소위 미국병에 빠진 기업들에게 강력한 위기의식 고취와 함께 차별적 경쟁력 제고의 방향을 제시하기 위하여 제정하였다. 그 탄생은 전사적 품질경영(Total Quality Management; TQM)을 촉진시키기 위해 「국가품질개선법」(Public Law 100－107)에 의거하여, 1987년 8월 20일 레이건 대통령이 「말콤 볼드리지 국가품질증진법」(Malcolm Baldrige National Quality Improvement Act) 법안에 서명을 함으로써 이루어졌다.

MB상은 1988년 제조부문에서 모토롤라(Motorola Inc), 웨스팅하우스의 핵연료사업부(Westinghouse Electric Corporation－Commercial Nuclear Fuel Division), 중소기업 부문에서는 글로브 금속(Globe Metallurgical)의 3개 업체를 최초의 수상기업으로 선정한 이래 매년 미국내 전 산업분야의 최우수 기업을 선정하여 수여해 오고 있다. 이 상의 명칭은 불의의 사고로 고인이 된 당시 미국 상무장관이었던 말콤 볼드리지의 이름을 따서 명명되었다.

(2) 말콤 볼드리지 품질상 평가기준

말콤 볼드리지 품질상에서는 대상을 선정하기 위한 기준으로 일곱 가지 평가기준을 제시하고 있는데 이를 살펴보면 다음과 같다.

① 평가기준: 소비자 및 시장지향성

평가내용: 소비자와 시장의 요구사항을 결정하고 소비자 만족을 높이기 위해서 시스템이 얼마나 효과적으로 운영되는가?

점수: 80점

② 평가기준: 리더십

평가내용: 품질지향적인 기업문화의 창출 및 유지에 있어서 최고 경영자가 얼마나 성

공적인가?

점수: 110점

③ **평가기준: 전략적 계획수립**

평가내용: 품질향상을 위한 요구사항을 기업계획에 얼마나 잘 통합시키는가?

점수: 80점

④ **평가기준: 정보 및 분석**

평가내용: 품질향상과 계획수립을 위한 정보수집과 분석이 얼마나 효과적인가?

점수: 80점

⑤ **평가기준: 인적자원 개발과 관리**

평가내용: 최고품질을 위해 종업원의 잠재력을 개발하고 인식하는 노력이 성공적인가?

점수: 100점

⑥ **평가기준: 과정관리**

평가내용: 운영상의 품질을 보장하는 시스템과 과정이 얼마나 효과적인가?

점수: 100점

⑦ **평가기준: 사업성과**

평가내용: 계량적으로 나타나는 품질달성과 품질개선의 결과는 어떠한가?

점수 450점

(3) 말콤 볼드리지 품질상의 효과

말콤 볼드리지 품질상은 미국 개별기업들의 생산성 향상뿐만 아니라, 거시적으로 미국 경제를 되살리는 데 결정적인 역할을 한 것으로 평가받고 있다. 이 상을 계기로 품질에 대한 인식이 기존의 제품위주에서 경영활동 전반으로 확대되었으며, 이는 미국기업들의 기업가치를 높이는 데 지대한 공헌을 했다. 예로 1988부터 1995년 사이에 말콤 볼드리지 상을 수상한 업체 16개 사들의 주식가치 평균증가율이 329%로, S&P 500의 주식가치 증가율 112%와 비교하여 볼 때 약 3배에 이르렀고, 수상기업인 솔렉트론 사의 경우 말콤 볼드리지 기준을 도입한 지 5년만에 매출과 순이익이 10배 이상 늘어났으며 주식의 가격도 연평균 80% 이상씩 상승했다. 이러한 예들은 말콤 볼드리지 품질상이 기업들의 경영혁신에 얼마나 중요한 영향을 미쳤는가를 확실하게 보여 준다.

5. 전사적 품질관리의 조직개발 적용

전사적 품질관리(Total Quality Management, TQM)란 기업의 전 종업원이 소비자 만족과 세계수준의 성과를 달성하기 위한 목적으로 제품과 업무과정을 지속적으로 향상시켜 가는 것을 말한다.

전사적 품질관리를 위하여 마케팅 관리자는 소비자들이 구매하기를 원하는 제품을 개발해야 한다. 생산자는 모든 제품의 품질을 높여야 한다. 판매원은 소비자들에게 약속한 내용을 그대로 전달해야 한다. 정보시스템 전문가는 소비자의 주문을 정확하게 제때에 맞춰줄 수 있는 기술을 적응시켜야 한다. 재정담당자는 소비자가 가치를 느낄 수 있는 가격을 결정해야 한다.

다음으로 전사적 품질관리를 기업조직에 적용가능한 영역을 살펴보도록 하겠다.

(1) 최고 경영자의 참여

효과적은 TQM 프로그램은 품질과 소비자 만족의 중요성을 믿는 최고 경영자의 참여에서 출발한다. 많은 TQM 프로그램은 최고 경영자가 품질에 대한 책임을 품질관리 부서에만 위임하기 때문에 실패한다. TQM은 최고 경영진이 전략을 입안하고, 자원을 할당하고, 성과를 평가하는 일과 같은 내부역할을 충실히 이행해야만 성공할 수 있다.

말콤 볼드리지 품질대상을 수상한 기업들은 공통적으로 품질의 가치성을 일일 운영지침으로 강조하여 시장내의 성과를 얻어 낸 최고 경영진의 노력을 그 공로로 인정하였다. 수상기업의 최고 경영진은 품질향상을 위해 모든 종업원을 훈련시키고, 권한을 부여하고, 참여시켰으며, 또한 전체기업의 시스템과 업무처리 과정을 통합적으로 운영하였다. 때로는 최고 경영자가 직접 소비자를 만나는 일에도 관여하였다.

볼드리지 수상업체인 텍사스 인스트루먼트의 최고 경영자는 품질과정을 관리하는데 적극적으로 참여하였다. 이 회사의 품질과 소비자 만족을 위한 계획을 수립하고 평가하는 품질설계 개선팀은 사장이 직접 관장하였다.

우리나라의 경우, 소비자의 입장에서 기업의 품질수준을 판단하기 위해서는 관련학회나 관련협회, 관계기관에서 매년 수여하는 품질대상 우수기업의 제품 혹은 상표를 알아보면 될 것이다. 신문 등의 언론매체에 기사 혹은 광고로 제시되는 수상상품과 상표를 유심히 기억하여 구매전후의 평가자료로 삼는 습관을 들이는 것이 현명한 소비자가 되는 기본자세이다.

(2) 종업원의 몰입

소비자 만족을 고취하고 전사적인 품질을 강화하는 주요도구는 종업원이 직무성과를 높이고 품질을 선도하는 데 적극적으로 참여하도록 동기를 부여하는 종업원의 몰입이다.

종업원의 몰입은 전 종업원의 역량, 창의성, 활동력을 유발하려는 노력이다. 종업원이 능력을 최대한 발휘하게 됨으로써 심리적으로 편안하게 되고 업무에도 전력하게 되며, 또한 주인의식을 심어주게 되어 업무에 자긍심을 가져다주게 된다.

종업원이 몰입하도록 하기 위해서는 다음의 관리기법을 활용할 수 있다.

1) 종업원 권한부여

권한부여란 상급자의 승인이 없이 업무에 관한 의사결정을 내릴 수 있는 권한을 종업원에게 주는 것을 말한다. 권한을 부여받은 종업원은 조직의 이념과 전략을 실천할 권위와 책임을 얻게 된다. 예를 들어, 권한을 부여받은 조립라인의 작업자는 전 생산과정을 중단할 수 있고 발견된 문제점을 고칠 수 있다. 권한부여는 모든 종업원으로 하여금 직무를 수행하고 아이디어를 실천하는 데 보다 좋은 방법을 찾아낼 수 있게끔 지적인 능력을 발휘하도록 한다.

미국노동성의 연구에 의하면 일반적으로 권한을 부여받은 종업원은 그렇지 않은 종업원에 비해 기업측에 더 많은 이윤을 제공하는 것으로 밝혀졌다. 또 권한을 부여받은 종업원들의 직무만족도 더 높은 것으로 나타났다.

권한부여는 소비자만족 전략에도 효과적으로 기여할 수 있다. 소비자들은 상위자의 허락없이도 거래나 불평을 효과적으로 처리하는 종업원에게 고마워한다. 이렇게 우수한 서비스는 감동을 오랫동안 지속시키고 소비자가 사적으로 기업과 유대를 갖게 만들어 준다.

시어스는 종업원에게 권한을 부여함으로서 보상을 받는 경우이다. 1990년대 초 시어스의 소비자 충성도가 심각할 정도로 감소하였다. 소비자들은 점포가 제대로 대응해 주지않고, 관리직원이 능력이 없으며, 형편없는 상품이 진열되어 있다고 불평을 하였다. 소비자에게 더 나은 가치를 제공해주기 위한 노력으로 시어스는 개별점포와 부서에게 권한을 위임하였고, 종업원은 단위점포 혹은 부서별 운영방침을 스스로 결정할 수 있었다. 그 결과, 점포의 종업원들은 문제점을 즉각적으로 수정하고 대처할 수 있다. 예를 들어, 소비자가 진열대 통로가 지저분하여 통행이 어렵다고 종업원에게 불평을 했는데 일주일 뒤 다시 방문했을 때 통로가 깨끗이 정돈된 것을 보고는 놀라기도 한다.

2) 종업원 훈련

품질의 중요성과 목표품질을 달성하는 계획은 종업원 훈련프로그램에 반영되어야 한다. 잘 훈련된 종업원은 주어진 직무를 수행하는 방법은 물론이고, 조직목표, 전략에 대한 정보를 완전히 알고 있어야 한다. 나아가 소비자의 욕구와 기대를 인식하고 충족시킬 수 있도록 종업원을 훈련시켜야 한다.

또 다른 훈련으로는 업무의 품질을 측정하고 감시하는 기술을 가르치는 것이다. 기술적 훈련은 종업원의 직무의 성격에 따라 다르기는 하나 통계적인 품질통제와 문제해결의 방법으로써 품질관리 도구를 어떻게 사용할 것인가에 대해서 배우는 것이다.

종업원 훈련은 막연한 비용투자가 아니라 재정적인 면에서 오히려 이득을 가져다 준다. 모토롤라의 경우 훈련에 투자한 1달러당 30달러의 효과를 얻은 것으로 선정하고 있다. 한 아이스크림 회사는 훈련을 실시한 결과 생산성이 57%나 높아졌고, 재고가 66%가 감소하였으며, 판매량이 830%나 증가한 결과를 가져왔다.[1)]

3) 팀워크

TQM에서 종업원 몰입의 마지막 요소는 팀워크이다. 팀이란 공동의 목적을 수행하는데 있어서 보완적인 기술을 가진 소수의 인원을 말한다. 팀구성원은 자가 성과목표를 설정하고 상호협력하여 작업한다. 합동으로 작업함으로써 각기 작업할 때보다 개별팀원은 더 높은 성과를 올리고 소비자의 욕구에 더 신속하고 철저하게 대응한다.

팀워크를 발휘하기 위해서 품질동아리와 부서간 팀, 자기관리 팀을 운영하면 효과적이다. 품질동아리란 한 작업반 혹은 부서별로 정기적으로 문제점을 파악하여 해결하기 위해 모인 종업원의 집단을 말한다. 품질동아리는 1990년대에 기업현장에서 유행한 품질향상을 위한 관리기법이다. 종업원들은 부서별 혹은 현장별로 소비자를 일선에서 대할 때 장애가 되는 점을 모여서 논의하고, 보다 나은 품질과 서비스를 소비자에게 제공할 수 있는 해결

방법을 개발하게 된다.

부서간 팀은 특정 프로젝트를 함께 수행하기 위해서 서로 다른 부서에서 모인 종업원들로 구성된다. 이때 특정 프로젝트에는 신제품개발이나 특정 현안문제 해결 등이 포함된다.

자율경영팀은 감독이 없거나 거의 받지 않으면서, 작업을 하는 종업원의 집단이다. 여기서 팀구성원은 스스로 작업일정을 작성하고, 다른 동료의 직무를 습득하며, 그들 작업의 품질과 성과에 대한 책임을 지게 된다.

종합하면, 소비자는 특정 기업이 판매 혹은 제공하는 제품이나 서비스를 비교하여 평가할 때 그 기업이 품질향상을 위해 어떠한 노력을 기울이고 있는가를 살펴봄으로써 판단할 수 있다.

종업원의 몰입을 유도하기 위해 어떠한 정책을 수립하고 있는가를 여러 커뮤니케이션 경로를 통하여 파악하는 것이 하나의 방법이 될 수 있다. 종업원에게 부여하는 권한의 수준, 종업원 훈련의 실시여부, 팀워크 발휘를 위한 품질동아리나 부서간 팀, 자율경영팀 등을 활성화하는 지의 여부에 관한 정보를 탐색함으로써 그 기업의 품질수준을 미리 가늠해 볼 수 있을 것이다.

(3) 마케팅 감사의 실시

마케팅 감사란 기업의 마케팅 철학, 목적, 정책, 전술, 실행, 성과를 철저하고 객관적으로 평가하는 것이다. 마케팅 감사는 소비자를 만족시키고 품질을 지속적으로 개선하고자 기업이 노력하는데 있어서 취약점을 파악하는데 도움을 준다.

경영자는 정기적으로 마케팅 계획에 대한 감사를 실시해야 하며, 감사결과의 객관성을 인정하고 수용하여야 한다. 기업이 잘 수행한 업무에 대한 확인뿐만 아니라 잘못 수행한 업무도 밝혀내야만 한다. 어떤 기업에서든 정기적인 점검, 비판, 그리고 자기진단은 기업의 생동감을 불어넣는데 매우 중요한 관리과정이다. 마케팅 감사는 특히 관리자의 인식이 현실과 동떨어진 부분에 대해서 잘 지적해 준다.

마케팅 감사를 실시하는 방법은 기업마다 서로 다르다. 어떤 기업은 비공식적인 절차를 따르는가 하면, 어떤 기업은 엄격한 점검표, 설문지, 테스트, 조사도구를 활용하기도 한다.

대체로 마케팅 감사에는 소비자 철학, 통합적 마케팅 조직, 적정한 마케팅 정보, 전략적 지향성, 운영의 능률성과 관련한 기업의 마케팅 효과성을 점수로 환산하여 평가한다. 중소

기업 혹은 대기업을 막론하고 마케팅 감사의 내용은 동일하게 적용할 수 있다.

마케팅 감사의 궁극적인 목적은 제품이나 서비스의 품질을 제공하는 과정을 철저하게 감시하여 그 품질을 개선 혹은 향상함으로써 소비자의 만족도를 높이는데 있는 것이다.

따라서, 기업이 마케팅 감사를 얼마나 제대로 실시하느냐가 소비자만족 수준을 결정한다고 볼 수 있을 것이다.

(4) 벤치마킹

벤치마킹은 세계수준의 마케팅 운영방식을 창출하기 위한 수단으로써 동종 산업내에서 뛰어난 마케팅 성과를 성취하는 방법을 찾아내고, 최상의 성과와 견주어 자사의 성과를 끊임없이 비교하고 평가하는 시스템을 말한다.

벤치마킹의 목적은 시장에서 경쟁우위를 확보해주는 최상의 성과를 얻는데 있다. 약 20년 전 미국에서 선도적으로 벤치마킹을 활용한 제록스사는 자사의 제조원가를 일본과 미국내 경쟁사와 비교해본 결과, 경쟁사들의 판매가격이 제록스사의 제조원가와 같다는 것을 알게 되었다. 경쟁사의 제조과정, 생산요소, 비용을 분석한 후 제록스사는 경쟁사의 높은 기준을 새로운 목표로 정하였다. 1980년대 초까지 제록스사는 전 제품과 과정의 품질관리를 촉구하는 핵심요소로 벤치마킹을 채택하였다.

1) 벤치마킹의 과정

벤치마킹 과정은 개선을 필요로 하는 과정의 파악, 산업내 선두기업의 활동과 자사의 과정을 비교하고 보다 나은 품질을 위한 실행의 세 가지 단계로 나눌 수 있다. 이러한 연속적인 과정을 통하여 시장에서 선두를 유지할 수 있게 된다.

① 개선이 필요한 과정파악

벤치마킹은 신제품설계나 고객서비스 등과 같은 기업이 개선하기를 원하는 과정과 관행을 파악하는데서 출발한다. 벤치마킹 작업은 주요 성공요인 즉, 경쟁우위와 장기적인 성공을 성취하는 데 가장 크게 영향을 미치는 제품과 과정의 특성에 초점을 두어야 한다.

소비자 만족의 주요 성공요인은 어떤 기업에서는 최상의 서비스가 될 수 있으나 다른 기업에서는 신제품의 신속한 출시가 될 수도 있다. 어떤 활동을 벤치마킹 할 것인가를 결정한 뒤 기업은 최상의 성과를 보여준 선도자를 파악해야 한다. 이때 자사내의 부서나 부문의 고려될 수도 있고 혹은 경쟁사나 선도기업을 살펴볼 수도 있다. 예를 들어, 제록스사의 경우 현금출납 과정은 아메리칸 익스프레스사, 품질관리 과정은 플로리다 전기회사, 창고운영과 유통과정은 허시 식품사를 각기 벤치마킹하였다.

사우스웨스트 항공사의 경우는 좀 특이하다. 사우스웨스트는 주요 성공요인인 안전기준을 철저히 준수하면서 항공기 정비를 신속하게 완료하는 능력에 주목하였다. 사우스웨스트는 특이하지만 논리적인 과정을 벤치마킹의 대상으로 선택하였다. 항공업계와는 관련이 없어보이는 '인디애나 폴리스 500' 자동차 경주대회를 벤치마킹한 것이다. 트랙을 500바퀴 완주해야 하는 레이스도중 경주용 자동차를 중간점검하는 정비요원들의 신속한 서비스를 연구한 후 사우스웨스트는 여기서 얻은 지식을 자사 항공정비사들의 업무성과를 향상시키는데 적용하였다.

② 내부과정의 분석

벤치마킹은 내부와 외부의 두 가지 형태의 분석을 필요로 한다. 다른 기업과 자사의 과정을 비교하기 전에 자사의 강점과 약점을 결정하는 내부의 활동을 먼저 분석하여야 한다. 이러한 내부분석은 비교의 토대를 구축해 준다. 내부분석을 완료한 후에 계속되는 외부분석에서는 벤치마킹의 대상이 되는 기업이 높은 평판을 얻고 있는 이유에 관한 정보를 수집한다. 분석의 결과를 비교하여 개선을 위한 계획을 수립하는데 필요한 객관적인 기준을 제공해 준다.

③ 개선의 실행

기업들은 벤치마킹을 한 결과를 여러 가지 형태의 개선을 실행하는 데 사용한다. 기업들은 새로운 성과목표를 수립하고, 벤치마킹 대상기업의 최상의 실행방식에 맞추어 현재 과정을 바꾸며, 새로운 업무방식의 진척상황을 점검하기도 한다.

벤치마킹 분석담당자는 결과를 종업원과 협의하여서 변해야하는 이유, 개선의 기회, 변화를 실행하는데 있어서 각자의 역할, 변화가 기업의 전반적인 전략에 미치는 영향 등을 모두가 이해하도록 만들어야 한다.

오늘날 벤치마킹은 품질관리 프로그램의 핵심요소로 간주된다. AT&T, 메트 라이프 보험사, IBM, 매리옷호텔, 그리고 수천여 대기업과 중소기업에서 벤치마킹을 우수품질을 점검하는 표준도구로 활용하고 있다.

벤치마킹에 대한 관심은 다양한 벤치마킹 서비스를 제공하는 수많은 협회나 컨설팅회사로도 퍼져있다. 예컨대, 국내컨설팅 회사의 경우 컨설팅수행 과정과 세부 평가표를 미국의 보스턴 컨설팅사나 맥킨지 컨설팅사를 벤치마킹하여 국내의 독특한 현실에 접목시킬 수 있을 것이다.

2) 지속적인 개선작업

지속적인 개선이란 품질, 적시성, 능률을 개선하기 위해 작업활동을 끊임없이 연구하고 변화시키는 과정이다. 지속적인 개선은 기업이 소비자의 욕구에 맞도록 제품과 서비스의 부가가치를 높이는데 도움을 주고, 소비자의 기대를 능가하는 혁신을 이룰 수 있도록 지원한다. 이 개선은 소비자의 필요, 욕망, 그리고 기대는 항상 변하기 때문에 연속적이어야만 한다.

작업과정의 품질이 제품과 서비스의 최종품질을 결정하고, 염격한 작업과정을 통하여 시장에서의 경쟁우위를 확보하게 된다. 개선을 위한 지속적인 노력은 소요시간을 단축하고, 편차를 줄이고, 낭비요소를 제거함으로써 품질과 소비자 만족을 높이는데 주안점을 둔다.

① 소요시간 단축

소요시간은 작업과정과 활동을 시작해서 완료할 때까지 요구되는 시간을 말한다. 예를 들어, 소요시간을 자동차를 설계하고, 소비자의 불평을 처리하거나 마케팅 안내서를 제작하는데 투입된 시간으로 측정할 수도 있을 것이다.

지속적인 개선작업은 작업과정을 단순화하고, 제품의 부가가치를 부여하지 못하는 단계는 없애고, 부서간 팀을 구성함으로써 소요시간을 줄일 수 있다. 소요시간 단축은 두 가지 목적이 있다.

첫째는 시장에서 신제품을 신속하게 출시하는 것이고
둘째는 소비자에게 제품과 서비스를 생산하여 전달하는 시간을 줄이는 것이다.

② 편차축소

작업과정, 상품, 서비스에는 어느 정도의 편차가 있기 마련이다. 편차가 발생하는 원인으로는 허술한 시장조사, 기계작동 불량, 오래된 기술력, 훈련되지 않은 종업원, 비능률적인 작업절차, 공급자로부터 불량부품과 설비제공 등을 들 수 있다.

품질프로그램은 이러한 편차를 줄이는데 통계적인 통제와 문제해결 방법을 적용하도록 종업원들을 훈련시킨다. 주목적은 최상의 성과기준에 도달하게 하여 소비자가 그 기업의 제품이나 서비스를 구매할 때 일관되게 고품질을 신뢰하도록 하는 데 있다.

효과적인 작업과정은 실수의 원인이 되는 생산활동의 편차를 줄임으로써 제품의 품질을 높이게 된다. 생산활동에서 발생 가능한 편차의 원인을 발견하는 일은 완제품을 대상으로 결함과 문제점을 조사하는 것보다 비용면에서 효과적이다.

편차는 생산뿐만 아니라 서비스 환경에서도 줄일 수 있다. 사우스웨스턴벨은 서비스 주문처리 상의 실수와 서비스 요청에 대한 대응속도에 대해 주요 고객으로부터 불평을 많이 받았다. 이 회사는 소비자 서비스 부문에서 15가지의 개선방법을 개발했다. 5개월 동안의 시험 후, 사우스웨스턴 벨은 서비스 수준을 가장 효과적으로 개선할 수 있는 방법을 찾아낼 수 있었다. 소비자 서비스 담당자 회의, 종업원 훈련기간의 변경을 포함한 새로운 개선을 통하여 이 회사는 더욱 일정한 서비스를 제공할 수 있게 되었다.

③ 낭비요소 제거

작업과정이 계속적으로 개선되는 초기에는 소비자는 고품질의 제품과 서비스를 저렴한 가격에 살 수 있는 혜택을 입게 된다. 품질지향적인 기업이라면 낭비적인 요소를 없앰으로써 생산의 경제성과 마케팅 효과를 높이고, 따라서 소비자의 만족을 충족시키게 된다.

품질컨설턴트들은 대다수의 기업이 초기에는 판매량의 25 내지 30퍼센트를 잘못된 비용으로 소모한다고 주장한다. 저급한 품질, 폐기물, 재작업, 소비자상실 등과 관계되는 비용을 품질비용이라고 한다. 품질비용은 내적 및 외적 측면이 있다.

대체로 내부품질 비용은 측정이 가능하다. 예로는 사용하지 않는 부품의 폐기, 불량부품의 재작업, 불량상품의 조사와 폐기, 저품질 제품의 재설계, 종업원 재훈련 등이 있다.

외부 품질비용은 측정하기가 내부에 비해 상대적으로 어렵다. 여기에는 판매감소, 마케팅 기회상실, 빈번한 수리, 부정적인 구전이나 홍보, 경쟁사로 소비자이탈 등이 포함된다.

제품이나 서비스의 품질을 향상시키기 위한 전사적인 노력은 지속적인 개선작업을 통하여 완성될 수 있다. 작업 혹은 업무처리 과정에 소요되는 시간, 실행과정상 발생하는 품질의 차이, 품질비용으로 인한 불필요한 투자 등을 축소하거나 제거함으로써 고품질을 성취하게 되고, 소비자 만족을 충족시키게 되는 것이다. 소비자는 어느 기업이 지속적으로 개선을 시도하면서 변화하고 있는가를 살펴보아 제품이나 서비스에 대한 만족도를 높일 수 있을 것이다.

제2절 | 자율경영팀

1. 자율경영팀 정의

자율경영팀(Self managed team, Self-directed Work Team, Empowered team)에 대한 정의는 여러 가지가 있다.

① 특정 제품이나 서비스의 창출과 관련된 업무프로세스를 책임지고 자율적으로 움직이는 작업집단이다. 이것은 권한이양 원리아래 실무자들의 자율성과 창의성을 중시하는 현장중심형 조직으로, 1980년대 중반이후 미국기업(특히 제조업의 공장부문)들 사이에 유행하고 있는 새로운 조직운영 방식이다. 수직적인 계층이 매우 적고, 권한·책임이 일선 실무자들에게 대폭 이양되어 있는 형태다.

② 작업 프로세스를 책임지고 자율적으로 운영하는 다기능/다능력적인 작업집단 핵심 원리로, 현장 작업팀에 대한 권한부여를 의미한다.

③ 임파워먼트(empowerment)는 권한을 주는 것으로 권한이 없거나 부족한 사람들에게 역량을 강화시켜주는 힘이다. 이때의 힘은 주어진 역할을 제대로 수행할 수 있는 권한을 부여하는 것이다. 자율적인 업무수행을 위한 능력배양, 동기부여, 권한과 책임의 위임은 임파워먼트의 3요소이다.

④ 품질혁신·생산성 향상·참여확대를 위한 자율작업 집단을 의미하는 것으로, 일상적인 작업뿐만 아니라 자신의 모든 일을 스스로 관리할 수 있는 권한을 부여받은 이들로 구성된 소규모 집단을 일컫는다. 자율경영팀의 개념은 (a) 작업에 가장 가까이 있는 사람이 직무수행과 개선방법을 가장 잘 이해하고, (b) 대부분의 종업원들이 자신의 직무와 조직의 효율화에 의미있는 역할을 하고자 하며, (c) 팀이야말로 개별종업원에게 줄 수 없는 권한과 책임을 부여할 수 있다는 세 가지 가정에 바탕을 두고 있다.[2)]

자율경영팀은 작업을 수행하고 관리하는 공식적·영구적 조직구조라는 점에서 기존의 팀이나 팀워크와 다르다. 자율경영팀의 구성원들은 자기일에 대해 책임을 질뿐만 아니라, 자신의 작업에 대한 계획을 세우고 생산에 관련된 결정을 내리고 문제를 해결하기 위해 조치를 취하며 리더십을 공유한다. 즉, 자율경영팀은 조직의 성장성을 유지하고 생산성을 향상시키기 위하여 권한을 위임받아 자율성에 입각하여 행동하는 팀이다.

2. 자율경영팀 형성단계

자율경영팀을 형성하는 데는 다섯 가지 주요 단계를 거친다.

1단계(계획): 기존의 조직을 팀으로 전환하기 위한 준비단계이다.
목적(우리는 왜 팀으로서 존재하는가?)
비전(우리는 미래에 어떤 모습이기를 원하는가?)
목표(팀이 성취하고자 하는 것은 무엇인가?)
전략(팀은 그 목표를 어떻게 성취할 것인가?) 등을 정한 후, 팀의 운영이 개인과 조직전체에 어떤 영향을 미칠지 구성원에게 알린다.

2단계(분석): 자율팀으로 전환하기 위한 준비상태를 점검한다.
팀원의 관리책임과 역할
(무슨 과제를 수행해야 하는가? 누가 그것을 할 것인가?)
업무수행에 필요한 교차훈련의 수요를 파악한다.
모든 팀원들이 성공에 대한 확신을 가지고 있는 지를 점검하고, 자율팀의 도입으로 인하여 변경될 필요가 있는 업무의 방침이나 절차를 확인한다.

3단계(설계): 구성원들에게 팀의 관리, 행정에 관한 책임을 할당한다.(어떤 책임을 팀에 부여할 것인가? 그 책임을 언제부여할 것인가?)
팀을 운영하면서 필요한 기준, 규범을 정한다. 우리의 행동지침이 되는 규칙은 무엇인가? 팀의 갈등을 어떻게 처리할 것인가? 업무흐름도(flow chart) 등을 활용하여 팀업무의 흐름을 정하고, 팀원간, 팀원과 외부사람들 간의 의사전달이나 상호작용을 어떻게 할 것인가도 결정한다. 고객의 주문에서 시작하여 상품이나 서비스가 전달되기까지 전 과정에서 요구되는 주요 업무과제에 관한 흐름도를 작성한다.

4단계(실행): 실질적으로 팀이 운영되는 단계이다. 사업추진을 위한 구체적인 계획을 수립하여 행동한다. 예상되는 문제점을 파악하고, 예상치 못한 문제발생에 대응하기 위한 상황별 대응계획(contingency plan)을 수립한다.

5단계(평가): 1) 팀원 간의 자율적 피드백
2) 팀으로부터 서비스를 제공받는 내부고객이나 조직외부의 고객
3) 팀에 필요한 자원을 공급하는 내부고객으로부터 이루어질 수 있다.

평가를 통하여 나타난 팀의 성과에 대하여 보상하고, 이를 통해 팀원의 사기를 높이고 결속력을 강화시킨다.

3. 자율경영팀의 구성요소

(1) 리 더

자율경영팀에서는 리더의 역할이 매우 중요하다. 자율경영팀을 도입하려면 우선 리더의 교육이 필요하다. 교육을 통하여 리더들의 할 일이 무엇인지 알려야 한다. 생산 및 행정 분야에서 그들에게 교육, 안전, 품질 등에 관한 과제를 부여하고 그에 따른 권한을 위임한다. 또한 팀구성원들의 능력을 향상시키고 이를 통해 조직전체의 역량을 높여야 한다.

팀의 리더는 팀원들 스스로 정하도록 하며, 리더는 감독자가 아니라 팀미팅을 이끌고 활동에 대한 일정을 감독하는 역할을 수행한다. 감독자들은 자신들의 통제권을 포기하는 것이 아니다. 대신 팀구성원들이 자신의 역할을 깨닫게끔 유도하고, 서서히 그들에게 통제권을 넘기며 리더와 팀원 모두가 작업에 책임을 진다.

(2) 책 임

자율경영팀에서 구성원들은 자신들의 일을 수행하기 위한 기본교육을 받는다. 팀원들에게 일에 대한 권한을 부여한다. 자율경영팀에서는 개인은 팀에대해, 팀은 개인에 대하여 책임을 진다. 개인은 팀과 조직에 책임있는 구성원이 되어야 한다. 경영진의 중요한 역할은 팀이 할 수 있는 일과 할 수 없는 일을 구별하여 한계를 정하는 것이다.

(3) 비 전

비전은 목표를 달성한 미래를 향한 첫 단추이다. 전략적인 계획은 사업에 대한 비전을 통해서만이 세울 수 있다. 비전에는 조직의 원칙과 핵심가치가 섞여있고 그것은 조직구성원들의 생각과 행동을 이끄는 지침이 된다.

(4) 성 과

자율경영팀은 조직의 목표를 공유하고 목표달성을 위하여 상호협력을 한다. 이를 통하여 성과관리를 함께 수행하게 된다. 성과목표에 대한 결과는 함께 공유하고 이는 개인의 보상과 팀의 보상으로 돌아오게 된다.

(5) 회 의

전통적인 경영에서는 경영진이 모든 정보를 갖고 있다. 그렇기 때문에 경영진과 사원 사이에 많은 문제가 나타난다. 변화를 성공적으로 추진하려면 사원들이 변화에 대하여 미리 감지하고 안심하도록 해야 한다. 이를 위하여 의사소통을 활성화시켜 과거경영진의 전유물이었던 많은 정보를 사원들과 공유해야 한다. 또한 이러한 회의과정을 통하여 조직의 문제점을 공유하고 하나씩 함께 해결할 수 있는 회의문화가 자율경영팀의 중요한 구성요소가 된다.

(6) 훈 련

모든 구성원은 집단기반 조직에 대한 기초훈련(basic team-based organization training)을 받을 필요가 있고, 그것으로 집단기반 조직모델을 이해하고, 집단이 어떻게 일을 수행하는지 배울 수 있다. 또한 조직에서 필요로 하는 인재상과 역량에 관하여 중장기적인 교육체계를 수립하고 있어야 한다.

(7) 신뢰, 자유로운 분위기

과거 전통적인 경영체제에서 관리자와 노동자는 엄격히 구분이 되었다. 최근 자율경영팀에서는 관리자와 노동자는 팀웍을 중요시하고 신뢰와 자유로운 분위기가 중요한 요소가 되었다. 노동자와 관리자는 상호간에 신뢰가 중요하고 과거의 경직된 문화와는 다른 팀웍을 요구한다.

(8) 기 록

각 작업단위는 그 구성원들이 비용을 절감하면서 업무를 효율적으로 수행할 수 있도록 기록을 개발하고 보존한다. 필요에 따라 작업단위는 어떤 기록을 보관해야할 지에 대하여 도움을 요청할 수 있다. 또한 기록을 만들고 저장하는데 필요한 자원을 제공받도록 한다.

과거에는 모든 것을 기록해서 많은 자료를 축적했다. 사원들은 얼마나 잘했느냐가 아니라 얼마나 많이 했는지에 대하여 직접적인 피드백을 받곤 했다. 업무가 명확한 조직에서 이러한 피드백은 아주 쉬운 일이었다. 그러나 팀제로 전환했을 때, 그들은 일의 양을 측정하는 것보다 오히려 일의 방식을 바꾸는 것이 더 중요하다고 생각했다. 그래서 일의 양을 측정하는 많은 정보시스템을 없앴다. 그러자 사원들은 자신이 일을 얼마나 잘하고 있는지를 판단할 수 없었기 때문에 매우 당혹스러워 했다. 이에 대한 방침이 전혀 없었기 때문에 그들은 시간을 두고 그 방법을 적립해야 했다.

기록된 정보를 분석하고 공유하는 기술을 도입하여 보다 높은 수익을 올리고자 한다. 이러한 기술을 이용하면 업무가 획기적으로 개선될 것이다.

(9) 교 육

자율경영팀으로의 변화는 교육을 통해서 이루어진다. 교육의 핵심은 경쟁이 아닌, 협조적인 인력체제를 구축하는데 있다. 성공적인 자율경영팀 구축을 위해서는 교육이 핵심요소가 된다.

[부 록 1]

갤럭시 S7 발화! 위기의 삼성전자!

지난 2016년 미국 캔자스시티에 위치한 스탤리 고등학교에서 수업중인 한 학생의 갤럭시 S7 엣지에서 발화가 발생했다. 부상자는 없었으며 폭발을 우려한 학생들이 놀라 대피하는 소동이 빚어졌다. 같은 해 캐나다에 거주하는 34세의 아마지트만은 그의 호주머니에서 갤럭시 S7이 폭발해 2~3도의 화상을 입었다고 주장했다. 이처럼 갤럭시 S7의 사태를 시작으로 갤럭시 노트7까지 발화하는 사건을 시작으로 삼성전자는 품질불량 문제로 위기에 봉착하게 되었다.

삼성전자는 갤럭시 S7과 갤럭시 노트7의 발화는 무관하다고 발표는 하였지만 갤럭시 S7과 갤럭시 S7엣지는 판매부진으로 이어졌다. 갤럭시 노트7은 전면적인 리콜을 시행하였고 결국 판매중단 및 단종을 하게 되었다.

이로 인한 삼성전자는 노트7 단종사태로 인한 7조원대의 총 손실을 입었다. 초기 1차리콜 비용 1조원 가량을 손실에 반영하였다가 이후 환불과 교환, 폐기, 회수비용까지 모두 합산한 결과 7조원 대에 이르는 엄청난 손실을 입었다.

삼성전자는 이 엄청난 손실을 극복하기 위하여 마케팅 영업부문에서는 갤럭시 S7, S7 엣지 등 기존 제품판매에 매진하여 7조원대에 이르는 막대한 손실을 극복하고자 노력하였다. 또한 품질점검 프로세스를 전면적으로 개편해 안전한 제품공급에 주력하겠다는 새로운 품질전략 프로세스 구축과 인력의 재배치를 단행하여 위기를 극복할 수 있었다.

본 사례에서 조직은 항상 위기에 노출이 되어있다는 것을 알 수 있다. 위의 삼성전자 사례는 품질로 인하여 조직이 위기에 처하게 되었고 경영진은 위기상황에 놓인 조직을 진단한 결과 품질과 인사에 문제가 있다는 것을 알게 되었고, 사회기술적 개입과 인적자원관리의 개입으로 위기를 극복하게 되었고 2018년도 갤럭시 S7 후속모델인 S8, S8+, 노트8을 성공적으로 출시하게 되었다.

[부 록 2]

자율경영팀 운영사례[3)]

1. 새턴(Saturn)

(1) 새턴의 소개

새턴은 과거의 대립적 노사관계를 특징으로 하는 미국자동차와 기타 산업을 완전히 뒤바꾸고, 이를 전반적인 경영혁신을 통해 극복하려 하는 진보적인 개혁프로그램의 한 형태다. 포디즘적 조직모델에 대한 실험적 대안으로 볼 수 있는 미국의 세계 최대의 자동차 기업인 GM에 의해 80년대 초반부터 최근까지 추진되어 온 야심적인 소형차 생산프로젝트이다.

(2) 새턴의 자율작업 집단의 도입배경과 목적

80년대 초반, 외국자동차의 미국시장에 대한 급격한 진출, 특히 일본자동차의 급속한 시장확대로 심각한 경영압박을 직면하고 있었다. 특히 이시기 GM은 소형차의 생산에 있어서 일본기업에 경쟁력 있는 제품생산이 불가능하다고 판단하였다. 결국 GM은 새로운 기술과 인간, 경영시스템을 도입해야 함을 자각하게 되었다. 이에 GM과 UAW(전미자동차 노조)는 전 세계 60여 개의 자동차 산업의 대표적인 기업들과 세계적인 우량기업들을 방문하여 이에 대한 학습과 보고서를 작성하여, 자사가 배워야 할 장·단점을 집중적으로 파헤쳤다. 이를 바탕으로 작업팀은 GM에서 과거 시도된 바 없었던 두 가지 문제점을 제기, 해결해야 할 두 가지 문제점을 제시하였다.

첫째는 합의를 통한 갈등해소의 필요성이다. GM-UAW의 작업팀은 합의에 의한 갈등해소체계를 과감히 도입하여, 최소한 70% 이상이 결정에 동의하고 100%가 결정의 수행에 참여해야 한다는 원칙에 반하며, 의사결정과정에서 주요한 참가자들은 결정에 관한 모든 정보들을 제공받아야 한다.

둘째는 기존의 조직모델과 결별하고, 기술, 인간 그리고 경영시스템 간의 관계를 완전히 바꾼 새로운 조직시스템을 창출할 필요성이다. GM-UAW 작업팀은 이를 위해 의사결정과정의 모든 부분에서 조직의 모든 구성원들이 참여해야 한다는 결론에 도달했다.

이러한 배경으로 인해 GM은 GM의 기존 조직과는 완전히 다른 별도의 독자적 조직인 "새턴회사"를 설립하여 혁신을 주도하게 된 것이다.

(3) 자율작업 집단의 내용 및 형성단계

우선 새턴은 혁신적인 자율작업 집단을 형성하기 위해서 혁신을 함께 추진할 수 있는 인적

자원의 수준높은 자질 즉, 훈련된 노동력을 필요로 했다. 이에 대한 대응이 구성원들을 위한 교육훈련과 학습의 제도화이다.

새턴은 수백 가지 이상의 다양한 교육훈련 프로그램을 만들었는데, 입사 시 5일간의 기초인식훈련, 250~750시간의 기능훈련, 최소 연 92시간의 교육훈련 등이 포함된다. 주목할 점은 교육훈련 시간으로, 자율작업 집단의 대표적인 사례 중 하나인 AT&T사의 연간 평균 교육훈련 시간도 43시간인데 비해, 새턴의 교육훈련과 학습은 무엇보다도 강조되고 있는 것으로 볼 수 있다. 비교적 많은 교육훈련 시간이지만, 새턴의 구성원들은 이 의무사항을 무리없이 완수해 왔으며, 완수하고 있다고 한다. 교육의 방식이나 내용이 다양해 구성원들이 각기 자신들의 취향이나 개성에 적합한 방식들을 선택할 수 있으며, 무엇보다도 자율작업 집단의 지향인 만큼 훈련자체도 외부 강사초청이 아닌 자율적으로 새턴의 멤버들 사이에서 이루어지고 있다. 교육내용은 회계, 재무, 조직 행동, 갈등 해소, 리더십, 상대방 경청법 등을 구성되어 있었고, 팀구성원 간의 협력과 파트너십이 강조된다.

새턴은 이러한 교육과 학습으로 훈련된, 단순한 종업원이 아닌 구성원으로 모든 작업공간에서 사람과 사람들 사이의 무수한 관계망의 기초가 되는 집단, 즉 팀을 만들어, 관리조직을 없애고 모든 것을 결정하고 관리하는 전 과정을 팀 스스로가 해결하도록 하였다. 팀은 6~15명 정도로 구성되며, 리더는 구성원들에 의해 선출되고, 자율작업으로 당일의 작업과제와 목표를 달성하는 데 필요한 의사결정권, 책임, 그리고 자원이 주어진다. 주요 임무는 예산내에서 생산, 품질, 보수, 안전, 휴가 결정, 결근관리, 물자공급, 기록관리, 작업계획 등으로 모든 부분에서 책임과 자율성을 갖는다. 위계나 서열도 없으며, 어떠한 중앙집중식 지령이나 통제도 존재하지 않는다. 또한 팀의 리더가 되어도 이들에게 특별한 금전적 인센티브나 혜택을 주지 않으며, 리더는 단지 구성원들이 부여하는 신뢰만을 보상받는다.

자율작업 집단에서 가장 기초적인 밑거름이 되는 부분은 권한 부여이다. 이는 팀의 구성원이 모든 작업에 자율적으로 참여할 수 있는 동기가 되는 것으로 이러한 권한 부여는 특히 팀의 문제해결 과정에서 잘 나타나는데, 새턴은 기존 조직의 단순한 명령으로의 문제해결과는 다른, 이해하려는 인내심, 다른 견해에 대한 관용, 그리고 끈질긴 설득으로 팀의 합의점을 도출하려 한다. 새턴의 팀은 다수결의 원칙을 적용하기 보다는 다른 의견이 있어도 끝까지 서로 다른 견해들을 수렴하기 위해 노력했다. 이렇게 해서 좀 지체되더라도 확실한 문제해결 방안을 모색하는 것이다. 팀들은 형식적 결정을 피했으며, 비효율적이고 합의 도출의 어려움이 있더라도 시간을 갖고 모든 구성원들이 동의할 수 있을 때까지 노력했다.

이 외에도 새턴의 자율작업 집단의 형성과정을 단계별로도 볼 수 있는데, 2~3년이라는 장기간 동안 형성되는 집단이지만, 간단히 설명하자면 이러하다. 첫 번째, "구성단계"로 팀체제에 필요한 기술과 능력, 지식을 갖추어 조직가의 역할을 하는 팀구성원과 모든 팀의 노조UAW와 GM

경영측면의 외부 어드바이저로 이루어진다. 두 번째로는 팀구성원 간의 상호 작용 관계가 긴밀해지는 “촉진단계”, 세 번째로는 “규범화 단계”로 지속적으로 팀 안팎의 관계를 담당한다. 마지막 “실행단계”에 이르면 고문들이 팀 구성원들 속으로 들어가 팀은 완전한 자율작업 집단의 형태를 이루게 된다.

2. AT&T Merrimack 공장의 자율작업 집단사례

(1) AT&T의 Merrimack 공장소개

AT&T는 미국기업 중 품질관리 개념을 가장 먼저 도입한 기업들 중의 하나로, 총체적 품질경영(TQM: Total Quality Management)의 개념을 발전시켜 작업장 혁신전략을 추진한 전신전화 회사이다. 이러한 AT&T의 메리맥 공장은 1956년 생산을 시작하여 40여년간 통신기기를 생산해 온 전송시스템 사업단의 핵심공장.

(2) 새 공장의 자율작업 집단의 도입배경과 목적

미국에서 사실상 독점적 지위를 향유하던 AT&T는 1984년 Bell Telephone이 독립하면서 새로운 환경에 직면하였다. 미국내에서 전신전화 사업의 탈규제화, 독점의 해체, 그리고 통신산업의 눈부신 기술혁신에 따라 무선통신 시장에 새로운 기업들이 합류하게 된 것이다. 이에 따라 무선통신 산업은 80년대 중반부터 극심한 경쟁속에서 살아 남아야만 하는 절박한 상황에 처하게 되었다. 독점이 해체된 AT&T는 새 환경에서 살아남기 위해 기술적 기반을 강화하는 동시에 생산비용을 절감하는 전략을 취해야만 했다. 이에 AT&T는 회사의 조직을 간소화함과 동시에 개혁프로그램의 기초이자 핵심적인 자율적 작업집단을 구성하여 전체사업을 재구성하게 되었다.

이에 데이터, 음성, 이미지 등의 전송장비를 생산하는 전송시스템 사업단을 재편하여, 메사추세추 주에 Merrimack 공장을 건설, 혁신 프로그램을 추진하면서 고객에 대한 집중(customer focus), 개인적 책임성과 소속감(personal responsibility and ownership), 팀워크(teamwork), 업무의 질(quality on the job), 그리고 가격 리더십(cost leadership)이라는 다섯 가지 비전을 설정하였다. 주목할 비전은 직무를 완수하는 데 필요한 사항들을 이해하고 이것을 실행하는 개인적 책임감과 소속감, 그리고 조직의 경계를 넘어서 다른 성원들과의 협력관계 속에서 팀과 함께 지속적인 개선을 추구하는 팀워크로, 이러한 배경과 목적을 통해 Merrimack 공장은 자율작업 집단이라는 개혁프로그램의 핵심적인 요소로 혁신을 추진하게 되었다.

(3) 자율작업 집단의 내용 및 형성

집단, 즉 팀은 6~10명을 적정 인원으로 보고, 서로 다른 기술을 가진 사람들이 협력해서 만들어지는 것을 권장하고 있다. 팀원의 자유로운 결정으로 선출된 팀의 리더는 교육훈련을 받으며, 팀이 수행하는 작업과 일, 의사소통의 물꼬를 트는 "촉진자"로서 팀을 관찰하고 조언하는 역할을 한다.

자율작업 집단에서 중요한 것은 구성원들에게 권한을 부여하는 것으로, AT&T는 구성원에게 더 많은 권한을 이양함으로써 조직의 효율성과 성과를 향상시키려 하고 있다. 구성원의 권한은 앞서 경영전반에까지 영향을 미치지 않지만, 장기적으로 경영의 모든 수준으로 유도하는 것을 목표로 한다. 특히나 AT&T의 구성원에 대한 권한부여는 AT&T의 경영혁신에 기여한 바가 크다. 독점해체 후, 조직의 간소화가 필요한 상황에서 구성원에 대한 권한부여는 과거의 관리자인 중간관리층의 역할을 감소시켜 그 기능이 거의 없어지게 되었다. 그 결과 복잡한 관리계층들이 필요 없게 된 것이다.

이 외에도 AT&T의 연간 교육훈련 시간은 43시간 정도나 된다. 즉 구성원들은 엄청난 시간을 교육훈련 프로그램에 보내며 인적자원의 질을 키우고 있다. 이를 통해 집단구성원은 고기술과 고능률을 지니게 되었고, AT&T에서는 고기술, 고기능의 집단체계를 통해 경쟁력을 향상시키는 경영성과를 얻게 된 것이다.

제 13 장

글로벌 시대의 개입

제1절 세계화와 다양성

제2절 세계화에 따른 조직개발

제3절 4차산업 혁명시대의 조직개발

학습목표

1. 세계화와 다양성의 시대를 설명할 수 있다.
2. 다양성 시대에 기업에게 요구되는 변화를 설명할 수 있다.
3. 다양성 시대! 세계화 시대에 요구되어지는 조직개발 부문의 변화를 주도 할 수 있다.
4. 4차산업 혁명시대에 부응하는 조직개발 방향을 설명할 수 있다.

오늘날 세계경제는 글로벌화로 시장구분이 없이 하나의 거대한 단일시장이 되었다. 세계경제의 글로벌화는 무엇보다도 무역에 의해서 주도되었다. 또한 과학기술 및 운송통신 수단의 급속한 발달은 국제화를 가속시켰다.

세계경제의 글로벌화는 곧 기업의 글로벌화를 가져왔다. 통상기업의 글로벌화는 전세계를 하나의 시장으로 간주하고 사업활동을 전개하는 것을 의미한다. 이는 과거 제품의 소비가 내국민을 대상으로 제조가 되었다면 글로벌 시대에 들어와서는 내국민이 아닌 전세계, 글로벌을 기준으로 제작이 되어야 됨을 의미한다. 글로벌 수준에 맞는 품질과 다양한 국가를 대상으로 그들의 욕구에 맞는 제품을 생산해야 한다. 이로 인하여 글로벌기업은 다양성 경영을 선택하게 되었다.

본장에서는 세계화 시대의 다양성에 대하여 학습을 하게 된다. 여기서는 글로벌 시대에 시장이 요구하는 다양성을 제품의 디자인, 품질수준, 유통방식, 서비스방식 등 글로벌 기업은 다양성을 받아 들여야 된다.

또한 이러한 세계화에 발맞추어 인적자원관리 부문을 포함한 조직개발 부문도 재구축을 검토해야 될 것이다.

제 1 절 | 세계화와 다양성의 시대

1. 글로벌경영이란?

자유무역 체제의 확산과 각국의 개방화 추세로 경제활동에서 국경의 개념이 중요성을 상실하면서 경제활동무대를 특정 국가에 한정시키지 않고 세계시장을 대상으로 하는 경영체제를 말한다. 글로벌경영을 추구하는 목적은 두 가지다. 하나는 사업의 영역을 전 세계로 확장시키는 것이다. 소비자들은 원하는 제품을 어디서 만들었느냐에 관계없이 구매한다. 따라서 고객의 요구에 부응하는 제품을 생산해내면 기업은 얼마든지 시장을 확대할 수 있다. 이런 이유로 자국시장에 한계를 느낀 기업들이 세계시장으로 활동무대를 넓히고자 글로벌 경영을 추구한다. 또 하나의 이유는 자사의 이익 및 시장확보를 위해 전 세계에 분산되어 있는 자원들을 효율적으로 확보하고 활용하는 것이다. 경쟁에 필요한 자본・기술・설비 등 생산요소를 지역별 비교우위에 따라 전문화하고 흐름을 최적화하여 전략적으로 활용함으로써 기업의 성장을 도모하는 것이다. 글로벌경영을 성공적으로 수행하기 위해서는 기업 간의 적절한 제휴와 지역시장에서의 토착화가 필요하다.

2. 다양성 경영이란?

많은 기업들은 노동력의 다양성을 의미있게 받아들이고 이를 활용하여 기업의 경쟁우위 향상에 활용하고 있다. 최근 많은 기업에서 다양성에 대해 관심을 갖게 되었다. 이것은 회사의 목적에 공헌하고 개인경력을 발전시키는 기회를 모든 구성원들에게 제공하는 근무환경을 조성하는 것이다.

다양한 배경의 노동력이 보유하는 업무기술이나 역량을 최대한 활용하기 위해서는 각 출신배경이 갖는 가치를 중요하게 고려해야 할 것이다. 다양한 배경을 지닌 노동력의 비중이 커질수록 그 잠재적 공헌도 역시 증가하기 때문이다. 따라서 경영자들은 소수 외국인 노동력이나 여성인력을 편견으로 처우하지 않도록 조심해야 하고, 이들의 능력을 공정하게 활용하여 고객서비스와 품질관리 향상과 같은 기업목적에 연결시킬 수 있는 인력관리

방안을 모색해야 한다.

이 경영방법은 인력이 보유한 다양한 개성의 혼재로 인해 기업조직의 내부에 갈등발생 가능성이 높아지는 것은 사실이지만, 한편으로는 조직의 관료화 경향이나 자연적인 퇴보에 새로운 바람을 일으킬 수 있는 창의성 발현의 원천으로 활용된다는 큰 이점이 있다.

3. 글로벌화 촉진요인[1)]

(1) 규모의 경제

글로벌화를 촉진시키는 첫 번째 요인은 무엇보다도 자본집약적인 생산방식과 규모의 경제가 점점 더 중요해진다는 사실이다. 전 세계적으로 거의 모든 산업에서 나타나는 가장 두드러진 변화중의 하나는 생산방식이 점차 노동집약적인 생산방식으로부터 자본집약적인 생산방식으로 전환하고 있다는 점이다. 따라서 거의 모든 산업에서 인간의 노동력이 자동화된 기계, 로봇, 컴퓨터로 조작되는 정밀기계로 대체되고 있다. 예를 들어 자동차 산업에서, 전체 자동차 생산비용 중에서 노동자 임금이 차지하는 비중은 6% 정도에 불과하며 이 비율은 계속 낮아지고 있다. 또한 가전산업에 있어서도 임금이 총 비용에서 차지하는 비중은 5% 정도에 불과하다. 이와 같이 모든 산업에서 임금이 차지하는 비중은 점차 줄어들고 있으며 이러한 상황은 전자, 철강, 화학산업 등에서도 두드러지게 나타나고 있다. 이같이 노동비용은 점차 감소하는 반면에 자본비용이 차지하는 비중은 크게 증가함에 따라서 규모의 경제도 커지게 된다. 자본재에 대한 막대한 투자를 회수하기 위해서는 대규모 생산체제를 갖추지 않으면 안 된다. 따라서 이같은 산업에 있어서 기업들은 단지 내수시장의 수요만으로는 자본재에 대한 막대한 투자를 감행하기가 어렵기 때문에 전 세계시장의 수요를 목표로 삼고 자본재에 대한 투자를 한다.

(2) 기술진보

글로벌화를 촉진시키는 또 하나의 요인은 빠른 기술진보와 함께 이를 가능하게 하는 연구개발 투자에 있다. 예를 들어 첨단산업이라고 할 수 있는 전자, 통신, 컴퓨터 등에서는 총 매출액에서 연구개발 비용이 차지하는 비율이 평균적으로 10~20% 소요된다. 이와 같이 연구개발 비용이 많이 투자되는 사업에서는 국내시장의 수요만으로는 그처럼 높은 연구개발비를 충당하기가 어렵다. 이와 같은 첨단산업에서는 전 세계시장을 염두에 두고 신제품개발과 판매를 하여야 지속적으로 연구개발에 투자를 할 수 있다.

(3) 소비자 수요의 동질화

글로벌화의 가장 큰 요인 중 하나는 과거 이질적이었던 각국의 소비자 기호가 점차 동질화되어 간다는 점이다. 코카콜라와 펩시콜라가 전 세계적으로 각광을 받는 청량음료가 되고 맥도날드 햄버거가 러시아에서도 성공하고 있는 것은 젊은 세대를 중심으로 소비자의 수요나 구매행태가 동질화되고 있다는 것을 의미한다. 이와 같은 소비자 수용의 동질화를 이루게 한 것은 다름아닌 커뮤니케이션 기술의 발전이다. 그결과 전 세계의 모든 사람들이 동일한 것을 보고 느끼고 경험할 수 있게 되었다. 이와 같은 커뮤니케이션 기술의 발달은 전 세계적으로 소비자 수용의 동질화를 촉진시켰고, 결국 기업들은 앞으로 과거와는 달리 전 세계를 단일시장으로 보고 빠른 시간에 전 세계 소비자들의 수요에 부응할 수 있는 제품을 만들어야 성공할 수 있다는 것을 의미한다. 수요 동질성에 대한 또 하나의 이유는 전 세계적인 구매력의 증가이다. 경제개발을 이룩한 신흥공업국의 국민들은 소득수준이 향상됨에 따라 선진국에서 생산되는 제품을 소비하려는 경향이 있다. 이처럼 소비자 수요가 빠른 속도로 동질화되어 간다는 점은 산업과 경쟁의 글로벌화를 촉진시키는 중요한 요인이 되고 있다.

(4) 무역장벽의 감소

전 세계적으로 무역장벽이 낮아지고 있으며 자본의 이동도 자유로워지고 있다는 점에서 글로벌화는 보다 급속히 진행될 것으로 보인다. WTO체제의 출범에 따라서 각국에서 무역장벽이 제거되고 있으며, 지적재산권에 대한 보호도 강화되고 있고 따라서 기술이전도 과거 보다 훨씬 자유로워 졌다. 자본시장 역시 점점 개방되어 국가 간 자본이동이 전 세계적으로 활발하게 일어나고 있다.

(5) 인터넷의 발전

WEB을 기반으로 하는 인터넷 비즈니스는 그 자체로 글로벌한 속성을 가지고 있으므로, 글로벌경영을 하는 기업들에게는 새로운 사업기회가 자연스럽게 생기게 된다. 먼저 기업들은 인터넷을 통해 전 세계에 있는 소비자에게 손쉽게 다가갈 수 있다. 그리고 인터넷의 발전으로 인해 해외에 있는 소비자를 손쉽게 접촉할 수 있게 되었다. 예를 들어, 한국에 있는 소비자들은 아마존닷컴을 통해 외국전문 서적을 손쉽게 주문할 수 있다. 또한 자기가 찾는 책에 대한 정보를 실시간으로 찾아볼 수 있으며, 우송료만 부담한다면, 3~4일 내에 받아볼 수도 있다.

4. 다양한 사회로 돌입

과거 우리나라 경제성장의 원동력이었던 제조업에 대한 인력의 기피현상이 두드러지게 나타나면서 인력부족 현상에 관한 대안으로 외국인 노동력이 주목받고 있다. 물론, 이러한 현상은 일부 제조업에만 국한되는 것이 아니라 높은 기술적 역량을 요구하는 부문으로까지 확대될 것으로 예상된다. 따라서 미래 우리인력 시장에는 선진국과 마찬가지로 다양한 인종의 노동력 분포현상이 심화될 것이며 조직차원의 다양성 관리문제가 강조될 것이다.

얼마전 UN은 “단일민족을 강조하는 것은 다른 인종, 국가출신 사람들이 같은 영토내에 함께 살며 이해와 관용, 우의를 증진하는 데 장애가 될 수 있다”며 한국내 이주노동자, 외국인 여성배우자, 국제결혼으로 태어난 혼혈아의 인권문제를 집중거론했다. 그러면서 “순수혈통, 혼혈과 같은 용어와 더불어 인종 우월적인 관념이 한국사회에 널리 퍼져있다”며 우리나라의 다문화를 인식에 대한 약점을 지적한 적이 있다.[2)]

다인종 사회(melting pot)인 미국의 경우를 살펴보면 다양한 출신배경을 가진 인력들이 노동시장을 구성하고 있다. 대표적인 인력 다양성은 인종의 분류에 따라 설명되는데, 주로 비 남미계통의 백인(72%), 흑인(11%), 남미계통(12%) 그리고 아시아 및 기타 소수민족(5%)으로 분류되고 있으며 향후 비주류 노동력의 비중은 점차 높아질 것으로 전망되고 있다. 또한 인종의 측면뿐만 아니라 성별관점에서 여성 근로자가 전체 노동력에서 차지하는 비중도 1994년 이후 증가하고 있어, 현재 46%의 분포를 이루고 있다. 미국의 노동력 구성과 그 변화추세는 앞으로 우리나라의 노동력 구성에 시사하는 바가 크다고 할 수 있겠다.

5. 문화차이 측정방법 및 이해방법[3)]

(1) 문화차이 측정방법

국제경영 환경에서 문화적 차이를 발견하려는 노력은 인류학자와 국제경영학자들에 의해서 이루어져 왔다. 그 중에서 홉스테드(Hofstede)의 연구는 특히 경영환경에서 각국의 문화적 차이를 실증적으로 보였다는 점에서 중요한 연구로 평가받고 있다. 홉스테드는 네덜란드의 심리학자로 전세계적으로 10만명이 넘는 IBM의 종업원들에게 그들이 갖고 있는 태도와 가치관에 대해 자료를 수집하였다. IBM은 세계 각처에 자회사를 갖고 있으므로, 이 자료는 많은 나라의 문화적인 차이를 실증적으로 분석할 수 있게끔 해 주었다. 조사결과 홉스테드는 문화적 차이에 크게 네 가지 차원이 있다는 것을 발견하였다.

그 중 첫 번째는 권력거리로서 사회내에서 부와 권력이 불평등하게 배분되어 있다거나 혹은 평중되어 있을 경우 이를 어느 정도로 수용하는가를 나타낸다. 권력거리가 큰 문화에서는 권력과 부의 불균등성이 점차 확대되는 추세를 보이고 권력거리가 낮은 문화의 사회에서는 사람들이 이러한 격차를 가능하면 줄이려고 노력하는 성향을 보인다.

둘째, 개인주의와 집단주의적 성향의 차원으로 사람들이 얼마나 개인주의적이거나 집단주의적 성향을 보이는가를 의미한다. 개인주의적인 사회에서는 개인들 간의 연계가 느슨하며 개인의 성취와 자유가 높게 평가된다. 반면 집단주의적 사회에서는 개인간의 관계가 밀접하게 연계되어 있다.

셋째, 불확실성 회피란 사람들이 모호한 상황이나 불확실성을 용인하는 정도를 나타낸다. 불확실성 회피성향이 높은 문화에 있는 사람들은 직업 안정성이나 직급의 승진패턴에 대해서 상당히 높은 가치를 부여하면 관리자들이 아주 분명한 지시를 내려줄 것을 기대한다. 그 반면에 불확실성 회피성향이 낮은 문화에서는 변화에 대해서 두려워하지 않으며 위험을 극복하려는 성향이 높게 나타난다.

넷째, 남성다움과 여성다움은 성의 역할을 나타낸다. 남성 중심적인 문화에서는 남녀간의 역할분담이 이루어져 있고 성취감이나 자기주장, 물질적인 성공에 대해서 강한 선호를 나타낸다. 반면 여성 중심적인 문화에서는 관계유지를 중요시하거나 구성원에 대해 배려해주는 경향, 삶의 질을 강조하는 면이 강하게 나타난다. 따라서 남성 주의적인 성향이 강한 문화에서는 경쟁과 성취에 더 높은 가치를 두고, 여성 주의적인 성향이 강한 문화에서는 복지와 화목에 더 높은 가치를 두는 경향이 있다. 이 같은 홉스테드의 연구는 각국의 문화차이를 계량적으로 측정하고 이를 국가 간에 비교하는데 편리하다는 장점을 갖고 있으나 계량적인 문화의 차이가 과연 얼마나 정확한 것인가에 대해 많은 이견이 있을 수가 있다. 따라서 홉스테드의 연구결과는 현실과 많은 차이가 있을 수 있으나 문화적 차이를 체계적으로 계량화한 연구는 많지 않다. 따라서 우리는 홉스테드의 연구내용을 주요한 연구결과로써 참조하되 그의 연구결과를 해석하는 데 있어서는 상당한 주의를 기울여야 할 것이다.

(2) 다양성 이해와 훈련[4)]

1) 자아인식하기

자아인식의 도구는 그 자체로서 활용하기 보다는 다른 목적에 통합되어 활용되는 것이 바람직하다. 가령, 다문화 팀구축이라든가 리더십 기술의 개발, 해외파견준비 등과 같은 목적을 들 수 있다. 자아인식 프로그램은 정답이 있는 것이 아니며, 남에게 비쳐지는 자신의 모습을 답하는 것이 아니라, 자기자신을 어떻게 생각하는지를 말하는 것이다. 세계가 글로벌화 되어가고 복잡성과 모호성을 띄면서 문화적 다양성을 보다 잘 이해하고 통제해야 한다. 그러기 위해서는 자신의 가치관을 먼저 파악해야 하는데, 이러한 자아인식 프로그램은 참가자들이 이해하기 힘들만큼 세련되어서도 안되며, 효과를 보기 힘들만큼 단순해서도 안된다. 좋은 프로그램은 참가자들이 자신에 대해 인식할 수 있는 동기부여를 줄 수 있어야 하고, 지시사항이 명쾌하여 이해하기 쉬워야 하며, 결과가 유의해야 한다. 물론 프로그램이 자신의 성격을 제대로 반영하는 것에 대해 참가자가 의심을 가질 수도 있지만, 참가자의 자기성찰의 기회를 준다는 측면에서 반드시 채점후의 사후평가가 있어야 한다.

2) 소집단 활동

소집단을 구성하여 과제를 부여하는 연습을 해 본다. 집단구성을 4명으로 하는데, 그 이유는 아무리 소심한 사람이라도 4명으로 구성된 집단내에서 침묵을 유지하기는 힘들기 때문이다. 과제는 위협적이지 않아야만 참가자들이 집단에 들어가길 꺼리지 않으며, 자극적이어야만 서로 격려하여 자신의 아이디어를 내놓도록 할 수 있으며. 또한 가변적이어야만 상이한 집단, 상이한 욕구에 맞출 수 있다. 본 훈련의 목적은 자신과 타인이 갖고 있는 정형성과 편견을 대비시켜 교정하는데 있다. 또한 우리가 지닌 차이점을 통해 타협에 이르기 위한 협성경험을 제공한다.

3) 개인의 이문화 체험

자신의 문화적 감수성을 확립하기 위해서는 인간의 세 가지 중요한 입력감각을 발전시켜야 한다. <그림 13−1>에 나와 있듯이 제1단계, 듣기, 보기, 느끼기이다. 우리는 상호작용 중에 대개 우리에게 전달되는 언어적 · 비언어적 메시지들을 여과시켜 접수한다. 우리는 보통 우리가 원하는 것만을 듣고자 하며, 우리가 싫어하는 것은 여과시켜서 내버린다. 언어와 비언어적 의사소통을 사용하는 것은 타문화와 만나서 그것을 이해하는 데 중요한 역할을 한다. 우리는 듣기 뿐만 아니라 당장 우리 앞에 닥친것을 넘어서 볼 수 있는 시각도 갖춰야 한다. 그러나 문화적 자질을 갖추는 데서 가장 중요한 특징은 다른 사람과 상호작용을 할 때 우리의 정서를 자극하는 일이다. 심지어 우리 자신의 문화 내에서도 정서의 자극이 중요하다. 위의 세 가지 요소들은 우리가 다른 문화를 더 잘 이해하기 위해 사용해야 하는 역동적인 과정을 나타낸다. 입력이 잘되었다면 제2단계가 뒤따를 것이며, 그 단계에서 우리는 다른 사람이나 집단과 함께 반응하고 참가하게 된다.

신체가 필요로 하는 음식과 물에 비유해서 이야기해 보는 것도 좋을 것이다.

음식이 맞을 경우, 신체가 시간을 들여 그것을 소화하면 신체가 성장하는 결과를 낳는다. 제1단계와 2단계가 성공적이면, 제3단계에서는 적응할 수 있어야 한다. 또 가장 중요한 것으로는 보다 즐거운 방식으로, 즉 적극적인 비교 문화적 향유모델의 산물과 같은 방식으로 다른 사람들과 경험을 공유할 수 있어야 한다.

그림 13−1 문화적 감수성 만들기

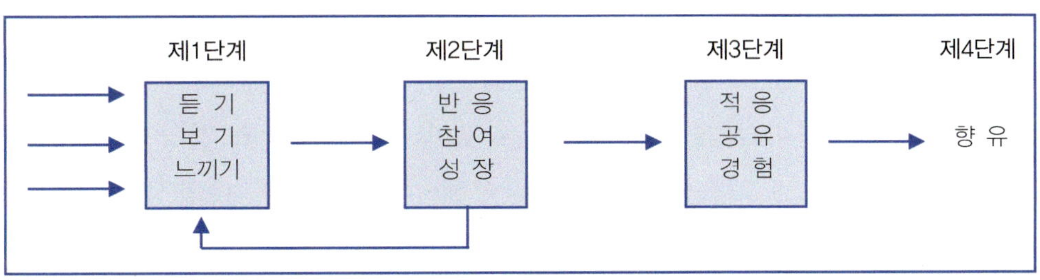

4) 다양성 훈련

다양성 경영을 근본적으로 지원하기 위해서는 구성원들에게 다양성을 존중하는 태도와 행동을 학습하도록 설계된 훈련이 제공되어야 한다. 이러한 훈련에는 다음과 같은 목적이 포함된다.

- 구성원의 가치와 편견이 성별, 민족, 인종 및 종교 등에 대한 행동에 어떤 영향을 미치는지 이해함
- 다양한 출신배경을 가진 구성원 간의 문화적 차이를 인정함
- 소수집단에 속한 구성원을 소외시키는 행동을 교정함

훈련은 다양성에 대한 구성원의 태도를 변화시키고 다양한 배경의 사람들과 함께 일하는 데 필요한 기술을 개발하도록 설계되는데, 이를 일명 '다양성 훈련'이라고 한다. 이 훈련에서는 태도나 행동에 대한 변화가 강조된다.

태도를 중시하는 프로그램의 목적은 문화와 민족 간 차이점에 대해 피훈련자의 인식을 향상시키는 데 있다. 그외에 장애와 같은 개인의 물리적, 심리적 특성의 차이도 포함된다. 이 프로그램을 통하여 개인의 다양한 차이점과 차이에 대한 편견을 깨닫게 되는 구성원들은 궁극적으로 타인과 작업하는 과정에서 생길 수 있는 각종 편견을 극복할 수 있게 된다.

행동에 초점을 둔 프로그램의 목적은 구성원의 성장과 생산성을 저해하는 조직정책과 개인의 행동을 변화시키는 데 있다. 프로그램에 참여함으로써 구성원들은 자유롭게 잠재역량을 발휘하지 못하게 하는 원인을 밝히게 된다. 구성원들은 기존의 승진기회나 경영관습의 불공정성에 대해 토론하고 작업현장에서의 기본적인 행동규칙에 대해 재인식하게 된다.

다양성 훈련을 효과적으로 만드는 몇 가지의 필수요건이 있다. 가장 중요한 것은 기업의 목표를 반영하는 훈련이 설계되어야 한다는 것이다. 둘째, 최고 경영진 뿐만 아니라 모든 계층의 관리자들이 프로그램을 지원하고 참여해야 한다. 셋째, 다양성 훈련은 구성원들의 잘못을 비난하려는 것이 아니라 행동과 기술을 배우는 데 초점을 맞추어야 한다. 끝으로, 프로그램은 훈련성과에 대한 측정시스템을 포함하여 지속적인 피드백으로 개선이 가능하도록 설계되어야 할 것이다.

6. 다양성 경영사례

(1) 텍사코의 다양성 관리프로그램

미국의 우량석유 회사인 텍사코(Texaco)는 1억 7,500만달러 이상의 비용이 소요된 인종차별 소송을 치른후에 엄격한 다양성 관리프로그램을 개발하였다. 소송을 통해 회사는 인종차별의 부정적 이미지의 부담을 안게 되었다. 소송이전에 텍사코의 다양성 프로그램은 최고 경영자를 대상으로 다양한 인력관리의 실무방안을 논의하는 워크샵 수준이었다. 하지만 소송이후에는 모든 직원들을 대상으로 2일 간의 다양성 교육프로그램을 의무적으로 수강하도록 하고 있으며, 다양한 출신배경의 동료들과 상호작용하는 데 필요한 의사소통 기술을 높이고, 상대방에 대한 감수성을 개발하는 방법들을 학습시키고 있다. 텍사코는 이러한 다양성 프로그램이 단순히 토론되는 수준에 그쳐서는 아무런 의미가 없으며, 기업문화의 변화차원에서 다루어져야 한다는 점을 인식하고 다양한 출신배경의 인력을 채용, 유지, 승진시키는 과정에서 차별을 두지않는 인사정책을 수립하고 실행하였다. 이 다양성과 관련된 이슈는 직원에만 국한되는 것이 아니고, 고객수준에서도 고려할 수 있다. 고객에게 최적의 서비스를 제공하는 차원에서 다양성 문제를 생각할 수 있다. 이와 같은 방식으로 다양성 관리의 노력을 적극적으로 시도한 결과, 사내의사 소통이 보다 원활하게 이루어지고 작업의 품질을 높이는 계기가 되었다. 결국 다양성 경영이 서비스 품질에 대한 고객의 만족도를 높이는 역할을 한 것이다.

(2) 골드만삭스의 다양성 경영

골드만삭스 특유의 인재경영은 다양성(diversity)이라는 하나의 키워드로 요약된다. 다양성이란 성(性), 종교, 국적, 문화 등에서 다양한 배경을 가진 사람들을 채용해, 이와 관련된 아주 사적인 문제까지 세심하게 배려해 주는 것을 의미한다. 인재가 떠나기를 원치않는다면 회사가 그들의 각각 다른 상황을 이해할 준비가 되어있어야 한다고 생각하는 이 회사의 인사부에는 '다양성 향상' 만을 책임지는 전문인력들이 있다.

직원 한명 한명이 회사에 소중한 존재라는 걸 느끼게 하는 수단이 바로 다양성 프로그램이다. 골드만삭스 내에는 '여성위원회'뿐 아니라 '아시아인 위원회' '게이&레즈비언 위원회' 등 직원들 머리숫자와 취향만큼 다양한 위원회를 두고 있다. 이곳에서는 거창한 정책이 아니라 출근시간, 근무장소, 휴가쓰는 방법 등 아주 사소한 일들에 대해 논의한다. 또 임신한 동료를 위해 전 직원이 필수적으로 받아야 하는 '위대한 유산(great expectations)'이라는 프로그램도 운영중이다.

현재 골드만삭스는 106개 언어를 구사하는 150여개 국적출신의 직원들로 구성돼 있다. 이 회사는 최고의 인력을 발굴하기 위해서 여러 나라, 다양한 문화의 직원을 채용하려고 노력하는데, 재향군인회, 여자대학, 소수인종이 많은 대학 등은 모두 골드만삭스의 인재채용 창구 중 하나가 되고 있다.

골드만삭스는 최고의 인재들은 남녀, 인종, 종교, 성적취향에 상관없이 나오기 때문에 그들이 있는 곳이라면 어디던지 좇아서 그에 맞는 근무환경, 직원에 맞춤서비스 제공하여 8년동안 금융시장 부동의 1위를 지키고 있다.

제2절 | 세계화에 따른 조직개발

1. 글로벌 조직의 형성

글로벌 조직을 형성하는 데 있어 관리자들은 다음의 가이드라인을 명심해야 한다.

첫째, 글로벌 조직의 방해와 저항에 직면해서는 성공할 수 없다.

둘째, 조직구조, 경영관리과정, 인력, 문화 등 조직의 여러 부분들은 기업의 역사나 상황에 따라서 글로벌화하는 데 어려울 수 있다. 관리자들은 변화하기 쉬운 측면에 대해 먼저 변화를 시도해야 한다.

셋째, 글로벌 조직의 요소들처럼 조직의 여러 측면은 글로벌 수준이 다를 수 있다. 그러나 만일 조직의 모든 측면이 바람직한 글로벌 전략을 지원하기 위해 서로 보완하지 않는다면 글로벌화는 완전히 이를 수 없다.

넷째, 글로벌화를 향한 조직구조의 변화는 시간이 많이 걸릴 수 있다. 기업의 경영자는 바람직한 변화를 추진하기 위해 조직구성원들에게 글로벌화가 시급한 당면과제임을 주입시킬 필요가 있다.

2. 글로벌 조직개발의 방향

세계화에 따라 전 세계시장이 하나로 재편이 되고 글로벌 기업들이 다양한 인종, 민족, 그리고 언어를 가진 나라로 진출함에 따른 조직개발의 방향을 살펴보면 다음과 같다.

첫째, 새롭고 급격히 변화하는 세계적 기술, 시장, 그리고 국제적 환경변화 그 자체에 잘 적응할 수 있도록 조직의 태도, 가치, 신념, 구조를 변화시키도록 고안된 복합적인 교육전략을 실행하여야 한다.

둘째, 행동과학의 지식을 이용하여, 글로벌 조직과정에 계획적인 개입을 해서 조직의 유효성과 건강도를 증진시키기 위해서 최고 경영층에 의해 주도되는 노력이 필요하다.

셋째, 조직이 가지고 있는 잠재능력을 글로벌 목표달성의 방향으로 이끌어 이를 활용함으로써 조직의 내적충실을 기하고 이를 통해 조직변혁을 꾀하여야 한다.

넷째, 글로벌 조직개발은 글로벌 조직구성원 간의 상호 신뢰감을 높이고 글로벌 조직문제를 빈번하게 발견·해결함으로써 조직구성원의 모티베이션을 높여야 한다.

마지막으로 글로벌 조직구성원의 신뢰와 협동성의 증대, 수평적·수직적 또는 대각적 의사소통 개방 등의 글로벌 조직풍토를 조성함으로써, 조직구성원의 만족수준과 책임감의 수준을 높여야 한다.

제4절 | 4차산업 혁명시대의 미래 조직개발

1. 제4차 산업혁명의 도래

인류의 역사는 수많은 학자들이 만들어 놓은 이론을 토대로 발전한 것은 아니다. 이론과 실제 중 항상 실제가 앞서는 것은 역사를 통하여 증명이 되었다. 조선공학이 발전하기 훨씬 이전부터 인류는 뗏목을 통하여 물길을 개척하였다. 미국의 항공우주 공학의 발전이 전부터 과거 라이트 형제는 항공우주 공학을 몰랐지만 그들은 하늘을 나는 인류최초의 도전자가 되었다. 이들이 없었더라면 아직 우리 인간은 하늘을 날지 못할 수도 있었을 것이다. 4차 산업혁명도 학자들에 의해 개척되는 것이 아니라 현실에서 도전과 실패의 과정에서 재탄생되는 창조적 가치라고 볼 수 있다.

농사가 주된 노동이었던 시절을 우리는 농경사회로 분류한다. 그 이후 200년전 1차 산업혁명 기계발전으로 인간은 보다 어려운 일에 도전을 하며 인류의 삶은 더욱 윤택해지고 편리해졌다. 1차 산업혁명과 같은 과학기술의 역사적 사건은 긴 인류의 역사에 비유하여 재조명해 보면 매우 최근에 발생하였다. 그만큼 인류역사에서 농경사회가 길었다는 것을 반증해준다.

<그림 13-2>와 같이 우리 인류는 지금까지 3차례의 산업혁명으로 인한 변화를 경험하였고, 우리는 현재 제3차 산업혁명 시대를 살고 있다고 한다. 1차 산업혁명은 '기계혁명'으로 18세기 중반 증기기관의 개발로 공장생산 체제로 최초로 변화된 시대를 의미한다. 제2차 산업혁명은 전기의 등장으로 '에너지 혁명'으로 불리며 대량생산 체제의 시초가 되었다. 그리고 컴퓨터와 IT의 발전으로 '디지털혁명' 제3차 산업혁명 시대를 살아가고 있다. 3

그림 13-2 산업혁명의 발달과정

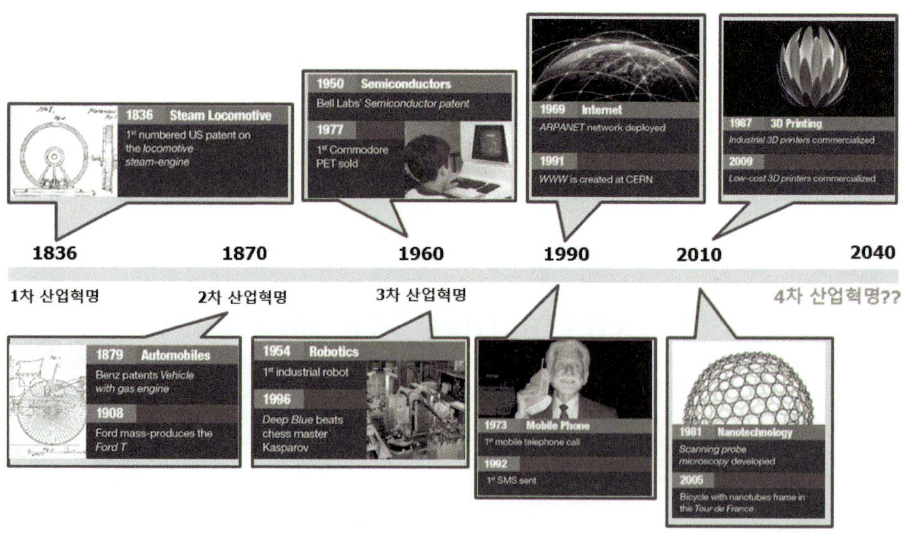

출처: 200 Years of Innovation and Growth, WIPO Report, 2015 재구성.

차 산업혁명으로 정보화·자동화 체제가 구축되었고 이들 혁명은 긴 인류역사 중 아주 짧은 시기 발생하였다. 하지만 3차 산업혁명은 인류의 많은 부문에서 대혁명을 가져왔다. 교육, 문화, 생산, 기업, 경제, 조직 등 사회의 모든 분야에 혁신을 가져왔고 혁신은 계속 진행중이며 또 다른 산업혁명을 초래하고 있다.

지난 2016년 1월 다보스 포럼(WEF; World Economic Forum)에서 처음으로 제4차 산업혁명이 세상에 화두가 되었다. 제4차 산업혁명은 일자리 변화라는 사회구조적 변화, 물리적 공간, 디지털적 공간 및 생물학적 공간의 경계가 희석되는 기술융합의 시대'라고 불리워지며, 전 세계의 산업구조와 경제에 큰 영향을 미칠 것이다.[5)]

미래학자와 연구기관들은 제4차 산업혁명이 미치는 미래사회 변화에 대해 논의를 시작했다. 주요 선진국가들은 4차 산업혁명에 선제적 대응을 위해 정부 및 각 공공기관 그리고 기업측면에서 다양한 전략계획을 수립하고 있다. 따라서 우리나라도 범 국가적 측면에서 기업과 사회, 제도 전반적인 측면에서 제4차 산업혁명의 대응과 방안을 모색해야만 할 것이다.

2. 제4차 산업혁명과 미래사회

(1) 제4차 산업혁명 특성

우선 미래 전망보고서를 기반으로 변화동인을 살펴보자. WEF(The Future of Jobs(WEF, 2016))는 '업무환경 및 방식의 변화', '신흥시장의 중산층 등장' 및 '기후변화' 등이 사회·경제적 측면에서의 주요 변화동인이고, 과학기술적 측면에서는 '모바일 인터넷', '클라우드 기술', '빅데이터', '사물인터넷(IoT)' 및 '인공지능(A. I.)' 등을 주요 변화동인으로 보고 있다.

이러한 변화동인으로 빅데이터, 로봇 및 자동화, 미래일자리 지형변화, S/W, 정보통신기술(ICT)의 발달, 자율주행기술 및 3D 프린팅기술, 글로벌화, 인구통계학적 변화, 클라우드 서비스, 사물인터넷(IoT), 등 다양한 분야에서 사회, 경제, 정치적인 변화에 영향을 미칠 것이다.

제4차 산업혁명은 '초연결성(Hyper-Connected)', '초지능화(HyperIntelligent)' 두 가지 특성을 지닌다.

첫 번째 초연결성을 통하여 "모든 것이 상호연결되고 보다 지능화된 사회로 변화"될 것이다. 우리사회는 이미 초연결사회로 진입하고 있다. 사물인터넷(IoT), 클라우드 등 정보통신기술(ICT)의 발전과 확산은 인간과 인간, 인간과 사물, 사물과 사물 간의 연결성을 기하급수적으로 확대시키고 있고, 이를 통해 '초연결성'이 강화되고 있다.[6)]

두 번째 제4차 산업혁명은 '초지능화'라는 특성이 존재한다. 이는 인공지능(A.I.)과 빅데이터의 연계 및 융합으로 인해 기술 및 산업구조가 '초지능화' 된다는 것이다. 2016년 3월 이미 우리는 '초지능화' 사회로 진입하고 있음을 경험하였다.[7)] 인간 '이세돌'과 인공지능 컴퓨터 '알파고(Alphago)'와의 바둑대결이 그것이다. 바둑판 위의 수많은 경우의 수와 인간의 직관 등을 고려할 때 인간이 우세할 것이라는 전망과 달리 '알파고'의 승리는 사람들에게 충격으로 다가왔다.

산업시장에서도 딥 러닝(Deep Learning) 등 기계학습과 빅데이터에 기반한 인공지능과 관련된 시장이 급성장할 것으로 전망되고 있다. 이러한 기술발전속도와 시장성장 규모는 '초지능화'가 제4차 산업혁명 시대의 또 하나의 특성이라는 점을 말해주고 있다.

이제는 이러한 특성을 통해 미래사회가 어떻게 변화할 것인지에 대해 살펴볼 필요가 있다.

(2) 제4차 산업혁명에 따른 미래 사회변화

제4차 산업혁명에 따른 미래사회 변화는 기술 · 산업구조, 고용구조 그리고 직무역량 등 세 가지 측면에서 나타날 것으로 예측하고 있다. 미래사회 변화는 기술의 발전에 따른 생산성 향상 등 긍정적인 변화도 존재하는 반면, 일자리 감소 등과 같은 부정적인 변화도 존재한다.

우선 기술 · 산업적 측면에서 제4차 산업혁명은 기술 및 산업 간 융합을 통해 "산업구조를 변화"시키고 "새로운 스마트 비즈니스 모델을 창출"시킬 것으로 판단된다. 제조업 분야에서 인간의 노동력 필요성이 점차 낮아지고 있어 "리쇼어링(Reshoring)" 현상이 나타나는 등 산업 생태계가 변화하기 시작했다. 자동화 기술 및 컴퓨터 연산기술의 향상 등은 단순 · 반복적인 사무행정직이나 저숙련(Low-skills) 업무와 관련된 일자리에 직접적으로 영향을 미쳐 고용률을 감소시킬 것으로 예측되고 있다. 그리고 텔레마케터, 도서관 사서, 회계사 및 택시기사 등의 단순 · 반복적인 업무와 관련된 직업들이 자동화 기술로 인해 사라질 것으로 전망하고 있다.

그러나 일자리 지형변화와 관련하여 부정적인 전망만 있는 것은 아니다. 제4차 산업혁명과 관련된 기술직군 및 산업분야에서 새로운 일자리가 등장하고, 고숙련(High-skilled) 노동자에 대한 수요가 증가할 것이라는 예측도 존재한다. 특히 산업계에서는 인공지능, 3D프린팅, 빅데이터 및 산업로봇 등 제4차 산업혁명의 주요 변화동인과 관련성이 높은 기술분야에서 200만 개의 새로운 일자리가 창출되고, 그 중 65%는 신생직업이 될 것이라는 전망도 있다.[8)]

마지막으로 제4차 산업혁명에 따른 기술・산업측면의 변화와 일자리 지형의 변화는 고용인력의 "직무역량(Skills & Abilities) 변화"에 영향을 미치고 있다. WEF 보고서에 따르면 제4차 산업혁명은 고용인력이 직무역량 안정성(Skills Stability)에도 영향을 미치고, 산업분야가 요구하는 주요 능력 및 역량에도 변화가 생겨 '복합문제 해결능력(Complex Problem Solving Skills)' 및 '인지능력' 등에 대한 요구가 높아질 것으로 전망되고 있다.[9)] 또한 미래사회의 고용인력은 새로운 역할과 환경에 적응할 수 있는 유연성과 더불어 지속적인 학제간 학습(Interdisciplinary Learning)이 필요하고, 다양한 하드스킬(Hard Skills)을 활용할 수 있어야 한다고 말하고 있다.

직무역량과 더불어 자동화 또는 인공지능 등 기술 및 기계의 발전으로 노동력이 대체되더라도 창의성 및 혁신성 등과 같은 인간만의 주요 능력 및 영역은 자동화되지 않을 것으로 전망되고 있다.

다양한 미래 전망보고서들이 제시하고 있는 제4차 산업혁명에 따른 미래사회 변화를 종합・분석해보면, 제4차 산업혁명은 '기술・산업구조' 및 '고용구조'와 같이 사회 외적인 측면에만 영향을 미치는 것뿐만 아니라 '역량'이라는 사회내적인 측면이자 인간 개개인의 특성에도 영향을 미치고 있음을 알 수 있다. 이는 미래사회 변화에 대비하기 위해서 사회 외적인 측면에서의 대응과 사회 내적인 측면에서의 대응이 병행되어야 함을 의미한다.

3. 제4차 산업혁명과 미래 조직개발 방향

앞에서 언급한 대로 향후 수십년 이내에 4차 산업혁명으로 인하여 많은 기업환경의 변화가 예상이 되며, 이에 대한 대응을 위하여 다음과 같은 기업차원의 조직개발 대응전략을 수립하여야 한다.

첫째, 기업에서는 산업혁명을 대비하고 미래사회 변화를 선도하기 위해 기술투자 확대를 통해 과학기술 경쟁력 강화를 도모하는 방향으로 조직개발을 추진할 필요가 있다. 즉 미래기술에 대한 대응 및 활용역량을 강화하기 위해 정보통신기술(ICT)에 기반한 스마트 경영환경을 구축하는데 초점을 맞추어 조직개발을 추진하여야 한다.

둘째, 제4차 산업혁명은 미래사회 인력이 갖추어야할 역량이 변화할 것을 요구하고 있다는 점에서 기업들은 기존의 교육훈련 시스템에서 벗어나 창의적이고 융합적인 역량을 갖춘 인재의 양성을 위해 "역량키우기" 중심의 "교육훈련 시스템으로의 전환이 필요하다. 이미 미국기업 등 주요국가의 기업들을 중심으로 미래의 인재를 양성하기 위한 교육훈련 시스템 전환이 시작되고 있는 중이다. 즉, 기존의 지식이나 기술을 습득하는데 초점이 맞춰진 교육훈련 시스템에서 벗어나, '창의성', '융합성' 및 '문제해결 능력' 등과 같은 "역량"에 초점을 맞춰진 교육훈련 프로그램을 개발하고 운영하고 있는 것이다. 창의적, 융합적 과학기술 인재의 육성을 위해 지식중심이 아닌 "역량키우기" 중심의 교육시스템으로 전환할 필요가 있다.

셋째, 4차 산업혁명 시대에는 이미 앞에서 언급한 바와 같이 로봇기술이나 인공지능이 조직내 사람이 하는 일의 영역을 대신하면서 고용의 불안정성이 높아지고 기계에 의한 인간소외 현상이 심화될 가능성이 높아진다. 따라서 초기의 조직개발이 구성원의 삶의 질을 높이는 방향으로 조직변화를 추구했던 것처럼, 이 시대에는 사람을 통한 생산성 향상이라는 인본주의적 조직개발 정신이 한층 강화되어야 한다는 점이다. 기업들은 조직개발시 구성원들이 인격적인 소외감을 느끼지 않도록 하고 인간의 존엄성을 깨우칠 수 있는 방향으로 다양한 조직개발 프로그램을 개발하여야 한다.

[부 록]

이케아의 이유있는 성장!

이케아 그룹매출 42조원! 가구업계에서 예상 할 수 없었던 기적과 같은 매출액이다. 이와 같은 기적을 이룬 이케아의 성장전략은 바로 다양성을 기반으로한 글로벌경영에 있다고 볼 수 있다.

2014년 서울 신사동 가로수길에 자리잡은 '915인더스트리갤러리'에 노란색 천막이 내걸렸다. 'Hej HOME'이란 한글로 쓰인 단어는 '이케아(IKEA)의 디자인 콘셉트와 비전, 브랜드 스토리 등을 전시한 팝업스토어다.

재계의 한 관계자는 "이케아 진출에 대한 국내 가구업계의 반응이 화제가 되고 있지만 그동안 국내에 진출한 기업들과는 규모가 다르다는 사실에 주목해야 한다"고 말했다. 글로벌기업의 막강한 자금력과 마케팅 노하우 등으로 성공을 향한 전력질주를 하고 있다. 이케아그룹은 2020년까지 매출액 500억 유로를 목표로 세계시장에 집중하고 있다.

이케아 그룹의 성장요인은 몇 가지로 요약할 수 있다.

첫 번째, 이케아의 매장은 제품을 파는 공간이 아닌 문화를 전하는 공간이다. 전세계 글로벌시장에 시장의 다양성을 존중하면서 매장에서는 전세계인들의 다양한 라이프 스타일을 경험할 수 있다.

두 번째, '많은 사람을 위해 보다 좋은 생활을 만든다'는 비전에 따라 소비자들에게 디자인과 기능성을 갖춘 다양한 홈퍼니싱 솔루션을 합리적인 가격에 제공하고 있기 때문이다. 이케아는 좋은 품질과 디자인을 많은 이가 누려야 한다고 생각한다. 우리는 이러한 콘셉트를 '민주적 디자인(Democratic Design)'이라고 부른다.

세 번째, 글로벌경영이다. 하나의 디자인 제품이 만들어지면 규모의 경제 원리를 적용하여 전세계시장의 세계시민을 대상으로 그들의 제품은 공략을 한다. 당연히 가격적인 측면에서 저렴해질 수밖에 없는 상황이다.

이케아의 성장에는 그에 맞는 성장의 당연성이 있다. 그것은 바로 다양성과 글로벌 경영이다. 이는 쇠퇴해가는 가구사업의 한계성을 넘어선 또 다른 성공스토리이다.

참고문헌

제 1 장

1) Beckhard R., Organizational Development: Strategies and Models, Reading, MA: Addison-Wesley, 1969.
2) 피터 드러커 저, 이재규 역, 2003, 단절의 시대(Age of discontinuity), 한국경제신문사.
3) Galbraith, J. K., The Age of Uncertainty, Boston: Houghton Miffin Company, 1977.
4) Teichroew D., Changing Organizations by Warren G. Bennis, Technology and Culture Vol. 8 No. 1 PP.143~146.
5) Filley, A. C., R. J. House and S. Kerr, Managerial Process and Organizational Behavior, 2nd ed. Glenview, Ill.: Scott, Foresman and Co., 1976, p.488.
6) Hampton, D. R. and R. A. Webber, Organizational Behavior and the Practice of Management Glenview, Ill.: Scott, Foresman, 1973, p.850.
7) French, W.L., The Personnel Management Process, 3rd ed. Boston: Houghton Mifflin Co., 1974, p.665.
8) Gyllenhamer P., People at Work, Reading, MA: Addison-Wesley, 1977.

제 2 장

1) D. J. Todd, Management change : Cases and Concept, Homewood, Ill. : Richard D. Irwin, 1993.
2) J. D. Stephen, Punctuated Equilibrium in Fact and Theory, Journal of Social Biological Structure, Vol. 12, 1989.
3) C. D. Dexter and A. S. Doug, Transformational and Strategies for Planned Organizational Change: Beyond the O. D. Model, Organization Studies, Vol. 9, No. 3, 1988.
4) 김인수, 거시조직이론, 무역경영사, 2008.
5) 오종석 · 김종관, 인적자원관리, 탑북스, 2014.

▎제 3 장 ▎

1) I. Nonaka, A Dynamic Theory of the Organizational Knowledge Creation, Organization Science, Vol. 5. No.1, 1997
2) J. P. Liebeskind, Knowledge, Strategy, and the Theory of the Firm, Strategic Management Journal, Vol. 17. 1995
3) C. Nass, Knowledge or Skill: Which Do Administrators Learn from Experience?, Organization Science, Vol. 5. No.1, 1998
4) Strong B. Davenport T. H. and Prusak L., Organizational governance of knowledge and learning, Knowledge and Process Management Vol. 15 No. 2. 2008. pp.150~157.
5) C. Argyris and D. Schon, Organizational Learning, Addison–Wesley, 1978.
6) 박주희, 신인적자원개발, 대학서림. 2014. p.262.

▎제 4 장 ▎

1) 임창희, 조직행동 5판, 비앤엠북스, 2013. pp.595–596.
2) 한국컨설팅협회, 컨설팅 프로세스 표준화, 2008. p.189.
3) Milan Cuber, Management Consulting, 2000. pp.176–177.
4) G. Lippit and R. Lippit : The Consulting Process in Action, La Jolla, California, university Associates, 1979. pp.31–33.
5) 한국컨설팅협회, 전게서, 2008. pp.122–126.

▎제 5 장 ▎

1) Harrison. Diagnosing Organizations: Methods Models, and Process, Newbury Park, CA: Sage, 1989. pp.23–60.
2) 이정규, 허귀진. 『경영진단론』. 무역경영사. 1989.
3) 임도빈, 윤의영. "조직진단의 체계와 과정". 『정부조직진단』. 한국행정학회 조직학연구회 편. 대영문화사. 2002. pp.61–76.
4) 조성한, "정부조직에 대한 진단기법 개발". 한국행정연구원, 1997. p.19.
5) Weisbord. M. R., Organizational Diagnosis: Six Places to Look for Trouble with or without a Theory. Group and Organization Studies. 1: 1976. pp.430–447.
6) Nadler, D. A., "Managing Organizational Change An Integrative Perspective", *Journal of Applied BehavioralScience*,17(2), 1981. pp.191–211.
7) Pascale, R. T., Athos, A. G. "The art of japanese management", New York :Warner Books. 1981.
8) Peter, T. J., Waterman, R. H. "In search of excellence", N.Y.: Harpers & Row Publisher. 1982.

제 6 장

1) Milan Cuber, 한종극 역. 경영컨설팅, 2001. pp.338-339.
2) 정재창 외, Wendell L. French 등, 조직개발 이론과 적용, 박영사, pp.210~216. 1997.
3) Cumming & Worley, Organization Development and Change 9e., South-Western, 2008. pp.156-162.
4) 신형재 외, 조직행동론, 삼영사, 2015. pp.332-341.
5) 커뮤니케이션 및 공동 활동과 같은 동태적인 상호작용 측면
6) Confrontation Meeting의 단계는 시작세션, 하위집단의 형성, 전체집단 회합, 의사결정으로 나뉜다.
7) Beckhard R., Organizational Development: Strategies and Models, Reading, MA: Addison-Wesley, 1978.

제 7 장

1) Duck, J. D., "Managing Change: The Art of Balancing", HBR, Nov-Dec, 1993.
2) Lewin, K., "Field Theory In Social Science", Collected Papers of Kurt Lewin, Ed. D. Copyright, New York, Harper and Row, 1951.
3) Kotter, J. P ., & Heskett, J. L. Corp orate culture and p erf ormance. New York: Free-Press. 1991.
4) 이명재. 조직발전론, 서울: 대영문화사. 2003. pp.64-67.
5) 이학종, "기업변신론 : 한국기업의 변신전략과 사례연구", 법문사, 1994.
6) 김기수, "절차공정성에 대한 조직구성원 인식이 조직변화에 미치는 영향", 서강대학교, 1996.
7) Caron, J. R., Javenpaa. S. L, and Stoddard. D. B, "Business Reengineering at CIGNA Corporation: Experiences and Lessons Learned Form the First Five Years", MIS Quarterley, Sep, 1994.
8) Szilagyi and Wallace, 1990. PP.623-624.
9) 박주희, 인적자원개발, 대학서림, 2014. pp.397~403.
10) Kirkpatrick,D.L..Evaluation oftraining.In R.L.Craig & L. R. Bittel(Eds.), Training and Development Handbook, 1974. pp.87-112.

제 8 장

1) 권영철, "국제합작제휴의 파트너십 결정요인과 성과에 관한 실증연구", 경영저널, 2권 1호. 2001. pp.1-24.
2) 노형봉, 서윤주, 정주훈, "국내기업 간 전략적 제휴의 핵심성공요인에 관한 연구: 상호 호혜적 조정 전략을 중심으로", 경영학연구 30(1), 2001. pp.75-108.
3) 최경순, "기업의 협력 전략방안에 관한 연구, 충북대학교 학위논문, 2013.
4) 이한룡, 조직개발과 조직혁신, 도서출판 대명, 2004.
5) Commings T. G., Worley C. G., Organization Development & Change, 10th ed., Cengage Learning,

2016.

6) Child J., Faulkner D. and Tallman S., Strategies of Cooperation: Manging Alliances, Networka, and Joint Ventures, 2nd ed., New York: Oxford University Press, 2005.

7) Commings T. G., Worley C. G., OP. cit., 2016.

8) Suarez F. and Olivia R., Environmental Change and Organizational Transformation, Industrial and Corporate Change 14, 2005.

9) Tushman M. Newman W. and Romanelli E., Managing the Unsteady Pace of Organizational Evolution, California Management Review, Fall 1986.

10) Griffin R. W., Moorhead G., Johnson B. H. and Chonko L. B., The Empirical Dimensionality of the Job Characteristic Inventory, Academy of Management Journal Vol. 23 No.4. 2013. pp.772~777.

▎제 9 장 ▎

1) 이한륭, 조직개발과 조직혁신, 도서출판 대명, 2004. p.292.

2) 한국청소년연맹, 인간관계 훈련의 이론과 실제, 양서원, 2001.

3) 유동수 외, 감수성훈련의 실제, 한알출판사, 2004.

4) 유동수 외, 전게서.

5) 양춘희 외, 문화와 커뮤니케이션, 북코리아, 2009.

6) Steinmetz L. L., Human Relation: People and Work, Harper & Row, 1979. p.129.

7) Berne E., *Games people play*, Grove Press, 1961. p.24.

8) 양춘희 외, 문화와 커뮤니케이션, 북코리아, 2009.

9) Hersey, K. H. *Blanchard, Management of Organizational Behavior*, 6th ed., Prentice Hall, 1993. p.78.

10) Ibid. 1993. p.83.

11) Luthans F., op. cit., pp. 379–390.

12) Dyer, W. G., Team Building: Issues and Alternatives(2nd ed.), Reading, MA: Addison–Wesley. 1987.

▎제 10 장 ▎

1) 신형재 외, 경영학원론, 무역경영사, 2017. p.133.

2) M. J. Gannon, B. A. Poole and R. E. Prangley, "Involuntary Job Rotation and Work Behavior,"Personnel Journal, 1972. pp.446~448.

3) Denise M. Rousseau, "Technological Differences in Job Characteristics, Employee Satisfaction, and Motivation: A Synthesis of Job Design Research and Sociotechnical Systems Theory,"Organizational Behavior and Human Performance, 1977. pp.18~42.

4) J. R. Hackman and Greg R. Oldham, "Development of the Job Diagnostic Survey," Journal of Applied

Psychology, April, 1975. pp.159~170.
5) 행정안전부, "유연근무제 운영지침", 2010.

▌제 11 장 ▌

1) 신형재 외, 신인적자원관리, 무역경영사. 2015.
2) Michael Hammer, "Re－engineering work: Don't Automate, Obliterate", Harvard Business Review, 1990.
3) H. John Bernardin and Richard W. Beatty, *Performance Appraisal: Assessing Human Behavior at Work* Boston: Kent Publishing, 1984. p.86.
4) Kirkpatrick, D. L. Evaluation of training.In R.L.Craig & L.R.Bittel(Eds.), Training and DevelopmentHandbook, 1974. pp.87－112.
5) 박주희, 신인적자원개발, 대학서림, 2008, p. 402에서 재인용.

▌제 12 장 ▌

1) 이순룡,「현대품질경영」, 법문사, 2012.
2) 조직형태의 이해 김호섭 外 5명, 대영문화사 2011.
3) 16개 기업의 조직혁신 성공사례 : 임파워먼트를 통한 자율경영 성공사례집, 엘테크 1999.

▌제 13 장 ▌

1) 장세진, 글로벌 경영, 박영사, 2004.
2) Lowell, Bryan, 황진우 옮김, 세계화 이후의 세계화 (Race for the world), 세종서적, 2000.
3) Giles, Judy, 장성희 옮김, 문화 학습, 동문선, 2003.
4) Roosevelt Thomas, 채계병 옮김, 다양성을 추구하는 조직이 강하다, 이지북, 2002.
5) The Future of Jobs, WEF, 2016.
6) The Future of Employment: How susceptible are jobs to computerisation?, Oxford Martin School, 2013.
7) Australia's Future Workforce, CEDA, 2015.
8) The Workforce of The Future, General Electronics, 2016.
9) The Human Capital Report, WEF, 2015.

찾아보기

ㅊ

ㅋ

저자소개

■ 신형재

[경 력]
- 서강대학교 영문학과 졸업
- 경희대학교대학원 경영학과(경영학박사)
- Arthur Andersen Korea컨설턴트
- Leaders & Company 대표이사
- 숭실대학교 경영학부 조교수
- 현, 숭실대학교평생교육센터 경영학과 주임교수/학과장

[저 서]
인적자원관리 공저(무역경영사)
인간관계론 공저(삼영사)
문화와커뮤니케이션 공저(북코리아)
조직행동론 공저(삼영사)
경영학원론 공저(무역경영사)

■ 권용만

[경 력]
- 경희대학교대학원 경영학과(경영학박사)
- 국무조정실실내대학(OPC School) 전담교수
- 현, 남서울대학교 경영학과 교수

[저 서]
- 인적자원관리 공저(무역경영사)
- 인간관계론 공저(삼영사)
- 문화와커뮤니케이션 공저(북코리아)
- 경영학의이해 공저(삼영사)

■ 최광우

- 고려대학교 교육대학원(기업교육 석사)
- 홍익대학교 일반대학원 경영학 박사과정 수료
- 대한제당 인사팀 과장
- 2014년도 교육부장관상 수상; 국가인적자원개발 부문
- 한양대 학부대학 겸임교수
- 현, 숭실대학교 평생교육원 시간강사
- 현, (유)에이치피티컨설팅(대표) 드림북카페 대표

[논 문]
- 사상체질과 Jung의 심리적 특성 비교를 통한 커뮤니케이션 교육에 대한 활용 및 접근A Study of Ethical Decision-Making Behavior of Corporate 외 다수

4차산업 혁명시대의 조직개발론 2판

2017년 9월 1일 1쇄 발행
2018년 1월 5일 2판 1쇄 인쇄
2021년 9월 10일 2판 2쇄 발행

저 자 신형재 · 권용만 · 최광우
발행인 류재식 · 박용범
발행처 도서출판 북넷
서울시 용산구 효창원로 70길46 대신빌딩 2층
등 록 2010년 6월 7일(제2010-000069호)
전 화 (02)395-2341
팩 스 (02)395-2303

정가 24,000원

ISBN 979-11-86947-22-7 e-mail : book2341@naver.com